# NOUVEAUX LUNDIS

*CHEZ LES MÊMES ÉDITEURS*

## POÉSIES COMPLÈTES

DE

## C.-A. SAINTE-BEUVE

Nouvelle édition revue et très-augmentée

DEUX VOLUMES IN-8°

# NOUVEAUX LUNDIS

PAR

## C.-A. SAINTE-BEUVE

DE L'ACADÉMIE FRANÇAISE

TOME DOUZIÈME

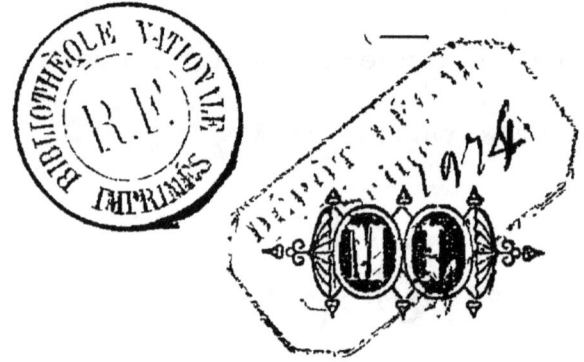

PARIS

MICHEL LÉVY FRÈRES, LIBRAIRES ÉDITEURS

RUE VIVIENNE, 2 BIS, ET BOULEVARD DES ITALIENS, 15

A LA LIBRAIRIE NOUVELLE

1870

Tous droits réservés.

1871

Ce volume devrait s'intituler *Derniers Lundis*. Les articles qui le composent, à partir du premier, sont pour la plupart ceux que M. Sainte-Beuve écrivit pour le journal *le Temps*, en 1869, l'année même de sa mort (1). Bien que la série en ait été prématurément interrompue, — commencée en janvier, elle s'arrête en juillet, — nous n'avons pu les faire

(1) M. Sainte-Beuve est mort à Paris le 13 octobre 1869, à une heure et demie de l'après-midi, dans sa maison de la rue Mont-Parnasse, n° 11. — Les personnes présentes au moment de sa mort, et qui l'entouraient dans son cabinet même, près du lit où il rendit le dernier soupir, étaient ses amis MM. le docteur Veyne, Paul Chéron (de la Bibliothèque impériale), son professeur de littérature grecque M. Pantasidès, avec lequel il avait lu et commenté plusieurs fois dans le texte l'*Iliade* et l'*Odyssée*, son dernier secrétaire, M. Jules Troubat, et sa fidèle servante qui l'a soigné pendant des années et durant toute sa maladie, M^lle Marie Chicot. — Les exécuteurs testamentaires, auxquels il a confié le soin de ses dernières volontés, sont M. Marc Fabre, son notaire; son ami et ancien secrétaire, le poète Auguste Lacaussade, bibliothécaire au ministère de l'instruction publique; et son secrétaire, M. Troubat. — M. Sainte-Beuve était né, on le sait déjà, à Boulogne-sur-Mer, le 23 décembre 1804. — L'autopsie à laquelle ont présidé MM. les docteurs Veyne et Piogey, au lendemain de la mort, a révélé la présence dans la vessie de trois pierres dont l'une affecte le volume et la forme d'un gros œuf de poule; les deux autres ressemblent par la forme et leur grosseur à deux châtaignes ordinaires. Une première exploration opérée par M. le docteur Ricord en 1867, sur la fin de l'hiver, peu de mois après les atteintes du mal, n'avait rien fait découvrir et avait fait beaucoup souffrir M. Sainte-

tenir tous dans le XIIᵉ volume. On se souvient de l'importance et de l'étendue de ces articles. Deux des principales physionomies, extraites du court passage de M. Sainte-Beuve au *Temps*, *M. de Talleyrand*, *Mᵐᵉ Desbordes-Valmore*, vont se retrouver ici. Il a fallu réserver pour le tome XIII *le général Jomini* qui fut le dernier travail de longue haleine publié par M. Sainte-Beuve. — Une lettre de lui à M. Nefftzer sur le sénatus-consulte, qui parut encore dans *le Temps* pendant le mois qui précéda sa mort (n° du 7 septembre), figurera dans un Recueil projeté de ses Discours au Sénat. L'éditeur se propose bien de faire entrer dans ce volume (qui n'est pas encore prêt) tous les épisodes marquants des dernières années de la vie de M. Sainte-Beuve, qui pourront se rattacher désormais à l'Histoire de la Libre Pensée au XIXᵉ siècle (1).

Beuve. Lorsque M. le docteur Phillips vint pour le sonder de nouveau en juillet 1869, il n'était plus temps. Le docteur Veyne n'a cessé de croire à la présence de la pierre, tout le temps qu'a duré la maladie. — M. Sainte-Beuve est mort cependant, ignorant la cause de son mal, la soupçonnant peut-être, l'indiquant même par de certaines comparaisons et images réelles, basées sur ses sensations douloureuses, dont la médecine et la chirurgie (qui se croient plus positives) ne tiennent pas assez de compte dans la bouche d'un littérateur, et disant un jour : « Vous verrez qu'on ne saura ce que j'ai que lorsqu'on m'ouvrira... après moi... » — Que si la recherche de la vérité a besoin d'excuse, la catastrophe du 13 octobre dernier pourrait en être une suffisante : mais je renverrai ces *délicats*, qui me reprocheraient la crudité trop pathologique de ces détails, en tête du premier livre posthume d'un écrivain mort peut-être pour n'avoir pas été assez examiné à fond, au tome V, page 523 de *Port-Royal*, où M. Sainte-Beuve s'est intéressé aux causes de la maladie et de la mort de M. Domat, avec lequel il n'était certes pas aussi sûr d'être en compatibilité de souffrances.

(1) On y dissipera la légende de ce dîner, dont on a tant parlé, donné, je crois, chez lui, un vendredi (c'était le 10 avril 1868, puisqu'on tient à savoir exactement le jour), et dont M. Sainte-Beuve n'avait pas à se défendre. Il en aurait peut-être écrit, lui-même, à un moment donné, le récit

Mais revenons au tome XII des *Nouveaux Lundis* (1).
Cette entrée de M. Sainte-Beuve au *Temps* occasionna plus

dans un de ses livres. On a gardé de lui des lettres piquantes à ce sujet.
Oh! il ne cherche pas à s'y justifier d'une action bien simple, mais il y
donne des explications à des amis qui s'étaient émus de tout le tapage fait,
à cette occasion, par de pieux journalistes. Les six convives de M. Sainte-
Beuve, personnages en vue et des plus respectables, des esprits d'élite en
effet (si c'est là ce qui a pu servir à autoriser la satire et la calomnie de
s'être attachées à leur nom dès le lendemain), aimaient à se retrouver
quelquefois chez lui à dîner : c'était comme un terre-à-terre à une extré-
mité de Paris, quasiment à la barrière, où le milieu d'un quartier populaire et sain influe, malgré soi, jusque dans les habitations bourgeoises; on
s'y sentait bien réellement éloigné de toute contrainte gênante et de toute
étiquette cérémonieuse. On n'y dînait d'ailleurs qu'à portes closes. Les
amis de M. Sainte-Beuve pouvaient y parler librement et *sub rosa*, — selon
le mot favori qu'il se plaisait à répéter dans ses lettres d'invitation. « Rien
de ce qui se dit à table, sous la rose, ne doit transpirer au dehors. » C'était
le précepte des Anciens, de tout temps pratiqué dans la maisonnette de
la rue Mont-Parnasse. Le maître de la maison ne se considérait, disait-il
lui-même, que « comme le maître du cabaret, » où l'on avait, il est vrai,
cet avantage de plus sur les autres cabarets, que l'on pouvait être bien sûr
que personne n'écoutait aux portes. Faut-il répéter encore après cela que
tout ce qu'on a raconté de cette réunion intime d'amis dans une certaine
presse que l'on peut à bon droit, cette fois, qualifier de *petite* (sans tenir
compte du format), est faux et archifaux ? « ... On rougirait, écrivait
M. Sainte-Beuve à un ami peu de jours après (le 28 avril 1868), d'avoir à
se justifier d'avoir reçu dans la plus étroite intimité, au fond d'un faubourg,
sans bruit et sans éclat, six amis auxquels le jour était indifférent, et dont
l'un, le plus considérable, devant quitter Paris, avait choisi d'abord à tout
hasard ce vendredi-là *(eh! mon Dieu! c'était le vendredi saint, puisqu'il faut le
dire);* et à la réflexion, il n'y avait aucun motif (ceux qui devaient être du
dîner étant ce qu'ils sont) de rejeter le jour et de le vouloir remettre. Mais
la badauderie d'abord, qui en a eu vent, a donné l'idée à la calomnie et à
l'invective d'attrouper les gens à scrupules. C'est peut-être triste, mais pour
d'autres que pour moi. »

(1) Nous l'avons complété à l'aide d'autres articles de M. Sainte-Beuve,
empruntés à différents Recueils, en dehors du cercle même de ses Lundis.
Le *Journal des Savants*, dont il faisait partie depuis 1867, en fournira

d'un débat et produisit plus d'une rupture. La direction du nouveau *Journal officiel*, où il avait refusé d'écrire, s'en émut. On vint lui contester le droit, à lui sénateur, d'écrire dans un journal qui n'avait ni couleur ni attache gouvernementale. On revendiquait, à l'égard de M. Sainte-Beuve, le monopole littéraire, dans les régions administratives et officielles de la presse. On disait d'abord (sans doute parce que *le Temps* n'était pas d'une nuance assez foncée pour paraître *rouge*) que c'était un journal *orléaniste*. On avait beau objecter que M. Louis Blanc y écrivait, et que c'était au moins une feuille d'un radicalisme impartial, sans parti pris ni passion : *orléaniste* n'en restait pas moins l'injure tombée de haut, à la veille du triomphe des anciens partis qu'elle caractérisait le mieux (1). On trouvait ce passage de M. Sainte-Beuve au *Temps* incompréhensible, inexplicable (pour me servir des expressions les plus douces) de la part d'un écrivain dont la plume devait être et rester avant tout *inféodée* (c'est presque le mot qui a été employé) à la littérature officielle de l'Empire. — M. Sainte-Beuve, fort et convaincu d'un droit selon lui professionnel, et que tous les écrivains revendiqueraient avec lui, d'écrire dans un journal

---

son bon contingent pour le XIII<sup>e</sup> volume. M. Sainte-Beuve avait préparé d'avance ce qu'il fallait faire entrer dans la publication de ses derniers livres. Il nous faisait voir comment il disposait ces choix et mélanges d'articles, dans le cas où il ne serait plus là lui-même pour en surveiller l'édition. Une expression de lui, bien douloureuse à présent, et qui nous revient : « il tenait, disait-il, ses bagages prêts; » il appelait encore cela *faire ses paquets*.

(1) *Orléaniste* était encore, à l'heure dont je parle, un de ces termes vagues à l'usage des esprits politiques qui ne trouvent pas mieux dans le moment. Toutes les sciences incertaines et dont les principes peuvent varier selon les circonstances de lieu, de temps, ont ainsi des mots pour généraliser au besoin, d'une manière indécise, quelque chose d'indéterminé. On disait que M. Sainte-Beuve était *passé aux orléanistes?*

de son choix, fut tout étonné de l'avalanche de récriminations et de reproches dont il eut à se garer le lendemain de l'insertion de son premier article au *Temps*. Il n'en persista pas moins dans sa résolution d'écrire désormais dans un journal modéré et libre de tout joug, où des amitiés éprouvées lui tendaient la main, et où il savait que les convictions philosophiques, qu'il venait de défendre au Sénat, trouveraient autour de lui non-seulement la tolérance avec un peu d'indifférence (comme cela aurait pu lui arriver dans d'autres feuilles amies et libérales), mais aussi une sympathie sûre et de fermes soutiens, des plumes instruites et sérieuses avec lesquelles il se sentait en parfaite communion d'idées. MM. Nefftzer et Scherer n'étaient pas pour lui des amis d'hier seulement (1), et s'il m'était permis de citer un vieux proverbe qui me revient, dans ces souvenirs d'une vie qui,

---

(1) Il avait fait en 1860 un article sur M. Scherer (*Causeries du Lundi*, t. XV). — Je retrouve la minute d'une lettre de M. Sainte-Beuve à son vieil ami, le poète romantique Ulric Guttinguer, qui est mort le 21 septembre 1866, âgé de plus de quatre-vingts ans. Je la publierai ici tout entière, comme M. Sainte-Beuve l'a laissée, pour ne rien distraire de ce qui y amène une dernière ligne sur M. Scherer. On y verra aussi qu'il n'y reniait rien de la sincérité de ses sentiments à aucune époque de sa vie : « (Ce 14 mai 1862.) Cher Ulric, vous êtes donc incurable; vous êtes resté l'homme de nos belles et jeunes années, de nos ardeurs qui ne vivent plus qu'en vous et en un autre ami que peut-être vous avez oublié, Victor Pavie d'Angers, celui-là encore un fidèle, un chapelain resté pieux de notre chapelle ardente! Nous, nous avons trop vécu de la vie assujettie et productive, de la vie prosaïque et mercenaire, et la Poésie, cette maîtresse jalouse, s'en est enfuie. Vous nous avez vu dans ces deux ou trois années de véritable ivresse, vous m'avez vu dans ces six mois célestes de ma vie qui m'ont fait faire les *Consolations;* vous avez contribué à m'y inspirer par ce mélange de sentiments tendres, fragiles et chrétiens que vous agitez en vous et qui sont un charme. Merci donc pour ce cri d'autrefois, dussé-je vous trouver injuste pour le critique trois fois indulgent, dont la sévérité habituelle a fléchi à mon égard. Mais vous, vous n'êtes pas un critique, vous êtes le

*a.*

comme celle de tout grand travailleur, ne laissait pas d'avoir ses éclaircies de gaieté, je dirais qu'ils se connaissaient bien, ayant *mangé plus d'un grain de sel* ensemble (1).

Et puisque nous sommes en veine de confession et d'une défense qui n'est pas difficile, il y avait plus d'un an, si l'on veut le savoir, que M. Sainte-Beuve avait dit à ses amis que s'il était jamais libre, il accepterait la collaboration du *Temps*, qui lui avait été déjà offerte. Mais un traité, à sa sortie du *Constitutionnel*, l'engageait avec *le Moniteur*, et il ne voulait pas rompre avec M. Dalloz, même quand *le Moniteur* cesserait d'être *officiel*, — car c'est surtout de l'*officiel* que M. Sainte-Beuve avait envie de sortir. — On saura quelle circonstance le fit passer d'emblée de l'ancien *Moniteur* au *Temps*. Mais de toutes les collaborations qui lui furent of-

---

frère aîné de cette *jeune École* à laquelle vous survivez. — Nos cœurs, du moins, s'entendent toujours, et le mien vous remercie. — SAINTE-BEUVE. »
— Et ici une parenthèse et une note se rapportant au critique dont il vient d'être question dans la lettre : « (Il s'agissait, dit en renvoi M. Sainte-Beuve, de M. Edmond Scherer, qui avait écrit dans le journal *le Temps* un article sur moi. Ulric Guttinguer en avait pris occasion d'en faire un, à son tour, dans le Recueil intitulé *la Mode nouvelle* (n° du 12 mai 1862). »

(1) Il n'y avait pas bien longtemps encore, quand il est mort, que M. Sainte-Beuve disait à un ami en face de lui, dans une de ces conversations familières qui le prenaient parfois après une forte journée de travail : « Je ne me serais pas cru libre dans un journal qui porte un emblème en tête (il montrait le *Journal officiel*); il faut trop se ranger, quand on marche sous une bannière; on a peur de marcher sur le pied de son voisin; on se gêne ou l'on gêne; on n'est plus là pour discuter, mais pour suivre; on est enrôlé; allez donc discuter les affaires de Rome, par exemple, comme on les sent, dans un journal qui épouse tant la légitimité que cela; qui semble voué à la reine Marie-Antoinette; où il est sans cesse question d'elle !... Au *Temps*, je suis comme quand nous causions à la table de Magny; j'y retrouve Nefftzer, Scherer; nous sommes là toujours entre amis; on ne craint pas d'y exprimer tout haut ce que l'on pense, quand même ce ne serait pas l'opinion du voisin, et on laisse la parole au voisin qui réplique... »

fertes dans cet intervalle de fin d'année où l'on guettait dans la presse la dislocation du *Moniteur* gouvernemental, qui allait rendre libres les écrivains liés antérieurement par un traité, celle du *Journal officiel* est la seule que M. Sainte-Beuve ait bien nettement et positivement refusée. — A défaut du *Temps*, il fût allé au *Journal de Paris*, qu'il se faisait lire tous les soirs en dilettante et avec une prédilection marquée. « Que dit Weiss? » était son premier mot quand on lui apportait les journaux du soir; et qu'on dise encore aujourd'hui que M. Weiss était un orléaniste !

Il lui fallait un journal; il ne pouvait s'en passer; car à son âge, et quand on est en plein déploiement de talent, on ne se tait que lorsque la mort vous y force. En vain invoquait-on des raisons matérielles en faveur du *Journal officiel :* il allait s'organiser mieux, disait-on, dans la suite, et peu à peu; il fallait lui laisser le temps; il paraîtrait au moins mieux imprimé. — M. Sainte-Beuve n'avait d'abord pas le temps d'attendre; il n'y a que les débutants qui aient éternellement le loisir de se taire. Et puis il ne pouvait admettre que le Sénat l'assujettît à telle ou telle feuille : et c'était bien ainsi, apparemment, que le comprit aussi M. Troplong lui-même, comme on le verra par la suite de ce volume (*à la fin des articles sur* M. DE TALLEYRAND).

D'ailleurs le Sénat, qu'on invoquait à cette occasion, aurait bien dégagé depuis longtemps M. Sainte-Beuve de toute considération à ce sujet, s'il eût eu seulement à tenir compte de sa position dans la haute Assemblée pour le choix d'un journal. La situation qu'on lui avait faite lorsqu'il prit la défense de M. Renan (dans la séance du 29 mars 1867), et, l'année d'après (le 7 mai 1868), à propos de son discours sur la loi de la presse, prouve bien que le Sénat (si j'en excepte M. de La Guéronnière) ne s'intéressait que pour les étouffer à ces questions de livres et de journaux.

Depuis son *esclandre* (je remonte au plus ancien, au premier, cause et origine de tout le mal), M. Sainte-Beuve ne comptait plus au Sénat que *cinq* amis, qui lui donnèrent jusqu'à la fin des marques de sympathie particulières : M. Blondel, qui vint le voir au lendemain de sa querelle avec M. de Ségur-d'Aguesseau, au sujet de la nomination de M. Renan au Collége de France ; — l'aimable baron de Chassiron, mort avant lui, qui ne s'informait, au milieu de toutes ces querelles et discussions, que de la santé de M. Sainte-Beuve, qu'elles pouvaient compromettre ; — le général Husson, mort aussi, qui, retenu à Fontainebleau par la maladie, lui écrivait : « Ah! si je pouvais être là, vous ne seriez pas seul ! » — M. le premier président de Royer, qui accompagna le cercueil de M. Sainte-Beuve au cimetière, — et le président du Sénat lui-même, M. Troplong, qui lui rendait dans le particulier en bienveillance ce que les passions déchaînées l'empêchaient de lui témoigner à la tribune et en séance. — Je ne parle pas (bien entendu) de ses deux amis de tous les temps et confrères de l'Académie, M. Lebrun et M. Mérimée ; M. Sainte-Beuve reçut encore leur dernière visite le jeudi qui précéda sa mort. — Le prince Napoléon (et qu'il me soit permis de lui en rendre ici publiquement hommage et témoignage) n'a cessé d'honorer M. Sainte-Beuve d'une amitié constante et qui ne s'est pas démentie un seul instant : la dernière fois qu'il vint le voir, c'était à la veille d'un départ pour Prangins ; il ne voulut pas partir sans lui dire adieu. C'était très-peu de temps avant la mort de M. Sainte-Beuve.

Sur la fin de sa vie, ne pouvant plus se rendre au Sénat, M. Sainte-Beuve écrivit pour la première fois dans *le Temps* un article qui avait trait directement à la politique : ce fut sa lettre à M. Nefftzer sur le sénatus-consulte, thème du discours qu'il serait allé prononcer si ses forces le lui avaient encore permis. Il y défendait, dans un post-scriptum significatif, le programme large et libéral que le cousin de l'Empereur venait de déployer à cette même tribune du Sénat. C'est ainsi que ce journal d'opposition et réputé hostile, qui donnait à la fois asile à un républicain proscrit et à un sénateur de la gauche de l'Empire (1), entend et pratique le vrai principe de la liberté de la presse, quand les voix s'élèvent d'en haut, — non plus des régions officielles, mais des sommités du talent et de la pensée. — M'est-il permis de parler ainsi de mon maître, et M. Sainte-Beuve eût-il trouvé la même tolérance s'il se fût agi de discuter un acte du Pouvoir dans la feuille même officielle, dans le nouveau journal qui a eu le bon goût, au lendemain de sa mort, de justifier sa répugnance à s'y laisser enrôler? — Il s'était pourtant expliqué et prononcé dès longtemps sur son refus d'y entrer; il n'avait pas même attendu qu'on lui en fît la proposition, car il écrivait dès le 28 juin 1868 :

« ... On est en train de faire pour *le Moniteur* une grosse sottise, et on la fera. X... intrigue pour avoir l'affaire; je n'en ferai mon compliment à personne. M. R..., bouffi, est inabordable; et puis *qu'est-ce que ça lui fait*, ainsi qu'à L...? C'est ainsi que tout chef d'État qui n'est pas méfiant, vigilant, toujours sur le dos des gens, est servi! il ignore ou sait mal. En donnant à tous la liberté

---

(1) Je me sers de l'expression même de M. Sainte-Beuve. Il écrivait, peu de jours après son entrée au *Temps,* à un ami bien placé pour l'entendre et le comprendre : « (Ce 6 janvier 1869)... J'ai des opinions, des convictions, et sur quelques points elles sont vives et profondes. Je suis pour la gauche de l'Empire, et je suis presque seul. C'est à tel point que l'article où je défendais une mesure d'un ministre de l'Empereur et où je la défendais à ma manière et par mes raisons n'a pu être inséré que dans un journal d'opposition, mais en même temps d'une extrême liberté philosophique. Qu'on me laisse faire! Là où je serai, je puis rendre un jour ou l'autre des services que je ne rendrais pas en me gênant et en me rangeant à la suite des satisfaits ou des complaisants... »

de la presse, le gouvernement s'arrangera pour perdre le seul organe considérable qu'il ait et où il réunit sous le drapeau des noms honorables et des plumes estimées. Pour moi, je ne resterai jamais au *Moniteur* de... censuré par M. Norbert-Billiart. O Sire! que de sottises on commet en votre nom! »

Et le 29 août :

« Dalloz, en effet, me paraît avoir perdu la partie. On va faire plaisir à ..., à M. .....-..., et à M. de ...-..., et à quelques autres subalternes qui y trouveront leur compte : je serais étonné que le gouvernement n'y perdît pas... Pour moi je sais bien une chose : c'est que mieux au fait que la plupart, de ces questions de presse et de *Moniteur* dès l'origine, personne n'a jamais daigné me demander un avis que j'eusse donné en homme honnête et de bon sens. Je me considérerai donc comme parfaitement délié envers la nouvelle administration ; je ne déserterai personne, mais j'irai où il me plaira : c'est bien le moins. Ce qu'on aura entrepris sans nous, on le continuera sans nous... »

Le 28 octobre 1868, M. Sainte-Beuve écrivait à M. Rouher lui-même, qui lui avait fait l'honneur de faire faire deux démarches auprès de lui pour l'engager à écrire au futur journal officiel, dont on n'avait pas encore le titre (on croyait pouvoir garder celui de *Moniteur*) :

« Monsieur et cher ministre,

« Je voudrais que vous fussiez tout d'abord bien persuadé qu'il n'y a de ma part aucune question d'amour-propre en tout ceci. J'ai fort regretté, je vous l'avoue, de n'avoir pas été à même de dire mon avis — un avis tout pratique — sur le *Moniteur* avant les derniers arrangements. J'ai vu tout ce qui s'y est passé depuis 1852 jusqu'en 1860. C'était une époque difficile, et une bonne information n'eût pas été, je crois, inutile. Une personne qui eût pu être consultée encore plus utilement que moi est M. Pelletier qui, sous M. Fould, avait réellement dirigé, et d'une manière d'autant plus sage que, pour nous littérateurs, elle était comme insensible. Aujourd'hui les choses sont faites. Je me suis lié, il y a deux ans, par un traité très-avantageux pour moi, avec M. Dalloz. Je sais ce qu'on peut dire juridiquement sur ce traité; mais à mes yeux il compte; le traité, à son moment, a été un excellent procédé à mon égard, et il faudrait des circonstances extrêmes pour dégager ma délicatesse. Je ne me considère réellement pas comme libre. J'ai dit tout cela à M. Norbert-Billiart dans l'entretien que j'ai eu l'honneur d'avoir avec lui. Il me serait fort pénible de manquer en quoi que ce soit à ce que je sens devoir au gouvernement de l'Empereur. Aussi l'état de ma santé étant ce qu'il est, il ne me sera pas difficile, si l'ancien *Moniteur* suivait une ligne qui fût par trop en contradiction avec ma pensée, de m'abstenir et de rester dans ma chambre. J'ai bien du regret de ne pouvoir supporter à aucun degré la voiture : sans quoi j'irais pour avoir l'honneur de vous remercier et pour vous exposer de vive voix d'une manière plus complète mes raisons et mes excuses.

« Veuillez agréer, Monsieur le ministre, l'hommage de mon respectueux dévouement,

« SAINTE-BEUVE (1). »

Aux approches du 1ᵉʳ janvier, M. Sainte-Beuve, qui n'attendait que le signal donné par M. Dalloz, improvisa au pied levé et sur sa demande un article sur un livre qu'il parcourait depuis deux jours, et où il avait vu l'élément d'un article « d'entrée et de début, disait-il; il faut être vif et court; ce sera pour commencer, si Dalloz veut... » Il ne doutait point que M. Dalloz ne voulût. Il lui envoya l'article qu'on va relire sur l'*Enseignement des jeunes filles à la Sorbonne* et les *Leçons de poésie* de M. Paul Albert. Il se produisit alors une difficulté que M. Sainte-Beuve n'avait point prévue,

(1) Je trouve encore dans le dossier de M. Sainte-Beuve un fragment de lettre à M. de Chantelauze : « (ce 9 novembre 1868.) Je ne resterai pourtant point au nouveau *Moniteur* gouvernemental. Je suis un peu mauvaise tête, même avec mes amis... »

M. Dalloz non plus peut-être. Cet article courtois de forme (c'est le moins qu'on en puisse dire) eut le malheur de déplaire auprès de M. Dalloz, qui n'était pas seul à la direction du *Moniteur* : on demanda des coupures à M. Sainte-Beuve, à cause d'une critique de goût et toute littéraire qu'il contenait à l'adresse de M. l'évêque de Montpellier. M. Sainte-Beuve ne crut pas pouvoir faire cette concession : « Je ne veux blesser la conscience de personne, dit-il; je l'ai toujours évité; mais ici ce n'est pas même l'épiderme d'un catholique que j'ai atteint; ce serait la première fois depuis quarante ans que je ferais une concession de ce genre. » Et il écrivit à M. Dalloz, qui n'était pas tout à fait le maître et qui essayait de le retenir :

« (Ce 30 décembre 1868.) Cher ami, je réfléchis encore, vous parti : quel que soit l'avis du conseil, la situation est fausse et resterait fausse. Ainsi *décidément* je me retire. Au diable les fanatiques!...

« Tout à vous,

« SAINTE-BEUVE. »

Et le lendemain (31 décembre), il expliquait plus au long les motifs de sa retraite, dans une nouvelle lettre à M. Dalloz :

« (Ce 31 décembre 1868.) Mon cher ami, j'apprends le conflit : il était imprévu pour moi; j'ai cru que *le Moniteur universel*, non *officiel*, allait être plus libre et plus vif; — qu'en reprenant son titre de *Gazette nationale de 89* et la tradition des Encyclopédistes, il ne subirait aucun joug. Je me suis trompé. Je ne veux pas vous susciter d'ennui. Je retire l'article, je me retire en même temps. Je me réserve d'expliquer au public ce qui m'importe, comment et pourquoi, ayant refusé d'être du nouveau *Moniteur officiel*, je me retire forcément dès le premier jour du nouveau *Moniteur universel*.

« Rien de cela n'affecte notre bonne amitié. —

« Tout à vous,

« SAINTE-BEUVE. »

Et M. Sainte-Beuve reprit son article et l'envoya au *Temps;* ou plutôt il fit prier M. Nefftzer de passer chez lui (car il ne pouvait aller lui-même) pour en entendre la lecture. Ce fut un ami, l'éditeur M. Charpentier, présent et témoin, dans le cabinet de M. Sainte-Beuve, de tous ces tiraillements et conflits, qui suspendaient la publication d'un article déjà imprimé et corrigé, tout prêt à paraître, qui voulut bien se charger d'avertir M. Nefftzer.

M. Sainte-Beuve ne changea rien à son article. Ce fut l'épreuve même du *Moniteur* qui servit de *copie* aux compositeurs du *Temps.* Il parut tel quel.

C'est alors qu'éclatèrent de grandes colères auxquelles je ne ferai plus allusion. M. Sainte-Beuve prépara et garda la note suivante en portefeuille. Elle fait aujourd'hui partie de ses Mémoires, et je considère comme un devoir de la reproduire ici : il a été trop attaqué dans le moment même pour n'avoir pas un jour le droit de répondre et de se défendre à haute et intelligible voix, fût-ce après sa mort :

« Depuis quelques jours, des démarches pressantes ont été faites auprès de M. Sainte-Beuve pour mettre obstacle à l'engagement qu'il vient de prendre d'envoyer des articles de littérature au journal *le Temps.*

« Ces démarches sont venues à la suite de conversations avec M. le ministre d'État et sous son inspiration, sous son impulsion plus ou moins directe. Le ministre, paraît-il, est vivement irrité.

« Mais d'abord ce ne pourrait être comme ministre que M. Rouher interviendrait en pareille matière. Un sénateur non fonctionnaire ne relève d'aucun ministre et n'a à recevoir ni ordre, ni injonction, ni leçon de sa part. Le Sénat n'est pas apparemment, comme l'ordre des avocats, soumis à un conseil de discipline, et nul n'a droit de demander compte à un sénateur de ses actions, — surtout d'actions aussi étrangères à la politique active. Ce ne pourrait être qu'à titre officieux et aussi comme directeur suprême d'un journal officiel que M. Rouher serait admis à introduire des instances, des représentations ou récriminations auprès d'un ancien rédacteur du *Moniteur*.

« Mais M. Sainte-Beuve ne s'est détaché de la feuille officielle qu'après avoir vu de près et su d'original toutes les fautes, les légèretés et les inexpériences qui ont présidé à la dislocation de l'ancien *Moniteur* et à l'enfantement du nouveau *Journal officiel*. La vérité est que, dans aucun état de cause, il ne consentirait à rentrer à ce journal tel qu'il est constitué. Ainsi, dans ces termes, tout est dit entre M. le ministre d'État et lui. M. Sainte-Beuve a déjà remercié et il remercie encore; le traité avec M. Dalloz, qui était sa première raison de refus, n'a été qu'une des mille et une raisons qu'il garde par devers lui et qu'il-lui a paru plus poli de ne pas dire.

« Mais on insiste, on allègue qu'il est étonnant qu'un sénateur envoie des articles, même purement littéraires, à un journal de l'opposition, et particulièrement au *Temps*.

« Là-dessus, M. Sainte-Beuve n'a à donner aucune explication, si ce n'est qu'on lise et qu'on juge ses articles en eux-mêmes. Quant au voisinage, il en est seul juge.

« Les affaires de la presse et celles de l'esprit ont été tellement conduites dans ces dernières années, que lorsqu'un écrivain dévoué à l'Empire veut insérer désormais quelque part un assez long travail littéraire, il ne trouve d'autre Revue que des Revues d'opposition. Personne n'a eu à demander compte à M. Sainte-Beuve des articles qu'il a fait récemment insérer dans la *Revue des Deux Mondes* : il en sera de même de ses articles au *Temps*.

« On insiste encore, et l'on dit que si c'était du moins dans tout autre journal que *le Temps*, soit *les Débats*, soit *l'Opinion nationale*, soit *la Liberté*, etc., etc., cela pourrait passer, mais que *le Temps* est d'une nuance plus tranchée et plus décidée ; que sais-je encore ?

« M. Sainte-Beuve n'a pas à se prononcer, article par article, sur les doctrines professées par *le Temps*, et il n'a eu à les considérer que dans leur ensemble ; mais il sait que ce journal, dont il a pour amis les principaux rédacteurs, est un journal généralement estimé et *très-estimé*. Si M. le ministre d'État prétend le contraire, il en est bien libre; mais en cela il se trompe et il pense au rebours de l'opinion publique. En tout cas, ici comme en beaucoup d'autres choses, il a son avis, et M. Sainte-Beuve le sien. Ce qui est certain, c'est qu'il a été permis à M. Sainte-Beuve, dès le premier jour, de défendre sur ce terrain comme il l'entendait une mesure d'un ministre de l'Empereur en toute liberté et vivacité, ce qui ne lui aurait guère été possible ailleurs dans les mêmes termes.

« En un mot, M. Sainte-Beuve a besoin, pour écrire sur certains sujets, d'une entière liberté philosophique : il est sûr de la trouver au *Temps*.

« Il ne ressort de tout ce bruit qu'on a fait et qu'on fera de cette petite affaire qu'un seul point bien évident et qui a déjà été relevé par la presse de Paris et des départements : M. Sainte-Beuve quitte l'*officialité*. Rien de plus, rien de moins.

« S'il est en effet *singulier* qu'un sénateur, resté écrivain, croie ne pouvoir mieux placer des articles littéraires que dans un journal d'opposition, cela n'est arrivé qu'à la suite de beaucoup d'autres faits également *singuliers* que M. le ministre d'État doit connaître mieux que personne. Il serait trop pénible d'être amené à devoir les énumérer et en informer le public, et de se voir forcé, pour sa défense morale, de prendre à témoin l'opinion, seul juge cependant et bon juge en dernier ressort de ce qui constitue la ligne de conduite d'un véritable *homme de lettres*, fût-il sénateur.

« M. le ministre d'État, malgré sa supériorité de talent et d'intelligence, n'est pas obligé, s'étant occupé toute sa vie d'autre chose, de savoir quel est le caractère et, pour tout dire, le tempérament d'un véritable homme de lettres. Mais aussi ne devrait-il pas avoir à s'en mêler et à en connaître. Évidemment l'irritation de ce ministre au sujet de M. Sainte-Beuve se complique du dépit d'un directeur de journal désappointé : mais pourquoi aussi un ministre d'État se fait-il entrepreneur direct de journal? Ç'a été là une grosse faute politique. »

Pourquoi aussi, dirons-nous pour finir, M. Sainte-Beuve, dont les dispositions testamentaires interdisaient après lui tout discours sur sa tombe, n'a-t-il pu se défendre également de celui que M. Rouher s'est cru obligé de prononcer naguère à son sujet, en sa qualité de président du Sénat, à l'ouverture de la Chambre (le 3 décembre 1869)? M. Sainte-Beuve l'aurait certes dégagé de la politesse, lui qui a voulu mourir sans emphase et en toute simplicité. Mais la presse a déjà répondu pour nous, et encore une fois elle a pris le parti du confrère éminent et du penseur, mort fidèle à ses convictions, contre l'homme d'État à qui il faudra des funérailles pompeuses.

# NOUVEAUX LUNDIS

Lundi 4 janvier 1869.

## LA POÉSIE

LEÇONS FAITES A LA SORBONNE

POUR L'ENSEIGNEMENT SECONDAIRE DES JEUNES FILLES

PAR M. PAUL ALBERT

Maître de conférences à l'École normale supérieure (1)

Parmi les nombreuses idées et les innovations de plus d'un genre tentées par le ministre de l'instruction publique, une des plus pratiques et la moins contestable assurément, c'est l'institution régulière de leçons faites dans les diverses Facultés et les principales villes de province, à commencer par la Faculté des lettres de Paris, pour l'enseignement secondaire des jeunes filles.

(1) Un volume in-8° à la librairie Hachette, boulevard Saint-Germain, 77.

L'idée était si juste et si opportune qu'elle a aussitôt porté fruit et porté coup; elle a eu l'honneur, dès le premier jour, de soulever les colères de ceux qui possédaient autrefois et dominaient l'entier domaine de l'intelligence humaine et qui, jusque dans leur décadence, quand presque tout leur échappe, voudraient tout garder. Cette colère était de bon augure. Nous avons regretté pourtant de trouver au premier rang des détracteurs un prélat, homme d'esprit, autrefois bien connu dans la capitale, dans la rue du Bac et aux environs, non point pour ses sermons ni précisément par sa grande éloquence, mais pour l'onction, la modération et la morale de ses prônes ou instructions familières, l'abbé Le Courtier. Devenu évêque, et absent depuis bien des années, il s'est empressé de se déclarer un peu vite et un peu à l'étourdie vraiment (si un tel mot est permis à l'égard de ces graves personnages) contre une institution qu'il ne connaissait pas encore. Il a poussé un cri d'alarme, — des cris d'aigle, — comme s'il s'agissait de sauver le Capitole; il a eu même des paroles légères pour « les étudiantes » (style du quartier Latin); ç'a été surtout, le dirai-je? un manque de goût. Ce que c'est pourtant que d'avoir depuis longtemps quitté Paris et d'avoir perdu de vue ce ruisseau de la rue du Bac, si regretté de M<sup>me</sup> de Staël!

De quoi s'agissait-il en effet, et que voyons-nous? Le livre de M. Paul Albert va nous le dire. Ce livre est le premier qui paraisse, résumant cet ordre de conférences institué depuis un an environ. M. Paul Albert, précédemment professeur de rhétorique au lycée Charlemagne, nommé en dernier lieu maître de conférences à l'École normale, était chargé en sus par le ministre d'enseigner spécialement aux jeunes filles, « aux jeunes adolescentes, » comme le disait élégamment un Bref tout récent, la littérature et la poésie. Ce livre de M. Paul Albert, le premier qui nous permette de lire ce qui se professait hier encore dans une salle de la Sorbonne, est le plus propre aussi à donner l'idée de cet enseignement judicieux et vivant, proportionné à son but et de tout point irréprochable. Ah! messieurs les prélats, à commencer par le plus haut de tous, mêlons-nous donc chacun de ce qui nous regarde, et faisons chacun notre métier : ne parlons, s'il vous plaît, que de ce que nous savons. Est-ce que je vais me mêler, moi critique littéraire, de la manière d'assembler les prochains conciles? Ah! laissez-nous de grâce, à nous autres critiques, l'histoire littéraire et ce qui en dépend. L'histoire littéraire est une branche de savoir, émancipée depuis Bacon, lequel a là-dessus une belle page. Et de quel droit voudriez-vous donc en sevrer à jamais l'esprit des jeunes filles et l'immobiliser sur des articles de rhétorique surannée? Il m'est arrivé quelquefois de causer littérature avec des personnes du sexe, réputées d'ailleurs fort instruites, et dont quelques-unes même étaient ou avaient été des institutrices distinguées; elles savaient des mots, des définitions qu'elles répétaient de confiance; elles avaient lu des extraits, elles en étaient presque toutes plus ou moins aux morceaux choisis de *Noël et*

*Laplace.* Un excellent recueil, publié depuis peu par M. Merlet : *Extraits des Classiques français* (1), et qui vient tout naturellement en aide à l'entreprise que nous recommandons ici, est un progrès marqué et offre comme un modèle en fait de choix; mais l'enseignement même, le cours d'études lié et continu, ce qui constitue, à proprement parler, le corps de l'histoire littéraire; ce corps vivant, animé, brillant, il faut nécessairement le chercher ailleurs, autre part que dans des extraits et des notices succinctes, même les plus exactes : or M. Paul Albert le présente aujourd'hui à ses jeunes auditrices dans tout son mouvement vrai, dans toute l'étendue de son développement et de sa croissance : on a l'arbre entier dans ses principaux rameaux.

M. Paul Albert n'a eu pour cela qu'à substituer la méthode vivante et historique aux formules et aux définitions de la vieille rhétorique qui, chassée déjà de partout ailleurs, s'était comme réfugiée dans les pensionnats et institutions de jeunes personnes. Dans cet ensemble de leçons, il aborde successivement les différents genres de poésie, l'épopée, l'ode, la tragédie, la satire, le poëme didactique, l'églogue, la fable. Pour chacun de ces genres, il commence par l'antiquité, analyse quelques-uns des chefs-d'œuvre, marque les transformations que le genre (si genre il y a) a subies à travers les temps et les lieux, en passant de la Grèce à Rome, puis dans le moyen âge et chez les na-

(1) Il n'y avait encore de publié que le premier volume, contenant la prose. (Librairie de Fouraut, rue Saint-André-des-Arts, 47.)

tions modernes jusqu'à nos jours. Sur chaque point, cet esprit nourri aux sources, ce professeur appartenant à l'école exacte et sévère de notre Université, résume avec précision les idées, les vues les plus saines comme les plus avancées de la critique moderne. On a là sur l'*Iliade,* sur la question homérique, sur le degré et la nuance d'originalité de l'*Énéide,* sur cette autre originalité un peu rude et barbare, mais puissante et pleine de séve, qui se révèle dans la chanson de Roland à Roncevaux, on a le dernier mot de la critique sous forme rapide et sobrement élégante. Les traductions du grec, celles d'Homère en particulier, plus loin celles de Pindare et de Sophocle, y sont de première main, fidèles dans la lettre et dans l'esprit, également loin du parti pris d'étrangeté et de la fausse politesse. La *Jérusalem délivrée* du Tasse y est traitée avec grâce et réserve. M. Paul Albert saisit bien et dénonce le point défectueux de ce charmant poëme, œuvre d'un tout jeune homme et où l'on sent trop aujourd'hui l'absence des pensées mûres. Il reproche à l'aimable et romanesque chantre d'avoir, en consacrant uniquement les noms de ses héros chevaliers, négligé et tout à fait omis la foule héroïque, le peuple, ces chrétiens obscurs, ces martyrs sans nom :

« Le manant, dit-il, le petit bourgeois, le vilain aussi bien que le baron et le roi, tous vont délivrer le Saint-Sépulcre, tous vont chercher la rémission de leurs péchés ; tous sont egaux devant la miséricorde de Dieu qui recueille leurs confessions et prépare leurs siéges en paradis. Et n'apprennent-ils pas aussi, les hommes de ce temps, une autre égalité et

moins lointaine? Sous le cimeterre du Turc, devant les puits taris, les fontaines desséchées, la contagion de la peste, grands vassaux et manants n'étaient-ils pas égaux aussi? M. Michelet, l'homme qui sait, qui voit, qui sent si admirablement les choses d'autrefois, a dit en quelques lignes ce qui se passa alors dans les âmes : « Cette trompette libératrice de l'ar-
« change, qu'on avait cru entendre en l'an mil, elle sonna un
« siècle plus tard dans la prédication de la croisade. Au pied
« de la tour féodale qui l'écrasait de son ombre, le village
« s'éveilla. Cet homme impitoyable, qui ne descendait de son
« nid de vautour que pour dépouiller ses vassaux, les arma
« lui-même, les emmena, vécut avec eux, souffrit avec eux ;
« la communauté de misères amollit son cœur. Plus d'un serf
« put dire au baron : *Monseigneur, je vous ai trouvé un*
« *verre d'eau dans le désert ; je vous ai couvert de mon*
« *corps au siége d'Antioche ou de Jérusalem...* » Du mouvement aveugle et désordonné de la croisade va sortir bientôt le mouvement régulier et fécond de l'affranchissement des communes. Le tombeau de Jésus-Christ retombera entre les mains des infidèles, mais les membres de Jésus-Christ seront libres. »

Et c'est ainsi que l'enseignement secondaire initie les jeunes filles au sentiment vrai de nos origines modernes, et les émancipe, les aguerrit par degrés en leur donnant sous cette forme agréable la clef des vicissitudes et des révolutions de l'histoire générale : c'est quelque chose déjà que de les guérir d'un convenu dans le jugement des œuvres de l'esprit et de l'imagination. Est-ce donc là un si grand mal? Cet enseignement prépare des compagnes aux hommes instruits et éclairés qui aimeront à trouver avec qui causer, au logis, de leurs études et de leurs travaux.

Pour moi, quand je parcours ces vingt-deux leçons de
M. Paul Albert, quand je pense à tout ce que j'y trouve
de connu déjà et aussi de neuf, d'exact et de tout
récemment démontré (car l'histoire littéraire est en
marche, et elle avance sans cesse), je ne puis m'empêcher de m'écrier : Heureuses les jeunes filles d'aujourd'hui ! elles commencent, dans ces études qui ont
fait l'occupation de toute notre vie, par où nousmêmes à grand'peine nous finissons ; elles ont pour
leur point de départ le résultat dernier des plus doctes
recherches ; elles sont au courant, et mieux qu'au
courant, dès leur première année, de ce qui a tant
coûté aux autres à gagner et à conquérir ! Pour elles,
la page blanche de l'esprit n'aura reçu tout d'abord
que des notions justes, et l'introduction à la connaissance du beau se passera de ratures.

Sans doute M. Paul Albert a dû faire quelques sacrifices à l'auditoire spécial en présence et à l'adresse
duquel il enseignait. En parlant du Tasse, il a dû s'interdire d'entrer dans les jardins d'Armide ; il ose
pourtant indiquer Clorinde, la belle guerrière, Clorinde qui du moins mourra chrétienne et baptisée. De
même encore dans la satire, M. Paul Albert n'a pas dû
appuyer sur les poëtes et peintres à la Juvénal, ces
*effrontés qui prêchent la pudeur* d'un ton à faire reculer même des hommes. Chez les modernes, il s'est
étendu à plaisir sur l'énergique et le parfois sublime
d'Aubigné, mais il a sauté de lui jusqu'à Boileau, sans
même essayer d'accoster Mathurin Régnier. Il a eu
également bien des sacrifices à faire dans la poésie

pastorale, de Théocrite à André Chénier. La comédie tout entière fait défaut; l'élégie nécessairement est absente. Mais peu importe! les principes sont posés, la méthode est donnée, et l'habile professeur a pris toute sa revanche dans la partie du poëme didactique qui s'applique à l'étude et à l'amour des champs, et dont il a trouvé de si beaux et si doux exemples, de Virgile à Lamartine.

Dans l'ode, dans le genre lyrique tout noble et sévère, il a été plus à l'aise, il a pu presque tout dire : il a fait comprendre Pindare, autant qu'il nous est donné de le comprendre aujourd'hui. Il a insisté avec raison sur l'élévation morale et religieuse de ces hymnes commandés, il est vrai, et payés, mais qu'il ne faudrait pas croire pour cela découlant d'une veine parasite et mercenaire. M. Paul Albert me permettra-t-il de lui dire que, large et accueillant comme il l'est pour Pindare, je ne le trouve pas également juste pour Horace, tant pour le lyrique que pour le satirique? La part équitable ne me semble pas faite à la sagesse morale d'Horace. Cela, je le sais, ne rentre pas, pour le moment, dans nos données et nos visées politiques ou sociales. J'espère que le jour de justice pour le charmant et si sensé poëte reviendra. Ce n'eût été sans doute, en aucun cas, devant un auditoire de jeunes filles que la cause aurait pu se plaider; mais enfin, par convenance comme par principes, M. Paul Albert m'a paru un peu restrictif et un peu sévère. Esprit grave et convaincu, il entre mieux, par certains côtés, dans l'inspiration sérieuse des modernes, dans celle même de Lamartine et de Victor Hugo; il a cité d'eux d'éclatants exemples, et ces rapprochements, qu'aucune complaisance n'énerve, et qui seront ceux de l'avenir, jettent par réflexion une vive lumière sur les grands poëtes du passé. L'idée qui reste d'un classique, après l'avoir entendu, n'est plus du tout celle d'un mort ou d'un demi-dieu refroidi. Et nous aussi modernes, peut-on se dire, nous sommes du bois dont on fera peut-être un jour des classiques : il ne s'agit que de le mériter.

En somme, ce livre a de l'autorité à la fois et du mouvement; il est sobre et ferme, et en même temps on y sent le souffle de la parole. La tradition s'y renouvelle, et la science s'y proportionne dans une bonne mesure. Il m'a rappelé quelquefois par sa destination les livres de littérature élégants et utiles de l'estimable Géruzez, qu'on pourrait également faire lire aux jeunes filles; mais ceux-ci ont je ne sais quoi de lent et de timide dans le procédé et dans les jugements; il y manque le courant et ce qui anime; ils dorment un peu : ce sont des résumés faits et façonnés à loisir. M. Paul Albert, lui, est debout, il parle, il est vivant de ton : il ne dit que ce qu'il veut, et quand il s'arrête, on sent qu'il en pourrait dire davantage. Il entame du moins ce qu'il ne tranche pas. Ses moindres touches sont d'une main sûre. Il ose dire, par exemple, que la tragédie classique est morte et de sa belle mort « de mort naturelle »; que le drame est désormais la seule forme possible. Enfin il pense et il donne à penser; il apprend et il excite à apprendre. On ne pouvait, pour un début, mieux entendre ni mieux remplir sa mission.

J'ai de tout temps aimé à saluer ce qui commence, ce qui promet et qui tient déjà, et, grâce à Dieu, j'aime toujours à le faire. Cette occasion qui se présentait, je l'ai saisie cette fois-ci encore. Si La Harpe, inaugurant ses cours de littérature au Lycée, vers 1786, devant un auditoire de gens du monde conviés pour la première fois à pareille fête, a donné un signal heureux dont il convient toujours de lui tenir compte; — si M. Villemain (ne l'oublions pas) a donné à son heure un autre grand signal de littérature élevée et tout historique, du haut de cette chaire de la Sorbonne qu'il fondait avec éclat, aujourd'hui, dans un cadre plus modeste, plus humble en apparence, quelque chose d'essentiellement neuf et utile, de particulièrement fécond et fructueux, s'inaugure aussi : le livre de M. Paul Albert est une date; c'est le premier d'une série, le premier jalon d'une route, d'une œuvre collective nouvelle que je définirai ainsi : la vulgarisation élégante et élevée des notions acquises par la critique littéraire la plus saine et la plus avancée; le renversement ou plutôt l'annulation des vieilles rhétoriques; une méthode vivante et naturelle substituée aux formules didactiques, — je dis une méthode et non pas de simples séances d'Athénée agréables et décousues, mais tout un mode d'enseignement suivi, et cela à l'usage spécial d'un sexe qu'on avait trop accoutumé jusqu'ici au décousu et à l'amusant. Dans cette innovation louable et de bonne nature, il était juste que la Faculté de Paris donnât le signal. Le livre de M. Paul Albert est la meilleure réponse à M. de Montpellier, et à plus haut que lui. Ce n'est pas la première fois, en France, que la Sorbonne répond respectueusement au Vatican.

Mardi 12 janvier 1869.

# ESSAI SUR TALLEYRAND

Par Sir HENRY LYTTON BULWER

ancien ambassadeur

Traduit de l'anglais par M. GEORGES PERROT (1).

———

Écrire la vie de M. de Talleyrand n'est guère chose possible, et je ne crois pas que la publication de ses Mémoires tant désirés et tant ajournés, si elle se fait jamais, y aide beaucoup. Acteur consommé, M. de Talleyrand, plus encore qu'aucun autre auteur de Mémoires, aura écrit pour colorer sa vie, non pour la révéler; s'il avait l'à-propos en tout et savait ce qu'il faut dire, il savait encore mieux ce qu'il faut taire. Les rares privilégiés qui ont entendu quelques parties de ces fameux Mémoires ont paru surtout enchantés et ravis d'un récit de première communion (la première communion de M. de Talleyrand!) et de ses premières

(1) Un volume in-8°, chez Reinwald, libraire-éditeur, rue des Saints-Pères, 15.

amours de séminaire : ce sont là en France de charmantes amorces, et qui prennent tout lecteur par son faible. Ce maître accompli en l'art de séduire et de plaire aura certes bien su ce qu'il faisait en triomphant de sa paresse pour écrire. Mais ce n'est point la vie de M. de Talleyrand que sir Henry Bulwer a eu dessein de retracer; il a choisi exclusivement l'homme public, et chez celui-ci les principaux moments, et pas tous ces moments encore au même degré. Il s'était proposé pour étude un certain nombre de personnages qu'il appelle représentatifs d'une idée, d'une doctrine ou d'une forme de caractère, et M. de Talleyrand tout le premier lui a paru un de ces types les plus curieux. Envisagé à ce point de vue, l'Essai de sir Henry Bulwer, sans être complet, est tout à fait digne de l'homme d'État distingué qui l'a écrit, et il est piquant, pour nous Français, autant qu'instructif de voir des événements et des hommes avec lesquels nous sommes familiers, jugés dans un esprit élevé et indépendant par un étranger, qui d'ailleurs connaît si bien la France et qui, de tout temps, en a beaucoup aimé le séjour et la société, sinon les gouvernements et la politique.

Né le 2 février 1754, en plein xviii$^e$ siècle, d'une des plus vieilles familles de la monarchie, fils aîné d'un père au service et d'une mère attachée à la cour, Charles-Maurice de Talleyrand, entièrement négligé de ses parents dès sa naissance et qui, disait-il, « n'avait jamais couché sous le même toit que ses père et mère, » éprouva au berceau un accident qui le rendit boiteux. Disgracié dès lors, jugé impropre au service militaire et à la vie active, sa famille le traita en cadet, le destitua formellement de son droit de primogéniture, et le condamna à l'état ecclésiastique. Après ses études faites au collége d'Harcourt, il entra au séminaire de Saint-Sulpice, et se distingua dans les exercices de théologie.

Plus de soixante ans après, au terme de sa carrière, M. de Talleyrand, adressant à l'Académie des sciences morales et politiques l'Éloge de Reinhard, prenait plaisir à remarquer que l'étude de la théologie, par la force et la souplesse de raisonnement, par la dextérité qu'elle donnait à la pensée, préparait très-bien à la diplomatie ; c'en était comme le prélude et l'escrime ; et il citait à l'appui maint exemple illustre de cardinaux et de gens d'Église qui avaient été d'habiles négociateurs. On aurait pu croire vraiment, à l'entendre parler de la sorte, que son apprentissage de Sorbonne avait été aussi le début le plus naturel et le mieux approprié à sa future carrière.

Il n'est pas moins vrai que le jeune *abbé malgré lui,* fier et délicat comme il était, dut ressentir avec amertume l'injustice des siens : quoique d'un rang si distingué, il entrait dans le monde sous l'impression d'un passe-droit cruel dont il eut à dévorer l'affront ; il se dit tout bas qu'il saurait se venger du sort et fixer hautement sa place, armé de cette force qu'il portait en lui-même, et qui déjà devenait à cette heure la première des puissances, — l'esprit.

Si la théologie avait pu être en passant une bonne

école de dialectique, il faut convenir encore que cette nécessité où il se vit aussitôt de remplir des fonctions sacrées, sans être plus croyant que l'abbé de Gondi ; que cette longue habitude imposée durant les belles années de la jeunesse d'exercer un ministère révéré et de célébrer les divins mystères avec l'âme la moins ecclésiastique qui fût jamais, était la plus propre à rompre cette âme à l'une ou l'autre de ces deux choses également funestes, l'hypocrisie ou le scandale. Déplorable régime, malsain en tous sens ! Le cœur, pour peu qu'il y soit disposé, y contracte une corruption profonde.

Le goût peut n'en point souffrir, il peut même s'y raffiner et s'y aiguiser, et on le vit bien pour l'abbé de Périgord. On raconte que ce fut par un bon mot qu'il rompit pour la première fois la glace, et qu'il força l'entrée de la carrière. Il était au cercle de M$^{me}$ du Barry : les habitués y racontaient tout haut leurs bonnes fortunes ; le jeune abbé de vingt ans, très-élégant sous son petit collet « avec une figure qui sans être belle était singulièrement attrayante et une physionomie tout à la fois douce, impudente et spirituelle, » gardait le silence : « Et vous, vous ne dites rien, monsieur l'abbé ? » lui demanda la favorite. — « Hélas ! madame, je faisais une réflexion bien triste. » — « Et laquelle ? » — « Ah ! madame, c'est que Paris est une ville dans laquelle il est bien plus aisé d'avoir des femmes que des abbayes. » Le mot, répété à Louis XV par la favorite, aurait valu à l'abbé de Périgord son premier bénéfice. L'anecdote est digne d'être vraie, et la porte d'entrée était bien choisie.

Cette première existence de l'abbé de Périgord, homme de plaisir en même temps qu'agent général du clergé, et qui, à la veille de la convocation des États-Généraux, venait d'obtenir l'évêché d'Autun, n'est que très-rapidement esquissée et à grands traits par sir Henry Bulwer, qui est pressé d'arriver à l'homme public. On voit pourtant quelle était l'opinion que s'étaient déjà formée du personnage ceux qui l'avaient observé de près, et dans la *Galerie des États-Généraux,* dans cette première et fine série de profils parlementaires dont le La Bruyère anonyme était Laclos, à côté d'un portrait de La Fayette, retracé dans son attitude et sa pose vertueuse sous le nom de *Philarète,* on lisait celui de M. de Talleyrand sous le nom d'*Amène;* c'est d'un parfait contraste.

« *Amène* a ces formes enchanteresses qui embellissent même la vertu. Le premier instrument de ses succès est un excellent esprit. Jugeant les hommes avec indulgence, les événements avec sang-froid, il a cette modération, le vrai caractère du sage...

« *Amène* ne songe pas à élever en un jour l'édifice d'une grande réputation ; parvenue à un haut degré, elle va toujours en décroissant, et sa chute entraîne le bonheur, la paix ; mais *il arrivera à tout,* parce qu'il saisira les occasions qui s'offrent en foule à celui qui ne violente pas la fortune. Chaque grade sera marqué par le développement d'un talent, et, allant ainsi de succès en succès, il réunira cet ensemble de suffrages qui appellent un homme à toutes les grandes places qui vaquent.

« L'envie, qui rarement avoue un mérite complet, a répondu qu'*Amène* manquait de cette force qui brise les difficultés nécessaires pour triompher des obstacles semés sur la route de quiconque agit pour le bien public. Je demanderai d'abord si l'on n'abuse pas de ce mot : *avoir du caractère,* et si cette force, qui a je ne sais quoi d'imposant, réalise beaucoup pour le bonheur du monde. Supposant même que, dans des moments de crise, elle ait triomphé des résolutions, est-ce toujours un bien? Je m'arrête ; quelques lecteurs croiraient peut-être que je confonds la fermeté, la tenue, la constance avec la chaleur, l'enthousiasme, la fougue : *Amène cède aux circonstances,* à la raison, et croit pouvoir *offrir quelques sacrifices à la paix,* sans descendre des principes dont il fait la base de sa morale et de sa conduite... »

La morale d'*Amène,* pas plus que celle de Laclos, gardons-nous d'en trop parler! Mais le portrait est d'un fin observateur, et sir Henry a eu raison d'y souligner quelques traits d'une sagacité qu'on dirait prophétique.

Le rôle de M. de Talleyrand à l'Assemblée Constituante est parfaitement étudié et présenté par l'écrivain anglais, et je dirai même que c'est la partie la plus complète et la plus satisfaisante de son livre : le résultat de cet exposé fait beaucoup d'honneur à M. de Talleyrand. Dès le début, nommé membre de l'Assemblée par le clergé de son diocèse, il donne son programme dans un discours remarquable, tout pratique, où, sans se jeter dans le vague des théories, il résume les principales réformes et les améliorations qu'il estime nécessaires, et qui ont été depuis en partie gagnées définitivement et conquises, en partie aussi outre-passées ou reperdues. Sir Henry Bulwer estime que ce programme, datant de l'aurore de 89, et qui n'était d'ailleurs nullement particulier à M. de Talleyrand, s'il était complétement réalisé, serait encore aujourd'hui pour la France le plus raisonnable et le plus sûr des régimes. En lui laissant la responsabilité de cette opinion, il reste bien avéré que l'évêque d'Autun se montrait dès le premier jour un des plus éclairés et des plus perspicaces esprits de son époque.

M. de Talleyrand fut à l'Assemblée le principal agent et l'organe de la motion qui avait pour objet la vente des biens du clergé au profit de la nation. Membre lui-même du haut clergé, il faisait bon marché de son Ordre et donnait résolûment la main au tiers état. Pozzo di Borgo, jaloux de Talleyrand, dont il était le rival d'esprit et d'influence, disait de lui : « Cet homme s'est fait grand en se rangeant toujours parmi les petits, et en aidant ceux qui avaient le plus besoin de lui. » Le résultat étant louable, on ne pouvait lui en vouloir ici que la tactique fût habile. Sa motion d'ailleurs, dans son principe, était accompagnée de certaines conditions atténuantes et de dédommagements pour les individus. Sir Henry Bulwer a discuté cet acte capital de l'évêque d'Autun avec bien de l'impartialité, et, après l'avoir exposé dans tous les sens, il ajoute : « Mais il arriva alors, comme cela se voit souvent quand la passion et la prudence s'unissent pour quelque grande entreprise, que la partie du plan qui était l'œuvre de la passion fut réalisée complétement et d'un seul coup, tandis que celle qui s'inspirait de la prudence fut transformée et gâtée dans l'exécution. »

Cette motion et l'importance qu'elle conférait à son auteur auraient très-probablement porté l'évêque d'Autun à un poste dans le ministère, si les plans de Mirabeau avaient prévalu. Mais était-ce bien la place de ministre des finances qui lui convenait le mieux, comme semble l'indiquer une note trouvée dans les papiers de Mirabeau? Il est permis d'en douter : c'eût été mettre Tantale à même du Pactole. Quoi qu'il en soit, la part considérable que M. de Talleyrand avait prise non-seulement aux actes du clergé, ou concernant le clergé, mais encore aux importantes questions de finance et aux travaux du comité de Constitution, l'esprit de décision et de vigueur dont il avait fait preuve, non moins que le tour habile et mesuré de sa parole, le désignèrent au choix de l'Assemblée pour être son organe dans le manifeste ou compte rendu de sa conduite, qu'elle jugea à propos d'adresser à la nation en février 1790. Ce manifeste valut à son auteur d'être élu aussitôt président de l'Assemblée, honneur très-recherché et que n'obtint que très-tard Mirabeau.

A voir ce rôle si actif de M. de Talleyrand à l'Assemblée Constituante, le biographe moraliste est amené à se poser une question : le Talleyrand de cette époque, à cet âge de trente-cinq ou trente-six ans, dans toute l'activité et tout l'entrain de sa première ambition, était-il bien le même que celui qu'on a vu plus tard nonchalant, négligent à l'excès, ayant ses faiseurs, se contentant de donner à ce qu'il inspirait le tour et le ton, et à y mettre son cachet? — Évidemment non.

Avec le même fonds intérieur, il dut y avoir des différences ; l'intérêt l'aiguillonnait : il n'était pas tout à fait le même homme avant sa fortune faite qu'après. Je me le figure bien plus vif alors ; il payait davantage de sa personne ; il se souciait de l'opinion. On en a une singulière preuve dans la lettre qu'il écrivit aux journaux (8 février 1791), lorsqu'après avoir déclaré qu'il n'avait aucune prétention à l'évêché de Paris devenu vacant, il crut devoir se justifier ou s'excuser d'avoir gagné de grosses sommes au jeu :

« Maintenant, disait-il, que la crainte de me voir élever à la dignité d'évêque de Paris est dissipée, on me croira sans doute. Voici l'exacte vérité : j'ai gagné, dans l'espace de deux mois, non dans des maisons de jeu, mais dans la société et au Club des Échecs, regardé presque en tout temps, par la nature même de ses institutions, comme une maison particulière, environ 30,000 francs. Je rétablis ici l'exactitude des faits, sans avoir l'intention de les justifier. Le goût du jeu s'est répandu d'une manière même importune dans la société Je ne l'aimai jamais, et je me reproche d'autant plus de n'avoir pas assez résisté à cette séduction ; je me blâme comme particulier, et encore plus comme législateur, qui croit que les vertus de la liberté sont aussi sévères que ses principes, qu'un peuple régénéré doit reconquérir toute la sévérité de la morale, et que la surveillance de l'Assemblée Nationale doit se porter sur ces excès nuisibles à la société en ce qu'ils contribuent à cette inégalité de fortune que les lois doivent tâcher de prévenir par tous les moyens qui ne blessent pas l'éternel fondement de la justice sociale, le respect de la propriété. Je me condamne donc, et je me fais un devoir de l'avouer ; car depuis que le règne de la vérité est arrivé, en renonçant à l'impossible honneur de n'avoir aucun tort, le moyen le plus honnête de réparer ses erreurs est d'avoir le courage de les reconnaître (1). »

Voilà un Talleyrand bien humble, bien exemplaire, bien soucieux du qu'en dira-t-on. Il ressemble bien peu à ce Talleyrand de la fin, qui affectait le dédain de l'opinion, et qui se rencontrant avec le général Lamarque, un jour que celui-ci avait écrit aux journaux pour quelque explication de sa conduite, l'apostrophait froidement par ce mot : « Général, je vous croyais de l'esprit. » Il y a loin de là au Talleyrand contrit faisant son *mea culpa* public d'avoir gagné 30 mille francs au jeu.

Mais il y a bien autre chose : à la fête de la Fédération, pour l'anniversaire du 14 juillet (1790), ce fut M. de Talleyrand qui, en qualité d'évêque officiant et ayant l'abbé Louis pour sous-diacre, célébra solennellement la messe au Champ de Mars sur l'autel de la Patrie, et qui eut à bénir l'étendard rajeuni de la France. On souffre d'une semblable parodie. Religion à part, l'honnêteté se révolte. Je laisse les paroles indignes et cyniques qui passent pour avoir été échangées à l'autel même, et que le souffle de l'impure légende a portées jusqu'à nous; mais j'ose dire que ce n'est point impunément qu'une Constitution nouvelle, fût-elle la meilleure, s'inaugure devant tout

---

(1) Je donne ces textes d'après la traduction, en regrettant que les passages cités ne paraissent nous revenir qu'à travers l'anglais: rien n'eût été plus simple que de réintroduire à ces endroits le texte français original.

un peuple par une momerie ou un sacrilége. Tout le vice du xviiie siècle est là : il y avait dès le premier jour un ver au cœur du fruit.

Qu'est-ce à dire quand il fut question peu après de consacrer les membres du nouveau clergé constitutionnel, les premiers évêques? Il fallait trois évêques pour consommer ce sacre. Des deux associés de l'évêque d'Autun, l'un au moins hésita jusqu'au dernier moment. Talleyrand à la veille de la cérémonie avait vu Gobel, évêque de Lydda, le moins hésitant des deux, qui lui dit que leur collègue Miroudot, évêque de Babylone (les noms mêmes prêtent à la farce) était bien ébranlé. Sur quoi Talleyrand sans marchander se rend chez l'évêque de Babylone, et lui fait une fausse confidence : il lui dit que leur confrère Gobel est lui-même sur le point de les abandonner, que pour lui il sait trop à quoi cela les expose ; que sa résolution est prise, et qu'au lieu de risquer d'être lapidé par la populace, il aime encore mieux se tuer lui-même si l'un des deux vient à le lâcher. Et en même temps il tournait nonchalamment entre ses doigts un petit pistolet qu'il avait tiré de sa poche comme par mégarde, et dont il promettait bien de se servir. Le joujou fit son effet ; une peur chassa l'autre, et les deux coopérateurs furent à leur poste. On voit que l'évêque d'Autun savait, lui aussi, jouer, quand il le fallait, du *bréviaire* du coadjuteur ou des *burettes* de l'abbé Maury. Talleyrand dans le temps même s'égayait fort de cette anecdote et en régalait ses amis. Dumont (de Genève) la tenait de sa bouche, et il l'a racontée dans ses *Souvenirs*. Mais, encore une fois, à quelque point de vue qu'on se place, tout cela n'est pas très-beau (1).

M. de Talleyrand, sommé peu après par le pape de revenir à résipiscence sous peine d'excommunication (et il faut convenir qu'il ne l'avait pas volé) se le tint pour dit, et quitta décidément l'Église pour embrasser la vie séculière. C'est ce qu'il pouvait faire de mieux, et il avait déjà beaucoup trop attendu.

On a besoin de l'éloignement et de ne considérer avec sir Henry Bulwer que les principaux actes de la ligne politique de M. de Talleyrand à cette époque,

(1) En racontant l'historiette de cette façon bouffonne aux dépens des autres, Talleyrand ne disait que la moitié de la vérité. Il avait eu peur lui-même, peur non pas du côté de la populace, mais du côté du clergé. Il faut lire là-dessus l'Américain Gouverneur-Morris, qui est bon à consulter en plus d'un endroit de son journal sur l'évêque d'Autun, et notamment ici : « 24 février 1791. A midi, je me promène jusqu'à ce que je sois bien fatigué ; ensuite je vais au Louvre pour y dîner. Madame (*de Flahault*) est au lit, malade. En rentrant chez elle hier soir, elle a trouvé sous enveloppe le testament de *son évêque*, qui la fait son héritière. Elle juge, de quelques mots qu'il a laissé échapper dans sa dernière conversation avec elle, qu'il est question pour lui de mourir ; aussi a-t-elle passé la nuit dans une grande agitation et dans les larmes. M. de Sainte-Foix, qu'elle a fait réveiller à quatre heures du matin, n'a pu trouver l'évêque, celui-ci ayant couché hors de son domicile et près d'une église où il devait ce jour-là même consacrer deux évêques nouvellement élus. On finit par apprendre qu'ayant reçu des menaces de mort réitérées, M. de Talleyrand avait craint que le Clergé ne le fît assassiner ce jour-là, et qu'il avait écrit cette lettre, mais en donnant des ordres pour qu'elle ne fût remise que dans la soirée, ayant l'intention de la reprendre s'il vivait encore avant la fin du jour, ce que son trouble lui aura fait oublier. » (*Mémorial* de Gouverneur-Morris, tom. I, p. 308.)

pour rendre la justice qui est due à sa netteté de vues et à sa clairvoyance. On s'est souvent demandé ce qu'aurait été Voltaire à la Révolution, et quelquefois on a tranché cette question bien à la légère. Voltaire, — et j'entends le Voltaire du fond, de la *pensée de derrière*, tout ce qu'il y avait d'éclairé et de prophétique dans Voltaire, — eût été pour la Révolution, et je ne crois pas être loin du vrai en répondant : Talleyrand à l'Assemblée Constituante, c'est assez bien Voltaire en 89, un Voltaire moins irritable et sans les impatiences : mais aussi Voltaire avait de plus le feu sacré. Talleyrand, s'il l'avait jamais eu, l'avait perdu de bien bonne heure : il n'avait gardé que le bon sens parfait et fin, mais aussi un bon sens égal, imperturbable.

Au moment où l'Assemblée nationale allait se séparer (septembre 1791), Talleyrand soumettait à l'attention de ses collègues un rapport et presque un livre sur un vaste plan d'instruction publique, ayant à sa base l'école communale, et à son sommet l'Institut. La lecture, qui remplit plus d'une séance, fut entendue jusqu'au bout avec la plus grande faveur. Marie-Joseph Chénier n'a pas craint d'appeler cet ouvrage « un monument de gloire littéraire où tous les charmes du style embellissent les idées philosophiques. » Il ne se pouvait de plus digne testament de cette féconde et illustre législature.

Sir Henry Bulwer a résumé en des termes judicieux et élevés le côté apparent et lumineux du rôle de Talleyrand pendant cette première période de sa carrière publique :

« Dans cette Assemblée, dit-il, M. de Talleyrand fut le personnage le plus important après Mirabeau, comme il fut plus tard, sous le régime impérial, le personnage le plus remarquable après Napoléon... Toutefois, la réputation qu'il acquit à juste titre dans ces temps violents et agités ne fut pas d'un caractère violent ni marquée de turbulence. Membre des deux clubs fameux de l'époque (les Jacobins et les Feuillants), il les fréquentait de temps à autre, non pour se mêler à leurs débats, mais pour faire la connaissance de ceux qui y prenaient part, et pouvoir les influencer. Dans l'Assemblée Nationale, il avait toujours été avec les plus modérés qui pouvaient espérer le pouvoir et qui ne désavouaient pas la Révolution.

« ... Aucun sentiment personnel ne troubla sa ligne de conduite; elle ne fut jamais marquée par des préventions de cette nature, sans qu'on puisse dire qu'elle ait non plus jamais resplendi de l'éclat d'une éloquence extraordinaire. Son influence vint de ce qu'il proposa des mesures importantes et raisonnables au moment opportun, et cela dans un langage singulièrement clair et élégant; ce qu'avait d'élevé sa situation sociale ajoutait encore à l'effet de sa conduite et de son intervention.

« ... Il avouait qu'il désirait une monarchie constitutionnelle, et qu'il était disposé à faire tout ce qu'il pouvait pour en obtenir une; mais il ne dit jamais qu'il se sacrifierait à cette idée, s'il devenait évident qu'elle ne pouvait pas triompher. »

D'autres ont assez montré et montreront l'envers de l'homme : c'est ici un Talleyrand vu par l'*endroit*.

L'Assemblée une fois séparée et ceux qui en avaient été membres se voyant exclus de toute action législative, Talleyrand ne jugea point à propos de rester dans l'atmosphère agitée de Paris : il partit pour Londres avec son ami Biron, ambassadeur, en janvier 1792. Ce n'était point un simple voyage d'observation : il avait bien aussi une mission confidentielle, mais il ne réussit ni auprès du ministère, ni même dans la haute société, tant la prévention contre la France était forte. Dumont, qui le vit beaucoup à ce moment, nous l'a peint au physique et au moral avec vérité :

« Je ne sais s'il n'avait pas un peu trop l'ambition d'imposer par un air de réserve et de profondeur. Son premier abord en général était très-froid ; il parlait très-peu, il écoutait avec une grande attention ; sa physionomie, dont les traits étaient un peu gonflés, semblait annoncer de la mollesse, et une voix mâle et grave paraissait contraster avec cette physionomie. Il se tenait à distance et ne s'exposait point. Les Anglais, qui n'ont que des préventions générales sur le caractère des Français, ne trouvaient en lui ni la vivacité, ni la familiarité, ni l'indiscrétion, ni la gaieté nationale. Une manière sentencieuse, une politesse froide, un air d'examen, voilà ce qui formait une défense autour de lui dans son rôle diplomatique. »

Mais dans l'intérieur et l'intimité le masque tombait ou avait l'air de tomber tout à fait : il était alors charmant, familier, d'une grâce caressante, aux petits soins pour plaire, « se faisant amusant pour être amusé. » Son goût le plus vif semblait être celui de la conversation avec des esprits faits pour l'entendre, et il aimait à la prolonger jusque bien avant dans la nuit. Dumont, qui fit avec lui le voyage de retour en France, nous a dit combien il était délicieux « dans le petit espace carré d'une voiture. »

Revenu à Paris et ne trouvant plus son ami Narbonne dans le ministère, Talleyrand, qui n'en était pas à une liaison près, s'arrangea avec la Gironde, avec Dumouriez, et il retourna de nouveau à Londres, toujours chargé d'une mission, à côté de Chauvelin, ambassadeur, et comme pour le seconder (mai 1792). Il s'agissait, à la veille d'une guerre continentale, de se ménager la neutralité de l'Angleterre. Les négociateurs trouvèrent partout méfiance et sourde oreille : on ne traite pas avec un trône qui s'écroule. Talleyrand, rappelé à Paris avant le 10 août, en repartit encore pour Londres vers le milieu de septembre, avec un passe-port de Danton : en quelle qualité et dans quelles vues?

M. de Talleyrand a longtemps nié être venu cette fois à Londres pour un autre motif que celui d'échapper aux périls qu'il courait en France : ce qui n'empêcha point qu'il ne reçût l'ordre de quitter l'Angleterre en janvier 1794, parce qu'on l'y considérait comme un hôte dangereux (1). Quel put être le motif de cette rigueur, et pourquoi fut-il un des rares Français auxquels on crut devoir appliquer en ce temps-là l'*Alien-bill?* Cela prouve du moins qu'il n'était guère en odeur de vertu. Il écrivit à cette date à lord Grenville une lettre justificative, où il protestait de l'innocence de ses intentions et de ses démarches :

« Je suis venu en Angleterre, disait-il, jouir de la paix et de la sûreté personnelle à l'abri d'une Constitution protec-

(1) Voir le *Journal et Lettres* de M^me Darblay, tom. VI, p. 14 et suiv., édit. de 1854.

trice de la liberté et de la propriété. J'y existe, comme je l'ai toujours été, étranger à toutes les discussions et à tous les intérêts de parti, et *n'ayant pas plus à redouter devant les hommes justes la publicité d'une seule de mes opinions politiques que la connaissance d'une seule de mes actions...* »

Sa réclamation étant restée vaine, il s'embarqua en ce temps pour les États-Unis. Mais vingt mois plus tard, quand il y eut jour à rentrer en France, Marie-Joseph Chénier, à l'instigation de M$^{me}$ de Staël [1], sollicita de la Convention le rappel de Talleyrand, et il le fit en ces termes :

« Nos divers ministères à Londres attestent la bonne conduite qu'il a tenue et les services qu'il a rendus. J'ai entre les mains un mémoire dont on a pu trouver un double dans les papiers de Danton. Ce mémoire daté du 25 novembre 1792 prouve qu'il s'occupait à consolider la République lorsque, sans motif et sans rapport préalable, on l'a décrété d'accusation... »

De son côté, Talleyrand lui-même, dans des *Éclaircissements* publiés en l'an VII, avant sa sortie du ministère, voulant se laver de l'accusation d'avoir émigré, s'autorisait de la mission qui lui avait été confiée au début de la République :

[1] Talleyrand écrivait d'Amérique à M$^{me}$ de Staël, pour activer sa bienveillance : « Si je reste encore un an ici, j'y meurs. » — M$^{me}$ de Genlis, dans ses *Mémoires* (tom. V, p. 54), cite en entier une lettre de M. de Talleyrand, à elle adressée et datée de Philadelphie : c'est une lettre agréable, mais probablement retouchée en quelques points par la femme de lettres qui aimait à émousser toute expression vive ou trop naturelle.

« Je fus envoyé à Londres, disait-il, pour la deuxième fois le 7 septembre 1792 par le Conseil exécutif provisoire. J'ai en original le passe-port qui me fut délivré par le Conseil et qui est signé des six membres, Lebrun, *Danton,* etc. Il a été mis sous les yeux de la Convention au moment où elle daigna s'occuper de moi, et je le montrerai à quiconque désirera le voir. Ce passe-port est conçu en ces termes :
« *Laissez passer Ch.-Maurice Talleyrand allant à Londres par nos ordres...* Ainsi j'étais sorti de France parce que j'y étais autorisé, que j'avais reçu même de la confiance du gouvernement des ordres positifs pour ce départ. »

Cependant, quarante ans après, dans son dernier séjour de Londres, et dans toute sa gloire d'ambassadeur, il se plaisait à raconter comment il aurait obtenu et presque escamoté ce passe-port de Danton par une sorte de stratagème et en souriant d'une plaisanterie que ce personnage redouté venait de faire sur le compte d'un autre pétitionnaire. Talleyrand excellait ainsi à donner le change à un soupçon sérieux par un trait amusant.

Tous ces dits et contredits où l'on perd le fil ont inquiété sir Henry Bulwer, qui a pris le soin de les rapprocher et de les discuter :

« Comment concilier, se demande-t-il, la déclaration formelle de Chénier avec les solennelles protestations de M. de Talleyrand à lord Grenville? — Comment M. de Talleyrand avait-il pu écrire des mémoires à Danton et cependant être venu en Angleterre, simplement *dans le dessein d'y chercher le repos?...* »

Comment? comment?... Eh! mon Dieu! c'est se donner bien de la peine pour essayer de concilier ce qui est si simple et si bien dans la nature du personnage. Que conclure en effet de tout cela? Une seule chose que la politesse défend de dire des gens si ce n'est après leur mort; c'est que M. de Talleyrand a menti ; et, dès qu'il y avait le moindre intérêt, il était coutumier de mentir.

Un mensonge ainsi avéré en représente des milliers d'autres. Aussi lord Grenville avait-il traité Talleyrand d'homme « profond et dangereux, » et un autre lord Granville avait un mot énergique et bien anglais pour définir celui dont les dehors gracieux ou imposants recouvraient tant de secrètes laideurs : « C'est un bas de soie rempli de boue. » Telle est du moins la traduction (encore trop polie, m'assure-t-on) qu'a donnée de ce mot M. de Chateaubriand (1).

Nous reviendrons prochainement, guidé toujours par sir Henry Bulwer, mais un peu moins indulgent que lui, sur cette vie et ce personnage à triple et quadruple fond.

---

(1) Je crois bien qu'ici j'ai trop prêté à la patrie de Swift, et qu'il faut revendiquer le mot pour nous, un mot de soldat et à la Cambronne. Selon les uns, ce serait Lannes ou Lasalle qui, voyant Talleyrand dans son costume de cour et faisant belle jambe, autant qu'il le pouvait, aurait dit : « Dans de si beaux bas de soie, f..... de la m....! » Mais selon une autre version qui m'est affirmée, le général Bertrand racontant une scène terrible dont il avait été témoin, et dans laquelle Napoléon lança à Talleyrand les plus sanglants reproches, ajoutait que les derniers mots de cette explosion furent : « Tenez, monsieur, vous n'êtes que de la m.... dans un bas de soie. » Le mot, sous cette dernière forme, sent tout à fait sa vérité.

Mardi 26 janvier 1869.

# ESSAI SUR TALLEYRAND

Par Sir HENRY LYTTON BULWER
ancien ambassadeur

Traduit de l'anglais par M. GEORGES PERROT (1)

(SUITE.)

Le devoir de la critique dans tout sujet est avant tout de l'envisager sans parti pris, de se tenir exempte de préventions, fussent-elles des mieux fondées, et de ne pas sacrifier davantage à celles de ses lecteurs.

(1) Un volume in-8°, chez Reinwald, libraire-éditeur, rue des Saints-Pères, 15. — J'ai dit, après beaucoup d'autres, que c'était par suite d'un accident et dès sa première enfance que M. de Talleyrand était boiteux ; mais la vérité en tout, avec de tels hommes, est difficile à savoir. D'après le témoignage d'un abbé-comte de l'ancien régime, cousin de M. de Talleyrand et qui avait été de ses camarades et collègues à Saint-Sulpice, à Reims et ailleurs, il paraîtrait qu'il était pied bot et qu'il y avait toujours eu un pied bot dans la famille. Ceci même expliquerait qu'on en eût fait mystère.

M. de Talleyrand est un sujet des plus compliqués ; il y avait plusieurs hommes en lui : il importe de les voir, de les entrevoir du moins, et de les indiquer. Sir Henry Bulwer, homme d'État et étranger, moins choqué que nous de certains côtés qui ont laissé de tristes empreintes dans nos souvenirs et dans notre histoire, a jugé utile et intéressant, après étude, de dégager tout ce qu'il y avait de lumières et de bon esprit politique dans le personnage qui est resté plus généralement célèbre par ses bons mots et par ses roueries : « L'idée que j'avais, dit-il, c'était de montrer le côté sérieux et sensé du caractère de cet homme du xviiie siècle, sans faire du tort à son esprit ou trop louer son honnêteté. » Il a complétement réussi à ce qu'il voulait, et son Essai, à cet égard, bien que manquant un peu de précision et ne fouillant pas assez les coins obscurs, est un service historique : il y aura profit pour tous les esprits réfléchis à le lire.

Mais, en regard et à côté, il est indispensable d'avoir sur sa table le terrible article *Talleyrand*, de la *Biographie-Michaud*, article qui est tout un volume, et qui constitue la base la plus formidable d'accusation, le réquisitoire historique permanent contre l'ancien évêque d'Autun. Il y règne un esprit de dénigrement et de haine, c'est évident ; mais l'enquête préparée de longue main, grossie de toutes les informations successives et collectives, a été serrée de près.

Je reprends le personnage où je l'ai laissé. Talleyrand est donc rentré en France sous le Directoire; l'ancien constituant a été amnistié, et mieux qu'amnistié; mais du moment qu'il a remis le pied dans Paris, ce n'est pas pour y rester observateur passif et insignifiant : partout où il est, il renoue ses fils, il trame, il intrigue ; il faut qu'il soit du pouvoir, et il en sera.

A ne voir que les dehors, sa rentrée est la plus digne et la mieux séante : c'est une rentrée littéraire. Pour les politiques en disponibilité, la littérature, quand elle n'est pas une consolation, est un moyen. Talleyrand ne crut pouvoir mieux remplir son apparence de loisir, dans les mois qui précédèrent le 18 Fructidor, et payer plus gracieusement sa bienvenue que par son assiduité à l'Institut national, dont on l'avait nommé membre dès l'origine, et en y marquant sa présence par deux Mémoires : l'un tout plein de souvenirs et de considérations intéressantes sur les relations commerciales des État-Unis avec l'Angleterre, l'autre tout plein de vues, de prévisions et même de pronostics, sur les avantages à retirer d'un nouveau régime de colonisation, et sur l'esprit qu'il y faudrait apporter.

On a beaucoup dit que M. de Talleyrand ne faisait point lui-même les écrits qu'il signait, que c'était tantôt Panchaud pour les finances, des Renaudes pour l'instruction publique, d'Hauterive ou La Besnardière pour la politique, qui étaient ses rédacteurs. En convenant qu'il doit y avoir du vrai, gardons-nous pourtant de nous faire un Talleyrand plus paresseux et moins lui-même qu'il ne l'était : il me paraît, à moi, tout à fait certain que les deux Mémoires lus à l'Institut en l'an V, si pleins de hautes vues finement exprimées, sont et ne peuvent être que du même esprit, j'allais dire de la même plume qui, plus de quarante ans après, dans un discours académique final, dans l'*Éloge de Reinhard*, traçait le triple portrait idéal du parfait ministre des affaires étrangères, du parfait directeur ou chef de division, du parfait consul : et cette plume ne peut être que celle de M. de Talleyrand, quand il se soignait et se châtiait.

Et comment ne serait-ce point M. de Talleyrand qui, après avoir vu de près l'Amérique, l'avoir observée si peu d'années après son déchirement d'avec la mère patrie, et l'avoir, non sans étonnement, retrouvée tout anglaise, sinon d'affection, du moins d'habitudes, d'inclinations et d'intérêts, aurait lui-même écrit ou dicté les remarques suivantes :

« Quiconque a bien vu l'Amérique ne peut plus douter maintenant que dans la plupart de ses habitudes elle ne soit restée anglaise; que son ancien commerce avec l'Angleterre n'ait même gagné de l'activité au lieu d'en perdre depuis l'époque de l'indépendance, et que par conséquent l'indépendance, loin d'être funeste à l'Angleterre, ne lui ait été à plusieurs égards avantageuse. »

Appliquant ici le mode d'analyse en usage chez les idéologues et tout à fait de mise à l'Institut en l'an III, il partait de ce principe que « ce qui détermine la volonté, c'est l'inclination et l'intérêt, » et que ces deux mobiles s'unissaient des deux parts pour rapprocher les colons émancipés et leurs tyrans de la veille :

« Il paraît d'abord étrange et presque paradoxal de prétendre que les Américains sont portés d'inclination vers l'Angleterre ; mais il ne faut pas perdre de vue que le peuple américain est un peuple *dépassionné ;* que la victoire et le temps ont amorti ses haines, et que chez lui les inclinations se réduisent à de simples habitudes : or, toutes ses habitudes le rapprochent de l'Angleterre.

« L'identité de langage est un premier rapport dont on ne saurait trop méditer l'influence. Cette identité place entre les hommes de ces deux pays un caractère commun qui les fera toujours se prendre l'un à l'autre et se reconnaître ; ils se croiront mutuellement chez eux quand ils voyageront l'un chez l'autre ; ils échangeront avec un plaisir réciproque la plénitude de leurs pensées et toute la discussion de leurs intérêts, tandis qu'une barrière insurmontable est élevée entre les peuples de différent langage qui ne peuvent prononcer un mot sans s'avertir qu'ils n'appartiennent pas à la même patrie ; entre qui toute transmission de pensée est un travail pénible, et non une jouissance ; qui ne parviennent jamais à s'entendre parfaitement, et pour qui le résultat de la conversation, après s'être fatigués de leurs efforts impuissants, est de se trouver mutuellement ridicules. Dans toutes les parties de l'Amérique que j'ai parcourues, je n'ai pas trouvé un seul Anglais qui ne se trouvât Américain, pas un seul Français qui ne se trouvât étranger. »

Après l'inclination et l'habitude, il relève l'intérêt, cet autre mobile tout-puissant, surtout dans un pays nouveau où « la grande affaire est incontestablement d'accroître sa fortune. » Et comment ne seraient-elles point encore de Talleyrand ces réflexions morales si justement conçues, exprimées si nettement, sur l'égalité et la multiplicité des cultes, dont il a été témoin, sur cet esprit de religion qui, bien que sincère, est surtout un sentiment d'habitude et qui se neutralise dans ses diversités mêmes, subordonné qu'il est chez tous (sauf de rares exceptions) à l'ardeur dominante du moment, à la poursuite des moyens d'accroître promptement son bien-être? Ce seraient, si c'était le lieu, autant de morceaux excellents à détacher.

Et sur ce climat qui n'est pas fait, et sur ce caractère américain, qui ne l'est pas davantage, quel plus frappant et plus philosophique tableau que celui-ci, trop pris sur nature, trop bien tracé et de main de maître pour n'être pas rappelé ici, quand sur d'autres points nous devons être si sévères !

« Que l'on considère ces cités populeuses d'Anglais, d'Allemands, de Hollandais, d'Irlandais, et aussi d'habitants indigènes, ces bourgades lointaines, si distantes les unes des autres ; ces vastes contrées incultes, traversées plutôt qu'habitées par des hommes qui ne sont d'aucun pays : quel lien commun concevoir au milieu de toutes ces disparités ? C'est un spectacle neuf pour le voyageur qui, partant d'une ville principale où l'état social est perfectionné, traverse successivement tous les degrés de civilisation et d'industrie qui vont toujours en s'affaiblissant, jusqu'à ce qu'il arrive en très-peu de jours à la cabane informe et grossière, construite de troncs d'arbres nouvellement abattus. *Un tel voyage est une sorte d'analyse pratique et vivante de l'origine des peuples et des États :* on part de l'ensemble le plus composé pour arriver aux éléments les plus simples ; à chaque journée, on perd de vue quelques-unes de ces inventions que nos besoins, en se multipliant, ont rendues nécessaires ; et *il semble que l'on voyage en arrière dans l'histoire des progrès de l'esprit humain.* Si un tel spectacle attache fortement l'imagination, *si l'on se plaît à retrouver dans la succession de l'espace ce qui semble n'appartenir qu'à la succession des temps*, il faut se résoudre à ne voir que très-peu de liens sociaux, nul caractère commun parmi des hommes qui semblent si peu appartenir à la même association. »

S'il ne semblait puéril et bien ingénu de prendre Talleyrand par le côté littéraire, on aurait à noter encore ce qui suit immédiatement, ces deux portraits de mœurs, *le Bûcheron américain, le Pêcheur américain.* Talleyrand a observé les États-Unis comme Volney, et il résume ce qu'il a vu avec plus de légèreté dans l'expression et autant d'exactitude. Contentons-nous donc de dire désormais que si la plupart du temps, dans les écrits signés de son nom, Talleyrand laissait la besogne et le gros ouvrage aux autres, il se réservait dans les occasions et aux bons endroits la dernière touche et le fin (1).

L'autre Mémoire *sur les avantages à retirer de colo-*

(1) Je dois une réparation à M. G. Perrot, si connu par ses travaux d'érudition, et qui a bien voulu se faire, cette fois, simple traducteur. J'ai dit dans mon dernier article que je regrettais qu'il n'eût point substitué le texte français original à la traduction de l'anglais, pour certains passages cités de Talleyrand. En effet, les phrases m'en avaient paru longues et laborieuses. M. Perrot m'écrit pour répondre à mon reproche et me rectifier. Il a bien réellement introduit le texte français primitif ; « mais, ajoute-t-il, c'est que M. de Talleyrand écrit très-mal pour son compte, quand il n'a pas d'auxiliaire et de secrétaire. » Je ne suis pas aussi absolu, et je crois qu'il y a à distinguer. Cela deviendra plus sensible lorsqu'on aura sous les yeux les fameux Mémoires. J'ai vu, de la main de M. de Talleyrand et de sa petite écriture ronde, le portrait

*nies nouvelles dans les circonstances présentes* mériterait aussi une analyse : il se rapporte particulièrement à l'état moral de la France d'alors, et il est plein de vues sages ou même profondes. Il semble avoir été écrit en prévision du 18 Fructidor et des déportations prochaines : on n'ose dire pourtant que la Guyane et Sinnamari aient en rien répondu à la description des colonies nouvelles que proposait Talleyrand d'un air de philanthropie, et en considération, disait-il, « de tant d'hommes agités qui ont besoin de projets, de tant d'hommes malheureux qui ont besoin d'espérances. » Il y disait encore, en vrai moraliste politique :

« L'art de mettre les hommes à leur place est le premier peut-être dans la science du gouvernement ; mais celui de trouver la place des mécontents est, à coup sûr, le plus difficile, et présenter à leur imagination des lointains, des perspectives où puissent se prendre leurs pensées et leurs désirs est, je crois, une des solutions de cette difficulté sociale. »

Oui, mais à condition qu'on n'ira pas éblouir à tout

qu'il s'était amusé à faire d'une femme d'esprit de ses amies, pendant une séance du Sénat et sur du papier sénatorial : c'est une page simple, nette et d'un goût fin, comme tout ce qui venait directement de lui. Et qu'on lise aussi dans le *Bibliophile français* (n° du 1ᵉʳ août 1868) deux lettres de Talleyrand dans sa jeunesse, du Talleyrand d'avant la Révolution, d'avant l'épiscopat, adressées en 1787 à son ami Choiseul-Gouffier, ambassadeur à Constantinople : c'est vif, court, agréable, aimable, en même temps qu'on y sent un premier souffle de libéralisme sincère, un souci des intérêts populaires qui semble, en vérité, venir du cœur autant que de l'esprit. Les plus avancés eux-mêmes mettent du temps à se corrompre.

hasard les esprits, les leurrer par de vains mirages, et qu'une politique hypocrite n'aura pas pour objet de se débarrasser, coûte que coûte, des mécontents.

Je relève dans ce Mémoire un heureux coup de crayon donné en passant, et qui caractérise en beau M. de Choiseul :

« M. le duc de Choiseul, *un des hommes de notre siècle qui a eu le plus d'avenir dans l'esprit ;* qui déjà, en 1769, prévoyait la séparation de l'Amérique d'avec l'Angleterre et craignait le partage de la Pologne, cherchait dès cette époque à préparer par des négociations la cession de l'Égypte à la France, pour se trouver prêt à remplacer, par les mêmes productions et par un commerce plus étendu, les colonies américaines le jour où elles nous échapperaient... »

Voilà un éloge relevé par un joli mot : un joli mot, en France, a toujours chance de l'emporter sur un jugement. On ne doit pas oublier toutefois quelle légèreté M. de Choiseul apporta dans ces affaires mêmes des colonies, et d'après quel « plan insensé » furent conduites les expéditions aventureuses de la Guyane (1763-1767). Malouet, dans ses *Mémoires*, nous en apprend assez long là-dessus. M. de Choiseul, en fait de colonies, pouvait voir très-loin dans l'avenir ; il regardait très-peu dans le présent.

Mais c'est trop nous arrêter aux bagatelles de la porte. M. de Talleyrand cependant s'est remué, il a intrigué, il a plu à Barras ; il est entré, par lui, dans le gouvernement. A-t-il poussé et coopéré aussi activement qu'on l'a dit à toutes les mesures qui précédèrent et suivirent le 18 Fructidor ? Quand on parlait devant lui de la complicité de M^me de Staël, dans ce coup d'État : « M^me de Staël, disait-il, a fait le 18, mais non pas le 19. » On sait, en effet, que, si la journée du 18 avait abattu l'espoir des royalistes, la journée du 19, avec ses décrets de déportation, avait relevé l'audace des jacobins. Mais Talleyrand au pouvoir n'y regardait pas de si près ; il avait à gagner ses éperons ; il était depuis quelques semaines seulement à la tête du ministère des affaires étrangères, où il avait remplacé Charles Delacroix, père de l'illustre Eugène. Aussitôt nommé, il en avait fait part au général de l'armée d'Italie, il faut voir en quels termes : ce sont ses premières avances, et elles sont d'une vivacité, d'une grâce toute spirituelle et toute voltairienne. Qu'on se rappelle Voltaire quand il s'adresse à des souverains :

« *Au général Bonaparte.*

« Paris, le 6 thermidor an v (24 juillet 1797).

« J'ai l'honneur de vous annoncer, général, que le Directoire exécutif m'a nommé ministre des relations extérieures.

« Justement effrayé des fonctions dont je sens la périlleuse importance, j'ai besoin de me rassurer par le sentiment de ce que votre gloire doit apporter de moyens et de facilités dans les négociations. Le nom seul de Bonaparte est un auxiliaire qui doit tout aplanir.

« Je m'empresserai de vous faire parvenir toutes les vues que le Directoire me chargera de vous transmettre, et la Renommée, qui est votre organe ordinaire, me ravira souvent le bonheur de lui apprendre la manière dont vous les aurez remplies. »

Voilà qui est bien débuté, et le courtisan dans le ministre ne se fait pas attendre.

Ce sera de même qu'aussitôt la paix signée par le général à Campo Formio, bien que cette paix ne fût pas tout à fait conforme à ce que le Directoire avait désiré et indiqué dans ses instructions dernières, Talleyrand, oubliant qu'il est l'organe direct des intentions du Directoire, et prenant sur lui le surcroît d'enthousiasme, écrira :

« Paris, le 5 brumaire an 6 (26 octobre 1797).

« Voilà donc la paix faite, et une paix à la Bonaparte. Recevez-en mon compliment de cœur, mon général ; les expressions manquent pour vous dire tout ce qu'on voudrait en ce moment. Le Directoire est content, le public enchanté. Tout est au mieux.

« On aura peut-être quelques criailleries d'Italiens ; mais c'est égal. Adieu, général pacificateur ! Adieu : amitié, admiration, respect, reconnaissance ; on ne sait où s'arrêter dans cette énumération. »

Il me semble encore une fois lire du Voltaire, dans sa lune de miel avec le grand Frédéric.

Ne pouvant qu'effleurer cette existence de Talleyrand, qu'éclairer deux ou trois points saillants, et tout au plus donner un coup de sonde à deux ou trois endroits, je ne voudrais rien dire que d'exact, de sûr, et en même temps mettre le lecteur à même de juger, ou du moins d'entrevoir les éléments divers du jugement.

La grâce, le goût, l'art de l'insinuation, il faut qu'il les ait eus au plus haut degré pour que, dans ses Mémoires sobres et sévères, Napoléon, racontant ce qui se passa à son retour de l'Italie et de Rastadt, et la manière dont il fut accueilli par le Directoire, les fêtes qu'on lui donna, ait songé à distinguer celle du ministre des affaires étrangères. Talleyrand et lui se voyaient alors pour la première fois :

« Le Directoire, le Corps législatif et le ministre des relations extérieures donnèrent des fêtes à Napoléon. Il parut à toutes, mais y resta peu de temps. *Celle du ministre Talleyrand fut marquée au coin du bon goût.* Une femme célèbre, déterminée à lutter avec le vainqueur d'Italie, l'interpella au milieu d'un grand cercle, lui demandant quelle était, à ses yeux, la première femme du monde, morte ou vivante : « Celle qui a fait le plus d'enfants, » lui répondit-il en souriant. »

C'est là le lieu de ce fameux mot en réponse à M<sup>me</sup> de Staël, et qui a tant couru : elle voyait également pour la première fois le général Bonaparte, elle essayait d'emblée sur lui la fascination de son éloquence. Convenez que la question à bout portant était provoquante. Ainsi placée et dite *en souriant,* la riposte qui a pu paraître une grosse impolitesse n'est plus guère qu'une malice (1).

Il est parfaitement vrai que Talleyrand, en ces an-

---

(1) Ce fut Talleyrand alors qui fut choisi comme l'interprète du Directoire auprès du général Bonaparte dans deux circonstances qui avaient un caractère révolutionnaire : la première, pour le décider à assister à la fête anniversaire du 21 janvier ; la seconde, pour justifier l'assassinat de deux jeunes gens qui avaient fait une manifestation royaliste au café Garchy. Le général Bonaparte avait exprimé hautement son indignation. Talleyrand, dans les deux cas, parla au général en avocat d'office et médiocrement convaincu. (*Commentaires* de Napoléon I<sup>er</sup>, édition de 1867, tome II, page 180.)

nées, avait déjà jusqu'à un certain point lié son avenir
à celui du glorieux général, et qu'il y avait entre eux
un concert, même pour ce qui devait s'accomplir en
Orient. Les arrangements étaient pris, les rôles distribués : en même temps que Bonaparte s'embarquait
pour l'Égypte, Talleyrand devait aller de sa personne
négocier auprès de la Porte en qualité d'ambassadeur,
pour appuyer de sa diplomatie l'expédition colonisatrice. Mais avec lui les absents bientôt avaient tort : il
aima mieux oublier l'Orient, laisser le conquérant
lointain courir ses risques, et rester à Paris ministre
d'une politique qui était sans doute beaucoup trop révolutionnaire et propagandiste pour qu'il l'acceptât
sincèrement, mais à laquelle aussi, à travers les remaniements des petits États, il y avait beaucoup pour
lui à gagner, à pêcher, comme on dit, *en eau trouble.*

La vénalité, en effet, c'est là la plaie de Talleyrand,
une plaie hideuse, un chancre rongeur et qui envahit
le fond. Un homme public, comme tous les hommes,
a ses défauts, ses passions ou même ses vices ; mais
il ne faut point, comme à Talleyrand, que ces vices
prennent toute la place et occupent tout le fond de sa
vie. Les choses du devant en souffrent : il n'y a pas de
vraie grandeur possible avec cela, et on ne peut même,
à ce prix, être un grand politique que par éclairs et
dans de rares moments. Le tour joué, on retourne trop
vite à sa boue secrète.

M. de Chateaubriand, dans son antipathie d'humeur
et de nature pour le personnage, lui qui avait autant
le ressort de l'honneur et le goût du dépouillement

que l'autre les avait peu et savait aisément s'en passer, a dit, à propos de la manière dont M. de Talleyrand négociait les traités : « Quand M. de Talleyrand ne conspire pas, il trafique. » Ce mot sanglant, au moins dans sa seconde partie, n'est que la vérité même.

Il est donc très-certain encore, pour ne s'en tenir qu'à ce qui a éclaté, que Talleyrand, ministre des relations extérieures sous le Directoire, profita de la saisie des navires américains à la suite du traité de commerce des États-Unis avec l'Angleterre, pour attirer à Paris les commissaires de cette république munis de pleins pouvoirs et tâcher de les rançonner (1). Il leur fit offrir, par des entremetteurs à sa dévotion, et dont les noms sont connus, de se charger d'une réconciliation à l'amiable avec le Directoire, mais seulement à prix d'argent, — de beaucoup d'argent. Ces honnêtes gens résistèrent et ébruitèrent la proposition. C'est à cette laide affaire que sir Henry Bulwer fait allusion dans une note où il est dit : « Quant à ses habitudes à cet

---

(1) Talleyrand reconnaît, dans ses *Éclaircissements*, publiés en l'an VII, que c'est à lui qu'est due l'arrivée des commissaires américains, et il s'en fait un mérite. Répondant dans cet écrit à ses ennemis et à ses détracteurs, il disait : « Ils osent affirmer que c'est moi qui ai aliéné de nous les États-Unis, lorsqu'ils savent bien qu'au moment précis où ils impriment cet étrange reproche, des négociateurs américains arrivent en France, et qu'ils ne peuvent ignorer la part qu'il m'est permis de prendre dans cet événement, à raison du langage plein de déférence, de modération et j'ose dire aussi de dignité, que je leur ai adressé au nom du Gouvernement français... » Il sut les attirer en effet par d'adroites paroles ; mais comment les actes et les procédés y répondirent-ils, et que devint cette *dignité* de ton en présence des faits ?

égard (à sa manière de s'enrichir), il ne sera peut-être pas mal d'avoir recours à la correspondance américaine, *Papiers d'État et documents publics des États-Unis* (t. III, p. 473-499 et t. IV). » J'ai tenu moi-même à rechercher les pièces indiquées, et qui sont d'ailleurs très-bien analysées dans Michaud. On y voit cette négociation secrète exposée de point en point dans les dépêches des commissaires à leur gouvernement.

C'est aussi en cette occasion qu'on voit apparaître et figurer pour la première fois dans la vie de Talleyrand son aide de camp habituel et le plus digne de lui, Montrond, un homme d'audace et d'esprit, un intrigant de haut vol. Ils étaient chacun un type dans son genre, et les deux se complétaient. Il ne saurait y avoir désormais de Talleyrand sans Montrond, ni de Montrond sans Talleyrand.

Une telle affaire avérée, comme le mensonge dont je parlais l'autre jour, en représente et en suppose des milliers d'autres. Or, rien de plus avéré, de plus authentiquement acquis à l'histoire que cette tentative d'extorsion et, pour parler net, que cette manœuvre de *chantage* auprès des envoyés américains. Le scandale qu'elle fit, même sous ce régime peu scrupuleux du Directoire, fut une des causes qui obligèrent Talleyrand de quitter le ministère, où il fut remplacé par Reinhard ; et, même après le 18 Brumaire, il ne put y rentrer aussitôt. Napoléon, dans ses Mémoires, en a donné la raison :

« Talleyrand avait été renvoyé du ministère des relations extérieures par l'influence de la société du Manége. Reinhard, qui l'avait remplacé, était natif de Wurtemberg. c'était un homme honnête et d'une capacité ordinaire. Cette place était naturellement due à Talleyrand ; mais, *pour ne pas trop froisser l'opinion publique, fort indisposée contre lui, surtout pour les affaires d'Amérique,* Reinhard fut conservé dans les premiers moments. »

Et après cela, innocents et lettrés que nous sommes, n'insistons plus trop sur les beaux Mémoires de l'an V, sur celui, en particulier, qui traite si bien du moral et de l'esprit commercial de ces mêmes États-Unis; avis à nous! n'insistons pas trop non plus sur telle ou telle circulaire remarquable, telle ou telle dépêche faite pour être montrée, et sur l'excellent discours académique de 1838. Tout cela n'était que le dehors, la décoration, le spectacle : franchement il y avait trop de reptiles par derrière, au fond de la caverne, — de cette caverne dont le vestibule passait pour le plus distingué et le plus recherché des salons.

Sir Henry Bulwer a très-bien pris et rendu la mesure de l'esprit politique et pratique en M. de Talleyrand; mais décidément son indulgence n'a pas fait assez large la part de ces vices fondamentaux ; il s'est montré trop coulant sur une chose essentielle. Le flair merveilleux des événements, l'art de l'à-propos, la justesse et, au besoin, la résolution dans le conseil, M. de Talleyrand les possédait à un degré éminent ; mais cela dit et reconnu, il ne songeait, après tout, qu'à réussir personnellement, à tirer son profit des circonstances : l'amour du bien public, la grandeur de l'État et son bon renom dans le monde ne le préoccupaient que médiocrement durant ses veilles. Il n'avait point la haute et noble ambition de ces âmes immodérées à la Richelieu, comme les appelait Saint-Evremond. Son excellent esprit, qui avait horreur des sottises, n'était pour lui qu'un moyen. Le but atteint, il arrangeait sa contenance, et ne songeait qu'à attraper son monde, à *imposer* et à *en imposer*. Rien de grand, je le répète, même dans l'ordre politique, ne peut sortir d'un tel fonds. On n'est, tout au plus alors, et sauf le suprême bon ton, sauf l'esprit de société où il n'avait point son pareil, qu'un diminutif de Mazarin, moins l'étendue et la toute-puissance ; on n'est guère qu'une meilleure édition, plus élégante et reliée avec goût, de l'abbé Dubois.

L'avénement du Consulat eut cela d'abord d'excellent pour lui que la politique nouvelle lui offrait, avec un vaste cadre, des points d'appui et des points d'arrêt : elle le contint, et il la décora.

Son rôle avait été des plus importants au 18 Brumaire, et il y coopéra autant et plus qu'aucun personnage civil. Dès le retour d'Égypte, il avait vu rue Chantereine le général Bonaparte, et avait eu à se faire pardonner de lui, car il lui avait manqué de parole dix-huit mois auparavant, au lendemain du départ pour l'Orient. Mais un nouvel intérêt commun fait passer aisément l'éponge sur d'anciens griefs et rapproche vite les politiques ; on ferma les yeux des deux côtés :

Talleyrand craignait d'être mal reçu de Napoléon. Il avait été convenu avec le Directoire et avec Talleyrand qu'aussitôt après le départ de l'expédition d'Égypte, des négociations seraient ouvertes sur son objet avec la Porte. Talleyrand devait même être le négociateur, et partir pour Constantinople *vingt-quatre heures après que l'expédition d'Égypte aurait quitté le port de Toulon.* Cet engagement, formellement exigé et positivement consenti, avait été mis en oubli : non-seulement Talleyrand était resté à Paris, mais aucune négociation n'avait eu lieu. Talleyrand ne supposait pas que Napoléon en eût perdu le souvenir ; mais l'influence de la société du Manége avait fait renvoyer ce ministre : sa position était une garantie. Napoléon ne le repoussa point. Talleyrand d'ailleurs employa toutes les ressources d'un esprit souple et insinuant pour se concilier un suffrage qu'il lui importait de captiver (1). »

Par son action et ses démarches auprès des principaux personnages en jeu, auprès des partants et des arrivants, Sieyès et Barras, par son habile entremise à Paris dans la journée du 18, par ses avis et sa présence à Saint-Cloud le 19 au moment décisif, par son sang-froid qu'il ne perdit pas un instant, il avait rendu les plus grands services à la cause consulaire : aussi, les Consuls à peine installés, il fut appelé au Luxembourg avec Rœderer et Volney, et « tous trois reçurent collectivement de Bonaparte, au nom de la patrie, des remercîments pour le zèle qu'ils avaient mis à faire réussir la nouvelle révolution (2). »

---

(1) *Commentaires* de Napoléon I<sup>er</sup>, tome IV, page 11, édition de 1867.

(2) Montrond avait accompagné Talleyrand à Saint-Cloud dans la journée du 19, et lui avait servi d'aide de camp. Il avait vu pâlir Bonaparte au moment où on lui apprit qu'il venait d'être mis *hors la loi*. Ce moment de faiblesse le frappa, et à dîner et pen-

Une grande carrière commençait pour Talleyrand avec le siècle : c'est sa période la plus brillante, et une fois introduit sur la scène dans le premier rôle, il ne la quitta plus, même lorsqu'il parut s'éclipser et faire le mort par moments.

Quelle fut sa part précise dans la politique extérieure du Consulat et des premières années de l'Empire ? Pour combien y entra-t-il par le conseil, et quant au fond même, et dans le mode d'exécution ? Il sut certainement donner à l'ensemble la forme la plus majestueuse, la plus spécieuse aussi et la plus décente. Il ne se pouvait devant l'Europe de ministre plus digne, et quand il disparut, ce fut aussitôt, dans les rapports de la France avec les autres puissances, un changement des plus sensibles pour la mesure et le ton : avec les deux honnêtes gens laborieux, mais eux-mêmes de valeur décroissante, qui succédèrent, l'échelle de la considération baissa de plus en plus.

M. Mignet, qui dans sa Notice est autant à consulter sur cette partie publique qu'il est réservé et muet sur les recoins occultes de M. de Talleyrand, a tiré des Archives des affaires étrangères la preuve que ce ministre, après la victoire d'Ulm, adressa de Strasbourg à Napoléon un mémoire pour lui proposer un plan de remaniement européen, tout un nouveau système de

---

dant toute la soirée, il ne cessait de répéter entre ses dents : « Général Bonaparte, cela n'est pas correct. » Montrond était plus aguerri pour certaines choses que Napoléon lui-même : c'était un Talleyrand à cheval. (Voir *OEuvres du comte Rœderer,* tome III, page 302.)

rapports qui eût désintéressé l'Autriche et préparé un avenir de paix ; et ce projet d'arrangement, il le renouvela le jour où il reçut à Vienne la nouvelle de la victoire d'Austerlitz. Son bon sens, s'il eût été écouté alors, aurait sans doute été d'un grand contre-poids dans la balance des destinées.

Un grave problème, et des plus tristes, qui, bon gré mal gré, se dresse devant nous un peu avant cette époque dans la vie de M. de Talleyrand, c'est la part qu'il aurait prise, non pas seulement une part de transmission et d'information ministérielle, mais un rôle d'instigation et d'initiative, à l'arrestation et à l'enlèvement du duc d'Enghien. Quelles que soient les raisons qu'on ait alléguées à sa décharge, telles que sa nonchalance, sa douceur de mœurs, il n'est pas clair du tout qu'il soit innocent. Un honnête homme bien informé, Meneval, affirme le fait du conseil donné, et il avait vu de ses yeux une lettre accusatrice qui aurait échappé aux précautions du coupable. On sait, en effet, que Talleyrand fut toujours très-attentif à faire disparaître toute trace écrite de son intervention dans certains événements, bien sûr ensuite de pratiquer à l'aise la maxime : « Tout mauvais cas est niable. » Ainsi en 1814, dès qu'il se vit chef du gouvernement provisoire, il n'eut rien de plus pressé que de faire enlever des archives du cabinet de l'Empereur tout ce qui pouvait le compromettre. Un ancien secrétaire de Talleyrand, de Perray, avait là-dessus une version piquante. Selon cette version, Talleyrand aurait envoyé deux hommes à lui, de Perray lui-même et un autre, pour prendre aux Tuileries les précieux papiers et l'aider à les visiter. Le triage se fit dans un entresol de la rue Saint-Florentin : Talleyrand, renversé dans son fauteuil, les jambes en l'air et appuyées contre le manteau de la cheminée, recevait des mains des deux acolytes les pièces condamnées et les jetait au feu. Tout à coup on vint l'avertir que l'empereur Alexandre, qui logeait au premier, le demandait : il se leva en recommandant à ces messieurs de continuer le triage de confiance et le brûlement. A peine avait-il le pied hors de la chambre que de Perray s'empressa de repêcher la lettre compromettante et de la tirer du feu. Cette lettre, qui a été montrée depuis à plusieurs personnes, dont quelques-unes encore existantes, disait en substance ce que Meneval lui-même a résumé dans ses *Souvenirs historiques* (tome III, page 85). Il n'y a de variante que dans la version de la circonstance fortuite qui aurait préservé la pièce de l'auto-da-fé, et l'on conçoit que le récit du secrétaire infidèle n'ait pas été le même avec tous.

Mais quel intérêt, se demande-t-on, pouvait avoir Talleyrand à ce retranchement d'un prince du sang royal? Passe encore si c'eût été Fouché; mais Talleyrand! — A quoi on peut répondre : Les plus avisés se trompent quelquefois; Talleyrand put avoir ce jour-là un excès de zèle; les Bourbons étaient bien loin en 1804, et Talleyrand était homme, à ce moment, à parier tout à fait et à risquer son va-tout du côté de l'Empire. Dans tous les cas, il est terrible pour la moralité d'un homme qu'on ne puisse opposer de meilleure raison à son active intervention dans un cas de cette nature, que le peu d'intérêt qu'il y avait.

Il s'en tira d'ailleurs dans le temps par un mot, et tandis qu'un autre, en apprenant le meurtre du duc d'Enghien, disait cette parole devenue célèbre : « C'est pire qu'un crime, c'est une faute (1), » Talleyrand répondait à un ami qui lui conseillait de donner sa démission : « Si, comme vous le dites, Bonaparte s'est rendu coupable d'un crime, ce n'est pas une raison pour que je me rende coupable d'une sottise (2). »

Quant à l'affaire du Concordat et aux négociations qui l'amenèrent, il y poussa et y aida de toutes ses forces ; il y avait un intérêt direct, c'était de faire sa paix avec le pape et de régulariser son entrée dans la vie séculière ; ce qu'il obtint en effet par un bref. Mais lorsqu'il voulut y sous-entendre la permission de se marier, et qu'il en usa, il fut désavoué et ne réussit qu'à demi. — Et à ce propos des affaires romaines, il avait une maxime qui résultait sans doute de son expérience, et qui rentre bien dans ce tour de paradoxe sensé qu'il affectionnait : « Pour faire un bon secrétaire d'État à Rome, il faut prendre un mauvais cardinal. »

---

(1) On a attribué ce mot à Fouché, et il lui ressemble en effet. Ces mots historiques voyagent jusqu'à ce qu'ils aient trouvé, pour les endosser, le nom auquel ils conviennent le mieux. On m'assure que le mot a été dit en réalité par Boulay (de la Meurthe). Dudon, qui était alors auditeur au Conseil d'État, certifiait l'avoir entendu de sa bouche.

(2) Le rôle de Talleyrand dans cette affaire du duc d'Enghien mérite d'être examiné à part et de près : c'est ce que je ferai ultérieurement.

Mardi 9 février 1869.

# ESSAI SUR TALLEYRAND

Par Sir HENRY LYTTON BULWER

ancien ambassadeur

Traduit de l'anglais par M. GEORGES PERROT

(SUITE.)

— « Mais je ne vous reconnais plus; je ne vous ai jamais vu si sévère. » — « Suis-je donc injuste? ai-je dit quelque chose de faux? » — « Non, mais sur le prince de Talleyrand, sur un homme de cette distinction, de cette importance, qui a joué un tel rôle, qui était si aimable dans la société!... » — « Eh bien, ai-je nié l'importance et le rôle? ai-je même contesté l'amabilité? Allons! je vous comprends, je sais bien que s'il n'est pas d'un honnête homme de faire de certaines choses, il n'est pas non plus d'un homme de bonne compagnie d'y trop prendre garde et d'y trop insister. Fi donc! quand on est bien élevé et bien appris, on aime à glisser, à ignorer le plus qu'on peut de certaines misères, à regarder surtout les beaux côtés. Que voulez-vous? je m'aperçois, à ma manière de penser, que je deviens de jour en jour plus manant et plus trouble-fête. » — C'est le résumé de ce que j'ai eu à répondre depuis une quinzaine à plus d'un contradicteur, homme du monde et de bon ton.

Mais, pour un écrivain qui cherche le vrai, cependant que faire? Faut-il dissimuler, pallier, recommencer l'éloge académique? Quant à moi, je pense qu'il convient, dans la biographie d'un homme, dans son portrait fidèle, de conserver aux choses l'importance relative qu'elles eurent dans sa vie et dans ses pensées. Or l'argent tint de tout temps la plus grande place dans les préoccupations de M. de Talleyrand. Et puisque j'y suis, je ne me refuserai pas de couler à fond cet article de cupidité honteuse dont le personnage politique en lui a tant souffert, et s'est trouvé si atteint, si gâté au cœur et véritablement avili.

— « Voyons, Talleyrand, la main sur la conscience, combien avez-vous gagné avec moi? » lui disait un jour de bonne humeur Napoléon. — Et en un autre jour de moins belle humeur : « Monsieur de Talleyrand, comment avez-vous fait pour devenir si riche? » — « Sire, le moyen a été bien simple : j'ai acheté des rentes la veille du 18 Brumaire, et je les ai vendues le lendemain. » Il n'y eut pas moyen de se fâcher ce jour-là; le renard, par un tour de son métier, s'était tiré des griffes du lion.

Talleyrand avait deux moyens de faire et d'accroître sa fortune, le jeu d'abord, l'agiotage, et ensuite quand il fut au pouvoir, les cadeaux et *douceurs* qu'il recevait des puissances grandes ou petites pour les servir. Quant au jeu, il commença de bonne heure, et sa réputation était faite dès le temps de la Constituante. Le ministre des États-Unis à Paris, Gouverneur Morris, témoin aussi impartial que bien informé, et qui est fort à consulter sur l'évêque d'Autun en 89, nous a montré ces trois jeunes gens, Narbonne, Choiseul et l'abbé de Périgord, formant une sorte de triumvirat à la mode, et se donnant la main pour arriver :

« Ce sont trois jeunes gens de famille, hommes d'esprit et de plaisir. Les deux premiers avaient de la fortune, mais ils l'ont dissipée. Ils étaient intimes tous trois, et ont couru tous trois la carrière de l'ambition pour rétablir leurs affaires. Quant à leur moralité, celle de l'un n'a pas été exemplaire plus que celle de l'autre : l'évêque surtout est particulièrement blâmé à cause du nombre et de la publicité de ses galanteries, de son goût pour le jeu et principalement pour l'agiotage auquel il se livra sous le ministère de M. de Calonne, avec qui il était très-lié. Il trouva dans cette circonstance une facilité et des occasions dont ses ennemis disent qu'il sut très-bien profiter. Cependant je n'y ajoute aucune foi, et je crois qu'à part ses amours et une certaine manière de voir un peu trop large pour un ecclésiastique, l'accusation est injuste ou au moins exagérée (1). »

*Exagérée,* soit ; mais la suite n'a que trop prouvé que dès lors le pli était pris.

(1) *Mémorial* de Gouverneur Morris, traduit par A. Gandais, tome II, page 109.

Le Directoire, par l'affaire d'Amérique, mit ce côté véreux de Talleyrand dans tout son jour. Et quant à l'époque de l'Empire, je citerai un autre témoin encore, impartial et même favorable, le comte de Senfft, ministre de Saxe à Paris en 1806, et ensuite ministre des affaires étrangères à Dresde. Il n'avait pas eu tout d'abord à se louer beaucoup de M. de Talleyrand : « Ce ministre, qui posséda si éminemment, dit-il, l'art de la société, et qui en a si souvent usé avec succès, tantôt pour imposer à ceux qu'on voulait détruire, en leur faisant perdre contenance, tantôt pour attirer à lui ceux dont on voulait se servir, fit à M. de Senfft un accueil assez froid (avril 1806). » Ce ne fut qu'un peu plus tard, lorsque M. de Talleyrand eut quitté le ministère et perdu la faveur, que M$^{me}$ de Senfft, personne distinguée et généreuse, — ce qu'on appelle une belle âme, — se sentit prise pour lui d'une sorte d'attrait et de beau zèle, d'un mouvement admiratif qui n'échappa point au personnage et qui fixa pour l'avenir l'agrément de leurs relations. Cependant le comte de Senfft, qui lui-même et à la suite de sa femme, était resté un peu sous le charme, nous édifie très-bien, et en termes polis, sur la manière dont se menaient avec lui les transactions diplomatiques et sur les moyens par lesquels on parvenait à l'intéresser. Ces moyens n'avaient rien de bien neuf ni de relevé : quand on voulait qu'une affaire réussît avec M. de Talleyrand, il fallait financer. Il est vrai qu'il ne se chargeait pas indifféremment de toutes les affaires, et il ne les traitait pas non plus directement. Il avait ses hommes à lui, comme il ne manque jamais de s'en produire autour des foyers de corruption, et il savait les employer selon les temps et les lieux. Ainsi, à l'occasion du séjour de M. de Talleyrand à Varsovie en 1807, parlant de M. de Gagern, ministre du duc de Nassau, que des intérêts de plus d'une sorte avaient retenu à Varsovie quelque temps de plus que les autres diplomates allemands, le comte de Senfft en fait le portrait suivant :

« Il avait été l'un des signataires de l'acte de la Confédération rhénane, et se trouvait mêlé à toutes les intrigues d'alors. Ne manquant ni d'idées ni d'une certaine hardiesse qui fait souvent réussir dans une position subalterne, il avait acquis du crédit auprès de M. de Talleyrand, qui se servait de lui pour ses affaires d'argent avec les princes d'Allemagne. Ce fut par ce moyen que les princes de Schwarzbourg, de Waldeck, de Lippe et de Reuss obtinrent à Varsovie leur admission à la Confédération du Rhin. L'empereur a dit depuis qu'il avait été trompé à leur égard ; que s'il avait su ce qu'il en était, jamais il n'aurait consenti à leur accession. Il faut dire ici que M. de Talleyrand, tout en profitant de sa position pour augmenter sa fortune par des moyens quelquefois peu délicats, ne s'est jamais laissé engager, même par les motifs d'intérêt les plus puissants, à favoriser des plans qu'il pouvait regarder comme destructeurs pour le repos de l'Europe. C'était lui sans doute qui avait le plus fait dans le principe pour l'asservissement de l'Allemagne, et, ayant préparé par une politique artificieuse l'immense prépondérance de la France sur le continent, il s'était ôté lui-même les moyens d'arrêter l'ambition insatiable de celui qui gouvernait ce colosse de puissance ; néanmoins, au risque même de déplaire au maître, il s'opposa toujours aux projets qui, au milieu de la paix, tendaient à engager la France dans de nouvelles guerres interminables. C'est par ce motif qu'il refusa constamment son appui aux intérêts de la nationalité polonaise. Une somme de quatre millions de florins, offerte à Varsovie par les magnats pour obtenir son suffrage en faveur du rétablissement de leur pays, leur fut restituée après être restée déposée pendant plusieurs jours entre les mains du baron de Dalberg. Considérée sous ce point de vue, sa retraite du ministère après la paix de Tilsitt fut très-honorable. »

Ce n'est donc point un ennemi qui écrit, et c'est ce même témoin, si digne de foi, qui nous apprend que précédemment, en 1806, dans les négociations qui amenèrent la paix de Posen, et d'où résulta l'abaissement de la Saxe, un million de francs (une bagatelle) avait été mis à la disposition du plénipotentiaire saxon, le comte de Bose, pour M. de Talleyrand, et un demi-million pour un autre agent diplomatique français, M. Durant, et que ces sommes furent acceptées. Nous avons là le *minimum* de ce genre de corruption diplomatique, et nous tenons l'information d'un ami, d'un admirateur, et jusqu'à un certain point d'un apologiste de M. de Talleyrand, et qui plaide en sa faveur les circonstances atténuantes. M. de Talleyrand évaluait lui-même à soixante millions ce qu'il pouvait avoir reçu en tout des puissances grandes ou petites dans sa carrière diplomatique. Ce qu'il recevait ainsi par canal direct était plus sûr que ce qu'il pouvait gagner au jeu de bourse, et qui était toujours plus ou moins aléatoire. Vieux, il donnait ce conseil à l'un de ses protégés : « Ne jouez pas ; j'ai toujours joué sur des nouvelles certaines, et cela m'a coûté *tant* de millions; » et il disait un chiffre de perte. Il est à croire qu'en comptant ainsi, il oubliait un peu le chiffre des gains.

Cette désagréable mais indispensable question suffisamment éclaircie et vidée, revenons à la politique et ne perdons pas de vue notre objet. Le problème moral que soulève le personnage de Talleyrand, en ce qu'il a d'extraordinaire et d'original, consiste tout entier dans l'assemblage, assurément singulier et unique à ce degré, d'un esprit supérieur, d'un bon sens net, d'un goût exquis et d'une corruption consommée, recouverte de dédain, de laisser-aller et de nonchalance.

En se retirant du ministère après la paix de Tilsitt, en 1807, M. de Talleyrand n'encourut point immédiatement la disgrâce. Sa brouille avec Napoléon eut à traverser des phases diverses, et fut marquée à plusieurs reprises par des coups de tonnerre, suivis eux-mêmes d'apaisement et parfois de velléités presque bienveillantes. Napoléon, malgré tout, avait du goût pour lui.

On a parlé, et Talleyrand lui-même s'est targué de son *patriotisme* pour le peu d'approbation qu'il donna aux gigantesques projets auxquels la paix de Tilsitt et l'alliance étroite avec la Russie ouvraient toute carrière. N'employons pas de si grands mots, laissons de côté ces généreux sentiments qui n'ont que faire en un tel sujet; bornons-nous au vrai. Les esprits dont la qualité principale est le bon sens ont cela d'heureux ou de malheureux, mais d'irrésistible, que lorsqu'ils sont en présence d'actes ou de projets démesurés, imprudents, déraisonnables, rien n'y fait, ni affection ni intérêt ; un peu plus tôt, un peu plus tard, ils ne peuvent s'empêcher de désapprouver. S'ils ont de plus l'esprit et la raillerie à leur service, ils se privent difficilement de faire des mots piquants. Le trait une fois échappé court, blesse, irrite.

Ce fut le cas de Talleyrand. Avait-il tout d'abord entièrement déconseillé, comme il s'en est vanté depuis, l'entreprise d'Espagne ? Je crois qu'ici il y a à distinguer entre les moments. Sans compter même les reproches publics que lui adressa plus d'une fois Napoléon à ce sujet et qui équivalent à un démenti, il semble que Talleyrand n'avait pu dès le principe se prononcer aussi absolument qu'il l'a prétendu contre toute intervention dans les affaires d'Espagne : sans cela, l'empereur ne lui aurait pas écrit de Bayonne, comme il le faisait (25 avril 1808) : « Je continue mes dispositions militaires en Espagne. Cette tragédie, si je ne me trompe, est au cinquième acte : le dénoûment va paraître. » Il ne se serait point ouvert à lui, comme à un confident, sur le misérable caractère de cette royale famille espagnole, de ce brave homme ou benêt de roi, du prince des Asturies, de la reine, de ce méprisable et inséparable prince de la Paix qui, disait-il, avait l'air d'un *taureau :* « Le prince des Asturies est très-bête, très-méchant, très-ennemi de la France... La reine a son cœur et son histoire sur sa physionomie, c'est vous en dire assez. » Il ne lui eût pas confié ces princes en personne et ne les lui eût pas donnés tout d'abord pour hôtes à Valençay pour

« les bien traiter et leur faire passèr agréablement le temps, » tout en lui recommandant de les isoler et « de faire surveiller autour d'eux. » Notez bien que cette année 1808, celle de la fourberie de Bayonne, ne fut point du tout une année de disgrâce pour Talleyrand. Il eut même un retour marqué de faveur lors du voyage d'Erfurt, où il fut appelé et très-employé sous main par Napoléon auprès de l'empereur Alexandre (septembre-octobre 1808). Il fut encore employé dans le cours de l'hiver auprès de M. de Metternich. Ces commissions confidentielles lui maintenaient une position rivale et presque menaçante en regard du ministre en titre, M. de Champagny, honnête homme et travailleur, qui prêtait aux épigrammes, et sur le compte duquel il ne cessait de s'égayer. Enfin on trouve encore une lettre de Napoléon à Talleyrand adressée d'Espagne, d'Aranda, du 27 novembre 1808 ; mais ici s'arrête la faveur avec la confiance. La première grande scène de colère qui éclata contre Talleyrand, et qui avait laissé une si forte impression dans la mémoire des contemporains, eut lieu précisément au retour d'Espagne vers la fin de janvier 1809. Cette scène, racontée par Meneval, qui la tenait d'un des ministres présents, le duc de Gaëte, fit explosion sur la fin d'une séance du Conseil privé. Napoléon avait été informé d'un rapprochement de Talleyrand avec Fouché pendant son absence, et il le soupçonnait de s'être également entendu avec Murat en cas d'accident et en prévision de ce qui pouvait soudainement résulter, dans cette aventure espagnole, d'une balle de guérillas ou d'un poignard de moine visant droit à sa personne. Il se joignait à ces raisons irritantes d'autres circonstances encore que le comte de Senfft nous fait entrevoir; car les intrigues de divers genres à cette cour impériale étaient plus nombreuses et plus entrecroisées qu'on ne le suppose généralement : Napoléon voulut avertir et faire un exemple :

« L'orage éclata sur M. de Talleyrand, qui perdit alors sa place de grand chambellan avec toutes les marques de la disgrâce. La nullité même de la princesse de Bénévent (de cette belle Indienne si ignorante et, paraît-il, si sotte, qu'avait épousée M. de Talleyrand) n'échappa point à la colère de l'empereur ; elle fut exclue des invitations de la cour, vit exiler à Bourg-en-Bresse le duc de San-Carlos, objet de ses tendres préférences, et alla bientôt après cacher son ennui pendant quelques mois dans une terre qu'elle possédait en Artois (1). »

La chronique légère de tous les règnes, depuis la cour des Valois jusqu'à celle de Marie-Antoinette, est connue : il n'en est pas ainsi encore de celle du premier Empire. Qu'on n'aille point s'imaginer pour cela qu'elle est moins riche et plus stérile, et que la brusquerie militaire y avait supprimé les combinaisons romanesques ou les menées diplomatiques qui se pratiquaient sous le couvert des galanteries; ce serait se tromper étrangement; mais les mémoires particuliers n'ont point paru, les contemporains qui savaient ont cessé de vivre, et les fils, les descendants tiennent en échec jusqu'à présent les révélations posthumes. Toute

(1) *Mémoires* du comte de Senfft; Leipzig, 1863, page 62.

cette histoire *anecdote* et secrète finira par sortir. Le salon de M. de Talleyrand, en ces années, était un centre où bien des fils se rejoignaient, et il se plaisait à en jouer.

En ce qui est des scènes qu'il eut à essuyer de Napoléon, elles furent fréquentes et toutes marquées par une extrême violence. On les a souvent confondues : sir Henry Bulwer, s'autorisant d'un récit de M. Molé, s'efforce à tort de réfuter M. Thiers. Le fait est qu'il y eut, depuis la scène de janvier 1809, plus d'une répétition avec variantes de ces soudains éclats de l'empereur contre M. de Talleyrand; il le sentait ennemi; sourdement aux aguets, jouissant tout bas de chaque échec, de chaque faute, en mesurant la portée et les suites, n'attendant que l'heure pour l'abandonner; et le voyant là debout, devant lui, avec sa mine solennelle, insolemment impassible et froide, il ne pouvait se contenir, il débordait. Il y eut, vers l'époque du divorce, une scène qui n'eut pour témoins que le duc de Bassano et le comte de Ségur, et que tous deux ont racontée depuis. Il put y avoir encore en 1814, avant le départ pour l'armée, cette autre scène dont M. Molé a parlé à sir Henry Bulwer, mais qui n'eut pas d'autre importance (1). En mars 1812, il paraît que Napoléon,

(1) Il semble qu'il soit fait allusion à cette scène de 1814 dans un mot de Napoléon à M. Mollien, au commencement des Cent-Jours. M. Mollien, très-bienveillant à M. de Talleyrand, et en général très-circonspect dans ses *Mémoires* sur tout ce qui touche aux personnes, raconte qu'il arriva plus d'une fois à Napoléon, dans ses entretiens, de regretter la présence de Talleyrand pendant les Cent-Jours. Il disait de lui : « C'est encore l'homme qui con-

surmontant ses répugnances, avait eu une dernière fois l'idée d'employer M. de Talleyrand en Pologne, et que, sur l'ouverture qui lui en avait été faite sous le sceau du secret, Talleyrand s'était empressé de négocier une opération financière à Vienne. L'empereur encore s'emporta ce jour-là et le maltraita de paroles. Le fond et le thème ordinaire de toutes ces scènes orageuses était le même : reproches et récriminations sur le duc d'Enghien, sur les affaires d'Espagne, sur les vols et affaires d'argent, sur de sourdes intrigues en jeu (1). Les pièces officielles ne portent naturellement aucune trace de ces impétuosités toutes verbales.

---

naît le mieux ce siècle et le monde, les cabinets et les peuples. Il m'a quitté; je l'avais assez brusquement quitté moi-même; il s'est souvenu de mes adieux de 1814. » (*Mémoires d'un Ministre du Trésor public*, tome IV, page 200.)

(1) Le témoignage le plus curieux et le plus précis à cet égard est celui de Rœderer racontant une conversation qu'il eut avec Napoléon, à l'Élysée, le 6 mars 1809. Le sujet de la conversation était le roi Joseph qui, de Madrid, se plaignait de son frère, se prétendait contrecarré en tout, voulait faire le militaire, être roi indépendant, et, dans des lettres à la reine sa femme et à l'empereur, menaçait par dégoût, si on ne lui laissait pleins pouvoirs, de rentrer dans la vie privée et de revenir planter ses choux à Morfontaine. Napoléon, dans ce tête-à-tête avec Rœderer, se promenant de long en large, s'animait par degrés, et parlant du contenu de ces lettres : « Il y dit qu'il veut aller à Morfontaine, plutôt que de rester dans un pays acheté par du sang injustement répandu.... Et qu'est-ce donc que Morfontaine? C'est le prix du sang que j'ai versé en Italie. Le tient-il de son père? le tient-il de ses travaux? Il le tient de moi. Oui, j'ai versé du sang, mais c'est le sang de mes ennemis, des ennemis de la France. Lui convient-il de parler leur langage? Veut-il faire comme Talleyrand? Je l'ai couvert d'honneurs, de richesses, de diamants. Il a employé tout cela contre

Je relèverai pourtant une lettre sévère datée de Saint-Cloud (29 août 1810); un chef d'État, si rude qu'il soit, n'écrit point dans ces termes à qui ne l'a point mérité :

« Monsieur le prince de Bénévent, j'ai reçu votre lettre. Sa lecture m'a été pénible. Pendant que vous avez été à la tête des relations extérieures, j'ai voulu fermer les yeux sur beaucoup de choses. Je trouve donc fâcheux que vous ayez fait une démarche qui me rappelle des souvenirs que je désirais et que je désire oublier. »

Ces grondements ou ces éclats de tonnerre n'empêchaient pas qu'à l'occasion l'empereur ne lui donnât encore des marques effectives de bienveillance et de

moi. Il m'a trahi autant qu'il le pouvait, à la première occasion qu'il a eue de le faire... Il a dit, pendant mon absence (*pendant la campagne d'Espagne*) qu'il s'était mis à mes genoux pour empêcher l'affaire d'Espagne, et il me tourmentait depuis deux ans pour l'entreprendre ! Il soutenait qu'il ne me faudrait que vingt mille hommes : il m'a donné vingt mémoires pour le prouver. C'est la même conduite que pour l'affaire du duc d'Enghien; moi, je ne le connaissais pas; c'est Talleyrand qui me l'a fait connaître (*l'empereur prononce toujours Taillerand*). Je ne savais pas où il était (*l'empereur s'arrête devant moi*). C'est lui qui m'a fait connaître l'endroit où il était, et, après m'avoir conseillé sa mort, il en a gémi avec toutes ses connaissances (*l'empereur se remet à marcher, et, d'un ton calme, après un moment de silence*)... Je ne lui ferai aucun mal; je lui conserve ses places; j'ai même pour lui les sentiments que j'ai eus autrefois; mais je lui ai retiré le droit d'entrer à toute heure dans mon cabinet. Jamais il n'aura d'entretien particulier avec moi; il ne pourra plus dire qu'il m'a conseillé ou déconseillé une chose ou une autre... » — Ce jugement de Napoléon, tout à huis clos, où il n'entre aucun emportement, où Talleyrand ne vient que comme incident et par manière d'exemple, doit être la vérité. C'est décisif.

4.

solide intérêt. Ainsi M. de Talleyrand, qui depuis sa sortie du ministère avait d'abord habité sa petite maison de la rue d'Anjou-Saint-Honoré, « où il recevait fréquemment les étrangers, où il donnait des bals d'enfants, où les voix de M^me Grassini, de Crescentini, les scènes déclamées par Talma et sa femme, par Saint-Prix et Lafon, prêtaient aux simples soirées un air de fête, » avait depuis acheté l'hôtel Monaco, rue de Varennes, et il y tenait un état princier de maison; mais la faillite d'un banquier l'ayant mis subitement dans une gêne relative, l'empereur s'empressa de lui venir en aide, et lui acheta son palais. On peut lire à ce sujet (1) la décision du 31 janvier 1812, en vertu de laquelle la somme de 1,280,000 fr. pour prix d'achat lui fut payée sans aucune retenue. Il y est question de dettes urgentes auxquelles cette somme devait sans doute être affectée.

Mais dans cette alternative de procédés contraires, Napoléon, qui connaissait les hommes, oubliait trop cependant que s'il est des bienfaits qui obligent, il y a des insultes qui aliènent à jamais et qui délient.

L'attitude impassible de M. de Talleyrand dans les scènes auxquelles il se vit en butte est célèbre. Il avait atteint en ce genre à l'art suprême de l'acteur. L'indifférence pour le bien ou le mal qui se débite à notre sujet n'est pas chose en elle-même si rare qu'on le croit. Les plus vifs de caractère et d'humeur y arrivent à la longue tout comme les autres. M. Thiers

---

(1) Au tome XXIII, page 200, de la *Correspondance* de Napoléon I^er.

disait un jour à quelqu'un qui l'engageait à répondre à une calomnie : « Je suis un vieux parapluie sur lequel il pleut depuis quarante ans : qu'est-ce que me font quelques gouttes de plus ou de moins? » Ce mot d'homme d'esprit est fort sage : en effet, le moment arrive assez vite, pour tout nom célèbre, où il est rassasié et comme saturé de tout ce qu'il peut porter et contenir de propos en l'air et de médisances : à partir de ce moment, on a beau dire et écrire, rien ne mord plus, rien n'a prise sur lui, tout glisse, et le nom désormais garanti est partout reçu à son titre, et compté pour ce qu'il vaut. La difficulté n'est pas là, dans cette indifférence motivée et réfléchie : elle est dans l'indifférence apparente et de premier mouvement, lorsqu'on est atteint en face, piqué, insulté à bout portant, et qu'un puissant vous montre le poing. Or, c'est à quoi M. de Talleyrand s'était assurément exercé et avait dû travailler à s'aguerrir. Cette indifférence du fond, qu'acquièrent les hommes publics trempés ou blasés, il la commandait à tous ses traits; il l'avait imposée à son visage, qui est devenu par là proverbial ; il avait le masque imperturbable, sans grimace ni sourire. Un silence absolu était son invariable réponse. Tout au plus, un jour, à l'issue d'une de ces avanies qu'il venait d'essuyer, se prit-il, en descendant l'escalier, à dire à son voisin : « Quel dommage qu'un aussi grand homme ait été si mal élevé! » Cependant, si invulnérable qu'il affectât de paraître, il n'était pas tout à fait à l'abri du côté où il se gardait le moins : devant les colères foudroyantes de Napoléon, il ne témoignait point la moindre émotion ; mais quand Louis XVIII, à Mons, déjà en voiture pour rentrer en France, vers trois heures du matin, le remercia gravement et lui signifia qu'il se passait de lui comme ministre, Talleyrand fut un moment décontenancé. « Il bavait de colère, nous dit Chateaubriand ; le sang-froid de Louis XVIII l'avait démonté. »

Les événements de 1814 approchaient : à l'annonce du désastre de 1812, Talleyrand avait dit le mot décisif : « Voilà le commencement de la fin. » La fin prévue se précipitait. Il n'est pas à croire que Talleyrand ait fait autre chose dans l'intervalle que voir venir, laisser faire, prendre patience : il n'était pas homme à devancer l'heure. Mais autour de lui, et sous son influence, se formait peu à peu une opinion qui gagnait et qui avait ses courants de toutes parts dans ce haut monde officiel, où chacun commençait à penser à soi. Il s'échangeait bien des vérités et des hardiesses entre lui et ses familiers, à travers son whist, dans cet hôtel de la rue Saint-Florentin qui allait bientôt devenir le quartier général d'une révolution ; et ce qui s'était dit là, on ne craignait plus en sortant de le répéter, de le glisser à l'oreille de tous les hauts personnages (et ils étaient nombreux) qui ne donnaient point alors dans les partis désespérés. Ici deux points de vue, deux façons de sentir, qui avaient l'une et l'autre leur raison d'être et leur légitimité, sont en présence, et l'histoire ne peut que les constater sans trancher le différend : il y avait la manière héroïque et patriotiquement guerrière d'entendre la défense du sol, la résistance nationale; de faire un appel aux armes comme aux premiers jours de la Révolution, et, ainsi que Napoléon l'écrivait à Augereau, de « reprendre ses bottes et sa résolution de 93; » mais il y avait aussi chez la plupart, et chez les hommes de guerre tout les premiers, fatigue, épuisement, rassasiement comme après excès; il y avait partout découragement et dégoût, besoin de repos, et, dans le pays tout entier, un immense désir de paix, de travail régulier, de retour à la vie de famille, aux transactions libres, et, après tant de sang versé, une soif de réparation salutaire et bienfaisante. C'est à une solution dans ce dernier sens que tendaient le bon esprit et la politique comme les intérêts personnels de Talleyrand. Il paraît que, dès la fin de 1813, il avait insinué quelques-unes de ses idées jusque dans le gouvernement même; Napoléon écrivait de Nogent-sur-Seine, le 7 février 1814, au roi Joseph, son lieutenant général à Paris, et qui lui-même était d'humeur pacifique et douce :

« Faites donc cesser ces prières de quarante heures et ces *miserere*. Si l'on nous faisait tant de singeries, nous aurions tous peur de la mort. Il y a longtemps que l'on dit que les prêtres et les médecins rendent la mort douloureuse. Le moment est difficile sans doute; mais depuis que je suis parti, je n'ai guère eu jusqu'à cette heure que des avantages. Le mauvais esprit des Talleyrand et des hommes qui ont voulu endormir la nation m'a empêché de la faire courir aux armes, et voici quel en est le résultat. »

Et le lendemain, 8 février :

« Oui, je vous parlerai franchement. Si Talleyrand est pour quelque chose dans cette opinion de laisser l'impératrice à Paris, dans le cas où l'ennemi s'en approcherait, c'est trahir. Je vous le répète, méfiez-vous de cet homme ! Je le pratique depuis seize années ; j'ai même eu de la faveur pour lui ; mais c'est sûrement le plus grand ennemi de notre maison, à présent que la fortune l'a abandonnée depuis quelque temps. Tenez-vous aux conseils que j'ai donnés. J'en sais plus que ces gens-là. »

Quoi qu'il en soit, Talleyrand tint bon jusqu'à la fin pour cet avis que l'impératrice devait demeurer dans la capitale. Dans le Conseil qui fut assemblé au dernier moment, quand on apprit que les alliés marchaient sur Paris, il maintint son opinion jusqu'à ce que le roi Joseph produisît une lettre de Napoléon qui ne permettait plus d'hésiter : Marie-Louise devait, le cas échéant ( et il était échu ), se retirer sur la Loire. Talleyrand, qui avait déjà pensé aux Bourbons, mais qui n'eût point été fâché sans doute de ne pas en être réduit à leur merci, et qui aurait pu favoriser encore une combinaison de régence, prit alors son parti, et en quittant la salle du Conseil, clopin clopant, il dit au duc de Rovigo ces mémorables paroles où le bon sens, d'un air de négligence, se donne à plaisir tous ses avantages :

« Eh bien ! voilà donc la fin de tout ceci ! N'est-ce pas aussi votre opinion ? Ma foi ! c'est perdre une partie à beau jeu. Voyez un peu où mène la sottise de quelques ignorants qui exercent avec persévérance une influence de chaque jour. Pardieu ! l'empereur est bien à plaindre, et on ne le plaindra pas, parce que son obstination à garder son entourage n'a pas de motif raisonnable ; ce n'est que de la faiblesse qui ne se comprend pas dans un homme tel que lui. Voyez, monsieur, quelle chute dans l'histoire ! donner son nom à des aventures, au lieu de le donner à son siècle ! Quand je pense à cela, je ne puis m'empêcher d'en gémir. Maintenant quel parti prendre ? Il ne convient pas à tout le monde de se laisser engloutir sous les ruines de cet édifice. Allons, nous verrons ce qui arrivera ! L'empereur, au lieu de me dire des injures, aurait mieux fait de juger ceux qui lui inspiraient des préventions ; il aurait vu que des amis comme ceux-là sont plus à craindre que des ennemis. Que dirait-il d'un autre s'il s'était laissé mettre dans cet état ? »

Voilà certes ce qui peut s'appeler une revanche de l'esprit sur le génie. Le bon sens, avec sa béquille, a rattrapé le génie avec son vol d'aigle. Le pire pour le génie, c'est qu'il n'y a rien à répondre.

La première Restauration fut, on peut le dire, l'œuvre de M. de Talleyrand : ç'a été le grand acte historique de sa vie ou, si l'on aime mieux, le triomphe de son savoir-faire. Il a été là-dessus attaqué par les deux partis opposés, bonapartiste et royaliste, et de ce dernier côté presque autant que de l'autre. Ce n'est certes pas nous qui le blâmerons jamais d'avoir mis des conditions de régime moderne au rétablissement des Bourbons et d'avoir stipulé des garanties. Il y était intéressé sans doute, mais tous y étaient intéressés comme lui, et, après tout, un bon gouvernement n'est que la garantie des intérêts.

Je n'ai pas à redire ce qui est dans tous les récits. On sait que M. de Talleyrand fit semblant de vouloir sortir de Paris pour suivre l'impératrice à Blois, et qu'il s'arrangea de manière à se faire arrêter à la barrière. Revenu à son hôtel, il ne pensa plus qu'à ménager et à hâter l'entrée des souverains alliés. Il leur faisait signe depuis quelque temps, mais des signes muets et qui n'étaient compris qu'à demi. On raconte (et je mets le mot tel quel, sans autre explication) que quand le comte Pozzo di Borgo entra chez M. de Talleyrand, celui-ci se faisait friser : « Général, lui dit-il, à quoi pensiez-vous donc de vous faire ainsi attendre? Vous étiez prévenu, je vous avais envoyé Tourton (1) qui vous avait porté la moitié de bague qui était le signe convenu. »

Ce qu'était et ce que dut être l'hôtel Saint-Florentin à ce moment, M. Beugnot, dans ses *Mémoires,* nous en a donné un vif aperçu, et tous ceux qui ont vu de nos jours le quartier général d'un gouvernement provisoire peuvent en avoir quelque idée. Toutes les têtes exaltées, les imaginations ardentes, les intrigants de toute espèce, les hommes à projets et à espérances, y affluaient et cherchaient à pénétrer, les uns jusqu'à l'empereur Alexandre, les autres au moins jusqu'à M. de Talleyrand. Un des plus singuliers, c'était l'imprimeur Michaud, un royaliste pur, celui même qui a fait depuis et compilé le terrible article biographique contre Talleyrand. Il venait de rendre un grand service en imprimant en toute hâte la Déclaration de l'empereur Alexandre à la nation française ; mais en même temps il se présentait avec le poëme de *la Pitié* de Delille sous

---

(1) Un banquier, général dans la garde nationale.

le bras, et il tenait absolument à l'offrir en personne à l'empereur Alexandre au débotté, attendu que dans ce poëme, qui datait de 1804, Delille avait adressé des vers prophétiques à ce même empereur. — On recevait les uns, on éconduisait les autres : les émissaires se succédaient à chaque minute; Laborie, le secrétaire, l'homme affairé entre tous, y contractait cette agitation haletante et essoufflée qui ne l'a plus quitté depuis. Dans toutes les pièces, dans tous les coins de l'entre-sol, des groupes et des pelotons bourdonnaient et bruissaient à ne pas s'entendre. Que lisait-on sur tous ces visages? Assurément pour l'ensemble du coup d'œil, Beugnot est bien ; mais, ô Saint-Simon, l'homme au miroir magique, à la palette resplendissante, où es-tu? Cependant M. de Talleyrand ne perdait pas de vue son hôte : Napoléon était encore debout et menaçant.

C'est alors, ou dans les journées suivantes, que le fameux Maubreuil, lui aussi, se présenta. M. de Talleyrand a toujours nié l'avoir vu ; mais d'autres que lui le virent, et il est difficile de douter qu'il n'y ait réellement eu un conciliabule où l'on discuta le coup proposé par Maubreuil : — se défaire de Napoléon. On est allé jusqu'à citer les paroles dites; l'abbé de Pradt était bien assez pétulant, l'abbé Louis assez brutal de propos, pour les avoir proférées. — « Combien vous faut-il ? » — « Dix millions. » — « Dix millions! mais ce n'est rien pour débarrasser le monde d'un tel fléau. » Ces paroles ont été dites, entendues et répétées. Quant à M. de Talleyrand, il n'était pas homme assurément à commander de pareils actes : il n'était pas homme non plus à les décourager. Il avait au besoin l'art d'ignorer.

Comme ce n'est point de l'histoire sévère que j'écris en ce moment, et que je ne vise qu'à mettre en lumière quelques traits essentiels d'un haut et curieux personnage, je veux marquer encore par un contraste sensible ce qu'il avait de supérieur en son genre et en quoi, par exemple, il l'emportait incomparablement pour la tenue, pour le secret, l'esprit de conduite et une dignité naturelle sur des acolytes, gens de beaucoup d'esprit, mais légers, intempérants, et qui ne venaient que bien loin à sa suite dans l'ordre de la politique et de l'intrigue. Ainsi l'abbé de Pradt était un ennemi de Napoléon, et, certes, piqué au jeu autant que M. de Talleyrand; il était actif, délié, infiniment spirituel en conversation; et, la plume à la main, un écrivain de verve et pittoresque; mais que dire de lui plus à sa charge que ce qu'on va lire, et qui le classe de son aveu à je ne sais combien de crans au-dessous de M. de Talleyrand? C'est une anecdote qui m'arrive par tradition, en droite ligne, et que Berryer aimait à raconter. La voici telle qu'un témoin délicat et sûr l'a recueillie de sa bouche et l'a écrite aussitôt :

« En 1814, M. de Talleyrand était à la tête d'une espèce de conspiration, dont le but d'abord fut de faire passer l'empire à Napoléon II, sous la régence de Marie-Louise ; puis, le but se transformant, il se prit à travailler au retour des Bourbons.

« A ce moment, l'abbé de Pradt, archevêque de Malines, qui aimait passionnément jouer au moins le rôle de marmiton dans toutes les cuisines politiques, eut vent de l'affaire, et il me conta (*c'est Berryer qui parle*) l'anecdote en ces termes :

« Je voulais savoir (disait donc l'abbé de Pradt) de quoi il était question, et il était impossible de faire parler le prince de Talleyrand entouré de monde et sur ses gardes. A son âge, pensai-je, on tient un peu de la vieille femme ; il doit être bavard au réveil : voilà le moment qu'il faut saisir. Pour cela je ramasse une nouvelle, dont je ne mets qu'un fragment dans mon billet, ajoutant que je demandais la permission de venir achever de vive voix ce qui ne pouvait se confier au papier. J'envoie le billet à l'heure du réveil, et pour ne pas laisser au prince le temps de réfléchir, d'hésiter à me recevoir oui ou non, je suis la lettre à cinq minutes de distance. On m'introduit. — Le prince était orné de quatorze bonnets superposés les uns sur les autres, ce qui formait plaisamment un grand édifice sur sa petite figure (1). — Comme je l'avais pressenti, il fut causeur, et je sus tout. Rentré chez moi, je décidai que le seul moyen de prendre pied dans cette affaire était d'y faire entrer un personnage politique important ; après avoir bien cherché : « Ma foi ! m'écriai-je, il n'y a que Rovigo qui remplisse « mon but. » Je cours chez le ministre de la police. C'était le soir, il y avait réception. J'entame avec lui une conversation et, tout en nous promenant, je dirige nos pas vers la salle du billard, où enfin nous nous trouvons tous deux seuls :

(1) Ces quatorze bonnets superposés ne sont pas tout à fait une plaisanterie de l'abbé de Pradt. La manière de dormir de M. de Talleyrand était très-particulière comme d'autres articles de son hygiène et de son régime. On lui faisait son lit avec un creux profond au milieu, se relevant ensuite aux pieds et à la tête, et sa façon d'être couché était presque encore de se tenir sur son séant. Il croyait ainsi se prémunir contre l'apoplexie, et les nombreux bonnets de nuit pouvaient aussi lui servir de bourrelets en cas de chute nocturne.

— « Monseigneur, lui dis-je, l'horizon se rembrunit. » — « Vous pensez, monsieur? » — « Les têtes graves doivent « réfléchir. » — « C'est mon avis, monsieur l'archevêque. » — « Il y a telle circonstance dans la vie politique où un « homme peut racheter tout un passé. » — « Croyez-vous, « monsieur ? » — Et ici le duc pouvait songer confusément à la mort du duc d'Enghien. — « Je crois, monseigneur, « que le moment est venu... » — « Monsieur, je vais expé- « dier un courrier à Sa Majesté l'Empereur pour le consul- « ter à cet egard. » — J'avais manqué le but. Je quittai Paris précipitamment, afin d'éviter le retour du courrier. Mais celui-ci fut pris par un détachement de cosaques ; l'empereur ne connut pas le message, et je revins à Paris prendre place dans la commission qui organisait le retour des Bourbons. »

Et voilà bien la différence qu'il y a entre un marmiton politique et un maître d'hôtel habile et consommé.

Mardi 23 février 1869.

# ESSAI SUR TALLEYRAND

Par Sir HENRY LYTTON BULWER
ancien ambassadeur

Traduit de l'anglais par M. GEORGES PERROT.

(SUITE)

La vive satisfaction que dut éprouver M. de Talleyrand pour le bien joué et le plein succès de sa tactique en 1814 ne fut que de courte durée. Le résultat atteint, et à peine sorti d'un régime d'ambition et de conquête, il put vite s'apercevoir qu'il allait avoir affaire à des opposants d'un autre genre, et non pas les moins opiniâtres ni les moins dangereux : il retrouvait sur son chemin, après vingt-cinq ans, comme au premier jour, l'entêtement dans le passé, les préventions personnelles et l'humeur, l'ornière de la routine, les hauteurs du droit divin, un favoritisme exclusif et inintelligent, la méconnaissance de l'esprit d'un siècle. Sir Henry

Bulwer a très-bien exposé ces premiers et légers déboires que l'introducteur de Louis XVIII eut à supporter, les reproches qu'il essuya des deux parts pour s'être si fort pressé de signer la convention du 23 avril qui abandonnait aux alliés tant de places fortes avec un matériel de guerre si considérable. Un négociateur animé d'un plus vif sentiment national eût, certes, fait en sorte d'obtenir mieux de la bienveillance d'Alexandre, très-porté pour la France à cette époque, et il eût au moins disputé le terrain pied à pied ; mais un tel négociateur ne pouvait se trouver alors dans la ligne et dans le rôle de M. de Talleyrand. Il n'avait pas non plus en lui ce qu'il aurait fallu pour tenter d'insinuer ou d'imposer à Louis XVIII, dès le début, un ministère parlementaire. Comment eût-il pu d'ailleurs improviser en ce sens une influence respectable et forte avec les instruments muets, et la veille encore serviles, qu'il avait sous la main ? Les éléments constitutionnels lui manquaient, comme aussi l'autorité à cet égard et l'ardeur d'une conviction. Ses lumières qui étaient grandes le laissaient froid. L'effort constant n'était pas son fait. Il entre bien du courage, et de l'élévation de sentiments aussi, dans toute grande ambition politique. M. de Talleyrand péchait par là :

« Il n'était pas homme, nous dit sir Henry Bulwer, à créer, à stimuler, à commander. Comprendre une situation, recueillir les influences éparses autour de lui et les diriger vers un point auquel il était de leur intérêt d'arriver, c'était là son talent particulier. Mais soutenir une lutte longue et prolongée, intimider et dominer les partis en lutte, cela dépassait la mesure de ses facultés, ou plutôt de son tempérament calme et froid (1). » .

Il fut heureux d'échapper le plus tôt possible aux ennuis de sa situation à l'intérieur en prenant en main le jeu diplomatique et en allant représenter la France au congrès de Vienne. Je laisserai sir Henry Bulwer aux prises avec M. Thiers sur la question du plus ou moins d'habileté que déploya M. de Talleyrand à ce congrès. A-t-il eu tort, comme M. Thiers le prétend, de se tourner tout d'abord vers l'Angleterre et l'Autriche, et de ne pas attendre que la Prusse et la Russie vinssent à lui? Avait-il raison, au contraire, comme le soutient sir Henry Bulwer, de saisir avec habileté le joint et de ne pas manquer l'occasion de diviser les grandes puissances? Questions rétrospectives et un peu vaines. Ce qu'il faut reconnaître, c'est qu'il fit de son mieux pour servir le gouvernement et le monarque qui lui avaient remis leurs intérêts, et pour rendre à la France dignité et influence dans les conseils de l'Europe. Ce qui malheureusement n'est pas moins certain, c'est qu'il ne perdit pas l'occasion non plus de reprendre sous main ses habitudes de trafics et marchés : 6 millions lui furent promis par les Bourbons de Naples pour favoriser leur restauration, et l'on a su les circonstances

(1) Voir aussi le très-judicieux portrait de M. de Talleyrand, comme l'un des ministres du cabinet du 13 mai 1814, dans l'*Histoire du Gouvernement parlementaire en France,* par M. Duvergier de Hauranne, tome II, page 196, et aussi tome III, pages 105, 239 et 246.

assez particulières et assez piquantes qui en accompagnèrent le payement (1).

Le coup de tonnerre du 5 mars, la nouvelle de la rentrée en scène de Napoléon, qui brusqua la séparation du congrès, donna fort à réfléchir à M. de Talleyrand, et il mit dans toutes ses démarches des mois suivants une singulière lenteur. Il avait mal au foie quand il lui convenait, et c'était, selon lui, « le premier devoir d'un diplomate, après un congrès, de soigner son foie. » Il en sentit surtout le besoin pendant les Cent-Jours. Une visite de Montrond, que Fouché lui dépêcha à Vienne et qui s'était chargé de le sonder sur plus d'un point, ne contribua pas à le diligenter ni à le détourner d'aller faire sa cure à Carlsbad. Il y eut dès lors comme un premier aperçu jeté en causant, une première idée vaguement esquissée du duc d'Orléans possible comme roi de France; ce n'était qu'un

---

(1) Chateaubriand, dans ses *Mémoires*, en dit quelque chose. De Perray, qui avait accompagné M. de Talleyrand à Vienne, et qui avait été témoin des engagements contractés à prix d'argent, fut ensuite dépêché à Naples par M. de Talleyrand, prêt à rentrer en France, et de Mons même (juin 1815), pour hâter le payement des 6 millions promis. On faisait des difficultés, parce que Talleyrand n'avait, paraît-il, traité avec Ferdinand que déjà assuré de la décision du congrès qui rétablissait les Bourbons de Naples. Bref, de Perray rapporta les 6 millions en traites sur la maison Baring, de Londres. Talleyrand l'embrassa de joie, à son arrivée. Cependant de Perray, à qui il avait été alloué 1,500 francs pour ses frais de voyage, en avait dépensé 2,000 : il en fut pour 500 francs de retour, mais il eut l'embrassade du prince. Il y avait, de plus, gagné une décoration de l'ordre de Saint-Ferdinand, qui se portait au cou. M. de Talleyrand, quand il la lui vit, s'en montra mécontent, parce que cela affichait le voyage.

en-cas : M. de Talleyrand se contenta de répondre « que la porte n'était pas ouverte encore, mais que si elle venait jamais à s'ouvrir, il ne voyait pas la nécessité de la fermer avec violence. »

Il ne se pressa point d'ailleurs de rejoindre Louis XVIII, ni d'aller faire du zèle et de l'émigration à Gand ; il ne se rendit en Belgique qu'à la dernière heure, et quand le canon de Waterloo avait prononcé. On a raconté la scène de Mons, et comment lui qui s'était cru nécessaire, il se vit tout d'un coup évincé. Entre Beugnot et Chateaubriand, ces deux témoins de son désappointement, l'un si spirituel, l'autre si amer et si ennemi, Talleyrand observé, démasqué, percé au vif à ce moment, passe devant la postérité un mauvais quart d'heure, et, ce qui lui eût été le plus pénible, il y paraît même un peu ridicule. Dans le premier mouvement de colère, il fut tenté de quitter la partie et de retourner en Allemagne pour soigner tout de bon son foie. Mais bientôt, et mieux conseillé, il se ravisa : Louis XVIII de son côté, sur le conseil de lord Wellington, se ravisait également, et M. de Talleyrand, rappelé par le roi à Cambrai, fut le principal ministre et le pilote préposé à cette entrée de la seconde Restauration, comme il l'avait été à la première.

Les circonstances étaient bien autrement difficiles, et, après avoir montré quelque fermeté au début vis-à-vis du roi et de son frère, M. de Talleyrand parut manifestement au-dessous de sa tâche. Sa première faute fut d'accepter Fouché pour collègue et de le croire presque aussi indispensable que lui-même. Chateaubriand nous a fait assister à cette scène d'ironie étrange et à la Tacite, qui se passa à Saint-Denis, à l'ombre de l'abbaye royale : Talleyrand introduisant Fouché dans le cabinet du roi, frère de Louis XVI, « le vice appuyé sur le bras du crime, » et venant patronner son compère, le cautionner effrontément et l'imposer. Talleyrand, si sagace qu'il fût, mais trop étranger au sentiment de la pudeur publique qui seule, et au défaut même de la prudence politique, aurait dû l'avertir, ne se dit point alors que c'était trop de deux à la fois, que la double pilule était trop amère pour l'estomac de la légitimité, et qu'une réaction prochaine inévitable devait les revomir l'un et l'autre. Quand plus tard il voulut se détacher de l'acolyte qu'il s'était donné, et faire cause à part, il n'était plus temps : l'esprit de parti ne faisait plus entre les deux grande différence. Une fois à l'œuvre d'ailleurs, son insuffisance à lui-même, comme premier ministre dirigeant, se montra dans tout son jour. Les Mémoires de M. Pasquier, son collègue dans ce cabinet, lorsqu'ils paraîtront, le diront assez en détail. M. de Talleyrand avait de l'incurie, de la légèreté à un degré incroyable. Il n'aimait pas à prendre de peine. Sa vie de jeu, d'indolence et de loisir s'accommodait mal de cette application obligée de chaque heure et de chaque instant, et elle lui permettait tout au plus de l'activité par veine et intermittence. Ce ministère de 1815, qui dura moins de trois mois, fut le grand écueil de son habileté. Les bornes de sa capacité y apparurent. En un mot, M. de Talleyrand, parfait diplomate et ambassadeur excellent, n'avait pas l'étoffe d'un premier ministre constitutionnel et d'un président du conseil.

Lors donc qu'en présence de l'*ultimatum* des puissances coalisées et du mauvais vouloir de la Chambre nouvelle, il alla avec deux de ses collègues exposer au roi les embarras du cabinet et réclamer un surcroît d'appui, en offrant un semblant de démission, Louis XVIII le prit au mot, et il fut encore une fois décontenancé comme il ne l'avait jamais été sous Napoléon, et comme il l'avait été à Mons. — Ces attrapes et ces niches de Louis XVIII lui étaient restées sur le cœur; il l'appelait par sobriquet le *roi nichard*.

Nommé grand chambellan, il conserva pourtant une attache officielle, mais de pure montre. Il se tenait imperturbablement derrière le fauteuil du roi dans toutes les grandes cérémonies; mais il fut véritablement hors de la vie politique active tout le temps de la Restauration ; il n'était que spectateur.

A l'occasion de la guerre d'Espagne en 1823, il fit une démonstration très-marquée, un discours à la Chambre des pairs, dans lequel, s'autorisant de ses prétendus anciens conseils à Napoléon, il pronostiquait des malheurs comme inévitable conséquence de l'expédition, et signalait des dangers rejaillissant jusque sur la France. Quand on parle de la sagacité infaillible de M. de Talleyrand, on oublie trop ce discours; mais en fait de prophéties, on ne se souvient guère que de celles qui réussissent.

Il portait, d'ailleurs, sur les choses publiques un jugement excellent; il sentait les périls intérieurs là où ils étaient; partisan déclaré de la liberté de la presse, il ne fut pas des derniers à prédire où mènerait la censure. Deux fois à la Chambre des pairs, en 1821 et 1822, il prit hautement la défense de la presse en face de la réaction dominante, et il dénonça la voie fatale où l'on s'engageait. Ceci doit lui être compté devant l'histoire. C'est dans ce mémorable discours du 24 juillet 1821 qu'il rappelait dans un langage élevé de grandes vérités politiques :

« Tenons pour certain que ce qui est voulu, que ce qui est proclamé bon et utile par tous les hommes éclairés d'un pays, sans variation pendant une suite d'années diversement remplies, est une nécessité du temps. Telle est, messieurs, la liberté de la presse. »

Il y disait encore :

« La société, dans sa marche progressive, est destinée à subir de nouvelles nécessités; je comprends que les gouvernements ne doivent pas se hâter de les reconnaître et d'y faire droit; mais quand ils les ont reconnues, reprendre ce qu'on a donné, ou, ce qui revient au même, le suspendre sans cesse, c'est une témérité dont, plus que personne, je désire que n'aient pas à se repentir ceux qui en conçoivent la commode et funeste pensée. Il ne faut jamais compromettre la bonne foi d'un gouvernement. De nos jours, il n'est pas facile de tromper longtemps. Il y a quelqu'un qui a plus d'esprit que Voltaire, plus d'esprit que Bonaparte, plus d'esprit que chacun des directeurs, que chacun des ministres passés, présents, à venir : c'est tout le monde. S'engager ou du moins persister dans une lutte où tout le monde se croit intéressé, c'est une faute, et aujourd'hui toutes les fautes politiques sont dangereuses. »

Le bon sens de M. de Talleyrand, ces jours-là, s'élevait à toute sa hauteur et égalait, même en gravité, la raison d'un Royer-Collard. L'ancien constituant au repos se retrouvait avec ses idées, j'ai presque dit avec ses principes. Dans ce rôle d'observateur et de critique, il était tout à fait à son avantage.

D'intéressantes lettres familières, dont il m'a été donné de tirer des copies exactes, vont nous le montrer en même temps tel qu'il était dans la vie privée, doux, facile, s'amusant à des riens, légèrement épigrammatique. Sachons voir les hommes sans parti pris et par tous leurs aspects ; écoutons-les parler sur leur vrai ton.

M. de Talleyrand allait ordinairement aux eaux tous les étés. Il habitait le château de Valençay (Indre), et sa nièce, la belle et spirituelle duchesse de Dino, était près de là à Rochecotte. Il écrivait, des eaux de Bourbon, à une amie de Paris, femme d'un de ses anciens collègues, ministre de Napoléon :

« 10 juin (1827).

« Les bains de M<sup>me</sup> de Dino ont été retardés par les pluies, ce qui fait qu'elle a passé quatre ou cinq jours fort inutilement dans le plus vilain endroit du monde : elle n'a pu commencer son traitement d'eaux qu'hier. — Vous ne me mandez point de nouvelles, et je suis tout près de vous en remercier. Les journaux qui m'arrivent, et que je lis tard, m'en apprennent plus que je ne veux. Quand les choses ne vont pas comme on le comprend, le mieux est d'attendre et d'y peu penser. Le bonhomme La Fontaine a dit :

> Patience et longueur de temps
> Font plus que force ni que rage.

J'adopte cette opinion, et je crois que M. Mollien fait tout comme moi. — Je me suis mis à lire les articles littéraires des journaux qui arrivent ici, et j'en serai très-probablement bientôt dégoûté. Ne croyez-vous pas que Sainte-Aulaire lui-même doive être un peu embarrassé de l'éloge que fait *le Constitutionnel* de son Histoire de la Fronde ? On y loue le livre, on y loue l'auteur, on y loue les aïeux, et il a fallu tout le savoir-faire et dire de son père pour avoir échappé à quelque éloge.—Il sort de ma chambre un buveur d'eau abîmé de rhumatismes et qui en conséquence voit tout en noir : le présent et l'avenir lui fournissent un beau champ qu'il exploite toute la journée. Chez vous, au contraire, on voit tout en beau, et je crois que cela ne changerait pas, même quand on aurait des rhumatismes, tant la disposition est douce. J'ai retrouvé dans ma mémoire un vers qui va à ces deux si différentes humeurs :

> Le malheur est partout, mais le bonheur aussi.

Pessimistes et optimistes doivent s'arranger de ce vers-là : n'est-ce pas singulier ?... — la princesse (*Poniatowska?*) va demain faire une course à Néris ; elle y passera vingt-quatre heures. J'en suis bien aise parce qu'elle me dira exactement comment elle a trouvé M<sup>me</sup> de Dino ; j'irai plus tard. Vous connaissez la passion de la princesse pour les chevaux gris ; elle en a trouvé deux ici qu'elle a bien vite arrêtés pour le temps qu'elle passerait à Bourbon. Ce matin elle a voulu en jouir pour aller se promener. Ils lui ont été amenés par un cocher qui avait un bonnet de coton et qui ne peut pas le quitter, parce qu'il a la gale. Cela a un peu désappointé son élégance, et m'a amusé. — Adieu. Ce n'est encore que le 10 juin : je suis à ma huitième douche. Faites toutes mes amitiés à M. Mollien. Vous ne me dites pas comment il trouve les productions de Gaëtan (1). »

(1) Gaëtan, marquis de La Rochefoucauld, celui qui avait composé des fables à douze ans et qui, les faisant imprimer, disait,

On était sous le ministère Villèle et au pire moment, après le licenciement de la garde nationale, à la veille de la clôture de la session, de la dissolution de la Chambre et de l'Ordonnance qui allait rétablir la censure. M. de Talleyrand, sur tout cela, pressentait et calculait juste ; mais aux pensées trop sombres, il ne voyait à opposer que sa méthode expectante :

« 20 juin (1827).

« Il y a bien longtemps qu'il n'a paru de votre écriture à Bourbon : cela n'embellit pas l'endroit. — Il nous est cependant arrivé quelques paralytiques de plus ces jours-ci ; mais nous n'avons pas un rhumatisme de connaissance. — Je ne sais si c'est par la disposition dans laquelle mettent ces eaux-ci, ou par humeur, ou par réflexion, mais je n'ai jamais été absent de Paris avec de si mauvais pressentiments sur les affaires publiques. Sans prévoir rien de ce que l'on fera, je crains que, malgré notre apathie, on ne nous lance dans les grandes aventures de révolution, si l'on se laisse aller à la tentation de la censure. C'est le premier anneau d'une chaîne qui peut entraîner tout au précipice. Mais qu'y faire ? Je ne sais en vérité qui y peut quelque chose. — Contre ces tristes pensées et la mauvaise saison, je ne connais de recours raisonnable que Jeurs (1). — Ici il n'y a point de livres : ainsi l'on ne peut pas se réfugier dans le passé. — Mᵐᵉ de Dino soupçonne qu'elle est un peu mieux ; mais c'est si peu

pour s'excuser de s'être rencontré dans un sujet avec le grand fabuliste, qu'il n'avait lu que depuis « les Fables de M. de La Fontaine. » Il n'a cessé d'écrire jusque dans ses dernières années, faisant imprimer à ses frais ses élucubrations, et se posant en candidat perpétuel à l'Académie française. Tout le monde, et sa famille toute la première, souriait de lui.

(1) Jeurs par Étréchy (Seine-et-Oise), résidence d'été de Mᵐᵉ la comtesse Mollien, à laquelle ces lettres étaient adressées.

de chose que nous n'avons pas encore obtenu ce que promettait le médecin timide de Néris. Mes projets de retour ne sont pas encore fixés : ils dépendent un peu de ceux que l'on forme à Néris, où j'irai passer quelques jours. Je crois que je vous écrirai encore une fois d'ici. — Il me semble que tout le monde a quitté Paris : il n'en arrive point de lettres, de telle sorte que je ne saurai plus comment va le monde, surtout s'il y a censure. — L'affaire Maubreuil, que je lis dans les journaux (1), me paraît se réduire à ceci : Donnez-moi de l'argent ou je ferai du scandale. On ne lui donne pas d'argent, et il fait du scandale ; si l'on peut appeler scandale des injures bien grossières, adressées par un voleur de grand chemin à des gens qu'il n'a jamais vus. Adieu ! si vous m'écrivez encore une fois ici, j'aurai le bonheur de recevoir votre lettre : car rien ne peut naturellement m'empêcher d'y passer encore huit jours. — Mille amitiés à M. Mollien. »

Dans ce cercle de M. de Talleyrand, on avait beaucoup d'esprit, mais on ne faisait pas une si grande dépense d'idées qu'on pourrait de loin le supposer. Ayant à parler de la mort de M. Canning, si l'on imagine un politique de l'école des doctrinaires ou de celle même de M. de Chateaubriand, écrivant une lettre, il s'y prendra d'une tout autre façon que M. de Talleyrand,

(1) Cette affaire Maubreuil, dont Talleyrand va parler si négligemment et d'un air d'indifférence, s'était terriblement réveillée en 1827. Maubreuil échappant à la surveillance s'était rendu le 20 janvier à Saint-Denis pendant la célébration de l'anniversaire, et là, en pleine solennité, il avait frappé M. de Talleyrand au visage et l'avait renversé par terre. Il fut traduit pour ce fait en police correctionnelle, et la cour royale confirma le 15 juin les jugements précédemment rendus. On ne se douterait certes pas, en lisant ce passage tout placide de la lettre de M. de Talleyrand, qu'il s'agit d'une affaire si récente et si chaude.

se bornant à des faits précis et presque matériels dans le billet que voici :

« 14 (août 1827).

« Je vous ai mandé hier la mort de M. Canning. L'état dans lequel est toute la ville de Londres est extrêmement honorable pour l'Angleterre. Pendant vingt-quatre heures, il n'y a eu ni affaires, ni occupations, ni intérêts d'aucun genre. La route de Chiswick était couverte de monde, et du monde de toutes les classes. Deux fois dans le même jour cent mille bulletins ont été distribués dans Downing-Street. On ne pensera pas encore de quelque temps au successeur : les Chambres n'étant pas assemblées, rien ne presse. — On dit que la première cause de la maladie a été un dîner chez l'ambassadeur de Naples : il y avait, suivant son usage, beaucoup trop mangé : ensuite est arrivée une inflammation dont on n'a jamais pu se rendre maître. — J'irai vous voir mardi 14 avec M. Chauvin. — Je n'écris pas à M. Mollien. Je ne lui parlerais que de M. Canning, et *vous savez* tout ce que je sais. Je cherche en moi s'il y a quelque chose que j'aie oublié de vous dire, je ne trouve rien. »

C'est bien, mais c'est court (1).

(1) Je mettrai encore cette lettre qui est adressée à la même personne et qui se rapporte au même temps. La date en est suffisamment indiquée par celle de la convention diplomatique qui fut signée à Londres entre la France, la Russie et l'Angleterre, en faveur de la Grèce, le 6 juillet 1827. M. de Talleyrand écrivait peu après :

« 19.

« J'ai été trop bien à Jeurs pour vous en remercier et pour que vous ne l'ayez pas vu. — Voici l'ouvrage de M. Thierry. — Vous le lirez avec plaisir. — Paris est sans nouvelles. — On s'y plaint un peu de la publication des articles secrets du traité signé par les trois puissances qui interviennent *un peu* dans les affaires de la Grèce. — C'est pour nous autres, vieux diplomates, qu'il est sin-

Quand on parle de goût et qu'on célèbre celui de l'ancienne société, celui de quelques hommes en particulier dont M. de Talleyrand était comme le type accompli, il faut bien s'entendre et se garder de confondre le goût social et le goût littéraire ; car en matière de littérature et surtout de poésie, ces gens d'esprit en étaient restés aux formes convenues de leur jeunesse et aux lieux communs de leur éducation première ; on en a une singulière preuve dans la lettre suivante :

« 18 (août 1828) Bourbon.

« Je quitte Bourbon ce soir. Il a fait un tel temps depuis quinze jours que je ne sais si les eaux m'ont fait du bien ou du mal. — Pauline (1) a été mon seul plaisir. La douce approche d'une jolie enfant a un grand charme. — Le général Dupont (2) est ici depuis quelques jours. Il fait des vers et m'en a dit quelques-uns. Voici une strophe que j'ai placée

gulier de voir dans les journaux les articles secrets d'un traité qui porte la clause de deux mois pour les ratifications ; — du reste, ce traité-là ne sera pas d'un grand secours pour les Grecs ; ce qui les aidera véritablement, c'est l'insurrection de la Dalmatie, si, comme je le crois, elle est générale dans cet inattaquable pays. Alors les Turcs auront plus d'affaires qu'ils ne peuvent. — Voilà la petite politique de mon quartier. — Mandez-moi quand vous allez à Étioles. — M. Mollien est d'une nature si bienveillante, si indulgente, que je ne sais pas, quoiqu'il me l'ait dit, s'il a été content de la réponse qu'il a reçue de M. Paravey. — Adieu. — Mille tendres hommages. — Comment va la pêche ? — On persécute M. de Fitz-James pour accepter l'ambassade de Madrid. — J'ai envoyé *Thierry* chez vous pour qu'on vous l'envoie par quelque occasion. »

M. de Talleyrand, en parlant des Grecs, comptait sans Navarin.

(1) Pauline de Périgord, sa petite-nièce, fille de la duchesse de Dino, et qui fut depuis M$^{me}$ de Castellane.

(2) L'ancien ministre de la guerre, le Dupont de Baylen, et qui était devenu métromane dans l'adversité.

dans ma mémoire..— Je la trouve très-belle : vous direz si j'ai tort ou raison ; je vous croirai. C'est en sortant du Jardin des Plantes qu'il a fait l'ode d'où cette strophe est tirée :

> Loin du rivage de Golconde,
> L'hôte géant de ces déserts,
> De sa solitude profonde
> Chérit l'image dans ses fers.
> Jamais son épouse enchaînée
> Ne veut d'un servile hyménée
> Subir les honteuses douceurs ;
> L'amour en vain gronde et l'accuse :
> Sa jalouse fierté refuse
> Des sujets à ses oppresseurs... »

— Il s'agit vraisemblablement de l'éléphant du Jardin des Plantes et de sa femelle, qui ne reproduisait pas dans l'état de captivité. Mais comment un esprit si net et si juste en prose pouvait-il se prendre d'une sorte d'admiration pour de tels amphigouris soi-disant lyriques? C'est, je le répète, et toute l'histoire des salons le prouve, qu'un certain mauvais goût littéraire est très-compatible avec le goût social le plus délicat.

On aura remarqué le mot touché en passant sur sa petite nièce Pauline : « La douce approche d'une jolie enfant a un grand charme. » S'il y a eu un bon côté dans M. de Talleyrand arrivé à l'extrême vieillesse, ç'a été ce coin d'affection pure.

Et en général, ces lettres douces et faciles iraient à nous faire croire, pour peu qu'on le voulût, à un Talleyrand meilleur. Il faut toujours se méfier de l'impression que font les vieillards, surtout s'ils sont gens bien élevés et polis. En vieillissant, quand les passions sont amorties ou impuissantes, quand on n'a plus à commettre ses fautes ou ses crimes, on redevient bon ou on a l'air de l'être; on a même l'air de l'avoir toujours été. M*me* de Sévigné n'appelait ce démon de Retz dans sa vieillesse que « notre *bon* cardinal. »

J'ai encore sous les yeux une lettre de M. de Talleyrand, de l'été de 1828 : ce sont des nouvelles de société, avec une pointe légère de raillerie. Il effleure en passant ses amis les doctrinaires ; mais sur Chateaubriand le trait est plus enfoncé :

« 28 août (1828), Valençay.

« Voilà le beau temps arrivé : il se présente avec l'air de la durée. M. Royer-Collard en a profité pour venir à Château-Vieux passer quelques jours. Il y est tout seul : sa femme est restée avec sa fille, qui est malade à Paris. — Toute la doctrine s'occupe de mariage : M. de Rémusat vient d'épouser M*lle* de Lasteyrie, qui est fort jolie, et il se promet d'être amoureux. — Le mariage a été célébré par un prêtre janséniste, qui dans son discours a un peu scandalisé les habitués de la paroisse. — Ce n'est pas tout : M. Guizot épouse M*lle* Dillon sa nièce, et il est amoureux tout comme un autre. A son grand regret, le mariage ne se fait qu'au mois de novembre. Me voilà au bout de mes nouvelles. Les amours des doctrinaires sont tout ce que je sais. — Dites-moi quelque chose de Paris. pour qu'en y retournant je ne paraisse pas un véritable provincial : — mes occupations me donnent cette direction-là ; car je renouvelle les baux de Valençay, où tout est en petit domaine. — M. de Vaux (1) s'annonce pour la fin de septembre : je serai charmé de le revoir. Je crois que M. de Chateaubriand devient un peu pesant pour lui, et on ne voit pas les efforts qu'il prétend faire pour les personnes qui lui sont dévouées. Il part pour

---

(1) Bertin de Vaux, frère de Bertin l'aîné, et l'un des propriétaires du *Journal des Débats*.

Rome avec 300 mille francs d'appointements, et Villemain et Bertin de Vaux restent là. Je ne conçois rien à des relations aussi sèches que celles de Chateaubriand avec eux (1). — Nous nous portons tous bien dans notre petit rayon ; mais quand nous voulons l'étendre, nous rencontrons des maladies dont ce pays-ci est plein, etc. »

La révolution de juillet 1830 n'étonna point M. de Talleyrand, qui l'avait vue venir. Il y intervint à sa manière, tard, mais à temps et d'une manière utile. Sir Henry Bulwer a très-bien raconté comment le troisième jour, le 29, M. de Talleyrand chargea un secrétaire de confiance d'aller s'assurer si la famille royale était encore à Saint-Cloud ou si elle en était déjà partie ; puis, comment au retour il le pria de nouveau d'aller trouver de sa part Madame Adélaïde à Neuilly ou ailleurs, et de lui remettre, parlant à elle-même, un billet qu'elle lui rendrait après l'avoir lu. Ce billet qui amena sur les lèvres de Madame Adélaïde une exclamation soudaine : « Ah! ce bon prince, j'étais bien sûre qu'il ne nous oublierait pas ! » dut contribuer à fixer les indécisions du futur roi. Puisque M. de Talleyrand se prononçait, Louis-Philippe pouvait se risquer. — Et comme ne manquerait pas de le dire M. Cuvillier-Fleury, l'historiographe de la maison : *Nil desperandum Teucro duce et auspice Teucro.*

M. de Talleyrand rendit le plus grand service au

(1) Il semble que M. de Chateaubriand ait voulu répondre à ce reproche, qu'il se faisait tout bas à lui-même, dans sa lettre écrite de Rome à M. Villemain (*Mémoires d'outre-tombe*, tome VIII, page 369).

nouveau gouvernement en acceptant le poste d'ambassadeur à Londres. Son nom seul, avec la réputation d'habileté et de prudence qui l'environnait, était déjà une garantie. On dit qu'il ouvrit les conférences de Londres en ces termes : « Messieurs, je viens m'entretenir avec vous des moyens de conserver la paix à l'Europe... » Il y réussit, et remporta ce jour-là sa plus signalée victoire diplomatique.

S'il avait eu, comme Chateaubriand, le goût des contrastes, son imagination aurait eu beau jeu à se déployer par la comparaison de son succès personnel à Londres en 1830 et de la souveraine considération dont il jouissait, avec l'accueil si défavorable (pour ne pas dire pis) qui lui avait été fait trente-huit années auparavant en janvier 1792, lorsqu'il y était venu chargé d'une mission secrète de la part d'un gouvernement décrié que le choix qu'on faisait de lui décriait encore davantage (1). Mais l'esprit de M. de Talleyrand était peu porté à ces antithèses. S'il avait eu en dernier lieu un triomphe éclatant, il n'était pas insensible aux petits dégoûts qui sont presque toujours la monnaie et la rançon de tout grand succès. La lettre suivante qu'il écrivait confidemment à M<sup>me</sup> de Dino (?), au moment de la mort de Casimir Perier, nous le montre au naturel et ne se surfaisant pas les choses :

« 4 mai (1832).

« A chaque heure j'invoque M. Perier ! et j'ai bien peur que ce soit en vain et que je n'aie plus à m'adresser qu'à

---

(1) Voir dans le *Mémorial* de Gouverneur Morris, au tome II, pages 113 et 118, de l'édition française.

ses mânes ! (1) Cette affaire de Rome ne serait pas encore en suspens, s'il avait vécu. — Un grand mot d'un grand homme est celui-ci : Je crains plus une armée de cent moutons commandée par un lion, qu'une armée de cent lions commandée par un mouton. — Faites et surtout ne faites pas l'application de cela. — Hier j'ai parlé de Sainte-Aulaire ou de Rigny, disant que, pour le dehors, il n'y avait que ces deux noms-là qui pussent convenir. J'ai fait, comme je le pense, l'éloge de Sainte-Aulaire. — Cela produira-t-il quelque chose ? Je n'en sais rien, et je suis plutôt porté à croire que ce que j'ai dit serait inutile : j'ai parlé, dans cette lettre que vous avez remise, de Durant comme le seul qui me convenait et qui conviendrait à la Hollande, à la Belgique et à l'Angleterre : j'ai insisté fortement sur cela. — Ce que j'ai écrit hier doit être ignoré par vous : mais vous voilà prévenue si l'on vous en parle. — Je suis fortement occupé de ces ratifications russes qui (ne le dites pas) sont fort mauvaises : mais je crois que nous les arrangerons. — Je n'en parle pas à Paris, parce que l'on me donnerait des instructions, et que je veux agir sans en avoir : voilà encore qui est pour vous seule. — Si l'on me répond, ce sera par vous. — Figurez-vous que l'on m'écrit ici que l'affaire de Rome est arrangée, et qu'on a accepté et à Rome et à Paris une convention simultanée de l'Autriche et de la France. J'ai été chargé de le dire au ministre anglais. — Tout cela dégoûte beaucoup. — Adieu, chère amie de moi, soignez-vous, ne vous impatientez pas comme je le fais, et aimez-moi. »

Ce n'est là qu'un échantillon. La correspondance toute politique de M. de Talleyrand avec M$^{me}$ de Dino existe et pourra, un jour, éclairer assez agréablement le dessous des cartes (2).

(1) Casimir Perier, dont l'état était déjà désespéré, mourait le 16 mai.
(2) On m'assure qu'à propos de cette manie qu'avait Louis-

Le témoignage des Anglais d'alors bien informés ne saurait être indifférent à recueillir sur M. de Talleyrand. Sir Henry Bulwer est un peu doux et poli dans ses appréciations, comme il sied à un Anglais qui a tant vécu dans la haute société française ; mais voici un de ses compatriotes qui est plus haut en couleur et plus mordant : ce jugement parut dans le *Morning-Post,* à l'époque de la mort de Talleyrand ; je crois qu'il ne déplaira pas à cause de quelques traits caractéristiques qu'on chercherait vainement ailleurs :

« Lorsque Talleyrand, nous dit l'informateur anonyme, était ici engagé dans les protocoles, lui qui dormait peu, il avait coutume de mettre sur les dents ses plus jeunes collègues, et nous avons trop bien éprouvé qu'au temps de la quadruple alliance et en plus d'une autre occasion, ses yeux étaient ouverts tandis que lord Palmerston sommeillait. Lorsque la tempête des trois *Glorieuses* éclata sur Paris, trop heureux de quitter la France, Talleyrand s'en vint en Angleterre. On ne peut s'empêcher de rire en pensant à la manière dont il y fit son apparition. Il donnait ses audiences à ses compatriotes dans son salon d'*Hanover Square* avec un chapeau rond sur la tête, au devant duquel figurait une cocarde tricolore de six pouces carrés, tandis que se prélassaient, étendus tout au long sur les sophas, trois jeunes *sans-culottes* de Juillet, qu'il avait amenés avec lui pour se donner un air de républicanisme. (*On sent que tout ceci est un peu chargé, mais il en reste bien quelque chose.*) Louis-Philippe une fois bien établi sur son trône, la cocarde

Philippe de démolir ses ministres les uns par les autres, et de les user pour sa plus grande gloire, on y lit cette phrase ou quelque chose d'approchant : « Je n'aime pas ces ogres de réputation qui croient augmenter la leur en dévorant celle des autres. »

tricolore fut arrachée du chapeau rond et jetée au feu, et les jeunes échantillons de républicains furent renvoyés à Paris. Talleyrand libre de toute crainte donna cours à son despotisme naturel. Il avait ici tout le monde à ses pieds ; toute la noblesse d'Angleterre recherchait sa société avec ardeur ; les diplomates de tous pays pliaient devant lui ; lord Palmerston seul résistait à Talleyrand, non-seulement sur les grandes choses, mais sur les plus petites et sur des bagatelles. Il faisait tout pour le dégoûter... »

Il y réussit. M. de Talleyrand, à la première occasion, revint en France sous prétexte de congé, et, de son château de Valençay, il envoya sa démission à Louis-Philippe (novembre 1834).

L'âge aussi le lui conseillait : il était arrivé aux limites de la vieillesse ; sa quatre-vingtième année était sonnée : il ne songea plus qu'à finir de tout point convenablement : La vertu était son côté faible, et il dut penser à le fortifier. M. Royer-Collard était son voisin de terre. M. Royer-Collard était depuis longtemps un homme, un nom dont on aimait à se couvrir quand on avait un côté faible. Cousin, dans un temps, quand on attaquait sa religion, aimait à se replier sur M. Royer-Collard, qu'il proclamait bien haut son maître. Dans un genre tout différent, M. de Talleyrand dut aussi songer d'assez bonne heure à M. Royer-Collard et à le rechercher comme l'homme de bien le plus considéré dans la politique. Il le cultiva surtout dans les dernières années. Passer tout l'été si près de M. Royer-Collard (Valençay est à quatre ou cinq lieues de Château-Vieux) et ne pas être dans des relations particulières avec lui, c'eût été une mauvaise marque. Il fit des avances : M^me de Dino, avec son attrait de haute distinction et sa coquetterie d'esprit, l'y secondait puissamment. M. Royer-Collard capitula, mais il fit ses conditions. Sous prétexte de trop de bourgeoisie et de simplicité, il fut dit que sa femme et ses filles n'iraient point à Valençay. A ce prix M. Royer-Collard fut bonhomme et indulgent. Le grand bourgeois se montra bon prince envers le grand seigneur. Quand on songe qu'en ses heures d'austérité il avait dit ce mot : « Il y a deux êtres dans ce monde que je n'ai jamais pu voir sans un soulèvement intérieur : c'est un régicide et un prêtre marié, » on conviendra qu'il eut à y mettre du sien. On raconte que la première fois que M. de Talleyrand fit sa visite à Château-Vieux à travers un pays fort accidenté, moitié rochers, moitié ravins, et de l'accès le plus raboteux, son premier mot à M. Royer-Collard en entrant dans le salon fut : « Monsieur, vous avez des abords bien sévères... » On ne dit pas la suite; mais interpellé de la sorte, l'homme à l'esprit de riposte ne dut pas être en reste.

Dans les commencements de leur liaison et quelques années auparavant, M. de Talleyrand avait eu l'idée de donner à Paris un grand dîner de personnages considérables, et représentant chacun quelque chose : Cuvier, la science; Gérard, la peinture... Royer-Collard devait y représenter l'éloquence politique. Il n'y alla point, mais il disait en plaisantant de l'idée : « Me voilà donc élevé à la dignité d'échantillon ! »

Talleyrand et Royer-Collard affectaient tous deux, dans la manière de s'exprimer, la brièveté concise et la formule : tous deux étaient volontiers sentencieux ; ils avaient le mot qui grave. Mais chez Talleyrand cette formule s'appliquait plus volontiers aux choses, aux situations, et chez Royer-Collard aux personnes. Réunis, ils devaient faire assaut, chacun dans son genre. C'étaient, pour peu qu'on y songe, deux profils des plus originaux et chez qui tout semblait en relief et en opposition : M. Royer-Collard, droit de taille, le front couvert d'une perruque brunâtre, le sourcil proéminent et remuant, le nez fort et marqué, le visage rugueux, la voix mordante, par moments stridente et se riant volontiers à elle-même quand il avait dit quelque mot; en tout un esprit altier et des plus fins sous une écorce restée en partie rustique; mais il ne faudrait pas faire non plus M. de Talleyrand plus délicat qu'il n'était et plus débile à cause de son infirmité. C'était une organisation puissante : il avait la voix mâle, profonde, partant d'un *bon creux,* bien que par principe et bon goût il s'interdît l'éclat du rire. Avec sa longue canne qui ressemblait à une béquille et avec laquelle il frappait de temps en temps sur l'appareil de fer dont sa mauvaise jambe était munie, il s'annonçait impérieusement. Des yeux gris sous des sourcils touffus (1), une face morte plaquée de taches, un petit visage qui diminuait encore sous son immense chevelure, le menton noyé dans une large cravate molle remontante, qui rappelait celle des incroyables et le négligé du Direc-

(1) J'ai sous les yeux, en traçant ce profil, un croquis de Talleyrand dessiné par le comte d'Orsay, et qui se voit en tête du tome III du *Journal* de Thomas Raikes, et aussi la page 263 du même volume.

toire, le nez en pointe insolemment retroussé, une lèvre inférieure avançant et débordant sur la supérieure, avec je ne sais quelle expression méprisante indéfinissable, fixée aux deux coins de la bouche et découlant de la commissure des lèvres (1); un silence fréquent d'où sortaient d'un ton guttural quelques paroles d'oracle; il y avait là de quoi faire, en causant, un vis-à-vis de première force à Royer-Collard, bien que celui-ci eût plus de séve et de verdeur. Il disait de son voisin de Valençay vers la fin : « M. de Talleyrand n'invente plus, il se raconte. »

M. de Talleyrand avait 84 ans passés : il sentait que sa fin était proche. Il voulut, comme on dit, mettre ordre à ses affaires; avec l'art et le calme qui le distinguaient, il disposa le dernier acte de sa vie en deux scènes qu'on ne trouvera pas mauvais que je présente comme il convient et que je développe. On n'étrangle pas de si bons sujets. A tout seigneur tout honneur!

(1) « Comme il avait reçu beaucoup de mépris, il s'en était imprégné, et il l'avait placé dans les deux coins pendants de sa bouche. » (Portrait de Talleyrand dans les *Mémoires d'outre-tombe*, tome XI, page 421.) — « Telle figure, telle âme, » a dit Socrate chez Xénophon. Cela est vrai si, par figure, on entend l'ensemble de la physionomie. — « Les traits, a dit La Bruyère, découvrent la complexion et les mœurs, » et il ajoute : « mais la mine désigne les biens de fortune. » Talleyrand avait la mine, les traits et le visage de son moral.

Mardi 9 mars 1869.

# ESSAI SUR TALLEYRAND

### Par Sir HENRY LYTTON BULWER
#### ancien ambassadeur

Traduit de l'anglais par M. GEORGES PERROT (1).

(SUITE ET FIN.)

Les lettres qu'écrivait M. de Talleyrand n'étaient pas toujours aussi courtes et aussi concises que celles que

(1) La lettre de M. de Talleyrand, écrite de Londres vers le moment de la mort de Casimir Perier, qu'on a pu lire dans le précédent article, a été supposée par moi adressée à M$^{me}$ de Dino, sa nièce : mais l'autographe que j'ai eu sous les yeux ne porte en effet aucune suscription, et ce n'est que par induction et conjecture que j'ai cru pouvoir indiquer la destinataire. On me fait des objections : M$^{me}$ de Dino, à cette date, n'était-elle pas à Londres ? N'est-ce point plutôt à une autre amie particulière, à une correspondante habituellement résidante à Paris (telle que la princesse de Vaudemont, par exemple), que la lettre était adressée ? Je ne suis pas en mesure de discuter ce point ; pour cela les termes de comparaison me manquent ; le doute d'ailleurs n'offre ici aucun inconvénient, cette lettre isolée n'ayant d'intérêt que comme échantillon et comme exemple de la manière familière et simple avec laquelle M. de Talleyrand traitait la politique dans l'intimité.

j'ai citées. Si sobre qu'il fût d'écritures comme de paroles, il y avait de rares moments où il savait s'expliquer autant qu'il le fallait, et où il avait presque l'air de s'épancher. La lettre la plus remarquable en ce sens, de toutes celles que j'ai lues, est une réponse à son ancien ami, son collaborateur et un peu son complice dans ses traités et marchés avec les princes allemands, le baron de Gagern. Ce diplomate, dont on a les Mémoires, a consacré tout un intéressant chapitre à ses relations avec Talleyrand (1); il y a inséré les réponses qu'il reçut de lui dans les dernières années, lorsque de temps en temps il jugeait à propos de se rappeler à son souvenir. Il l'avait fait d'une manière plus affectueuse encore et plus vive à l'époque où M. de Talleyrand avait donné sa démission d'ambassadeur à Londres, et s'était tout à fait retiré de la vie politique. M. de Talleyrand lui répondit aussi cette fois avec plus d'étendue que d'ordinaire, et comme à un ancien ami éloigné, qu'on ne reverra plus et auquel on tient à donner une dernière marque d'attention et de confiance. Voici une partie de cette lettre, qui peut être considérée tout à fait comme testamentaire et comme faite pour être montrée de l'autre côté du Rhin :

« 20 avril 1835.

« ... Votre ancienne amitié vous fait désirer de savoir quelque chose de ma santé : je vous dirai qu'elle est aussi bonne que le comporte le nombre de mes années, que je vis dans une retraite charmante, que j'y vis avec ce que j'ai de

---

(1) *Ma part dans la politique* (en allemand), tome VI, le chapitre intitulé *Talleyrand et ses rapports avec les Allemands.*

plus cher au monde, et que mon unique occupation est d'y goûter, dans toute sa plénitude, les douceurs du *far niente :*

> Lorsque *de tout* on a tâté,
> Tout fait ou du moins tout tenté,
> Il est bien doux de ne rien faire...

« Vous ne connaissez pas Rochecotte, sans quoi vous ne diriez pas : Pourquoi Rochecotte ? Figurez-vous qu'en ce moment j'ai sous les yeux un véritable jardin de deux lieues de large et de quatre de long, arrosé par une grande rivière et entouré de coteaux boisés, où, grâce aux abris du nord, le printemps se montre trois semaines plus tôt qu'à Paris, et où maintenant tout est verdure et fleurs. Il y a d'ailleurs une chose qui me fait préférer Rochecotte à tout autre lieu, c'est que j'y suis non pas seulement avec M<sup>me</sup> de Dino, mais chez elle, ce qui est pour moi une douceur de plus.

« Ne croyez pas que, si j'ai quitté les affaires, ce soit par caprice. Je n'ai quitté les affaires que lorsqu'il n'y en avait plus. J'avais voulu prévenir la guerre, je croyais que la France liée à l'Angleterre la rendait impossible ; j'avais voulu, de plus, obtenir pour la Révolution française du mois de juillet 1830 *le droit de bourgeoisie* en Europe, et tranquilliser le monde sur l'esprit de propagandisme que l'on supposait à notre gouvernement. Tout cela était accompli : que me restait-il à faire, sinon de ne point attendre qu'avec le *solve senescentem* d'Horace, quelqu'un vînt me dire que j'avais trop tardé ? La difficulté est d'en sortir heureusement et à propos. Vous devez donc me féliciter d'y avoir réussi, et non pas m'en faire une sorte de reproche, quelque obligeance qu'il y ait dans les reproches que vous savez faire.

« J'ai souvent remercié la fortune de m'avoir donné un contemporain tel que vous, qui m'avez mieux compris que personne, et qui avez bien voulu en aider d'autres à me mieux comprendre (1) ; mais je la remercierais davantage

---

(1) Je crois bien qu'ils s'étaient *compris* l'un l'autre et presque

encore, si elle eût rendu nos habitations plus voisines : vous verriez qu'aujourd'hui, comme au temps que vous rappelez, tout serait de ma part abandon et confiance. — Pauvre Dalberg! combien je l'aimais, et combien je l'ai regretté! Nous parlerions de lui et de tant de personnes que nous avons connues, et de tant d'événements auxquels nous avons été mêlés. L'âge où je suis arrivé est celui où l'on vit principalement dans ses souvenirs. Nous parlerions aussi des jugements auxquels je dois m'attendre de la part des générations qui suivront la nôtre. J'avoue que je ne redoute pas ceux de vos compatriotes, pourvu qu'ils n'oublient point qu'il n'existe en Allemagne aucun individu à qui j'aie volontairement nui, et qu'il s'y trouve plus d'une tête couronnée à qui je n'ai pas laissé d'être utile, du moins autant que je l'ai pu. Enfin nos conversations rouleraient sur vous, sur votre famille, le nombre de vos enfants, leur établissement, toutes choses auxquelles je prends un intérêt sincère, et dont je suis réduit à ne vous parler que de très-loin, puisque vous habitez sur les bords du Mein, et moi les bords de la Loire, et que de plus je suis né en 1754.

« M<sup>me</sup> de Dino, qui, pendant les quatre ans qu'elle a passés en Angleterre, a complété la croissance dont son esprit supérieur était susceptible, et qui la place au premier rang des personnes les plus distinguées, n'oublie que ce qui ne vaut pas la peine qu'on s'en souvienne : elle est flattée que son souvenir corresponde à celui qu'elle a toujours gardé de vous, et elle me charge de vous le dire.

« Pour moi, mon cher baron, j'ai pour vous les mêmes sentiments que vous m'avez toujours connus, et je suis pour la vie tout à vous.

« P. DE TALLEYRAND (1). »

à demi-mot. Gagern va tout à l'heure nous le dire mieux encore et nous rappeler comment s'opérait cette heureuse intelligence.

(1) A côté et au-dessous de cette lettre vraiment charmante et quelque peu sentimentale, il n'est pourtant pas hors de propos de

Le baron de Gagern, après avoir inséré cette lettre plus développée que d'habitude et définitive, ajoute : « Je compris qu'une pareille correspondance pouvait avoir pour lui des côtés fatigants, et je ne lui écrivis plus. »

Cependant il restait à régler d'autres comptes, et dont M. de Talleyrand devait se préoccuper davantage.

placer le passage du même chapitre de Mémoires, dans lequel Gagern s'efforce de répondre aux reproches adressés par les Allemands, ses compatriotes, à l'ancien ministre de Napoléon pour sa soif d'argent et sa vénalité. Ce sont les circonstances atténuantes, naïvement exposées et déduites : « Il dépensait beaucoup ; sa main était libéralement ouverte pour ses anciens amis ; sa maison princière était peu tenue, et sa fortune particulière très-peu considérable. Par suite, *il considérait sa haute situation comme une mine d'or*. Ses complaisances devaient être payées non en tabatières ou en brillants, suivant la coutume, mais en argent comptant. Qui pourrait dire les sommes qui ont ainsi coulé vers lui de la part des grandes puissances! Il pouvait se faire à lui-même illusion sur ces actes, en se disant qu'il ne se faisait pas payer la vente du bon droit, mais seulement des services laissés à sa discrétion. Quant à ce qui me regarde, il était de ma situation et de mon devoir de suivre le torrent ; mais je répète qu'entre lui et moi, directement ou indirectement, aussi bien pour ce qui regarde les Nassau que pour les autres princes nombreux que je fis entrer dans la Confédération du Rhin, il ne s'est jamais agi en aucune façon de marché, de conditions ou d'offres. Je les taxais moi-même d'après mes appréciations générales et après avoir consulté le vieux Sainte-Foix, et je proposais mes estimations dans le Nassau, ou bien je décidais pour eux, et j'espère encore maintenant avoir droit à leur reconnaissance pour avoir, en ces conjonctures, agi avec autant de sagacité que d'économie. Napoléon avait connaissance de cet état de choses et le souffrait. C'est un fait qu'à Mayence, il demanda à un prince très-haut placé : *Combien Talleyrand vous a-t-il coûté?* »

—Ne nous lassons jamais de remettre sous nos yeux les deux faces de la vérité, surtout quand la plus agréable pourrait faire oublier la plus essentielle.

Il avait ses quatre-vingt-quatre ans sonnés ; il voulut honorer publiquement sa fin et, avant le tomber du rideau, ménager à la pièce une dernière scène. Un de ses anciens collaborateurs diplomatiques et qui avait servi sous lui, un Allemand de plus de mérite que de montre, Reinhard, vint à mourir. Il était membre de l'Académie des sciences morales et politiques : M. de Talleyrand se dit que c'était pour lui l'occasion toute naturelle d'un dernier acte public, et, sous couleur de payer une dette d'amitié, il se disposa à faire ses adieux au monde. On apprit donc un matin, non sans quelque surprise, qu'empruntant pour cette fois son rôle au brillant secrétaire perpétuel, M. Mignet, il désirait prononcer en personne l'Éloge du comte Reinhard. De là cette séance académique qui fut son dernier succès et qui couronna sa carrière.

Remarquez que le sujet était lui-même choisi avec tact et avec goût : rien d'éclatant, rien qui promît trop ; l'orateur pouvait être aisément supérieur à son sujet. Et puis, n'oublions pas que c'est à l'Académie des sciences morales et politiques que M. de Talleyrand, à son retour en Europe et rentrant en scène, avait voulu débuter en l'an V par des mémoires fort appréciés : c'est par cette même Académie que, quarante ans après, il voulait finir. Il y avait de la modestie dans ce cadre, et aussi de l'habileté. Il savait que, si la politique est ingrate, les lettres de leur nature sont reconnaissantes.

C'est le samedi 3 mars 1838 que, nonobstant un état de santé des plus précaires, et sans tenir compte des observations de son médecin, il vint lire cet Éloge de

Reinhard dans une séance dite ordinaire, mais qui fut extraordinaire en effet. Les étrangers sont admis aux séances de cette Académie, et cette fois il y avait autant de monde que la salle en pouvait tenir; pas de femmes, mais des personnages d'élite, principalement politiques; M. Pasquier, le duc de Noailles et autres y assistaient. On remarqua fort un incident : M. de Talleyrand et le duc de Bassano, qui ne s'étaient pas vus depuis 1814 et qui ne s'aimaient guère (1), se rencontrèrent dans l'escalier : ils se donnèrent la main. Le bureau de l'Académie se composait de MM. Droz, président, Dupin, vice-président, et Mignet, secrétaire perpétuel. Quand l'huissier annonça « le prince » (car il était prince, même à l'Académie), ce fut une grande attente. M. Mignet alla à sa rencontre dans la pièce qui précédait celle des séances. M. de Talleyrand n'avait pu monter à pied l'escalier : il avait été porté par deux domestiques en livrée. Quand il fit son entrée dans la salle, appuyé sur le bras de M. Mignet et sur sa béquille, tous les assistants étaient debout. Après la lecture du procès-verbal, le président M. Droz demanda au prince s'il n'était pas fatigué, et s'il ne voulait pas prendre le temps de se reposer avant de commencer sa lecture. M. de Talleyrand, d'une voix grave (car il l'avait très-forte et à remplir la salle), répondit qu'il

(1) Sur la fin de l'Empire, ils étaient à couteaux tirés. M. de Talleyrand lardait de ses épigrammes le duc de Bassano. On citait de lui, dès 1809, ce mot qui dispense de tous les autres : « Je ne connais pas de plus grande bête au monde que M. Maret, si ce n'est le duc de Bassano. »

aimait mieux commencer aussitôt. Il lut alors un discours composé avec goût, simple et court, d'un juste à-propos. Aucun mot n'en était perdu. Le lecteur fut fréquemment interrompu par les applaudissements : ils éclatèrent surtout au portrait que M. de Talleyrand traça d'un parfait ministre des affaires étrangères :

« La réunion, disait-il, des qualités qui lui sont nécessaires est rare. Il faut, en effet, qu'un ministre des affaires étrangères soit doué d'une sorte d'instinct qui, l'avertissant promptement, l'empêche, avant toute discussion, de jamais se compromettre. Il lui faut la faculté de se montrer ouvert en restant impénétrable ; d'être réservé avec les formes de l'abandon, d'être habile jusque dans le choix de ses distractions ; il faut que sa conversation soit simple, variée, inattendue, toujours naturelle et parfois naïve ; en un mot, il ne doit pas cesser un moment, dans les vingt-quatre heures, d'être ministre des affaires étrangères.

« Cependant toutes ces qualités, quelque rares qu'elles soient, pourraient n'être pas suffisantes, si la bonne foi ne leur donnait une garantie dont elles ont presque toujours besoin. Je dois le rappeler ici pour détruire un préjugé assez généralement répandu : non, la diplomatie n'est point une science de ruse et de duplicité. Si la bonne foi est nécessaire quelque part, c'est surtout dans les transactions politiques, car c'est elle qui les rend solides et durables. On a voulu confondre la réserve avec la ruse. La bonne foi n'autorise jamais la ruse, mais elle admet la réserve ; et la réserve a cela de particulier, c'est qu'elle ajoute à la confiance.

« Dominé par l'honneur et l'intérêt du prince, par l'amour de la liberté fondée sur l'ordre et sur les droits de tous, un ministre des affaires étrangères, quand il sait l'être, se trouve ainsi placé dans la plus belle situation à laquelle un esprit élevé puisse prétendre... »

L'idéal est magnifique, et à la façon dont il en parlait, on était tenté de croire qu'il l'avait autrefois rempli de tout point dans la pratique. Ce qu'il y avait d'admirable surtout, c'était cette recommandation si formelle de la *bonne foi* dans la bouche de celui qui passait pour avoir dit : « La parole a été donnée à l'homme pour déguiser sa pensée. » On remarqua qu'il accentua très-fort ce mot de *bonne foi*.

Je ne voudrais point paraître faire une mauvaise plaisanterie, mais cet Éloge du comte Reinhard m'a tout naturellement rappelé le célèbre roman de *Renart*, cette épopée satirique du moyen âge, — cette Bible profane du moyen âge, comme Goethe l'a baptisée, — dans laquelle l'hypocrite et malin Renart joue tant de tours au lion et à tous les animaux, se déguise sous toutes les formes, en clerc, en prêcheur, en confesseur, et, après avoir mis dedans tout son monde, finit par être proclamé roi et couronné. Cette séance de la plus morale et de la plus honnête des Académies, consacrant de son approbation, de son suffrage unanime, le moins scrupuleux des hommes d'État, à la considérer sous un certain jour, ne me paraît autre qu'une scène du roman de *Renart* au dix-neuvième siècle. Veuillez en effet vous souvenir, récapitulez en idée la vie passée de Talleyrand, depuis son début sous Calonne, ou, si vous aimez mieux, depuis sa messe à la Fédération, ou encore depuis certain traité fructueux entamé avec le Portugal sous le Directoire, premier point de départ de sa nouvelle et soudaine opulence, et voyez où tout cela aboutit, à quels honneurs, à quels profonds témoignages de respect, et de la part des hommes les plus purs et les plus autorisés, les maîtres jurés en matière de moralité sociale. Il fallait voir comme avec lui, en cette séance d'adieux attendrissante, la vertueuse solennité de M. Droz était aux petits soins; comme la dignité et la candeur de M. Mignet prenait garde de peur que le prince ne fît un faux pas. Ah! ce jour-là l'on vit bien ce qu'est la puissance de l'esprit dans la société française, surtout quand il est relevé par la naissance, et, faut-il le dire? quand il est orné de tous les vices.

Lorsque la lecture fut terminée (et ce fut là toute la séance, une petite demi-heure en tout), l'enthousiasme n'eut pas de bornes; le prince eut à passer, au retour, entre une double haie de fronts qui s'inclinaient avec un redoublement de révérence; chacun en sortant exprimait son admiration à sa manière, et Cousin, selon sa coutume, plus haut que personne; il s'écriait en gesticulant : « C'est du Voltaire ! — C'est du meilleur Voltaire. »

Non, ce n'était pas tout à fait du Voltaire : cet Éloge de Reinhard, c'était bien pour Talleyrand jusqu'à un certain point sa représentation d'*Irène*, mais une représentation concertée et arrangée. Non, ce n'était pas du Voltaire, parce que Voltaire était sincère, passionné, possédé jusqu'à son dernier soupir du désir de changer, d'améliorer, de perfectionner les choses autour de lui; parce qu'il avait le prosélytisme du bon sens; parce que, jusqu'à sa dernière heure, et tant que son intelligence fut présente, il repoussait avec horreur ce qui lui semblait faux et mensonger; parce que, dans sa noble fièvre perpétuelle, il était de ceux qui ont droit de dire d'eux-mêmes : *Est deus in nobis;* parce que, tant qu'un souffle de vie l'anima, il eut en lui ce que j'appelle le bon démon, l'indignation et l'ardeur. Apôtre de la raison jusqu'au bout, on peut dire que Voltaire est mort en combattant. La fin de sa vie n'a pas ressemblé à une partie de whist où l'on gagne en calculant (1).

Mais la leçon, s'il en est une à ces comédies du monde où ne manquent jamais ni les Aristes ni les Philintes, quelle était-elle donc? Chateaubriand, une heure après, entendant le récit de cette scène, n'aurait-il pas eu le droit de dire : « C'est à dégoûter de l'honneur; » et un misanthrope : « C'est à dégoûter de la vertu? »

Absous, quoi qu'il en soit, amnistié et applaudi des savants et des sages, restait pour M. de Talleyrand un autre point délicat à régler, l'article de la mort. Elle était moins simple pour lui que pour un autre, à cause de son caractère d'ancien prêtre, d'évêque marié. On y pensait fort et l'on en était fort préoccupé autour de lui : il s'en préoccupait lui-même depuis quelques années.

---

(1) Ce passage sur Voltaire a piqué au vif les ennemis ordinaires du grand homme, et a provoqué M. Louis Veuillot à écrire tout un *premier-Paris* de *l'Univers* sur mes articles. C'est l'éternel honneur de Voltaire qu'on ne puisse le louer sans amener aussitôt les représailles de pareils adversaires. Quant à M. Veuillot, j'ai trop de fois éprouvé l'ignominie de sa veine, et son absence complète de souci de la vérité à mon égard, pour lui répondre autrement que par cette mention. On ne réfute pas un écrivain aussi voué, à l'avance, au mépris de l'avenir. *(Note inédite trouvée dans les papiers de M. Sainte-Beuve.)*

Ce n'est pas que ses sentiments sur le fond des choses eussent le moins du monde changé. Il disait un jour à son médecin : « Je n'ai qu'une peur, c'est celle des inconvenances ; je ne crains pour moi-même qu'un scandale pareil à celui qui est arrivé à la mort du duc de Liancourt. » On remarquait que son front, si impassible, se rembrunissait toutes les fois qu'il était question dans les journaux d'un refus de sépulture pour un prêtre non réconcilié. Lorsque mourut la princesse, sa femme, qui depuis 1815 n'habitait plus avec lui, il prit soin que l'inscription funéraire n'indiquât que le plus légèrement possible le lien qui les avait unis, un lien purement *civil*. Il lui échappa de dire en plus d'une occasion : « Je sens que je devrais me mettre mieux avec l'Église. » On remarquait encore qu'il revenait plus volontiers sur ses souvenirs de première jeunesse et sur ses années de séminaire ; il ne craignait pas de les rappeler. Dans ce dernier discours prononcé à l'Académie, il avait comme pris plaisir à y faire allusion et à célébrer l'alliance étroite de la diplomatie et de la théologie, sous prétexte que le protestant Reinhard avait lui-même passé par le séminaire.

Il y avait déjà quelque temps, mais à une époque qui n'était pas très-éloignée, la duchesse de Dino, étant tombée malade à la campagne, avait demandé à recevoir les sacrements. Était-ce une leçon indirecte, un avertissement qu'elle voulait lui donner? Ce qu'il y a de certain, c'est que, la croyant plus mal, M. de Talleyrand était accouru, et il avait paru étonné de la trouver passablement : « Que voulez-vous, dit-elle, c'est d'un bon effet pour les gens. » — M. de Talleyrand, après un moment de réflexion, reprit : « Il est vrai qu'il n'y a pas de sentiment moins aristocratique que l'incrédulité » (1).

La duchesse avait donné à sa fille, pour lui enseigner la religion, un jeune abbé, homme d'esprit et dont la réputation commençait à s'étendre. M. de Talleyrand l'ayant un jour invité à dîner, l'abbé s'excusa en disant qu'il n'était pas homme du monde. Sur quoi M. de Talleyrand dit sèchement à M$^{me}$ de Dino : « Cet homme ne sait pas son métier (2). » On comprit alors, on devina ce qu'il désirait. Il vit l'abbé et s'entretint avec lui. Il y eut consultation sans doute sur les démarches à faire pour se réconcilier avec l'Église. On exigeait de lui un écrit ; les premiers essais de sa façon qu'on envoya à Rome ne furent pas agréés : il fallait une simple soumission. M. de Talleyrand, pressé de nouveau par ses nièces, en vint à dire qu'il ne savait comment rédiger la chose ; que l'on essayât d'une formule, et qu'il verrait : — ce qu'on s'empressa de faire. Le brouillon revu par lui fut trouvé bon à Rome ; mais, quand il en revint, M. de Talleyrand le garda dans son se-

---

(1) Et n'est-ce pas ainsi que Rivarol, qui se piquait d'aristocratie et de bonne compagnie, disait : « L'impiété est la plus grande des indiscrétions? » — Ce mot de Talleyrand nous explique jusqu'à un certain point la mode religieuse, dont est comme saisie notre époque. Dans ce prétendu pays démocratique, chacun tâchant de se faire passer pour noble et d'être un homme *comme il faut,* fait mine aussi d'être religieux. L'un mène à l'autre.

(2) J'emprunte ceci aux Mémoires du baron de Gagern, qui le tenait de M$^{me}$ de Dino. Il nomme l'abbé Dupanloup.

crétaire, décidé à ne le signer qu'au dernier moment.

Depuis la fameuse séance académique, deux mois et demi s'étaient à peine écoulés. Un anthrax à la région lombaire et l'opération qui s'ensuivit déterminèrent la crise finale. Dès le mardi 15 mai (1838), M. de Talleyrand était dans un état désespéré. A cette nouvelle, la famille, tous les amis, tous les curieux du monde accoururent à l'hôtel de la rue Saint-Florentin, et ils remplissaient le salon voisin de la chambre du malade. C'était un spectacle des plus singuliers, et quand je dis spectacle, je dis le vrai mot, car à l'instar des rois de France, M. de Talleyrand mourut, on peut le dire, en public. Pendant toute la journée du mercredi, l'effort de ses proches fut pour hâter sa détermination et l'exhorter à ses derniers devoirs. Il avait sa pensée, mais il attendait toujours. Il est évident qu'il ne voulait pas s'exposer, dans le cas où il eût survécu, ne fût-ce que de peu, à entendre les commentaires du public et à assister à son propre jugement. Il se conduisait ici comme il avait coutume de faire avec les puissances qu'il quittait : il ne les abandonnait qu'au dernier moment, et quand il estimait qu'il n'y avait plus chance de retour. Aux appels fréquents qu'on lui faisait, il répondait : « Pas encore ! » Cependant le temps pressait, et l'on craignait qu'il n'attendît trop et qu'il ne fût prévenu par la perte de connaissance. La famille et les amis étaient dans une anxiété extrême. M. Royer-Collard, l'un des assistants, m'a raconté à moi-même comment les choses se passèrent. Lorsqu'on crut qu'il n'y avait plus à différer, la petite-nièce du mourant, celle dont il parlait avec tant de prédilection dans une de ses lettres, et qui était « l'idole de sa vieillesse, » s'approcha de l'abbé Dupanloup présent, lui demanda sa bénédiction, et forte de ce secours, prenant (comme on dit) son courage à deux mains, elle entra dans la chambre du malade. Elle en sortit, ayant obtenu ce qu'elle seule avait pu lui arracher. M. de Talleyrand avait enfin fixé son heure pour accomplir les actes religieux et signer sa rétractation. C'était le matin du jour même où il mourut (jeudi 17 mai 1838). M<sup>me</sup> de Dino présidait à tout. La déclaration, au moment de signer, fut lue à haute voix devant lui, et quand on lui demanda quelle date il désirait y attacher, il répondit : « La date de mon discours à l'Académie. » — Ces deux démarches préméditées, celle de ses adieux au public et celle de son raccommodement avec l'Église, étaient liées dans son esprit.

Sir Henry Bulwer a raconté, d'après un témoin oculaire, la visite que lui firent le roi Louis-Philippe et Madame Adélaïde, dans cette même matinée du jour de sa mort. M. de Talleyrand, qu'on avait dû réveiller exprès d'un sommeil léthargique, était assis au bord du lit, car l'incision faite à ses reins et qui descendait jusqu'à la hanche ne lui permettait pas d'être couché, et il passa les dernières quarante-huit heures dans cette posture, penché en avant, appuyé sur deux valets qui se relayaient toutes les deux heures. Il reçut la visite royale en homme que la représentation n'abandonne pas un instant. S'étant aperçu qu'il y avait là trois ou quatre personnes qui n'avaient point été présentées, deux médecins, son secrétaire et son principal valet de chambre, il les nomma selon l'étiquette usitée en pareil cas avec les personnes royales. Le grand chambellan en lui survivait jusqu'à la fin. Tout cela se passait dans la matinée.

Les personnes de la famille étaient seules admises dans la chambre, mais le salon voisin ne désemplissait pas :

« Il y avait là l'élite de la société de Paris. D'un côté, des hommes politiques vieux et jeunes, des hommes d'État aux cheveux gris, se pressaient autour du foyer et causaient avec animation ; de l'autre, on remarquait un groupe de jeunes gens et de jeunes dames, dont les œillades et les gracieux murmures échangés à voix basse formaient un triste contraste avec les gémissements suprêmes du mourant. »

La bibliothèque, dont la porte donnait dans la chambre mortuaire, était remplie également des gens de la maison et de domestiques aux aguets : de temps en temps la portière s'entr'ouvrait, une tête s'avançait à la découverte, et l'on aurait pu entendre chuchoter ces mots : « Voyons, a-t-il signé ? est-il mort ? » L'agonie commença à midi, et il était mort à quatre heures moins un quart. A peine eut-il fermé les yeux (et j'emprunte à cet endroit le récit du témoin cité par sir Henry Bulwer) que la scène changea brusquement :

« On aurait pu croire qu'une volée de corneilles venait subitement de prendre son essor, si grande fut la précipitation avec laquelle chacun quitta l'hôtel, dans l'espoir d'être le premier à répandre la nouvelle au sein de la coterie ou du cercle particulier dont *il* ou *elle* était l'oracle. Avant la tombée de la nuit, cette chambre, plus qu'encombrée pendant toute la journée, avait été abandonnée aux serviteurs de la tombe, et, lorsque j'y entrai le soir, je trouvai ce même fauteuil, d'où le prince avait si souvent lancé en ma présence une plaisanterie courtoise ou une piquante épigramme, occupé par un prêtre loué pour la circonstance et marmottant des prières pour le repos de l'âme qui venait de s'envoler. »

Les propos de chacun en sortant étaient curieux à noter. Les légitimistes disaient : « Il est mort en bon gentilhomme. » Une dame de la vieille cour eut le meilleur mot : « Enfin il est mort en homme qui sait vivre. » Un plus osé, M. de Blancm...., disait : « Après avoir roué tout le monde, il a voulu finir par rouer le bon Dieu » (1). Ce qui est hors de doute, c'est qu'en mourant il avait, ne fût-ce que par complaisance, désavoué la Révolution.

On remarqua que M. Thiers ne vint que deux heures après la mort. Il prit la main refroidie de celui qui, vivant, lui avait témoigné tant d'attentions et de bienveillance, et qui avait dit un jour de lui et de sa fortune rapide, en réponse à quelqu'un qui prononçait le mot

(1) On a pour guide très-sûr et sans parti pris, dans le récit de cette mort de Talleyrand, un Anglais, Thomas Raikes, dont le *Journal* a été publié à Londres (4 volumes, 1857). Thomas Raikes, honnête gentleman, fils d'un riche marchand de la Cité, et qui se trouvait très-flatté de vivre dans ce grand monde anglais et français sur le pied de comparse ou figurant, a noté, comme l'aurait fait un Dangeau, avec une minutieuse attention qui tenait autant de la badauderie que de l'exactitude, tout ce qui peut se rapporter à M. de Talleyrand, à Montrond et à leurs entours.

7.

de *parvenu :* « Vous avez tort, il n'est point parvenu ; il est *arrivé.* »

Les funérailles furent célébrées en grande pompe le 22 mai, à l'église de l'Assomption. La devise du mort qui ornait le catafalque : *Re que Diou,* qu'on traduisait par : *Rien que Dieu,* mais qui, selon l'interprétation de la famille, veut dire : *Pas d'autre roi que Dieu,* semblait une dernière et sanglante ironie aux yeux de la foule. Mais le monde fut satisfait ; la société (ainsi qu'elle aime à se désigner elle-même) était redevenue très-indulgente ; elle avait obtenu ce qu'elle désirait avant tout : M. de Talleyrand, avant de mourir, avait fait sa paix ; il avait répondu à l'idée qu'on s'était toujours faite de lui, c'est-à-dire de l'homme qui savait le mieux les convenances, la forme des choses, ce qu'on doit au monde et ce que le monde peut exiger.

Cette manière de finir contraste avec celle de son contemporain et ancien collègue l'abbé Sieyès, mort sans rétractation deux années auparavant. Il est vrai que Sieyès s'était éteint dans une sorte d'obscurité, qu'il était avant tout philosophe, et, par l'esprit du moins, demeuré fidèle à ce grand tiers état du sein duquel il était sorti et dont il avait été l'annonciateur. M. de Talleyrand avait eu beau se mêler à la Révolution, il était resté, lui, un homme de race, gardant au fond beaucoup des idées ou des instincts aristocratiques. Le baron de Gagern raconte qu'étant à Varsovie et passant des matinées entières auprès de lui, une des premières choses qu'il exigea fut que son interlocuteur ne l'appelât plus *Votre Altesse,* mais simplement *M. de*

*Talleyrand,* et sur ce mot d'*Altesse,* il lui arriva de dire : « Je suis moins, et peut-être je suis plus ; » se reportant ainsi à l'orgueil premier de sa race. Créé prince de Bénévent, il négligea toujours de remplir les formalités attachées à ce titre : il croyait apparemment pouvoir s'en passer. Ces traces-là sont indélébiles, elles reparaissent à l'heure de la mort. On n'est pas grand seigneur impunément.

Cette conversion, ou du moins cette rétractation amenée à bonne fin fit le plus grand honneur à l'ecclésiastique qui y avait présidé, et fut le grand exploit catholique qui illustra la jeunesse de l'abbé Dupanloup. Il mérita par son attitude en cette circonstance que M. Royer-Collard présent, et qui d'ailleurs n'avait pour lui qu'un goût médiocre, lui dît pour compliment suprême : « Monsieur l'abbé, vous êtes un prêtre ! »

M. Royer-Collard réservait pourtant le fond de sa pensée ; il avait sur la mort de M. de Talleyrand un jugement qu'il gardait par-devers lui, mais il ne le gardait qu'à demi, puisque parlant un jour de l'évêque de Blois, M. de Sausin, dont il respectait les vertus, il disait : « Le mot de *vénérable* a été fait pour lui : il est peut-être le seul auquel je dirais tout ce que je pense de la mort de M. de Talleyrand. »

Je fais grâce des plaisanteries de Montrond qui ne tarissait pas sur cette signature *in extremis,* et qui, de son ton d'ironie amère et sèche, ne parlait pas moins que d'un miracle opéré « entre deux saintes. » Ce serait pourtant de bonne prise, car à chacun son acolyte et son aide de camp favori. Si le pieux Énée avait le fidèle

Achate, si saint Louis a Joinville, si Bayard a le loyal serviteur, si Henri IV ne va pas sans Sully, si Fénelon a son abbé de Langeron, Talleyrand et Montrond sont inséparables : et qui pourrait-on écouter de plus voisin de la conscience de Talleyrand et qui en eût aussi bien la double clef, que Montrond (1)?

A la juger sérieusement et d'après le simple bon sens, cette conversion (si cela peut s'appeler une conversion) n'offrait pas de si grandes difficultés. Tout y conspirait en effet : la famille, les entours, le monde; et le malade lui-même y était consentant. C'était chose convenue qu'il voulait bien faire sa paix avec l'Église et avec Rome. La résistance n'était que sur l'instant précis. Il désirait retarder le plus possible, afin d'être bien sûr que cet instant fût le dernier de sa vie. L'honneur de le hâter fut dû aux pressantes supplications de sa petite-nièce, pour laquelle il avait un faible de tendresse et qui obtint ce qu'elle voulut. Ah! la difficulté eût été tout autre, s'il s'était agi non plus d'une soumission, d'une rétractation pour la forme, mais d'une conversion véritable. J'ai connu, lorsque j'étudiais dans Port-Royal les actes sincères du vieux christianisme français et gallican, des confesseurs et directeurs de

---

(1) On disait de Talleyrand devant Montrond : « Il est si aimable! » — « Il est si vicieux! » répondait Montrond. — On cite encore ce court dialogue : « Savez-vous, duchesse, pourquoi j'aime assez Montrond? disait M. de Talleyrand; c'est parce qu'il n'a pas beaucoup de préjugés. » — « Savez-vous, duchesse, pourquoi j'aime tant M. de Talleyrand? ripostait Montrond; c'est qu'il n'en a pas du tout. » Mais la légende elle-même s'en est mêlée, et elle leur en prête.

conscience qui, au chevet d'anciens ministres prévaricateurs et repentants, exigeaient une réelle et effective pénitence, une pénitence de bon aloi, la restitution des sommes mal acquises, une réparation en beaux deniers comptants à ceux à qui l'on avait fait tort. Ces hommes-là étaient ce qu'on appelle des Jansénistes, des prêtres de vieille roche : on les renie, on les conspue aujourd'hui. Ah! il eût fait beau voir un prêtre venir redemander à Talleyrand expirant de rendre tout le bien mal acquis (comme on disait autrefois), de le restituer au moins aux pauvres, de faire un acte immense d'aumône — une aumône proportionnée, sinon égale, au chiffre énorme de sa rapine ! C'est pour le coup que tout le monde n'eût point applaudi et n'eût pas été content, que la famille n'y eût point poussé avec un si beau zèle peut-être, que le confesseur aurait eu un rôle difficile et rare. Mais ici, encore une fois, le siècle et le ciel conspiraient ensemble : on ne fit qu'enfoncer une porte tout ouverte : la seule gloire fut de l'avoir enfoncée quelques heures plus tôt.

Les Éloges officiels donnèrent partout de concert : M. de Barante à la Chambre des Pairs, M. Mignet à l'Académie des sciences morales payèrent leur tribut. La Notice de M. Mignet est des plus belles en son genre, des plus spécieuses, mais dans un ton nécessairement adouci, et ne montrant que les côtés présentables. MM. Thiers et Mignet, en tant qu'historiens de la Révolution, avaient été distingués de bonne heure par M. de Talleyrand, qui, du coin de l'œil, les avisa entre tous et désira les connaître. Il les considérait comme des truchements et, jusqu'à un certain point, des apologistes de sa politique auprès des jeunes générations dont ils étaient les princes par le talent. Il les soignait en conséquence. Un peu plus tard, il eut sur M. Thiers, ministre, une influence assez particulière; mais même avant cela, en accueillant les deux amis avec cette bonne grâce flatteuse et en les captivant par ses confidences, il savait ce qu'il faisait : il enchaînait à jamais par les liens d'une reconnaissance délicate leur entière franchise.

Dans tous ces Éloges, on insistait sur un point : c'est que, dans sa longue carrière, M. de Talleyrand « n'avait fait de mal à personne; » qu'il avait montré « un éloignement invariable pour les persécutions et les violences. » On devinait là-dessous une protestation indirecte contre toute participation de son fait dans le meurtre du duc d'Enghien, seule accusation en effet qu'eussent à cœur de réfuter la famille et les amis : on ne tient qu'à enlever cette tache de sang; sur tout le reste on est coulant désormais. Mais ceci même échappe aux complaisances de situation comme aux démentis intéressés : l'histoire interrogée sans passion et sans réticences, et de plus près qu'elle ne l'a encore été jusqu'ici, l'histoire seule répondra.

Tous n'étaient pas aussi indulgents que les spirituels panégyristes. M. de Talleyrand avait pu connaître avant de mourir et lire de ses yeux le terrible portrait que George Sand avait fait du *Prince* dans une des *Lettres d'un voyageur,* insérée dans la *Revue des Deux Mondes* (octobre 1834). Il est assez piquant de remarquer que

M. de Talleyrand a été peint deux fois, et pas en beau, par les deux femmes supérieures de ce siècle : M^me Sand a fait de lui un portrait affreux, d'un parfait idéal de laideur. M^me de Staël déjà l'avait peint sous un déguisement, en coiffe et en jupon, dans le personnage de M^me de Vernon du roman de *Delphine*. C'est un portrait de société, charmant et adouci, mais très-peu flatteur au fond. Il serait curieux d'en rassembler les divers traits épars qui se rapportent sans aucun doute à la figure et au caractère du modèle. On aurait ainsi un Talleyrand de salon par une des personnes qui l'ont le mieux connu.

Il n'était pas, il ne pouvait pas être aussi insensible ni aussi égoïste qu'on l'a dit : les hommes ne sont pas des monstres. Lorsqu'il perdit sa vieille amie, la princesse de Vaudemont (janvier 1833), il se montra fort affecté. Il est vrai que Montrond, qui en faisait la remarque, ajoutait : « C'est la première fois que je lui ai vu verser des larmes ! » — Une autre fois encore, pendant son ambassade à Londres, comme il avait été l'objet, à la Chambre des lords, d'une violente et inconvenante attaque du marquis de Londonderry, le duc de Wellington se leva aussitôt, et il défendit, il vengea en termes chaleureux son vieil ami, le vétéran des diplomates. Le lendemain, M. de Talleyrand, lisant ces débats, fut surpris par un visiteur les larmes dans les yeux, tant il était touché du procédé du duc de Wellington, et il lui échappa de dire : « J'en suis d'autant plus reconnaissant à M. le duc, que c'est le seul homme d'État dans le monde qui ait jamais dit du bien de moi. »

Il n'était pas non plus aussi paresseux qu'on aurait pu le croire et qu'il affectait par moments de le paraître. Quand M. de Chateaubriand semble vouloir douter de l'existence des Mémoires entiers de M. de Talleyrand, parce qu'il lui aurait fallu pour cela un travail continu dont il l'estime peu capable, il se trompe. Dans son séjour à la campagne et dans sa retraite de Valençay, M. de Talleyrand travaillait. J'ai sous les yeux des billets de lui à un ami, à un homme de la société, M. de Giambone (1) : il y est plus d'une fois question de travail, du moins pendant la première partie de l'été.

« 21 juin.

« J'ai reçu par M. Andral, mon cher Giambone, une lettre de vous dont je vous remercie. Vous me rapprenez Paris, que j'avais complétement oublié.

« Je lis à peine les journaux ; je travaille et je me promène.

« Dans l'automne je me promènerai, mais je ne travaillerai plus.

« Le mois de juin passé, je m'abandonne à toutes les pertes de temps que l'on veut... »

Et même après le mois de juin, dans une autre lettre du 31 juillet :

« Notre vie ici (*à Valençay*) est fort ordonnée, ce qui rend les jours fort courts. On se trouve à la fin de la journée, sans avoir eu un moment de langueur.

« Ce matin, nos lectures du salon ont été interrompues par l'arrivée d'un loup, que les gardes venaient de tuer. C'est un gros événement pour la journée.

(1) J'en dois communication à l'obligeance de M. Parent de Rosan, un amateur de documents contemporains, et que connaissent bien tous ceux qui se sont occupés de la célèbre comtesse de Boufflers.

« *Je travaille chaque jour plusieurs heures,* et je me porte fort bien… »

Que seront ces Mémoires si attendus, si désirés ? Aura-t-il menti tout à fait ? Non pas, il aura dit une partie de la vérité. Comme le meilleur des panégyristes et le plus habile, sans avoir l'air d'y toucher, il aura montré, de tout, le côté décent, présentable, acceptable ; il aura fait là ce qu'il faisait quand il se racontait lui-même, ne disant qu'une moitié des choses. S'il a su être agréable dans ses Mémoires, et si, en écrivant comme en causant, il réussit à plaire, il aura bien des chances de regagner en partie sa cause et de se relever, même devant la postérité. Le succès dépendra aussi du jugement et de l'opinion qui prévaudra alors sur le maître tout-puissant qu'il a servi et abandonné. Si les Mémoires tombent dans une veine et un courant de réaction peu napoléonienne, ils pourraient bien être portés aux nues. C'est aux exécuteurs testamentaires, aux éditeurs désignés, s'ils sont libres, de bien flairer le moment et d'imiter leur auteur en saisissant l'à-propos.

Une Étude sur M. de Talleyrand ne serait pas complète si l'on n'indiquait un peu la physiologie de l'homme, et si l'on ne disait quelque chose de son hygiène et de son régime. Tout était très-particulier chez lui et le séparait du commun de l'humanité. Il avait la faculté singulière de dormir très-peu : il passait la nuit au jeu ou à causer, ne se couchait, le plus souvent, qu'à quatre heures du matin et se trouvait réveillé de fort bonne heure. Son pouls avait cette singularité d'être fort plein et d'avoir une intermittence à chaque sixième pulsation. Il avait même là-dessus une théorie : il considérait ce manque de la sixième pulsation comme un temps d'arrêt, un repos de nature, et il paraissait croire que ces pulsations en moins et qui lui étaient dues devaient se retrouver en fin de compte et s'ajouter à la somme totale de celles de toute sa vie : ce qui lui promettait de la longévité. Il expliquait aussi par là son peu de besoin de sommeil, comme si la nature avait pris ce sommeil en détail et par avance à petites doses. Il ne mangeait qu'une seule fois le jour, à son dîner, mais il le faisait large et copieux autant que délicat (1). Son cuisinier est resté célèbre et entrait pour une grande part dans la base de son régime, dans la composition de sa vie.

---

A l'occasion de ces articles sur Talleyrand, M. Sainte-Beuve reçut un grand nombre de lettres et documents de toute espèce, dont il se proposait de tirer parti pour écrire ici, en manière d'appendice ou de *post-scriptum,* un article final et inédit, qui eût été un dernier mot sur Talleyrand. Ces communications sont restées à l'état de notes et de dossier : ce sont des matériaux dont l'éditeur ne se croit pas le droit de faire usage, à l'aide d'une rédaction qui trouverait place dans un volume même des *Nouveaux Lundis.* Le choix dans les citations à recueillir est un art trop délicat et trop difficile pour se le permettre dans un livre de M. Sainte-Beuve. On risquerait trop de les mal utiliser, ou de les placer à contre-sens. Je ne puis cependant élaguer entièrement toute la partie anecdotique qui y foisonne, et qui vient comme autant de pièces à l'appui de tout ce qu'on sait et de ce

---

(1) Il disait qu'il avait trouvé aux États-Unis « trente-deux religions et un seul plat. »

qu'on a dit de la vénalité, de l'esprit d'à-propos, de l'amabilité, de la grâce, de tous les talents et vices de M. de Talleyrand. Ainsi, pour en donner un exemple :

« Mais les preuves ! » s'écrie M. Sainte-Beuve, dans une de ces notes préparées et rédigées d'avance, — « les preuves, je les ai données, elles suffisent à tout homme de bonne foi. Si vous vous attendez à trouver des reçus signés *Talleyrand*, vous êtes trop simples ; vous ne les aurez pas. Des reçus, en voulez-vous ? — Ces affaires d'argent amenaient quelquefois des incidents comiques. M. de Lancy, que nous avons connu administrateur de la bibliothèque Sainte-Geneviève et qui avait autrefois rempli un poste assez important au ministère de l'intérieur, aimait à raconter des anecdotes qu'il savait d'original, notamment celle-ci : Un jour un des hauts personnages qui avait dû financer avec M. de Talleyrand, et qui tenait à savoir pourtant si son argent n'était pas resté en chemin, et s'il était bien arrivé à son adresse, exigea un signe, une marque qui l'en assurât. En conséquence, il fut convenu qu'à la prochaine réception, M. de Talleyrand, passant près de lui, lui adresserait une parole en apparence insignifiante, par exemple : *Comment va madame ?*... ou tout autre mot (1) ; ce qui fut fait et qui tint lieu de reçu. — Pour un descendant de si haute race, et un si fier aristocrate, n'est-ce pas deux fois honteux et humiliant ? »

Une autre encore qui peut facilement se détacher et qui est caractéristique :

« Lord Palmerston disait que quand Talleyrand venait le voir pour affaire, il avait presque toujours dans sa voiture Montrond, afin de lui expédier vite ses indications utiles pour jouer et agioter. »

Et celle-ci, où Talleyrand voulut paraître désintéressé pour la galerie, mais ce dont Louis-Philippe, qui payait, ne fut pas dupe :

---

(1) Se rappeler, dans *Célimare le bien-aimé*, le mari qui vient dire à l'amant de sa femme le mot convenu : « Ma femme m'a dit de venir te demander les *Nord*. »

« M. de Talleyrand avait été brouillé, dans les derniers temps, avec le roi Louis-Philippe. Il touchait deux pensions : l'une de 100,000 francs, l'autre de 16,000, je ne sais à quel titre particulier. Quand il se brouilla avec le roi, il remit l'une des deux pensions, mais ce fut celle de 16,000. Sur quoi Louis-Philippe, qui n'était homme à se retenir sur rien, ne pouvait s'empêcher de faire des gorges chaudes : « Savez-« vous, de ses deux pensions, laquelle M. de Talleyrand m'a « renvoyée ? — celle de 16,000. »

Ces échantillons font regretter le reste, et il y en a bien d'autres encore qui ne sont qu'ébauchées. M. Sainte-Beuve affectionnait ce genre de traits anecdotiques, qui peint l'homme au vif : il en a recueilli toutes les fois qu'il en a trouvé l'occasion et sur des hommes en vue, au nom populaire, qui y avaient considérablement prêté. Mais sous sa plume, la rédaction n'en est jamais définitive, pour si parfaite qu'elle soit : elle peut varier, selon l'appropriation qu'il leur donne : tout dépend en ce cas de l'emmanchement ou de l'embranchement, et celui qui a vu le critique à l'œuvre se gardera bien de toucher après lui, et sans lui, à un tel travail.

Je vais donc me borner à ne plus puiser encore dans ce dossier que quelques lettres qui peuvent, autant qu'il me semble, et sans trop d'indiscrétion aujourd'hui pour personne, supporter la lumière et le grand jour, et en apporter même encore un peu, par la vivacité avec laquelle elles ont été écrites, sur quelques-uns des points principaux autour desquels M. Sainte-Beuve a établi la discussion dans ses articles sur Talleyrand. Qu'on se rassure d'ailleurs! Je n'emprunterai guère qu'à la Correspondance de M. Sainte-Beuve lui-même.

Dans ce choix un peu arbitraire que j'ai fait, il faut, je crois, citer tout d'abord celle des lettres de M. Sainte-Beuve qui peut paraître la plus importante, au point de vue de l'appréciation du caractère et de l'esprit en M. de Talleyrand. Elle est adressée à M. Jules Claretie, qui, après la publication de ces articles dans le journal *le Temps,* avait envoyé à

M. Sainte-Beuve quelques passages d'une correspondance peu connue de M. de Talleyrand avec la duchesse de Courlande, un entre autres où M. de Talleyrand se montre défendant la cause de l'humanité, pendant qu'on bataillait sur le territoire français, en mars 1814. — Voici ce passage, que je copie d'après l'obligeante communication que M. Claretie en a faite à M. Sainte-Beuve. — L'armée française venait de remporter une victoire à Reims :

« Il faut s'en réjouir, écrivait M. de Talleyrand à la duchesse de Courlande (15 mars 1814), si c'est un acheminement à la paix ; sans cela, c'est encore du monde de tué, et la pauvre humanité se détruit chaque jour avec un acharnement épouvantable. »

Ces mots d'apitoiement sur la *pauvre humanité,* dans la bouche de Talleyrand, ont étonné M. Claretie, qui, comme on sait, fait la guerre à Napoléon I$^{er}$.

Talleyrand écrivait encore le 31 mai 1814 (au lendemain du traité de paix) :

« J'ai fini ma paix avec les quatre grandes puissances : les trois autres ne sont que des broutilles. A quatre heures, la paix a été signée ; elle est très-bonne, faite sur le pied de la plus grande égalité, et plutôt noble, quoique la France soit encore couverte d'étrangers. »

*Plutôt noble !...* — M. Sainte-Beuve répondit à la communication amicale et toute bienveillante de M. Claretie, qui cherchait, dans ces passages de lettres de Talleyrand, des circonstances atténuantes en faveur de celui qui les avait écrites :

« (Ce 7 avril 1869.) — Mon cher ami, je vous remercie de votre aimable témoignage d'attention. Je n'ai pas connu ces lettres à la duchesse de Courlande, qui, je crois, avait été l'amie de Talleyrand, et qui était mère de M$^{me}$ de Dino. Je suis à l'avance persuadé que tout ce qu'on trouvera de lettres et d'écrits de Talleyrand donnera de lui une favorable idée. Des gens d'esprit comme lui ne mettent jamais le pire de leur pensée ou de leur vie dans des papiers écrits. L'Essai de sir Henry Bulwer est précisément fait dans votre sens, et c'est pour cela que je n'ai pas dû y insister. J'accepte en général les jugements de l'auteur anglais, mais je les complète, et j'y mêle le grain de poivre que la politesse avait toujours chez nous empêché d'y mettre. Il est bien certain qu'à un moment de l'Empire, Talleyrand a pensé que c'en était assez de guerres comme cela et de conquêtes. Il a dit à un certain jour ce mot qui doit lui être compté : « *Je ne veux pas, ou je ne veux plus être le bourreau de l'Europe.*» — Quant à M. Villemain, je conçois très-bien, par les sentiments et les passions quasi légitimes qui régnaient alors dans toute une partie de la société et de la nation, qu'il ait fait son fameux compliment à l'empereur Alexandre. Il n'y a pas de quoi lui en faire un crime, car cela s'explique très-bien; mais pourtant ce n'est pas là un honneur ni un bonheur dans sa vie.

» Comment pourrait-on admettre que Louis-Philippe eût dit à Talleyrand ce mot au lit de mort : — « *Comme un* « *damné... — déjà?* » Ce sont nos pasquinades à la française. La visite de Louis-Philippe avait plusieurs témoins, et sir Henry Bulwer donne le récit d'un de ces témoins mêmes.

» J'ai du reste écrit ces articles sans aucun parti pris; je comptais d'abord n'en faire qu'un ou deux : le sujet m'a porté. Je ne hais ni n'aime Talleyrand; je l'étudie et l'analyse et je ne m'interdis pas les réflexions qui me viennent chemin faisant : voilà tout.

» J'aurais bien envie de connaître cette correspondance dont vous me citez des mots intéressants. Où est-elle? où l'avez-vous lue? (1).

» Merci encore, et

» Tout à vous, mon cher ami,

» Sainte-Beuve. »

---

(1) *L'Amateur d'Autographes* en avait publié, à ce qu'il paraît, des extraits. — M. Claretie en cite un encore des moins patriotiques, parodiant un mot célèbre de Napoléon, daté du 20 janvier 1813, et adressé toujours à la du-

Dans une autre lettre à M. le comte A. de Circourt, qui lui a de tout temps témoigné la plus vive sympathie, M. Sainte-Beuve écrivait, après la publication complète de ses articles dans *le Temps :*

« (Ce 12 mars 1869.) — Cher monsieur, votre suffrage m'est toujours précieux, et il me l'est cette fois plus encore, s'il est possible, qu'en d'autres circonstances, eu égard à la qualité du sujet sur lequel, à tous les titres, vous êtes un juge si compétent. Ce *Talleyrand* a eu bien de la peine à passer au gosier de certaines gens du monde : il y a eu des arêtes : nous sommes un peuple si réellement léger, si engoué de ses hommes, si à la merci des jugements de société, que l'histoire, pour commencer à se constituer, a souvent besoin de nous arriver par l'étranger... »

Et dans une note détachée et inédite, que je retrouve dans le dossier, il disait :

« J'ai écrit de bien longs articles, et pourtant ils sont des plus abrégés et des plus incomplets, je le sens, sur un tel sujet. Ce ne sont pas des articles, ce n'est pas un Essai qu'il faudrait faire sur Talleyrand, — c'est tout un livre, un ouvrage, et on attendra, pour l'écrire, que ses Mémoires, base essentielle bien que nécessairement contestable, aient paru. »

De son côté, sir Henry Bulwer, dans une lettre de remerciment à M. Sainte-Beuve, avait défini ainsi lui-même ce qu'il avait voulu faire en écrivant un volume d'Essai sur Talleyrand :

« L'idée que j'avais, dit sir Henry Bulwer, c'était de montrer le côté sérieux et sensé du caractère de cet homme du xviiie siècle, sans faire du tort à son esprit ou trop louer son honnêteté. »

Je passe sans transition, et pour finir et ne pas prolonger trop le poids d'une responsabilité qui pèse en ce moment

chesse de Courlande : « Les puissances ne sauraient prendre trop de sûretés dans le traité qu'elles feraient, si elles ne veulent pas être obligées à recommencer sur nouveaux frais l'année prochaine. Les mauvais restent toujours mauvais. »

sur l'éditeur seul dans le choix de ces citations authentiques, mais délicates, à un incident qui survint au *Temps* pendant la publication et dans l'intervalle d'un article à l'autre, et qui avait tout l'air d'une menace. J'ai besoin de citer encore la lettre suivante de M. Sainte-Beuve à M. Nefftzer pour arriver à celle par laquelle je désire terminer :

« (Ce 8 mars 1869.) — Mon cher ami, je serais bien désolé de vous occasionner ainsi qu'au Journal un désagrément : évidemment le procès serait une vengeance (sous forme détournée).:. J'ai fait mes articles sans prévention ni parti pris, reconnaissant les parties agréables et supérieures de l'homme. Que si pourtant on veut la guerre, on l'aura. Je suis en mesure de traiter le point délicat, la participation de Talleyrand dans le meurtre du duc d'Enghien. Je n'ai pas seulement des paroles de tradition, j'ai des textes : j'ai de plus (chose singulière!) une lettre expresse à ce sujet que m'a écrite, après mon premier ou mon second article, M. Troplong lui-même. Enfin, au premier mot de déclaration de guerre, je vous propose de vous donner un supplément d'article où je traiterai ce point : « M. de Talleyrand était certainement vénal et cor» rompu ; mais est-il vrai que, dans sa longue carrière, il » n'ait fait de mal à personne ? »

» Et en avant !

» Tout à vous,

« SAINTE-BEUVE (1). »

« *P. S.* Dieu nous garde, si un intérêt majeur pour eux y est engagé, de la douceur des corrompus ! »

---

(1) Et M. Edmond Scherer, son collaborateur, qui avait été témoin de toutes les chicanes et anicroches à l'aide desquelles on avait essayé d'entraver les articles de M. Sainte-Beuve au *Temps*, lui écrivait, lorsque commença la publication du *Talleyrand* : « (Versailles, vendredi.) — Cher ami, vous avez pris le seul bon moyen de répondre aux reproches et aux injures, celui de confirmer par un nouvel article le parti si simple en lui-même que vous avez suivi. Mon Dieu ! que le monde est dégoûtant, méchant, violent !... »

Voici la lettre de M. Troplong, bien près de sa fin alors lui-même (il est mort le 1er mars suivant), et qui ne se contentait pas de répondre par l'envoi d'une simple carte aux lettres polies par lesquelles un collègue s'excusait, pour des raisons de santé trop justifiées, de ne pouvoir assister aux séances du Sénat :

« (Palais du Petit-Luxembourg, le 3 février 1869.) — Mon cher collègue, je regrette bien d'apprendre par votre bonne lettre que l'état de votre santé nous prive de votre présence et vous retient chez vous. Mais heureusement qu'il sort de votre studieuse prison des morceaux littéraires que recherchent tous les gens de goût. J'ai lu vos deux derniers articles sur ce *bon sujet* de Talleyrand, comme disait M. de Maistre dans ses lettres. Vous avez parfaitement raison quand vous inclinez vers l'opinion qui le regarde comme un des instigateurs de l'arrestation et du meurtre du duc d'Enghien. Au témoignage de M. de Meneval que vous opposez au livre de M. Bulwer, on peut joindre celui de M. Rœderer (*Mémoires*, t. III, p. 541). Il y a aussi un ouvrage qui jette beaucoup de jour sur cette affaire, c'est celui de M. de Nougarède, intitulé : *Recherches sur le procès et la condamnation du duc d'Enghien* (2 vol.). Ces documents mettent dans la plus grande lumière l'imposture de M. de Talleyrand voulant dégager sa responsabilité de ce fatal événement.

» Mais je m'aperçois que je porte de l'eau à la fontaine, tandis que je ne veux que vous offrir tous mes sentiments empressés de bon et dévoué collègue.

» Troplong. »

Mardi 23 mars 1869.

# MADAME DESBORDES-VALMORE

## SA VIE ET SA CORRESPONDANCE

Les Anglais ont une manière excellente de payer un dernier tribut à leurs grands ou à leurs aimables poëtes : c'est de recueillir et de publier de chacun, au lendemain de sa mort, un choix de textes, de documents familiers, de lettres écrites ou reçues; il en ressort une ressemblance vraie et définitive. C'est ainsi que la sœur du tendre et affectueux poëte, Félicia Hemans, a publié *Memoir of the life and writings of Mrs Hemans* (1840). L'amitié et la confiance de MM. Valmore père et fils (1) m'ont permis de jeter les yeux sur

---

(1) M. Sainte-Beuve remerciait en ces termes M. Valmore père, quand ces articles eurent cessé de paraître : « (Ce 6 mai 1869). — Cher monsieur, c'est à moi à vous remercier de m'avoir procuré l'occasion et les moyens de présenter ainsi *l'intérieur* de cette charmante et pathétique figure. Bien peu de familles auraient eu, comme vous, cette manière élevée et noble de penser et de sentir, qui met la plus grande gloire d'une personne si chère, dans l'ex-

le trésor domestique tout intime, qu'ils ont pieusement
conservé et mis en ordre, des papiers, notes et correspondance de cet autre tendre et passionné poëte,
M^{me} Desbordes-Valmore, qui unissait une délicatesse
morale si exquise à un don de chanter si pénétrant,
ou plutôt chez qui cette sensibilité et ce don ne faisaient qu'un. Sa vie est sans doute exprimée dans ses
vers ; elle s'y reflète en éclairs lumineux et brûlants;
elle y éclate en cris d'amour ou de douleur; mais il
m'a semblé, après un premier coup d'œil sur ces
autres témoignages manuscrits, qu'il y avait lieu à
faire connaître plus en détail non plus le poëte, mais
la femme, et qu'elle ne perdrait pas à être suivie de
près dans ses traverses, dans ses labeurs de chaque
jour, et jusque dans les plus touchantes misères de la
réalité. Je ne saurais ici que donner l'idée du livre qui
serait à faire et en présenter un raccourci; mais je me
figure que le tableau de cette existence si délicate, si
généreuse et si combattue, pourrait être d'un véritable
intérêt et d'une consolation efficace pour bien des
âmes également éprouvées, à qui le sort n'a cessé
d'être inclément et dur. Ce serait un manuel à l'usage
de tous les cœurs d'artiste, surtout des cœurs de
femmes tendres et fiers, vaillants à la peine, souffrant

pression la plus intime de la vérité. — Vous et votre excellent
fils, vous êtes pour moi, à cet égard, des modèles, et tels que je
n'en ai pas rencontré deux fois dans ma carrière de critique littéraire et de biographe. J'espère que le public vous en récompensera
par l'admiration plus tendre qu'il accordera, — qu'il a déjà accordée à cette nature unique de femme poëte. — Tout à vous de
mon plus affectueux respect, Sainte-Beuve. »

sans merci et saignant jusqu'à la fin, sans jamais désespérer.

Marceline-Félicité-Josèphe Desbordes, qui est morte à Paris le 23 juillet 1859, était née à Douai le 20 juin 1786, au n° 32 de la rue Notre-Dame (aujourd'hui rue de Valenciennes, 36). Son père était peintre de blason. Le frère de son père, Constant Desbordes, fut, dans toute l'acception du mot, un bon peintre de portraits, ami de Gérard, estimé de M. de Forbin. Il eut du succès dans les Expositions. Un portrait qu'il avait fait de son frère a été donné par M<sup>me</sup> Valmore au musée de sa ville natale. De grands-oncles de ce nom de Desbordes, riches libraires établis en Hollande et restés protestants, proposèrent, à ce qu'il paraît, à leurs parents de Douai de les faire entrer dans leur succession, si les enfants étaient rendus à la religion protestante, qui était celle des aïeux avant la révocation de l'édit de Nantes. On refusa. Une grande piété catholique régnait dans l'humble maison de la rue Notre-Dame. La famille était assez nombreuse : trois filles et un fils. Les souvenirs de cette première vie d'enfance se reproduiront plus loin sous la plume de la jeune Marceline, née la dernière et la mieux douée. Il lui était resté comme une image dorée de son berceau, de la beauté et des tendresses de sa mère, des soins de sa sœur aînée, et de ce premier bonheur de famille trop tôt brisé. La Révolution avait réduit à néant, comme l'on peut croire, le métier d'un peintre en armoiries : il fallut pourvoir autrement à la subsistance. Parmi les souvenirs lointains que s'efforçait plus tard de ressaisir Mᵐᵉ Valmore, il en était qui évidemment se confondaient pour elle avec la réminiscence, et qui dans leur vague formaient une sorte de légende. Je lui laisserai la douceur et la grâce de les exprimer : la critique exacte aurait à y apporter des correctifs, ou à exiger du moins des explications. Ce qui n'est pas douteux, c'est que vers 1799 la jeune Marceline accompagna sa mère à la Guadeloupe, où elles comptaient retrouver un parent qui y avait fait fortune. Mais à leur arrivée, la colonie était en révolte et en feu, la fièvre jaune sévissait, le parent était mort, et la mère de Mˡˡᵉ Desbordes mourut elle-même, atteinte du fléau. La jeune fille fut recueillie par la femme d'un armateur de Nantes, dont le nom s'est conservé, Mᵐᵉ Guedon. Le mari lui obtint le passage sur un bâtiment qui partait pour la France. Ce qu'on a raconté de Joseph Vernet se renouvela pour elle dans la traversée, sans qu'elle crût imiter personne. Une tempête violente ayant assailli le navire, on ne put la déterminer à descendre dans l'entre-pont. Les matelots qui l'avaient prise en affection l'attachèrent dans les haubans : de là elle assista à la lutte. Sous sa frêle enveloppe de quatorze ans, sa nature d'artiste se révélait. Par son courage et sa modestie comme par sa situation, elle avait intéressé tout le monde à bord, excepté le capitaine, homme grossier, qu'elle intéressa trop dans un autre sens et qui, n'ayant pu en venir à ses fins, ne vit rien de mieux que de la rançonner. En la débarquant à Dunkerque, il retint à l'orpheline l'indigente petite malle qui contenait son peu d'effets, sous prétexte de se payer des menus frais de la traversée que la pauvre enfant ne pouvait acquitter. La vie, dès les premiers pas, s'annonçait-elle assez inique et assez cruelle! — C'est alors que, retrouvant sa famille dans le plus grand dénûment, elle se résigna, après bien des hésitations, à entrer au théâtre.

Elle commença au théâtre de Lille : elle avait tout à apprendre. A force de veilles, d'études, d'économie industrieuse et de privations, elle suffit à la tâche. Ce ne fut point sans avoir de secrètes défaillances. On raconte qu'un jour elle tomba évanouie sur son escalier après un trop long jeûne, et fut relevée par une camarade sa voisine, accourue au bruit. Elle contracta dès lors une habitude de souffrance, qui attendrit par la suite son talent, mais qui passa irrémédiablement dans tout son être.

M<sup>lle</sup> Desbordes fut ensuite engagée au théâtre des Arts de Rouen pour remplir l'emploi des *ingénuités;* elle y réussit beaucoup : elle était l'ingénuité même. N'ayant passé par aucune école ou conservatoire, elle n'avait rien de la manière ni des petites mines apprises, et se laissait aller simplement à sa nature fine et naïve. On lui reconnaissait dans le débit « une vérité d'inflexion qui rendait sa pensée transparente et les endroits comiques très-saillants. » Elle fut remarquée à Rouen par des acteurs de l'Opéra-Comique de Paris, qui y étaient venus donner quelques représentations : ils en parlèrent à Grétry à leur retour, et l'aimable maître se chargea de l'éducation musicale de M<sup>lle</sup> Desbordes. Dès qu'il l'eut vue, il lui porta un intérêt tout paternel, et touché de sa noble physionomie tout empreinte de mélancolie, il l'appelait « un petit roi détrôné. » Sous ses auspices, elle débuta à l'Opéra-Comique dans une pièce de lui, dans le rôle de *Lisbeth,* de l'opéra du même nom, et y fit plaisir. Peu après, M. Jars, que nous avons connu député du Rhône, mais qui avait commencé par la littérature légère, lui confia le rôle de *Julie* dans l'opéra de *Julie ou le Pot de fleurs,* dont la musique était de Spontini. Elle avait des accents touchants, sympathiques ; Elleviou, Martin, Gavaudan, venus à son début pour l'entendre, avaient des pleurs dans les yeux. Le *Journal des Débats,* dans son feuilleton du 25 ventôse an XIII (16 mars 1805) sur la seconde représentation de *Julie ou le Pot de fleurs,* disait d'elle beaucoup de bien ; l'article doit être de Geoffroy :

« Les deux rôles sont parfaitement joués, disait-il, l'officier par Elleviou, dont on connaît la vivacité et les grâces ; la nièce, par M$^{lle}$ Desbordes, dont je ne connaissais pas encore le talent. Cette débutante m'avait échappé et ne méritait pas une pareille indifférence : après M$^{lle}$ Mars, il n'y a point d'ingénuités qu'elle n'égale ou ne surpasse ; elle n'est pas niaise comme il arrive quelquefois aux innocentes des autres théâtres, elle n'est que franche et naïve ; l'accent juste, vrai, une excellente tenue, beaucoup d'aisance, de simplicité, de naturel ; que de bonnes qualités presque enfouies à ce théâtre ! car M$^{lle}$ Desbordes joue et débite très-bien, mais elle ne chante pas ; elle n'a point de voix : il faudra que les musiciens renoncent, en sa faveur, à leur science, à leur harmonie ; que l'orchestre s'humilie et s'anéantisse : on lui composera exprès des demi-vaudevilles qui seront bien plus agréables que ces grands airs, aussi fatigants pour les auditeurs que pour les cantatrices. »

Elle possédait toutes les qualités distinguées et fines; mais, à lire cet éloge même, on prévoit que la force physique, l'étoffe matérielle qui est la doublure essentielle de ces qualités et qui les porte, pour ainsi dire, dans tout leur relief, fera un peu défaut. On trouverait, en cherchant bien, d'autres témoignages qui donneraient l'idée la plus favorable de son talent dans les rôles de mélancolie ou de passion. Ainsi lorsque plus tard, à l'Odéon (1813-1815), elle jouait dans un drame de Rigaud, *Evelina, le Mercure* la louait en ces termes :

« M$^{lle}$ Desbordes représente *Evelina* avec décence. Elle a beaucoup d'intelligence ; sa tenue est parfaite, et l'on pourrait même la proposer pour modèle à plus d'une actrice du premier Théâtre-Français. Son talent a beaucoup de rapports avec celui de M$^{lle}$ Desgarcins qu'elle rappelle fréquemment. Son organe est aussi doux ; il a autant de charme et de puissance... »

Le malheur de M$^{lle}$ Desbordes comme actrice fut la vie errante que lui imposa la nécessité : elle fut condamnée toute sa vie à débuter toujours. Après ses premiers succès à l'Opéra-Comique, des difficultés matérielles et l'intérêt de son père la contraignirent à sacrifier l'avenir au présent et à accepter un engagement pour Bruxelles, où elle tint l'emploi des *jeunes premières* dans la comédie, et des jeunes *Dugazons* dans l'opéra. Puis de là elle revint au théâtre de Rouen, où elle joua seulement les *jeunes premières,* toujours très-accueillie et goûtée du public ; mais elle ne chantait plus : « A vingt ans, dit-elle, des peines profondes
« m'obligèrent de renoncer au chant, parce que ma

« voix me faisait pleurer ; mais la musique roulait dans
« ma tête malade, et une mesure toujours égale arran-
« geait mes idées, à l'insu de ma réflexion. » La musique commençait à tourner en elle à la poésie; les
larmes lui tombèrent dans la voix, et c'est ainsi
qu'un matin l'élégie vint à éclore d'elle-même sur ses
lèvres.

Appelée à l'Odéon en 1813, elle y débuta le 27 mars
dans le rôle de *Claudine* de la pièce de Pigault-Lebrun,
*Claudine de Florian*. Elle eut beaucoup de succès dans
le rôle de M^me Milville, de *l'Habitant de la Guadeloupe*,
par Mercier ; dans *Clary*, du *Déserteur* ; dans *Cécile*, de
*l'Honnête criminel*, et surtout dans *Eulalie*, de *Misanthropie et Repentir*. Elle y faisait verser d'abondantes
larmes, et il arriva un jour qu'un mauvais plaisant qui
avait entendu parler de ce succès larmoyant irrésistible
et qui l'attribuait à l'engouement du parterre, vint
solennellement se placer au balcon, étalant sur le rebord une couple de mouchoirs blancs pour étancher les
flots de pleurs qui allaient couler. Le moqueur y fut
pris. La pièce commence : il écoute d'abord avec la
physionomie la plus épanouie comme pour narguer ses
voisins : l'intérêt peu à peu s'engage ; l'émotion gagne ;
mais, quand vient la scène où Eulalie épanche son
âme brisée dans le sein de la comtesse, on ose à peine
respirer; on n'y tient plus, on entend dans la salle
quelques soupirs oppressés, puis des sanglots : la figure du mauvais plaisant s'altère elle-même; il retire
ses mouchoirs, et finit par s'en servir discrètement pour
essuyer de vraies larmes. Tel était le triomphe de ce

jeu naturel et simple, de cette voix dont le clavier était si varié, les notes si sensibles et si pénétrantes. Cette veine d'émotion en elle n'excluait pas, à l'occasion, des accents de gaieté légère et d'enjouement.

En 1815, elle dut retourner à Bruxelles : elle s'y maria, le 4 septembre 1817, à M. Valmore, qui faisait partie du même théâtre et qui s'était pris pour elle du sentiment le plus sérieux et le plus profond (1). Cependant son premier volume de *Poésies* paraissait en 1818 (2). Après un séjour d'une année environ à Paris,

---

(1) Ce nom de Valmore n'est pas celui de la famille. M. Valmore père, mari de M$^{me}$ Valmore, de son vrai nom de famille, est Lanchantin. Il était fils d'un père comédien qui avait pris le nom de Valmore. — Il est fait mention dans la *Correspondance de Napoléon I$^{er}$*, au tome XXII, page 283, d'un général Lanchantin, que Napoléon met à la tête d'une 2$^{me}$ brigade destinée à la formation d'un corps d'observation de l'Italie méridionale, après la dissolution de l'armée de Naples (24 juin 1811). Ce général Lanchantin était frère de ce comédien, père de M. Valmore, qui devait à tout jamais léguer un nom, que la Poésie a rendu glorieux, à cette respectable famille d'artistes. Le général Lanchantin est mort général de division, baron de l'Empire, pendant la retraite de Moscou, à Krasnoe, en 1812.

(2) Voici en quels termes distingués le président de la Commission royale préposée au théâtre de Bruxelles, M. Van Gobbelschoy (?) annonçait à M$^{me}$ Valmore qu'il venait d'autoriser le directeur à résilier son engagement pour l'année 1819-1820; on y sent la considération qu'elle inspirait partout autour d'elle : « Mille grâces, Madame, de votre charmant cadeau ; ce que je connaissais de vos ouvrages m'en rend la collection infiniment précieuse ; leur cachet particulier est la peinture de douces et modestes vertus, d'une exquise sensibilité et des sentiments les plus nobles, les plus purs, en un mot de ces sentiments que votre jeu reproduit avec tant de vérité et de naturel sur la scène. Et vous voulez que nous ne vous regrettions pas! vous l'enfant gâté de deux muses!... »

son mari et elle s'engagèrent en mars 1821 pour le théâtre de Lyon ; ils y restèrent deux ans, et c'est alors qu'elle quitta définitivement la carrière. Une seconde et une troisième édition de ses *Poésies* (1820-1822) avaient dès ce temps marqué sa place au premier rang des femmes poëtes.

Il ne lui avait jamais été permis de développer et de perfectionner comme il aurait fallu son premier talent, ce don d'expression dramatique qu'elle possédait pourtant à un degré supérieur, mais qui dépendait trop du cadre, des circonstances, et aussi des moyens physiques. Celle qui, à ses débuts, avait vu son nom rapproché de celui de M$^{lle}$ Mars avait dû quitter la partie presque aussitôt ; elle était allée réussir ou échouer (ce qui revient à peu près au même) hors du centre, à tous les confins de la renommée, loin du seul foyer d'où partent les rayons et les échos. Il n'est donné qu'à la poésie, à celle qui est pure flamme, de triompher de tout, des malheurs, des exils, des erreurs même et des rebuts de la destinée.

Sa première carrière dramatique de vingt années ne put manquer toutefois de laisser en elle des impressions profondes, ineffaçables : en y aiguisant sa sensibilité, en y exerçant sur tant de sujets sa vive intelligence, elle y avait acquis une faculté douloureuse qui tenait à cette délicatesse même ; elle en avait gardé comme un pli d'humilité. On était loin d'être revenu alors des préjugés contre les personnes de théâtre : qu'on se rappelle le scandale qui s'était produit à l'enterrement de M$^{lle}$ Raucourt ; et ce n'était pas seulement le clergé, c'était le monde qui avait son genre de réprobation et sa nuance d'anathème. Sans doute, depuis Adrienne Le Couvreur, les comédiennes d'esprit et de talent avaient fait un pas et avaient conquis un point essentiel dans la considération : elles voyaient ce qu'il y avait de mieux en hommes ; mais les femmes ne les voyaient pas. Il a fallu en venir à M<sup>lle</sup> Rachel pour que tombât cette dernière barrière et pour que non-seulement des femmes du monde, mais des jeunes filles de la plus haute condition, aspirassent à l'amitié d'une femme de théâtre. Tendre, modeste et décente, M<sup>me</sup> Valmore était plutôt portée à s'exagérer cette fausseté de position que tout repoussait et démentait si bien dans sa personne ; on aurait cru, à l'entendre, qu'elle en était restée au temps de la Champmeslé. Elle a exprimé dès ses premières pièces de vers (1) l'impression de froissement pénible qu'elle en ressentait. Elle s'adresse à une amie que de pareils scrupules n'atteignaient pas ; les vers sont d'une pureté racinienne et méritent d'être rappelés :

---

(1) *Élégies. A Délie.* « Délie ou plutôt Délia (mon père ne peut retrouver le nom de famille) était fille d'un consul de France à Smyrne ou à Constantinople. Elle jouait à l'Odéon, vers 1813, les premiers rôles. Talent passable, mais de grands yeux orientaux, un grand éclat, des traits réguliers, fort séduisante. Elle ne manquait pas d'esprit, ne médisait jamais, ne cherchait point à nuire à ses *camarades* ; enfin elle avait un cœur excellent et facile ; — jalouse pourtant... Voilà, bien cher monsieur Sainte-Beuve, tout ce que mon père peut retrouver dans ses souvenirs. Il s'agit là d'une de ces relations inévitables au théâtre, très-agréables à bien des égards, mais que le monde s'étonne de vous voir avouer. Encore s'il vous en dédommageait ! » (Lettre de M. Hippolyte Valmore.)

Le monde où vous régnez me repoussa toujours ;
Il méconnut mon âme à la fois douce et fière,
Et d'un froid préjugé l'invincible barrière
Au froid isolement condamna mes beaux jours.
L'infortune m'ouvrit le temple de Thalie ;
L'espoir m'y prodigua ses riantes erreurs ;
    Mais je sentis parfois couler mes pleurs
      Sous le bandeau de la Folie.
Dans ces jeux où l'esprit nous apprend à charmer,
    Le cœur doit apprendre à se taire ;
  Et lorsque tout nous ordonne de plaire,
      Tout nous défend d'aimer...

O des erreurs du monde inexplicable exemple,
Charmante Muse ! objet de mépris et d'amour,
    Le soir on vous honore au temple,
    Et l'on vous dédaigne au grand jour.

Je n'ai pu supporter ce bizarre mélange
     De triomphe et d'obscurité,
Où l'orgueil insultant nous punit et se venge
     D'un éclair de célébrité.
Trop sensible au mépris, de gloire peu jalouse,
Blessée au cœur d'un trait dont je ne puis guérir,
Sans prétendre aux doux noms et de mère et d'épouse,
     Il me faut donc mourir !

Nous qui ne l'avons connue que plus tard, nous retrouvions M<sup>me</sup> Valmore fidèle aux souvenirs et aux liaisons de sa première vie par quelques amitiés précieuses qu'elle en avait gardées et qui étaient des plus illustres dans leur genre. Elle était l'intime amie de cette grande et royale cantatrice, M<sup>me</sup> Branchu (1), qui

---

(1) M<sup>me</sup> Branchu (Rose-Timoléone-*Caroline*), née Chevalier de Lavit, à Saint-Domingue ; morte à Passy le 14 octobre 1850.

régnait au temps du premier Empire et qui trouvait que tout avait été en décadence à l'Opéra depuis le jour où le préfet du palais n'était plus là pour lui donner poliment la main et l'introduire, comme le comte de Rémusat ne manquait jamais de le faire, lorsqu'elle allait jouer par ordre au château de Saint-Cloud. M^{me} Valmore était aussi restée intimement liée avec M^{lle} Bigottini, la ravissante danseuse, mais une danseuse passionnée, celle qui faisait *Nina ou la Folle par amour,* « la Malibran de la danse. » Elle était la plus tendre amie de M^{lle} Mars, dont nous l'entendrons parler tout à l'heure ; M^{lle} Mars qui, hors du théâtre, était la personne la plus sensée, la plus positive, la mieux ordonnée, pleine de nobles et libérales actions, bien que passant pour être un peu serrée. Ce fut M^{me} Valmore qui puisa un jour tout son courage dans son amitié pour aller dire à M^{lle} Mars cette fatale parole que le public commençait à lui murmurer depuis quelque temps : « Il n'y a plus à tarder ; le moment est plus que venu ; *il faut vous retirer.* » M^{lle} Mars l'écouta et lui en sut gré : c'était à la fois une marque de bon cœur et de bon sens.

De nombreux auteurs dont elle avait interprété les ouvrages et entrevu ou connu la personne, elle avait retenu, sans prétendre pour cela les juger, une impression prompte et juste, le trait le plus vrai de leur physionomie, et quand on l'interrogeait à leur sujet, elle en parlait à ravir. Désaugiers, qui se donnait pour mélancolique et « qui se dépêchait d'être gai, de peur d'avoir le temps de devenir triste ; » M. Étienne, l'auteur dramatique qui vers la fin passait presque pour un grand citoyen, et auquel elle semblait si étonnée qu'on pût trouver quelque chose d'élevé dans le caractère; ceux-là et bien d'autres, elle les touchait d'un mot fin en passant. Et puis les soirs, au moment où la vie lui laissait un peu de trêve, quand elle revenait à ses souvenirs de théâtre, elle avait toutes sortes d'agréables récits. Elle avait joué très-jeune, en même temps que l'excellente actrice M$^{me}$ Gontier, qui avait jadis inspiré une passion à M. de Florian, et qui surtout en avait ressenti une très-vive pour ce brillant capitaine de dragons, auteur de jolies arlequinades. M$^{me}$ Gontier vieille et devenue dévote, bien que restée comédienne, n'entrait jamais en scène sans faire deux ou trois fois dans la coulisse le signe de la croix. Toutes les jeunes actrices se donnaient le plaisir de lutiner celle qui jouait si au naturel *Ma tante Aurore* ; elles l'entouraient au foyer et lui refaisaient bien souvent la même question malicieuse : « Mais est-ce bien possible, grand'maman Gontier, est-il bien vrai que M. de Florian vous battait? » — Et pour toute réponse et explication, toute revenue qu'elle était, la bonne maman Gontier leur disait dans sa langue du xviii$^e$ siècle : « C'est, voyez-vous, mes enfants, que celui-là, il ne payait pas!» — Moralité étrange et plus vraie qu'on n'ose dire! Mais n'oubliez pas dorénavant de mettre cela en regard d'une fable ou d'une pastorale de Florian.

Elle racontait encore avec un mélange de gaieté et de sensibilité l'anecdote suivante de ce bon temps de jeunesse et de misère, où il est vrai de dire, même des femmes : « Dans un grenier qu'on est bien à vingt ans! » Elle jouait à l'Odéon et elle logeait, je crois, dans la rue même de l'Odéon, dans un petit appartement sous les toits, avec une humble camériste qui partageait presque en amie sa vie de privations. Il y avait en ce temps-là des amateurs de théâtre, des habitués d'orchestre, juges et conseillers des artistes. L'un d'eux, un M. André de Murville, un ancien ami de Fontanes, un gendre (ma foi!) de Sophie Arnould, un auteur manqué qui n'avait jamais eu que des moitiés ou des quarts de succès, un candidat-lauréat perpétuel à l'Académie, mais qui, à travers ses ridicules, n'était point dépourvu de connaissances, ni d'esprit, ni même d'un certain goût, s'était pris d'affection pour la jeune actrice, et il tenait à lui donner des conseils. Il la visitait quelquefois, et à l'heure du dîner précisément : il s'y invitait sans façon et y restait. Ce fut un grand effroi dans l'humble ménage, par le surcroît soudain de dépense que causait ce convive improvisé, et M. de Murville avait grand appétit, comme quelqu'un qui ne dînait pas toujours. Imaginez deux oiseaux du ciel qui vivent de quelques graines et miettes de pain, et qui voient arriver, sur le pied d'ami, un bon grand vautour affamé de chair, qui se dispose à faire honneur à leur repas. Un jour que Murville montait les dernières marches de l'escalier, la camériste entra tout effrayée dans la chambre de sa maîtresse pour lui annoncer le péril, péril plus grand encore qu'à l'ordinaire. On était à une fin de mois, et, pour de trop bonnes raisons, il n'y avait que juste assez pour deux sobres estomacs de femme. Comment faire? Le pauvre Murville, après les premiers mots, ne tarda pas à s'apercevoir de l'espèce de trouble qu'il causait : il alla au-devant, et tout en parlant art, jeu dramatique, M^lle Gaussin, M^lle Desgarcins et autres brillants modèles, il lui échappa de dire comme en murmurant entre ses dents : « Oh! mes enfants, n'importe quoi! tout ce que vous voudrez ; un bon gros morceau de pain, cela n'y fait rien. » Et il faisait le geste honteux d'un homme qui a faim. Le malheureux auteur avait faim en effet. Il fallait entendre le récit de cette petite scène par M^me Valmore : on en riait en pleurant. — Une vraie petite scène d'opéra comique ou de demi-vaudeville en action.

Les correspondances de cette époque font défaut : ce n'est que vers le déclin de la vie et quand est venu l'âge du souvenir, que l'on songe à conserver les lettres. Parmi celles qui sont adressées à M^me Valmore dès ces années 1821 et suivantes, j'en trouve pourtant d'intéressantes de M^me Sophie Gay, qui s'était prise d'un goût très-vif pour elle, et qui, pendant les séjours de Lyon ou de Bordeaux, la tenait au courant du monde poétique de Paris, des premiers succès de la belle Delphine, des brillants hommages qu'elle recevait, et aussi de son premier trouble de cœur pour ce jeune officier gentilhomme et poëte, Alfred de Vigny. D'autres lettres d'une personne moins connue, M^me de Launay, qui fut au théâtre sous le nom de M^lle Hopkins, sont aussi fort vives, spirituelles, et d'un tour plaisant. On en extrairait de piquants détails sur plus d'un artiste célèbre ou en vogue pour le moment (1). Mais de ces anecdotes une au moins me paraît utile à rappeler, c'est le compte rendu de la façon outrageuse dont on

(1) Par exemple, sur le célèbre chanteur Garat : « (1ᵉʳ juillet 1821).
« Eh bien ! que dis-tu de la séparation de Garat et de sa femme...
« c'est-à-dire sa femme... c'est égal, je l'appellerai toujours Mᵐᵉ Ga-
« rat, c'est nécessaire pour la société. Nous avons fait l'impossible
« pour les raccommoder. Garat consent... Soit amour, soit habi-
« tude, soit le besoin de trouver là quelqu'un pour grogner, il
« désirait la ravoir près de lui. Quant à madame, va-t'en voir s'ils
« viennent !... Elle est sourde comme une trappe quand on lui parle
« de rapprochement. « Quoi ! qu'est-ce que vous dites? Je n'en-
« tends pas. » Enfin, à force de la tourmenter, elle a fini par
« prendre le ton d'une reine détrônée : « Voilà quatre ans que j'ai
« réfléchi ma démarche d'aujourd'hui. J'ai tout pesé; j'ai tout vu;
« je me retire. » Lorsque j'ai rendu cette réponse très-adoucie à
« Garat, il a dit : « On peut voir à présent que ce n'est pas moi
« qui suis l'hyène... » — Et le 6 août 1822 : « Garat traîne sa vie;
« il va tous les jours à Feydeau, mais soutenu par deux personnes.
« Cette séparation d'avec sa femme lui a fait beaucoup de mal. Il a
« voulu, dit-on, s'en consoler avec une petite demoiselle, et la
« petite demoiselle a coulé bas la vieille frégate. *Ut, ré, mi, fa,*
« *sol,* que les hommes sont fous!... » — Et sur Joanny, dont la
vogue fut courte : « Et Joanny qui vient aussi de se séparer de sa
« femme ! Il y a là-dessous une longue histoire que je te dirai une
« autre fois... Tu sauras, si c'est une nouvelle pour toi, que Joanny
« est devenu la bête noire du public ; c'est à qui veut crier haro
« sur le baudet. N'est-ce pas dans cette occasion qu'on peut dire
« qu'il brise l'idole qu'il encensait la veille? Si M. Joanny voulait
« jouer les rôles qui conviennent à présent à son âge, il pourrait
« ravoir la faveur du public ; mais il tient plus que jamais aux
« rôles des amours; que veux-tu que j'y fasse? Ce n'est pas ma
« faute ni la tienne. Mˡˡᵉ Georges attire le public d'une manière
« étonnante. Son tour viendra un jour, ainsi de suite. Tout vient,
« tout passe... (26 décembre 1821.) » — Cette Mᵐᵉ de Launay,
nièce par alliance de l'ancien gouverneur de la Bastille, avait la
plume alerte et gaie, l'esprit légèrement bigarré, railleuse, bonne
royaliste d'ailleurs, et même, ce semble, assez bonne catholique :

accueillit en 1822 les acteurs anglais qui essayaient, pour la première fois, de nous montrer Shakspeare. En 1822, l'intolérance nationale et classique régnait

elle accommodait tout cela dans son joli caquetage, nouvelles de coulisses et nouvelles d'église : « (15 août 1822)... Tu dois savoir, « par les journaux, que Damas (*du Théâtre-Français*) vient de « donner sa démission. Il s'est aperçu qu'il avait trente ans de « service, et les bons Parisiens, en gens reconnaissants, disent que « c'est assez, qu'il aille se coucher. Voilà l'écho de Paris. Enfin « chacun se réjouit de ne plus le voir. On dit aussi que M<sup>lle</sup> Délia « *(la Délie des Élégies de M<sup>me</sup> Valmore)* a quitté l'Odéon. C'est une « perte pour ce théâtre qui ne va pas déjà très-bien. Mais qu'est-ce « qui va bien dans ce monde? Tu sais que nous avons eu les mis- « sionnaires, et le mauvais esprit de parti qui cherche toujours « quelque prétexte pour faire du tapage s'est assemblé devant les « églises pour crier : *A bas les prêtres !* et beaucoup d'autres gen- « tillesses, auprès desquelles le peuple est resté calme, ce qui a « fort déjoué les turbulents. On voyait des jeunes gens de l'École de « médecine et de droit engager des Savoyards et des chiffonniers « à crier : *A bas les missionnaires !* Plusieurs d'entre eux, qui ne « savaient pas ce qu'on leur voulait dire, criaient à tue-tête: *A bas* « *les millionnaires!* D'autres jeunes gens se sont amusés à faire « arrêter la voiture d'un pair de France, et ils l'ont tourmenté « pour lui faire crier : *Vive la liberté!* — « Je le veux bien, ré- « pondit-il, mais à la condition que vous me donnerez la liberté « de passer. » Ce mot les fit rire, tout fut fini par là. On t'a peut-être « fait croire que Paris avait été à feu et à sang. Dieu merci ! rien « de toutes ces belles choses. Tout va son petit bonhomme de che- « min. Concerts, spectacles, promenades, voilà l'occupation de nos « Parisiens. Les députés s'avalent bien de temps en temps, mais « cela ne change rien aux plaisirs ni à notre bon gouvernement, « qui est soutenu par la sagesse de notre roi et par l'esprit de « l'armée qui est bon... » La spirituelle chroniqueuse, on le voit, était dans les meilleurs principes. Sa lanterne magique est d'ailleurs des plus variées; il n'y manquait rien. Ce sont des Sévigné au petit pied qui jasent de tout, à tue-tête, et qui s'amusent. Il n'aurait pas tenu à M<sup>me</sup> de Launay que M<sup>me</sup> Valmore ne fût comme elle une rieuse.

encore dans tout son plein : on en était toujours aux colères contre Albion ; l'invective des *Messéniennes* faisait loi. Cinq ans après, en 1827-1828, lorsqu'une nouvelle troupe anglaise revint à la charge pour représenter Shakspeare, un grand progrès s'était accompli dans l'intervalle chez les esprits cultivés; les idées du journal *le Globe* avaient fait leur chemin dans la jeunesse. Il y eut cette fois accueil sérieux, attentif, studieux, de l'enthousiasme même : miss Smithson, entre autres, ravissait tous les cœurs, et cette noble intelligence de Berlioz, qui vient de disparaître, soudainement frappée alors comme Roméo, voyait se réaliser devant ses yeux le premier objet de son idéal, la beauté véritable. Mais, en 1822, nous étions encore sous le coup d'une prévention aveugle et toute brutale. Je ne sais pas un autre mot : on va en juger. C'est une date peu honorable dans notre histoire littéraire et qu'il faudrait effacer, mais à la condition que pareil scandale ne se reproduisît jamais :

« Nous avons à la Porte-Saint-Martin, écrivait M^me de Launay (6 août 1822), une troupe de comédiens anglais. Il paraît qu'ils ne sont pas très-bons, mais est-ce une raison pour vouloir les écorcher tout vifs ? Le parterre en tumulte s'est porté sur le théâtre pour les forcer à quitter la scène. Ces pauvres Anglais avaient beau rappeler les droits de l'hospitalité ; rien n'était compris par ce peuple ours. Une actrice a été blessée au front par un gros sou. Enfin, après le tapage le plus épouvantable, l'acteur Pierson est venu demander si les Anglais pouvaient continuer. Mais, avant de répondre, le parterre s'est mis à applaudir à toute outrance ce pauvre Pierson, qui en était stupéfait. Après avoir témoigné leur ardent patriotisme à ce grand acteur, ils ont voulu entendre le reste de la tragédie d'*Othello*. La toile se lève pour la troisième fois, et l'on voit, sur un lit, Desdémona couchée ; aussitôt on se met à crier : « *Apportez un pot de c....,* elle en a besoin. » L'actrice se met à chanter : tous les mirlitons de Saint-Cloud étaient à la bouche de nos aimables Français pour l'accompagner. Ensuite vinrent les pommes de terre, les noix, les œufs, les gros sous. Cette pauvre femme se tuait à faire des révérences à ce galant parterre : nulle pitié, et c'est ici qu'elle fut blessée ; elle tomba évanouie. Que le Parisien est donc changé ! qu'est devenue son aimable réputation de peuple hospitalier ? que sont devenues ces mille bonnes qualités qu'on lui reconnaissait, et qui me rendaient fière d'être de la paroisse Saint-Eustache ? Mais aujourd'hui mes compatriotes commettent une injustice ; pourquoi ? Parce qu'ils veulent user de représailles. Laissez à chacun son humeur sauvage, et vous, Français, gardez vos brillantes qualités. On dit que les malheureux acteurs doivent aller à Lyon : tu me diras ce qu'il en sera. »

Les aimables Français sont-ils vraiment corrigés ? Ne recommencent-ils pas quelquefois, sans s'en apercevoir, la même scène sous d'autres noms ? Peuple de *titis* ou messieurs à gants paille, ne retombent-ils pas exactement dans le même procédé ? Qu'on se rappelle les soirées du *Tannhauser !*

La réputation de M$^{me}$ Valmore, sous sa première forme de touchante élégiaque et d'aimable conteur en vers, était faite dès ces années 1824-1827 ; pendant ses absences de Paris et ses séjours à Lyon ou à Bordeaux, sa nouvelle étoile avait pris place dans notre ciel poétique et y brillait d'un doux éclat, sans lutte et sans orage. M$^{me}$ Valmore n'avait point rompu avec la

9.

tradition; elle avait varié la romance, attendri et féminisé l'élégie, modulé sur un ton suave le tendre aveu et la plainte d'un cœur qui s'abandonne. Mᵐᵉ Sophie Gay écrivait d'elle en octobre 1820, après avoir cité quelques-uns de ses vers : « Peut-on mieux peindre le charme de cette mélancolie que M. de Ségur appelait *volupté du malheur ?* » Et elle lui promettait une place au Temple du Goût à côté de Mᵐᵉ Des Houlières (1). M. Creuzé de Lesser, un auteur croisé d'administrateur, et qui n'était pas sans mérite, lui écrivait de Montpellier (1ᵉʳ décembre 1827) :

« ... Il y a longtemps, madame, que j'ai,—que j'ai lu—et que j'aime ce que vous avez publié. De toutes les femmes qui écrivent, vous êtes incontestablement aujourd'hui celle qui a le plus de sensibilité et de grâce. Les réputations des femmes sont quelquefois sujettes à un peu d'exagération, et c'est ce que je me disais involontairement, il y a quelque temps, en lisant les Poésies de Mᵐᵉ Dufrénoy, qui a fait de très-jolies choses, mais qui en a fait trop peu, au moins pour le nom qu'on lui a voulu donner. Votre réputation, madame, est de meilleur aloi : vous vous élevez davantage et plus souvent ; vous avez de ces choses exquises qui sont à côté de tout, et vous savez revêtir d'une poésie dorée des élans de cœur qu'il est impossible d'oublier. Il y a de l'esprit de reste en France, mais la vraie sensibilité y est beaucoup plus rare, et c'est là un de vos domaines. Que je suis heureux de pouvoir être si franc en étant si poli !... »

Et il mêlait à ses éloges quelques réserves pour certains défauts de distraction ou de négligence. Tel était alors le suffrage des bons esprits classiques, et je n'en

---

(1) Article de la *Revue encyclopédique.*

fais pas fi quand il est à sa place et en son lieu. Telle forme de poésie, telle forme de critique.

Mais combien il restait à faire encore à l'aimable et touchante muse pour devenir celle de ses dernières poésies et de ses derniers chants, de ceux surtout qui n'ont paru que depuis sa mort (1)! C'est la douleur constante et son aiguillon, le travail aussi, l'avertissement de poëtes plus mâles et à la grande aile, les exemples dont elle profita en émule et en sœur, un art caché qu'elle trouva moyen de mêler de plus en plus à ses pleurs et à sa voix, qui opérèrent cette transformation sensible vers 1834 environ, et qui l'amenèrent sinon à la perfection de l'œuvre, toujours s'échappant et fuyant par quelque côté, du moins au développement et à l'entier essor des facultés aimantes et brûlantes dont son âme était le foyer. Veut-on mesurer tout d'abord la distance? En regard des premières poésies, qu'on mette le *cri* que voici et que j'ai dégagé des brouillons raturés; car il ne sera pas dit que ce premier article sur M$^{me}$ Valmore se passera tout en prose et sans qu'il y éclate une note d'elle, une note vibrante, à la Dorval ou plutôt à la Valmore, comme elle seule en avait. Cette note rentre dans le thème qui lui était familier, — le déchirement d'un amour brisé, d'une blessure dont on craint de remuer et de rouvrir la profondeur.

(1) *Poésies inédites* de M$^{me}$ Desbordes-Valmore, publiées pa M. Gustave Révilliod, imprimées à Genève chez Jules Fick, 1860. — Et qu'on le sache bien, M. Révilliod n'est pas un éditeur, c'es un ami des lettres, libéral et généreux, qui ne se fit éditeur, cette fois, que pour avoir le droit de mettre un prix aux Poésies posthumes d'une muse qu'il respectait et admirait.

## LES SÉPARÉS.

N'écris pas. Je suis triste, et je voudrais m'éteindre.
Les beaux étés sans toi, c'est la nuit sans flambeau.
J'ai refermé mes bras qui ne peuvent t'atteindre,
Et frapper à mon cœur, c'est frapper au tombeau.
   N'écris pas !

N'écris pas. N'apprenons qu'à mourir à nous-mêmes.
Ne demande qu'à Dieu... qu'à toi, si je t'aimais !
Au fond de ton absence écouter que tu m'aimes,
C'est entendre le ciel sans y monter jamais.
   N'écris pas !

N'écris pas. Je te crains ; j'ai peur de ma mémoire :
Elle a gardé ta voix qui m'appelle souvent.
Ne montre pas l'eau vive à qui ne peut la boire.
Une chère écriture est un portrait vivant.
   N'écris pas !

N'écris pas ces doux mots que je n'ose plus lire :
Il semble que ta voix les répand sur mon cœur ;
Que je les vois brûler à travers ton sourire ;
Il semble qu'un baiser les empreint sur mon cœur.
   N'écris pas !

C'est ainsi que chantait la dernière Valmore dans le ressentiment de ses jeunes et anciennes douleurs. Comparez maintenant avec telle de ses premières élégies : *Ma sœur, il est parti ! Ma sœur, il m'abandonne !...* ou bien : *Emmenez-moi, ma sœur. Dans votre sein cachée*, etc. C'est, dans son ordre, la même distance que d'une ode des premiers Recueils de Hugo à l'une des *Contemplations*. On conçoit que, sous l'impression que laissent de pareils élans, Michelet ait pu lui écrire un jour : « Le sublime est votre nature...; » et qu'ayant sous les yeux son dernier recueil, il ait écrit à son fils (25 décembre 1859) :

« Mon cœur est plein d'elle. L'autre jour, en voyant *Orphée,* elle m'est revenue avec une force extraordinaire et toute cette puissance d'orage qu'elle *seule* a jamais eue sur moi.

« Que je regrette de lui avoir si peu marqué, de son vivant, cette profonde et *unique* sympathie !... (1) »

(1) Le lendemain du jour où parut cet article, M. Sainte-Beuve reçut de M. Michelet la lettre suivante : « Cher monsieur, que vous pénétrez à fond, que vous caractérisez bien celle qui eut, entre tous, le *don des larmes :* ce don qui perce la pierre ! résout la sécheresse du cœur !

« Je ne l'ai connue qu'âgée, mais plus émue que jamais, troublée de sa fin prochaine, et (on aurait pu le dire) ivre de mort et d'amour.

« Ce merveilleux dernier volume avait peine à s'imprimer. Par bonheur on en parla à l'aimable et généreux M. Révilliod de Genève...

« Je vous serre la main.

« J. MICHELET.

« 23 mars 69. »

Mardi 6 avril 1869.

# MADAME DESBORDES-VALMORE

## SA VIE ET SA CORRESPONDANCE

On n'écrit pas la vie d'une femme, sa biographie à proprement parler : je noterai seulement les points essentiels de l'existence de M<sup>me</sup> Valmore, sans lesquels on ne pourrait bien apprécier les extraits de sa correspondance.

Sa destinée errante, qui l'avait jetée et ramenée plus d'une fois de Rouen à Bruxelles, de Bruxelles à Rouen, puis à Lyon, à Bordeaux, sauf quelques stations d'assez courte durée à Paris, eut un dernier et notable épisode en 1838. M<sup>me</sup> Valmore vit l'Italie, la haute Italie du moins. En 1838, au mois d'août, un entrepreneur de théâtre eut l'idée d'engager quelques acteurs français pour jouer à l'époque du sacre de l'empereur Ferdinand (à titre de roi de Lombardie), qui devait se faire à Milan et y attirer une foule d'étrangers. M<sup>me</sup> Valmore, avec ses deux filles, y accompagna son mari, ne laissant en France que son fils. Ce fut pour les artistes qui avaient cru au sérieux de cet engagement une déception cruelle ; mais le poëte y gagna de voir la grande terre, les grands horizons et les paysages aimés de Virgile. Son goût dut s'y élargir. Un petit album où elle notait ses impressions ne nous représente pourtant que des notes brisées ; mais c'est là qu'elle conçut et chanta sa belle invocation au Soleil :

> Ami de la pâle indigence,
> Sourire éternel au malheur,
> D'une intarissable indulgence
> Aimante et visible chaleur ;
> Ta flamme, d'orage trempée,
> Ne s'éteint jamais sans espoir :
> Toi, tu ne m'as jamais trompée
> Lorsque tu m'as dit : Au revoir !
>
> Tu nourris le jeune platane
> Sous ma fenêtre sans rideau,
> Et de sa tête diaphane
> A mes pleurs tu fais un bandeau.
> Par toute la grande Italie
> Où je marche le front baissé,
> De toi seul, lorsque tout m'oublie,
> Notre abandon est embrassé...

L'image de ce platane à la fenêtre *sans rideau,* du moins dans les deux premiers vers de la strophe, est saisissante ; on sent que c'est pris sur nature, et que ce n'était pas une fiction du poëte. Dans une lettre à Mme Pauline Duchambge, datée de Milan, 20 septembre (1838), à la veille du retour, je lis ces mots : « Mars

($M^{lle}$ *Mars*) te porte une feuille du platane qui me servait de rideau... »

M$^{lle}$ Mars, en effet, était allée à Milan donner quelques représentations à l'occasion de cette même solennité, et ce fut une rencontre heureuse pour ses imprudents compatriotes, que la faillite de l'impresario laissait à la lettre sur le pavé : elle joua à leur bénéfice pour les aider à se rapatrier. Un quartier de la petite pension qu'avait M$^{me}$ Valmore vint aussi fort à propos pour être partagé entre tous ceux qui en avaient tant besoin ; et comme c'était peu, elle vendit encore quelques effets pour le même usage.

Depuis cette excursion la plus lointaine qu'elle ait tentée (après le voyage aux Antilles), M$^{me}$ Valmore, revenue avec sa famille à Paris, y vécut habituellement, et si elle y fut errante, ce ne fut plus que de quartier en quartier, et dans les logements divers d'où les gênes domestiques la chassaient trop souvent. J'ai parlé d'une pension qu'elle touchait ; ceci est à expliquer, d'autant plus que la correspondance sera remplie de détails pénibles, et qu'il serait injuste d'en tirer aucune conséquence extrême contre la société ni contre les hommes. M$^{me}$ Valmore dans ses plaintes n'accusa jamais personne : elle était le plus éloignée par nature de toute récrimination comme de toute déclamation. Elle avait rencontré, en effet, sur sa triste route bien des amis qui n'avaient été ni insensibles ni inactifs ; mais elle-même avec sa pudeur délicate ne se prêtait guère aux bienfaits ; elle n'allait volontiers au-devant des services que quand c'étaient des services à rendre, non à recevoir. Une personne dont on ne saurait assez reconnaître le bienfaisant génie revêtu de charme, M^me Récamier, de bonne heure avertie par M. de Latouche du talent et de la situation de M^me Valmore, s'était mise en peine pour l'obliger. Lorsque M. de Montmorency fut nommé membre de l'Académie française (1825), il eut la noble idée de céder son traitement à un homme de lettres dans le besoin, ce qu'avait fait précédemment Lucien Bonaparte, qui, l'on s'en souvient, avait cédé sa pension de l'Institut à Béranger commençant. M^me Récamier songea aussitôt à présenter M^me Valmore au choix de M. de Montmorency; mais de sa part à elle, on se heurta à une délicatesse. M. de Latouche, qui la connaissait bien, avait tout d'abord prévenu M^me Récamier (1). M^me Valmore, au premier mot qu'on lui en toucha, eut d'instinct un mouvement de refus. Sans bien se rendre compte, elle ne se sentait pas de force à être l'obligée d'un grand seigneur, fût-il le plus homme de bien ; l'humble et digne plébéienne n'aurait pas supporté qu'on pût dire d'elle ce que le monde malin disait d'un autre littérateur assez distingué et le plus long de taille que j'aie connu, qu'on avait surnommé en ce temps-là « le pauvre de M. de Montmorency. » De Bordeaux où elle était alors, elle s'empressa de répondre à M^me Récamier :

« Pardonnez si mes mains ne s'ouvrent pas pour accepter un don si bien offert. Mon cœur seul peut recevoir et garder

(1) *Souvenirs et Correspondance, tirés des papiers de M^me Récamier;* tome II, page 194.

d'un tel bienfait tout ce qu'il y a de précieux et de consolant, le souvenir du bienfaiteur et la reconnaissance sans le poids de l'or. Il me reste à vous supplier de prendre sur vous mes vifs remercîments et mon respectueux refus ; c'est à votre adorable bonté que j'ai dû la distinction d'un homme illustre qui m'ignorait, et c'est à vous, madame, que mon âme demeure éternellement acquise. »

Dans cette même lettre toutefois, sachant les démarches de M<sup>me</sup> Récamier pour lui faire obtenir une pension régulière par l'entremise du vicomte de La Rochefoucauld, M<sup>me</sup> Valmore ajoutait :

« Je vous la devrai, madame, et avec joie, si quelque jour on accorde à votre demande ce dont vous ne me jugez pas indigne ; je voudrais avoir bien du talent pour justifier votre protection qui m'honore, et pour mériter l'encouragement vraiment littéraire que vous entrevoyez dans l'avenir ; je serai contente alors de l'obtenir de vous, et je n'aurai ni assez d'orgueil ni assez d'humilité pour m'y soustraire... »

Mais lorsque cette petite pension fut obtenue, — une pension au nom du roi, — ce fut de la part de l'humble et généreux poëte un sentiment de peine et de résistance morale à l'aller toucher. Elle semble même d'abord avoir cru dans sa simplicité que l'argent de l'État devait aller de lui-même vous chercher à domicile. Elle écrivait en mai 1826 à un excellent ami, M. Duthillœul, juge de paix à Douai : « ... On disait que j'avais une pension. J'ai reçu d'un ministre une lettre qui me l'annonçait ; on l'a même annoncée dans les journaux, mais il n'en est rien jusqu'ici. La méritant si peu, je ne la regrette pas plus que je ne l'avais souhaitée et demandée. » Son oncle Constant Desbordes, le peintre, lui écrivait en septembre, pour l'avertir qu'on était fort surpris au ministère de la maison du roi qu'elle ne se fût point présentée ou quelqu'un de sa part, car il y avait neuf mois que cette pension datant de janvier avait commencé de courir ; il avait dû déjà la gronder auparavant de paraître se soucier trop peu d'une faveur, « qui, disait-il, n'a rien que d'honorable. » Son amie, M^me de Launay, informée de la nouvelle par les journaux, avait beau l'en féliciter gaiement, elle était aussi obligée de la gronder et de la semoncer à sa manière (1). La vérité est qu'entièrement étrangère à la politique et à tout ce qui en approchait, M^me Valmore avait le cœur libéral, populaire, voué à tous les opprimés, à tous les vaincus ; qu'elle était vraiment patriote, comme on disait en ce temps-là ; qu'elle avait été malade six semaines du désastre de Waterloo ; qu'elle devait tressaillir en 1830 et depuis, à toute grande explosion nationale ou popu-

(1) C'est dans une lettre du 1^er novembre 1826 ; elle lui écrivait, en bonne royaliste toujours, en amie spirituelle et sensée, mais qui n'entendait rien à ce genre de scrupules : « Mon cœur, disait-elle, sait lui pardonner (*à la sœur de M^me Valmore, pour un grief en l'air et par manière de plaisanterie*), comme il te pardonne la nonchalance que tu mets pour recevoir une pension qui ne peut, sous tous les rapports, n'être pour toi que fort agréable. Elle flatte l'amour-propre et la bourse. Je ne connais que les saints qui pourraient la repousser, et encore je leur dirais : « Messieurs les « saints, si cette pension peut être utile aux vôtres, laissez de côté « votre dédain ou votre indifférence ; ne pensez point ici à vous ; « cette pension peut être utile pour élever vos enfants. » Ce mot doit décider *mon bon saint* Marceline à recueillir les dons de la

laire : journées de Juillet, Pologne et Varsovie, insurrection de Lyon de 1834, à laquelle elle assista, Février 1848 (je m'arrête). Dans ces grandes crises, elle n'était plus maîtresse de ses sentiments : soudains et prompts, ils s'envolaient au plus haut de l'air, comme des nuées de colombes. Elle était irrésistiblement du côté du peuple et des peuples. On conçoit qu'il lui coûtait de rien recevoir des grands et des puissants, de ceux qu'elle ne pouvait appeler ses frères. Elle était d'avis que, dans certains cas, « l'argent démoralise, même celui qui le donne. » Elle avait un principe trop justifié par l'expérience, qu'il n'y a que les pauvres et les souffrants pour se confier leurs peines les uns aux autres, pour s'entr'aider et se secourir entre eux. Son christianisme, on le verra, était tout en ce sens; elle était fille du sermon sur la montagne. Quoi qu'il en soit, la pension fut donnée, maintenue; elle fut même augmentée sous Louis-Philippe, grâce à la bienveillance de M. Thiers, et si elle subit plus tard des variations ou des réductions, elle ne descendit pas en dernier

---

Providence. Tiens, mon amie, la main qui te l'a donnée est bien la main du plus parfait honnête homme que l'on puisse connaître. Toutes les vertus habitent le cœur de notre roi ; il est sensible au dernier point, et son cœur est d'une piété douce. Je t'assure que c'est un ange que nous avons sur la terre. Toi si bonne, si tendre, comment peux-tu ne pas l'aimer? Crois-moi, chère amie, Charles X est digne de nous deux. Allons, va recevoir ta pension, ou je me fâche. » M$^{me}$ de Launay eût encore moins compris sa singulière amie si on lui avait dit que sa pensée avait été d'abord de faire offrande des premiers quartiers échus à la cause des Grecs : car elle ne savait comment justifier et purifier à ses yeux cet argent. Elle abandonna le premier trimestre à son oncle Desbordes.

lieu au-dessous du chiffre de deux mille francs. Voilà ce qu'il était juste de dire à la décharge de la société et du pouvoir : ce qui n'empêche pas tout le reste d'être vrai et tous les détails douloureux qu'on va lire de subsister dans leur amère réalité. Car ce qu'on ne sait pas assez, ce que les aisés et les heureux oublient trop vite, c'est que lorsqu'une fois une maison, un humble ménage est tombé au-dessous de son courant, lorsqu'il y a eu chômage dans le travail, lorsqu'un arriéré s'est une fois formé et grossi jusqu'à la dette, on ne se rattrape jamais : on en a de ce poids sur la tête pour toute la vie. Ce qui suffisait strictement dans les conditions ordinaires les plus simples, une fois dépassé, ne se regagne pas, et dans cette vie de prolétaire au jour le jour, une fois grevé et obéré, on ne s'en tire plus. Il n'y a pas d'économie politique qui prévaille contre ce fait inexorable.

Une autre explication préliminaire est encore indispensable à donner : il s'agit de la religion de Mme Valmore, qui va revenir à chaque page. Elle était pieuse, mais d'une piété qu'elle mettait toute dans la charité et qui n'était qu'à elle. Élevée pendant les années de la Révolution, dans un intérieur modeste et pauvre, près d'une église en ruine, en face d'un cimetière agreste où l'on allait jouer et prier, toute flamande dans ses croyances du berceau et ses crédulités charmantes, elle confondait dans un même amour domestique Dieu et son père, la Vierge et sa mère et ses sœurs. Elle avait été un ange de piété filiale pour son père qu'elle perdit en 1817. Elle continuait de vivre en présence de ces chères âmes absentes et disparues ; elle les invoquait sans cesse. Un critique éminent et bienveillant, M. Vinet, en parlant du Recueil des *Pleurs* de M^me Valmore, n'a pu s'empêcher de voir, lui chrétien positif, une sorte de sacrilége dans cette confusion d'adorations par laquelle elle mêlait Dieu et les anges à ses divers amours, et même au plus orageux de tous : c'est qu'aucun amour, digne de ce nom et sincère, n'était profane à ses yeux (1). Mais le seul point qu'il importe bien de marquer, c'est que dans ses croyances les plus tendres elle resta indépendante, et qu'elle n'introduisit jamais un tiers, un homme, comme truchement entre Dieu et elle. Si elle entrait dans les églises pour prier (ce qu'elle faisait souvent), c'était entre les offices et quand les nefs étaient désertes. Elle avait son Christ,

(1) L'article de M. Vinet parut dans le journal protestant *le Semeur*. L'impression qu'en reçut M^me Valmore fut respectueuse et sentie ; elle en écrivait le 8 décembre 1833 à M. Froussard, chef d'institution à Grenoble, chez qui son fils était en pension : « J'ai lu l'article littéraire que vous m'avez signalé. Je le trouve grave et juste. Il m'a fait beaucoup pleurer. L'amour de mes enfants comme je l'éprouve, ardent et dévoué, me fera peut-être pardonner l'autre. Si une punition triste et éternelle suivait une vie si orageuse et si amère, mon âme éclaterait de douleur. » Son âme aimante, encore plus que son bon sens, se refusait à cette idée d'une éternité de peines.
— Quelques mois après la publication de ces articles, M. Sainte-Beuve écrivait à la respectable veuve de M. Vinet que cette lecture avait beaucoup émue et remuée, mais qui n'acceptait pas pour l'article de son mari une interprétation et une portée aussi redoutables : « (24 juillet 1869). — ... Il ne faut pas vous trop inquiéter de cet article sur M^me Valmore. Il était sévère en effet ; il était d'un chrétien qui ne badinait ni avec les choses ni avec les mots ; mais l'impression sur M^me Valmore a surtout été sérieuse, et il me semble qu'elle l'a accepté comme M. Vinet aurait désiré qu'elle le fît. »

le Christ des pauvres et des délaissés, des prisonniers, des esclaves, celui de la Madeleine et du bon Samaritain, un Christ de l'avenir, de qui elle a dit dans un de ses plus beaux accents :

> Lui dont les bras cloués ont brisé tant de fers.

Et tout cela, avec les années, avec les douleurs et les coups acharnés du sort, n'était pas sans être traversé souvent dans son esprit de bien des doutes et de funestes ténèbres. Quand elle n'eut plus à exhorter les autres, à les réchauffer et les réconforter de ses espérances, quand elle ne fut plus qu'en face d'elle-même, toutes illusions dépouillées, toutes réalités éprouvées et épuisées jusqu'à la lie, dans les longs mois qui précédèrent sa mort, elle entra dans un grand silence. — Enfin n'oublions pas, en la lisant, qu'un poëte n'est pas nécessairement un physicien ni un philosophe (*fortunatus et ille deos qui novit agrestes*), et qu'aussi, derrière toutes les charmantes visions auxquelles s'attachaient son imagination et son cœur, — ce cœur resté enfant à tant d'égards, — il y avait chez la femme bien de la fermeté et un grand courage.

Sa famille immédiate se composait de cinq êtres les plus chers : un mari, la probité et la droiture même, qui souffrait en homme de son inaction forcée, et qui ne demandait qu'emploi honnête et labeur (1); trois

---

(1) Il trouva à la fin, en septembre 1852, cette place humble, mais honorable et selon tous ses goûts, à la Bibliothèque impériale, à la rédaction du catalogue. Ceux qui contribuèrent à la lui faire obtenir n'ont pu savoir de quel « saint contentement » et de quel

enfants de rare nature, un fils né en 1820, et deux filles, Ondine née vers 1822, et Inès née vers 1826. De ces deux filles qu'elle eut la douleur de voir mourir avant elle, la plus jeune, Inès, délicate, poétique, une sensitive douloureuse; méfiante d'elle-même, tendrement jalouse, « l'enfant de ce monde, disait sa mère, qui a le plus besoin de caresses, » atteinte d'une maladie de langueur étrange, s'éteignit la première, à l'âge de vingt ans, le 4 décembre 1846. Ondine, dont le vrai nom était *Hyacinthe,* mais qu'on avait toujours appelée Ondine de son nom d'enfant, était poétique aussi et même poëte; elle tenait de sa mère le don du chant; elle mourut à trente ans, le 12 février 1853. Elle était mariée depuis peu à M. Langlais, représentant de la Sarthe, qui fut ensuite conseiller d'État, homme de mérite, qui est mort chargé d'une mission près de l'empereur Maximilien au Mexique. Cette charmante Ondine avait des points de ressemblance et de contraste avec sa mère. Petite de taille, d'un visage régulier avec de beaux yeux bleus, elle avait quelque chose d'angélique et de puritain, un caractère sérieux et ferme, une sensibilité pure et élevée. A la différence de sa mère qui se prodiguait à tous, et dont toutes les heures étaient envahies, elle sentait le besoin de se recueillir et de se réserver : ces réserves d'une si jeune sagesse donnaient même parfois un souci et une alarme de tendresse à sa mère qui n'était pas accoutumée à

---

« profond soupir de gratitude » ils remplirent ces cœurs peu habitués à voir rien leur réussir. Je transcris les expressions mêmes que j'ai sous les yeux.

séparer l'affection de l'épanchement. Elle se disait quelquefois, à propos d'Ondine et pendant l'ennui qu'elle éprouvait de ses absences, ennui qui devenait par moments un cauchemar dans les insomnies : « Quoi ! cet amour-là aussi fait le même mal que l'autre ! » — Ondine étudiait beaucoup. Elle passa plusieurs années comme sous-maîtresse et plutôt encore comme amie dans le pensionnat de M<sup>me</sup> Bascans, à Chaillot. J'allais quelquefois l'y visiter. Elle s'était mise au latin et était arrivée à entendre les odes d'Horace; elle lisait l'anglais et avait traduit en vers quelques pièces de William Cowper, notamment celle des *Olney Hymns,* qui commence ainsi : *God moves in...*; une poésie qui rappelait les Cantiques de Racine et toute selon saint Paul. Elle lisait aussi Pascal, dont les *Pensées* occupaient fort en ces années la critique littéraire. Elle écrivait à ce sujet à un ami :

> « En rentrant le soir, j'ai trouvé votre lettre et *Pascal* que je n'ai point quitté depuis. Me voilà occupée et heureuse pour bien des jours. C'est une douceur profonde que de trouver de pareils amis dans le passé, et de pouvoir vivre encore avec eux malgré la mort. »

Elle avait fait une pièce de vers sur le Jour des Morts, qui était le jour anniversaire de sa propre naissance; elle y disait, en s'adressant à ces chers défunts qu'on a connus, et qu'elle se peignait comme transfigurés dans leur existence supérieure :

Ah! qu'importent les noms! ah! qu'importent les sphères!
Ames de nos amis, nous demeurons vos frères.

. . . . . . . . . . .

Dites, recueillez-vous l'hommage de nos larmes?
Ces pleurs versés pour vous ont-ils pour vous des charmes?
Dans le céleste asile où sont tous les amours,
Vous qui ne pleurez plus, nous aimez-vous toujours?

Ondine avait été nommée en 1848, et grâce à l'appui d'Armand Marrast, dame inspectrice des institutions de jeunes filles, fonction dont elle remplit exactement les devoirs jusqu'à sa maladie dernière.

M<sup>me</sup> Valmore, comme famille prochaine et presque aussi chère que celle du foyer, avait encore un frère qui vivait à Douai, deux sœurs et une nièce établies à Rouen, et assez peu heureuses, ce semble. Le frère, auquel elle écrivait régulièrement, était un ancien soldat qui avait servi sous l'Empire dans la guerre d'Espagne, qui n'avait pas dépassé le grade de sergent, et qui avait été ensuite prisonnier des Anglais sur les pontons d'Écosse. Vieux, infirme et sans ressources, il n'avait pu atteindre jusqu'à la dignité d'invalide, et tout ce qui avait été possible, ç'avait été d'obtenir pour lui, par la protection spéciale de M. Martin (du Nord), d'être logé et nourri à l'hôpital de Douai, presque en face de la maison natale. C'est cet humble frère qu'il s'agissait à tout instant de relever, de réconforter, de secourir aussi par de rares envois d'argent (20 francs par mois, quand on le pouvait); mais, en lui servant sa minime obole, cette âme de sœur trouvait moyen de diversifier à l'infini le baume moral qu'elle répandait sur ses blessures.

Et maintenant laissons-la parler elle-même; parcourons avec elle quelques-unes des branches les plus particulières et les plus intimes de sa correspondance, à commencer par celle qui s'adresse à ce frère si peu favorisé, Félix Desbordes, *administré de l'hôpital général à Douai* :

« (14 janvier 1843)... L'aînée de mes filles est toujours en Angleterre, à ma grande affliction (1), car cette absence commence à me devenir insupportable. Enfin les beaux jours me la rendront tout à fait rétablie, j'espère, et je ne demande rien plus ardemment à Dieu. Hélas ! mon bon Félix, quand nous n'en pouvons plus du fardeau de nos peines, n'oublions pas que sa bonté ne nous a pas tout à fait abandonnés et qu'enfin nous sommes ses enfants. Quelque chose de grand est caché sous nos souffrances.—Allons ! plus nous aurons payé d'avance, plus il nous dédommagera de l'avoir aimé et cherché au milieu de toutes nos épreuves. J'ai des moments où je croule, mais je me sens toujours soutenue par cette main divine qui nous a faits frère et sœur pour nous aider et nous chérir, mon bon Félix. Tu sais quel bonheur je trouve à remplir ma mission, et je te remercie d'avoir également rempli la tienne. En m'aimant fidèlement, tu m'as bien souvent consolée des amitiés légères et oublieuses de ce monde : la nôtre sera de tous les mondes. Je t'envoie vingt-cinq francs, ne pouvant pas t'en envoyer davantage. Il y a toujours quelque raison grave pour arrêter l'élan de mon âme. Tu le crois, n'est-ce pas ? Va ! cela est ; car si je n'étais pas pauvre, tu ne le serais pas... »

'(14 avril 1843)... Tu vois, mon bon frère, que c'est toujours avec un petit retard que mon devoir s'exécute. Des obstacles de bien des sortes donnent un démenti à ce mot

(1) Ondine était allée faire ce voyage en compagnie de la fille de M<sup>me</sup> Branchu ; déjà affectée de la poitrine, mais sans connaître la gravité de son état, qui nous avait été révélée par une consultation du docteur Louis, elle s'abandonnait avec une entière confiance à un traitement homœopathique du docteur Curie.

*toujours*... Mais tu vois aussi que la persévérance dans le bien touche toujours la bonté de Dieu qui semble dire à la fin : « Laissez-la faire. » Donc, si j'avais toujours voulu le bien, avec un si bon père, j'y serais peut-être parvenue! Tu me rends bien heureuse de m'avouer la tendance de ton âme à prier, mon bon frère. Je ne sais s'il y a sur la terre rien de plus utile et de plus doux que de retourner de bonne volonté à la source de notre être et de tout ce que nous avons aimé au monde. Tous les biens se perdent et s'évanouissent : ce but seul est immuable. Rien n'humilie, avec la foi dans ce juge équitable et tendre. Il nous rend tout ce que nous avons cru volé ou perdu. J'aime beaucoup Dieu, ce qui fait que j'aime encore davantage tous les liens qu'il a lui-même attachés à mon cœur de femme. Tu sentiras aussi par degrés toutes les fougues de ton cœur d'homme s'apaiser devant cet immense amour qui purifie tous les autres, et tu seras comme un enfant qu'une fleur contente et rend riche. Juge de quelle considération tu peux t'entourer jusque dans cette retraite, qui sera devenue le lazaret de ton âme...

« ... M<sup>me</sup> Saudeur, arrivée il y a quatre jours, m'a remis ta lettre et tes manuscrits que je n'ai pas eu le loisir d'ouvrir encore, car je suis comme au pillage de mon temps : partout le travail, les correspondances, ménage, couture et visites, qui remplissent mes journées ; elles sont de huit heures jusqu'à minuit. Plus tard je t'en parlerai. Rappelle-toi ce que je t'ai dit sur les notions qui peuvent t'être restées précises sur notre famille et nos chers père et mère. Je vous ai tous quittés si jeune que je sais peut-être moins que vous de notre origine. Tout ce qui est resté gravé dans ma mémoire, c'est que nous avons été bien heureux et bien malheureux, et qu'il y avait pour nous bien du soleil à Sin (1),

---

(1) Village près de Douai, où l'on allait les dimanches et jours de fête. « Ah! si je pouvais aller à Sin me promener quelquefois sous les arbres des dames Clinchamp !... Cette idée m'affecte aux larmes, et pour moi le bonheur, c'est le repos. » (Lettre écrite de Lyon, le 5 juillet 1827.)

bien des fleurs dans les fortifications; un bien bon père dans
notre pauvre maison, une mère bien belle, bien tendre et
bien pleurée au milieu de nous! »

« (24 janvier 1847)... Je t'envoie avec celle-ci quinze francs
que tu n'attends pas avec l'impatience que j'ai eue à te les
envoyer; mais nos misères sont loin d'être améliorées. Quand
Dieu voudra, Félix! Il est plus grand que nos cris! Tu peux
continuer à relever l'âme de ta pauvre sœur par la considération dont je sais que tu l'entoures. Ta bonne conduite, ta
patiente dignité est comme une croix d'honneur qui ne brille
que mieux sur un habit pauvre. Laisse faire le temps et Dieu,
et ne cesse pas d'aimer ta triste sœur. »

« (8 mars 1847)... Tu vois, mon ami, que je t'écris seulement aujourd'hui pour te dire *d'attendre*, et que je n'ai pas
voulu retarder ma lettre jusqu'au moment où je pourrai y
joindre un envoi d'argent. Je veux avant tout t'épargner
l'inquiétude qu'un silence plus long te causerait, sachant
bien que ton cœur s'en rapporte au mien de l'empressement
que je mettrai à partager avec toi le premier rayon bienfaisant que la Vierge m'enverra. Ce dernier déménagement m'a
tout pris. C'est fièrement douloureux d'interrompre ainsi les
seules douceurs consolantes de ma vie. A quel point faut-il
que je sois pauvre pour te laisser si pauvre!... »

Nous voilà tout d'abord entrés aussi avant que
possible au cœur de cette poignante destinée.

On a diversement parlé du ministre de la justice en
ce temps-là, Martin (du Nord); je crains que sa fin n'ait
nui à ce qu'il pouvait y avoir de bien dans sa vie. Ce
qu'il faut dire à la décharge de sa mémoire, c'est qu'il
avait de l'humanité; que M<sup>me</sup> Valmore n'avait jamais
invoqué vainement en lui le compatriote et le *pays*;
qu'elle lui demandait chaque année des grâces pour
étrennes, — des délivrances de prisonniers; qu'elle

avait une manière de les lui demander en glissant un mot de patois flamand (*acoute'm un peo*, écoutez-moi un peu!), et qu'elle les obtenait toujours (1).

« (8 mars 1847)... Un chagrin très-grave vient de se mêler à mes malheurs, c'est la maladie dangereuse de M. Martin (du Nord). Il a été parfaitement bon pour moi et d'une humanité profonde pour plusieurs prisonniers dont il m'a accordé la grâce. De plus il a fait donner trois fois le privilége de l'Odéon à des hommes que Valmore croyait ses amis et pour lesquels il avait sollicité le ministre. Jamais je n'oublierai M. Martin (du Nord), ni ne cesserai de prier pour lui. C'est par son crédit que tu as obtenu ton humble place, après l'avoir demandée pour toi aux Invalides. Enfin je n'ai trouvé qu'en lui la grâce et la charité constante du cœur. Le malheur qui le frappe m'atteint très-sensiblement. »

(1) Un compatriote, un Douaisien, reçu quelquefois par M. Martin (du Nord), raconte que le ministre lui montrait sur sa table des lettres de M<sup>me</sup> Valmore demandant la grâce d'un, deux, trois ou quatre prisonniers à la fois; pauvres diables compromis dans quelque grève ou mouvement quelconque. « Elle n'y va pas de main morte, » disait le ministre, et il accordait presque toujours. — A propos de ce passage de l'article, un littérateur distingué, professeur à la Faculté même de Douai, M. Colincamp, écrivait à M. Sainte-Beuve : « A Douai, nous sommes tous ravis : vous avez retrouvé tout ce qu'il y a au fond des âmes flamandes; il n'est pas jusqu'à votre petit mot sur Martin (du Nord) qui n'aille à l'âme de ses compatriotes; ici l'homme passe toujours avant l'homme public : le dernier n'est considéré que comme un acteur jouant plus ou moins bien son rôle. » — Le fragment de lettre suivant trouve naturellement sa place ici : « ... l'excellent M. Martin (du Nord), dont la vie a été bonne à tous ceux qui l'ont approché. Ce nom-là sera toujours dans ma bouche comme un éloge et une prière. Depuis qu'il n'est plus, tout est fini pour nous. Lui, M. de Chateaubriand et M<sup>me</sup> Récamier ont laissé en moi autant de tristesse que de gratitude. » (Lettre de M<sup>me</sup> Valmore à son frère, du 8 octobre 1849.)

On n'est pas habitué, je l'ai dit, à considérer M^lle Mars par le côté du sentiment : cette femme, d'un talent admirable, passait, dans ses relations de théâtre, pour une personne assez rude, peu indulgente aux camarades et au prochain ; mais, pour ceux qu'elle aimait, elle était amie sûre, loyale, essentielle et positive. Ses lettres à M^me Valmore, d'un ton vif et résolu, presque viril, la font voir sous ce jour, — un fidèle et brave cœur, d'une affection active, et sur qui l'on pouvait compter ; et M^me Valmore le lui rendait par un véritable culte de reconnaissance :

« (7 avril 1847)... Cette bonne lettre me trouve au milieu de nouvelles et vives afflictions. A peine avais-je été frappée de la perte foudroyante de M. Martin (du Nord), que je suis saisie de douleur par celle de M^lle Mars, cette bien-aimée de toute ma vie. Je l'adorais dans son génie et dans sa grâce inimitable : je l'aimais profondément comme amie fidèle que nos infortunes n'ont jamais refroidie. Au milieu de sa fatale maladie, elle était encore agitée du désir de placer mon cher Valmore à Paris. — Mon bon Félix, je t'en prie, dis une prière pour cette femme presque divine. Si tu savais quelle part profonde elle a prise à mon malheur de mère, tu l'aimerais comme on aime un ange ; — et c'est comme telle que je la pleure. Je suis donc une femme bien désolée, mon pauvre ami !...

« Ondine est toujours à Chaillot, au milieu d'un troupeau d'enfants qu'elle instruit, ce qui nous prive de sa présence ; mais elle supporte avec courage et gaieté la gravité de ses devoirs dont sa santé ne s'altère pas. C'est toujours là ma plus tendre inquiétude sur elle. Hippolyte va bien à son devoir et se fait aimer partout. C'est un brave enfant, et une intelligence très-distinguée. Il a de plus le charme d'un caractère candide, et les goûts les plus sobres. J'espère que Dieu le bénira toujours (1)...

« Je joins douze pauvres francs à cette lettre, en te serrant bien fraternellement la main. Si la Vierge et Notre-Seigneur me regardent en pitié, ne le sauras-tu pas un des premiers ?

« Ils sont tous affreusement malheureux à Rouen (2) ; mais tu souffres bien assez sans que je te raconte toutes ces détresses. — Attendons et croyons. »

« (15 juin 1847)... Quant à moi, cher Félix, je suis tellement dénuée encore que je n'ai pu t'écrire plus tôt, ne pouvant même affranchir ma lettre. Tu vois, mon ami, que l'attente d'une place à présent est comme une maladie étouffante. Cependant nous avons quelque espérance ; mais si notre bon père et maman peuvent voir d'où ils sont ce que souffrent leurs enfants, je les plains, nous aimant toujours comme ils nous ont aimés! Ce sont là des idées bien tristes, — bien consolantes aussi pourtant ; car la plus douloureuse de toutes serait de penser que nous ne sommes plus rien pour ceux que nous pleurons toujours...

« Je cherche quelque soulagement dans le travail ; mais écrire quoi que ce soit m'est impossible, car toutes mes idées

---

(1) Ce fils parfait, digne en tout d'une telle mère, et qui ne lui a donné que des consolations, est devenu l'un des plus utiles et des plus méritants employés du ministère de l'instruction publique. Il y était entré en 1847, comme surnuméraire, attaché au cabinet du ministre, M. de Salvandy. L'intervention bienfaisante de M$^{me}$ Récamier se retrouverait encore à cette entrée de carrière. — Quelque temps après cette nomination, un jour que M$^{me}$ Récamier était en voiture avec M$^{me}$ Valmore et son fils, elle dit au jeune homme qu'elle avait vu M. de Salvandy, qu'il était aux regrets de ne pouvoir encore lui donner des appointements, mais qu'il le priait d'accepter une petite gratification ; et elle lui remit deux cents francs. Or c'était elle-même (on l'a su depuis) qui avait imaginé ce moyen de faire accepter un don.

(2) Les autres sœurs et leurs enfants, qui étaient établis à Rouen.

retournent vers ma bien-aimée Inès, mon adorable fille absente (1).

« J'étudie, je tâche d'étudier, de joindre l'espagnol à la langue anglaise que je sais tolérablement. L'espagnol me plaît par l'idée que notre famille en sort du côté de la mère de papa. Qu'en crois-tu, mon ami? Mon oncle n'avait-il pas, en effet, une figure toute espagnole? Notre bonne grand'mère aussi, que je me rappelle avec tant d'amour quand nous allions la voir ensemble?

« J'ai aussi tous les souvenirs de ton séjour en Espagne, et de sa terrible conséquence, pauvre frère! Et tout cela me rend l'étude de l'espagnol plus intéressante qu'une autre, parce que je pense que tu as parlé cette langue dans ta jeunesse guerrière. »

Elle ennoblit tant qu'elle peut le passé de ce cher frère pour le relever lui-même à ses propres yeux; elle y verse de la poésie comme sur toute chose, en croyant n'y mettre que du souvenir.

Cette idée d'une descendance espagnole sourit à son imagination; elle n'en est pas bien certaine, mais elle tâche de se le persuader, et elle convie son frère à l'aider à y croire :

« Je me suis toujours sentie attirée vers l'étude de la langue espagnole, parce que Douai est tout rempli des vestiges de cette nation.—Nous-mêmes, je crois, mon bon frère, nous en sortons du côté de la mère de mon père. Felix, souviens-toi bien : il est impossible que cette bonne grand'mère, et papa, et mon oncle Constant (*le peintre*), ne descendent pas de cette ligne dont les traits sont si différents de la race *vraie Flandre.* »

(1) Absente, c'est-à-dire morte.

C'est miracle qu'elle puisse étudier à travers une vie si tiraillée, si morcelée. La poésie, elle du moins, venait toute seule, comme un chant, comme un soupir ou comme un cri. Pendant une nuit d'insomnie, de jour en courant, sur un quai, pendant une pluie sous une porte cochère, dans les circonstances les plus vulgaires ou les plus tristes de la vie, quelque chose se mettait à chanter en elle, et elle se le rappelait ensuite comme elle pouvait. Mais la réalité, nous la voyons, et la beauté morale de sa nature s'y montre à nu en toute sincérité :

« (8 août 1847)... Mon bon frère, ton ami Devrez (1), qui, va partir pour nos chères Flandres, se charge avec plaisir de nos tendresses et d'un petit paquet pour toi. Les temps ne sont pas venus où je pourrai t'en envoyer plus souvent et de plus gros. Il y a au fond de moi-même une prière incessante qui demande à Dieu du bonheur qui puisse s'envoyer à ceux que j'aime. Pour le moment, Dieu, qui nous a éprouvés jusqu'au sang et aux larmes, soutient miraculeusement notre vie avec ses blessures inguérissables. — Le doux soleil, la croyance, l'amour des miens !... Aussi je vous bénis tous de l'amitié que vous me portez, et qui m'aide à subir ces blessures de l'âme...

« Je comble de vœux et de bénédictions tous ceux qui dans le passé et dans le présent ont mis au moins tes chers jours et nuits à l'abri des mauvais hasards du sort. Certes, le tien n'est pas brillant, mais les anxiétés poignantes de nos misères actuelles, celles d'Eugénie et de Cécile (2), me font quelquefois acquiescer, en soupirant, à te savoir si humblement abrité devant notre maison paternelle. Elle a été aussi,

---

(1) M. Devrez, architecte, élevé par la ville de Douai.
(2) Leurs sœurs de Rouen.

souvent, bien orageuse et bien battue à tous les vents d'épreuves. N'oublie jamais de la saluer de ma part et de me rappeler au souvenir de ma grand'mère, de notre bon père et de ma chère et gracieuse maman, poussée au loin dans un si grand naufrage (1).

« Cher Félix, c'est triste et beau de se ressouvenir. C'est véritablement aimer et espérer aussi. »

A côté de ces lettres si intérieures, il faudrait relire la pièce intitulée *Tristesse,* qui est toute son enfance, et qui nous représente ses *Feuillantines* à elle :

> N'irai-je plus courir dans l'enclos de ma mère ?
> N'irai-je plus m'asseoir sur les tombes en fleurs ?
> . . . . . . . . . . . . . . . . . . . . .
> Douce église ! sans pompe, et sans culte et sans prêtre,
> Où je faisais dans l'air jouer ma faible voix,
> Où la ronce montait fière à chaque fenêtre ;
> Près du Christ mutilé, qui m'écoutait peut-être,
> N'irai-je plus rêver du Ciel comme autrefois ?

Prose et poésie, fiction et réalité ne font qu'un en elle et se confondent. Après soixante ans d'existence comme au premier jour, elle vit en présence des êtres chers qui entouraient et protégeaient son enfance, et dont elle n'a cessé de faire les témoins invisibles, les juges et les surveillants de sa vie :

« (23 septembre 1847)...Tu réalises le pressentiment que j'ai toujours eu qu'un jour, du fond de ton humble malheur, tu entoureras ton nom de considération et d'estime. Je ne sais, après tant de douleurs, ce qui pouvait me toucher davantage.

(1) Le voyage à la Guadeloupe, où sa mère était allée mourir,

Je t'aime bien, mon bon frère, et je l'ai beaucoup éprouvé depuis que je suis au monde. — Juge si je suis contente et fière aujourd'hui de penser que tu consoles notre bien-aimé père de tout ce qu'il a enduré par un grand concours d'événements désastreux. Je ne doute pas un moment, dans ma croyance profonde, que ce bon père ne soit le témoin le plus intime de tes actions et qu'il n'ait reveillé en toi le germe de la foi religieuse à laquelle il a sacrifié l'immense héritage de nos oncles protestants. — Je l'ai toujours béni de ce courage, comme de la misère qu'il nous a léguée pour avoir donné tout son bien aux pauvres. Il est impossible que la Vierge, qui a présidé à notre naissance dans la rue Notre-Dame, l'ait oublié : oui, Félix, c'est impossible. Elle aime en toi le fils du père des pauvres, et te donne aujourd'hui pour protecteur ceux qui les jugent et se consacrent à eux...

«... Mais la politique empoisonne les esprits. — Moi qui pleurais de joie et de respect en traversant enfin Genève, patrie de notre grand'père paternel, on m'y a poursuivie avec ma petite famille en criant contre nous : « *A bas les Français!* » C'était un mouvement passager de haine (1), et j'ai passé à travers avec un grand serrement de cœur. Cette vie terrestre est vraiment un exil, cher frère. Encourageons-nous à la soumission. Pour moi, je t'avoue que j'en passe la moitié à genoux. Juge donc si nous avons le bonheur de revoir ceux que nous avons tant aimés! C'est grand de penser que nous sommes les maîtres, même dans notre pauvreté, de diriger toutes nos actions du moins pour le mériter. Te relever, te grandir jour par jour; — faire rougir ou du moins attendrir ceux qui nous ont dédaignés, les rendre même fiers

(1) Elle se reportait ici à un souvenir de son retour d'Italie, en 1838. La petite caravane s'en revint par le Simplon et par Genève. C'était le moment où Louis-Philippe armait contre la Suisse pour la forcer à expulser de son territoire le prince Louis-Napoléon. L'irritation patriotique contre notre nation que l'on confondait avec son gouvernement était extrême : c'était un mauvais signe, en arrivant dans une ville, que d'être Français.

d'être nos alliés ou nos anciens amis, il y a encore là de quoi bénir la vie. »

Aucune des piétés, des fraîcheurs morales les plus délicates ne s'est ni fanée ni ternie un seul instant durant cette vie errante. — Et ceci encore :

« Je t'aime bien et te remercie de planter ton nom, comme tu fais, dans l'estime de ce qui t'entoure. — Grain à grain, c'est une moisson qui ne trompe pas. Que peux-tu m'offrir de plus consolant ? Aussi je te bénis au nom de mon père et de ma mère ! »

Ce *grain à grain* me rappelle qu'elle disait encore, pour exprimer cette vertu de patience laborieuse, et en y mettant son humble geste de femme : « Il faut faire de la vie comme on coud, point à point. »

J'ai encore beaucoup à dire, je ne suis presque qu'au commencement. On consacre tous les jours de longues pages aux hommes soi-disant de puissance et d'action qui, bien souvent gouvernés eux-mêmes, passent pour avoir gouverné le monde, à ceux qui ont traité et souvent trafiqué des nations : pourquoi regarderait-on à quelques pages de plus ou de moins, quand il s'agit de ces êtres d'élite qui ont habité et véritablement régné dans la sphère spirituelle, dans le monde du cœur, et qui n'ont cessé toute leur vie de cultiver et de cueillir la fleur des meilleurs sentiments; êtres innocents et brisés, mais qui parlent par leurs blessures et qui apprennent ou rappellent de douces choses, — ou des choses amères, exprimées avec douceur, — aux hommes leurs semblables ? — Et pour rompre un moment cette note continue, que nous aurons pourtant à reprendre, je veux citer, en finissant cette fois, une lettre d'un tout autre genre, toujours triste (car M*me* Valmore était vouée aux tristesses), mais en même temps d'une grâce légère, d'une engageante et toute ravissante charité (1). Il faut voir comme cela est dit et touché. Il s'agit tout bonnement d'un jeune musicien, fils d'une pauvre concierge, atteint de transport au cerveau, et qu'elle recommande au plus humain, au plus ami des médecins, à celui qui aurait sauvé, si elle avait pu l'être, sa chère Inès :

AU DOCTEUR VEYNE.

« 17 août 1853.

« Il y a, rue de Richelieu, n° 10, une bonne vieille concierge. Une fois je l'ai vue, et depuis ce temps je me trouve mêlée à sa triste étoile. La vôtre, mon cher Samaritain, suivra l'ordre divin qu'elle a reçu d'aller verser l'huile sur toutes les blessures...

« Le fils de cette femme est très-malade, pauvre comme sa mère, très-joli, très-musical, très-fier et très-intelligent, — un Chatterton.

« Il a rencontré dans l'escalier une jeune ombre qu'il a prise pour Kitty-Bell, — voilà tout.

« La honte, le silence, la violence des remèdes peut-être, ont fait que la fièvre le dévore.

« La mère a tout avoué à M*me* Duchambge, qui est venue comme une flèche pour me faire courir après vous, — car le jeune musicien veut se tuer. La fièvre est au milieu du front.

---

(1) « *Amor* volat, currit et lætatur; liber est, et non tenetur. » La lettre de M*me* Valmore m'a remis en mémoire ce verset de l'*Imitation*.

« Il dit qu'une araignée lui est entrée dans l'oreille.

« Vous voyez à quel drame obscur je vous invite. — J'ai chancelé durant bien des minutes, pensant aux tristes offrandes que vous fait ma reconnaissance ; mais votre cœur attire le mien, j'y vais comme l'oiseau au soleil, — et je vous porte l'adresse du *blessé,* n° 10, rue Richelieu. Je crois que vos yeux seuls feront déjà beaucoup sur cette pauvre âme qui veut partir. Il faut l'en empêcher pour sa mère ; — c'est affreux, affreux de voir mourir jeune, et de rester... »

Ses deux filles étaient mortes quand elle écrivait cette lettre (1), et Ondine depuis quelques mois seule-

(1) En la publiant, M. Sainte-Beuve touchait autour de lui, et parmi ses lecteurs, à des cordes vibrantes où l'amitié résonnait et devait répondre. Voici, dans son dossier, deux fragments de lettres qui ne lui étaient pas adressées, et qui, par le sentiment unanime où elles se sont rencontrées au départ, et les conclusions que chaque auteur en a tirées, ne peuvent laisser le public indifférent. — La première est écrite à quelqu'un qui voyait tous les jours M. Sainte-Beuve de bien près : « (9 avril 1869)... Cette exis-
« tence si peu connue d'une femme délicate laisse un grand
« charme. Je comprends que ce brave Veyne ait ressenti une douce
« sensation en se trouvant si naturellement et si justement mêlé à
« cette biographie voilée. Le mot du Maître le paye bien autre-
« ment qu'en argent de tant de dévouement aux souffrances des
« pauvres gens. Et certainement je crois que si sa carrière était
« à recommencer, il n'agirait pas autrement. — CHAMPFLEURY. »
— L'autre lettre est adressée de Lyon au docteur Veyne lui-même par un de ses amis, M. Claude Turpault, esprit très-élevé, mathématique et philosophique : « Le 7 mai (1869)... Je tiens à vous dire
« avec quelle vive satisfaction j'ai lu, dans les articles de Sainte-
« Beuve sur M$^{me}$ Desbordes-Valmore, la touchante lettre par elle
« à vous adressée qu'il y cite, et qu'il contre-signe en quelque
« sorte : c'est un bien précieux témoignage, et vous l'avez mérité !
« — Je désirerais bien (et beaucoup d'autres sans doute avec moi)
« que ces beaux articles soient réunis en livret par Sainte-Beuve.
« Il a été vraiment disciple de Jésus, plus que ses intolérants col-

ment. C'est ainsi que M^me Valmore se consolait ou se
vengeait de ses maux inconsolables, en compatissant à

« lègues, les B... (un cardinal-archevêque) et les D... (un membre
« de l'Institut, sénateur), en louant avec tant de sympathie et de
« délicatesse cette femme si humble par le rang, si grande par la
« tendresse et par la pitié. — C'est, avec une autre application, le
« même esprit qui l'a inspiré lorsqu'il a flétri, dans Talleyrand,
« les vénalités du Temple politique... » — Un mot encore qui résume
en un sentiment général l'impression laissée par la lecture de ce
second article, et qui répond à un scrupule de la fin. Je l'emprunte
à la lettre d'un aimable et savant homme, M. Ch. Ritter, traducteur de Strauss, qui écrivait de Morges à M. Sainte-Beuve, le
13 avril 1869 : « ... Il ne peut rien y avoir de plus attachant et de
plus sérieux que ces lettres qui nous font entrer dans l'intimité
d'une existence toute simple, d'une vie qui par là même ressemble
à la vie de la plupart. Et à cet inappréciable attrait de réalité se
joint ici une fleur de poésie et de sentiment, une délicatesse toute
féminine de charité, une beauté morale ravissante, mais toute naturelle, toute *humaine,* sans rien d'ascétique et de forcé. Par là ce
portrait me paraît plus touchant et plus édifiant encore que les
plus belles figures de Port-Royal... Ceux qui aiment par-dessus
tout ces révélations intimes, ce spectacle des plus humbles destinées individuelles où la poésie et l'idéal sortent de la réalité la
plus positive, — ceux-là vous doivent une reconnaissance d'autant
plus vive... Tant de gens ne s'inquiètent que de ce qui brille, de
ce qui fait du bruit ou du tapage... » — « Une seule chose m'é-
« tonne, écrit quelqu'un (une main de femme, qu'une grande ami-
« tié a liée à M^me Valmore), c'est qu'on puisse faire un choix dans
« ces lettres si ravissantes de bonté, de sensibilité, d'ignorance de
« sa propre valeur qui donne tant de prix à ces richesses morales.
« Mon Dieu! que notre chère évanouie laisse loin derrière elle
« tout ce qui a martelé des vers! Quelle indigence même chez
« ceux qui se sont crus les plus riches! J'avais toujours pensé
« qu'elle n'était pas un poëte, mais la poésie même incarnée dans
« une trop frêle enveloppe, hélas!.... » — Et à ce seul point de
vue du talent littéraire et poétique, qui se révèle en tout ce qui
s'échappait de sa plume, vers ou prose, qu'on me permette de
joindre encore un dernier témoignage, comme appréciation de cet
art exquis et naturel qu'elle portait en elle. M. le professeur Fée,

toutes les douleurs pareilles, en se faisant la sœur de charité des plus petits.

de la Faculté de médecine de Strasbourg, poëte lui-même, de qui l'on a des vers doucement mélancoliques, et pleins d'espérance, sur la mort même de la Muse, dont le souvenir réveillait tant d'échos et rallumait tant de sympathies, écrivait à M. Sainte-Beuve, lorsque parut ce second article : « (Strasbourg, le 9 avril 1869.) « Monsieur, M$^{me}$ Desbordes-Valmore, que vous nous faites aimer, « a mérité par ses œuvres de constituer un genre nouveau, le « genre *plaintif*, toutefois en prenant cette expression en bonne « part. C'est un talent naturel, lors même qu'on serait parfois « tenté de croire à quelque recherche. Il semble que ses vers sont « tombés de sa plume sans nul effort, comme les mots d'une « bouche éloquente... C'est par là que M$^{me}$ Valmore me paraît « digne d'occuper une des premières places parmi les femmes-« poëtes de ce siècle. Les beaux vers ne sont pas rares, mais on « croirait que la plupart ont été dictés plutôt par l'esprit que par « le cœur. Ne devoir à l'art que la forme et sentir naître en soi « l'inspiration sans la chercher, rien n'est plus rare, et M$^{me}$ Val-« more avait en elle cette merveilleuse faculté... » Telle elle était dans ses vers, telle on l'a vue dans ses pages les plus intimes, dans les lignes qu'elle ne réservait pas au public, dans sa prose la moins travaillée, dans une lettre à un ami.

Mardi 20 avril 1869.

# MADAME DESBORDES-VALMORE

SA VIE ET SA CORRESPONDANCE

—

(SUITE.)

—

On ne peut tout dire à la fois, et quand on a exprimé les traits principaux d'un caractère, on s'aperçoit presque aussitôt qu'on en a omis d'autres qui les corrigent, qui les complètent et qui doivent entrer aussi pour une part essentielle dans le portrait vivant de la personne. M^me Valmore, née dans la classe du peuple, était restée une âme plébéienne ; mais elle l'était sans prévention, sans parti pris, sans mettre sans cesse en avant ce qui divise et ce qui sépare. Dans ses relations de l'ordre princier (car elle en eut), il en était une toute de comédie et de sourire, et qu'on ne saurait compter : je veux parler de la familiarité du prince Florestan de Monaco, celui qui régnait en ce temps-là, homme excellent et faible, grand ami du théâtre et des comédiens, flatté de l'incognito, qui exigeait quand il venait chez elle qu'on l'appelât *M. Grimaldi,* qui me demandait sérieusement un jour : « Ne trouvez-vous pas, monsieur, que la meilleure histoire de France est celle de Pigault-Lebrun? » et de qui elle écrivait à une amie : « Vous savez que j'aimais et que j'aime sincèrement ce prince, le plus innocent qui ait porté ce nom. » Mais il ne s'agit pas ici de princes travestis ni de roi d'Yvetot M^me Valmore eut réellement accès auprès de vraies puissances, et il faut voir comme elle en agit avec elles et comme elle sut en user.

Elle avait beaucoup connu, à partir de 1836, M. Antoine de Latour, précepteur d'abord, puis secrétaire des commandements du plus jeune fils de Louis-Philippe, le duc de Montpensier. Sorti de l'Université, M. de Latour était par nature encore plus poète que professeur. Il s'intéressa fort aux vers de M^me Valmore et par suite à sa destinée, car jamais poëte n'offrit à ce degré l'identité de sa poésie et de sa vie. Avant d'écrire sur elle un article à la *Revue de Paris,* il désira savoir quelques détails de son passé, de ses prédilections littéraires, de ce qu'il appelait l'éducation de sa pensée et la formation de son talent. Elle était alors absente de Paris. La lettre par laquelle elle répondait ou s'excusait de ne pas répondre à ses questions, nous la peint trop bien pour ne pas être citée :

« Lyon, 15 octobre 1836.

« ... M^me Tastu, modèle des femmes, qui a été assez bonne pour pénétrer quelquefois dans ma vie obscure, ne vous a-t-elle pas dit, monsieur, à quel point je suis demeurée étrangère, par ma vie errante et retirée tout ensemble, à toute relation littéraire, aux publications brillantes dont je n'ai pu faire mes études ni mes délices? Les détails que vous me demandez sur une vie si mobile et si cachée se réduisent à bien peu. J'ai la fièvre et je voyage. Ma vie languit où Dieu le veut : je marche à l'autre en tâchant d'y bien conduire mes enfants. J'aurais adoré l'étude des poëtes et de la poésie : il a fallu me contenter d'y rêver, comme à tous les biens de ce monde. Je quitte Lyon dans quelques mois avec toute ma famille sans savoir encore où je vais emporter leur existence et la mienne, qui semblait ne devoir pas résister à tant d'agitations et qui résiste pourtant. Cette frêle existence, monsieur, s'est glissée comme à regret sur la terre au son des cloches d'une révolution qui devait la faire tourbillonner avec elle. Née à la porte d'un cimetière, au pied d'une église dont on allait briser les saints, mes premiers amis solitaires ont été ces statues couchées dans l'herbe des tombes. Pour ne pas appuyer plus longtemps sur des souvenirs pleins de charmes pour moi, mais trop longs pour vous, je joins ici *la Maison de ma mère* (1), où mon cœur a essayé de répandre cette passion malheureuse et charmante du *pays natal,* quitté violemment à dix ans pour ne jamais le revoir... J'ai peur de cela. Vous ne pourriez donc écrire sur moi, monsieur, quelque bienveillant que vous soyez, sans me révéler comme une bien ignorante et bien inutile créature. Quelques chansons méritent-elles que l'on s'occupe de moi, et que l'on m'admette au livre de la science? Monsieur, je ne sais rien, je n'ai rien appris. Depuis l'âge de seize ans, j'ai la fièvre, et ceux qui m'aimaient un peu m'ont pleurée plusieurs fois comme morte, tant je leur paraissais peu vivante! J'ai été longtemps étonnée et plaintive de souffrir; vivant très-solitaire, bien que d'une profession frivole *à l'extérieur,* je croyais tous les autres heureux; je ne pouvais me résoudre à ne pas l'être. Je sais à présent que les autres souffrent aussi :

---

(1) Une pièce du recueil intitulé : *Pauvres Fleurs.*

j'en suis devenue plus triste, mais beaucoup plus résignée. Ma pitié a changé d'objet, et mes espérances ont changé de lieu. Elles montent plus haut... Je tâche d'y monter... »

On aura remarqué la manière dont elle parle de M<sup>me</sup> Tastu, avec quel sentiment pénétré, quel respect pour ses qualités régulières et pour ce mérite de femme qui a eu dans sa jeunesse quelques notes poétiques si justes et si pures. J'y joindrai les deux passages suivants, tirés également des lettres à M. de Latour : ils seront désormais inséparables du nom de M<sup>me</sup> Tastu; le souvenir auquel elle a droit dans la série des femmes poëtes et son médaillon définitif nous y sont donnés en quelques mots :

« Lyon, 7 février 1837.

« ... Je vous ai dit ma pensée sur M<sup>me</sup> Tastu : je l'aime d'une estime profonde. C'est une âme pure et distinguée, qui lutte avec une tristesse paisible contre sa laborieuse destinée. Son talent est comme sa vertu, sans une tache. Je lui ai fait des vers, ils sont là depuis deux ans; je n'ai pas osé les lui envoyer. Je suis tout anéantie devant ces charmantes célébrités, et quand j'entends mon nom sonner après les leurs, Dieu seul sait ce que je deviens dans le tremblement de mon cœur... »

Et dans une lettre de Paris du 23 décembre 1837 :

« Je ne perds à la solitude que je quitte qu'une sorte de voisinage avec M<sup>me</sup> Tastu. Je l'aime; je la trouve souffrante et jamais moins courageuse. Douce femme que je voudrais oser nommer *sœur* (1) ! »

(1) M<sup>me</sup> Tastu écrivit à M. Sainte-Beuve, après la lecture de ces passages qui la concernaient : « (Paris, 19 mai 1869). Monsieur, « dans la retraite à laquelle m'obligent mon âge et ma santé, c'est

M. de Latour, en excellent professeur qu'il était et nourri aux sources classiques, avait remarqué dans les vers de M^me Valmore des négligences, des faiblesses, ou même peut-être des préciosités d'expression, des semblants de recherche, qui pouvaient nuire quelquefois à l'effet d'une inspiration toujours sincère. Il entreprit de l'en avertir, d'abord d'une manière générale, à la fin de son très-gracieux article de la *Revue de Paris* (18 décembre 1836), ensuite plus en détail par lettres. Elle lui en sut un gré infini, et elle l'en remerciait en des termes qui montrent une fois de plus son humilité et sa façon, à elle, de dire et de sentir toute chose comme personne autre : cette originalité, même avec ses fautes, ne vaut-elle pas de plus correctes beautés?

« seulement depuis peu de jours que j'ai eu connaissance de vos
« excellents articles sur M^me Desbordes-Valmore. Je vous dois un
« double remercîment pour m'avoir fait connaître le jugement que
« portait de moi cette femme distinguée, dont le talent et la per-
« sonne m'ont toujours inspiré l'admiration la plus sincère et la
« plus vive sympathie, et pour avoir sanctionné ce jugement de
« votre autorité... Indifférente aujourd'hui à la publicité..., je ne
« le suis point à l'estime affectueuse de quelques nobles âmes, à
« l'approbation de quelques esprits d'élite. — Je vous dois donc,
« monsieur, une très-douce émotion... » — M. Sainte-Beuve a composé un dernier article sur M^me Tastu, — et ç'a été le dernier travail qu'il ait pu achever, et dont il n'a pas vu la publication, — pour l'un des volumes de *Galerie de Femmes* que l'on réimprimait sur la fin de 1869 (chez MM. Garnier frères, éditeurs). On y lit une bien belle et touchante lettre, où M^me Tastu raconte elle-même, d'un accent poétique et spirituel, l'odyssée de sa vie, — une véritable odyssée pleine de péripéties et de tristesses : l'expression de courage ressort naturellement de cette lecture, non exempte d'une certaine teinte de gaieté, la gaieté de la résignation.

« Lyon, 7 février 1837.

« ..... Vous êtes ingénieux à cacher les fautes ou à leur créer des excuses, et j'en ai pleuré de reconnaissance, car tout ce que j'écris doit être, en effet, monstrueux d'incohérence, de mots impropres et mal placés. J'en aurais honte si j'y pensais sérieusement ; mais, monsieur, ai-je le temps ? Je ne vois âme qui vive de ce monde littéraire qui forme le goût, qui épure le langage. Je suis mon seul juge et, n'ayant rien appris, comment me garantir ? Une fois en ma vie, mais pas longtemps, un homme d'un talent immense m'a un peu aimée, jusque-là de me signaler, dans les vers que je commençais à rassembler, des incorrections et des hardiesses dont je ne me doutais pas. Mais cette affection clairvoyante et courageuse n'a fait que traverser ma vie, envolée de côté et d'autre. Je n'ai plus rien appris, et, vous le dirai-je, monsieur ? plus désiré de rien apprendre. Je monte et je finis comme je peux une existence où je parle bien plus souvent à Dieu qu'au monde. C'est là ce que vous avez compris et avec quoi vous me défendez contre le *goût* que j'ai si souvent et si innocemment offensé : qui remplira jamais cette tâche comme vous venez de le faire ? pas moi, pas même en l'essayant de toutes mes forces ; car il faudrait pour ma justification redescendre dans des temps qui me font peur à repasser. Vous en avez eu le courage tranquille, et je vous écoutais vraiment comme je ferais au jugement dernier... Je vous écoutais, monsieur, car on a lu devant moi votre analyse de ces livres imparfaits, inutiles même, si quelque chose l'est sur la terre, et que vous avez lus patiemment en y appuyant votre pensée et votre âme pour en extraire quelque chose à aimer, à louer et à plaindre !...

« Si je vous vois un jour comme je le souhaite vivement, aurez-vous la patience et la courageuse franchise de m'apprendre ce qui est mal et ce qui est bien dans un style que je ne sais pas juger moi-même ? Oui, vous m'éclairerez, si je peux l'être, et vous verrez si je mérite au moins, par ma sincérité, d'obtenir le premier et le plus rare des biens, la vérité! »

Et dans une lettre de Paris, 20 novembre 1837 :

« Marquez-moi vos *répulsions* dans les vers que je viens d'écrire pour vous. Je n'y vois pas clair. Un peu de lumière, s'il vous plaît ! »

Enfin dans une autre lettre du 23 décembre 1837 :

« Je sors encore une fois de mes brouillards pour essayer de vous atteindre. J'ai pensé que la meilleure façon de vous remercier de vos avis, c'était d'en profiter, et partout où j'ai pu, j'ai passé votre lumière, j'ai rectifié une partie des fautes signalées. Pas toutes pourtant ; car celle de l'irrégularité des vers et de leur arrangement tantôt par deux masculins, tantôt par deux féminins et, après, entremêlés à ma fantaisie, je ne peux plus les déplanter sans briser les pensées qu'ils traduisent. Seulement, pour l'avenir, j'y prendrai une sérieuse attention... (*Suivaient des points de détails et des exemples d'endroits qu'elle avait corrigés.*)

« Je ne vous transcris pas tout ce que j'ai essayé de purifier. Si jamais ce volume nouveau trouve une place,—sa place d'une goutte d'eau dans la mer, — vous le lirez tout entier inédit ; n'est-ce pas, monsieur ? vous me l'avez promis. »

M. de Latour était pour M<sup>me</sup> Valmore tout autre chose encore qu'un conseiller critique : c'était par sa position et son caractère un intercesseur et un canal des grâces ; homme affectueux et sensible qui pratiquait la poésie à la cour, traducteur de Silvio Pellico, qui s'était accoutumé à penser et à sentir comme Pellico. Ayant une fois éprouvé sa bonté réelle, elle ne se faisait pas faute de recourir à lui en toute rencontre.

A Lyon où elle habitait alors, elle était à la source des douleurs et des misères, — Lyon « la ville flagellée, » comme elle l'appelait ; elle lui en représentait vivement le tableau :

« Lyon, 7 février 1837.

« ... Mon sort a été d'une rigueur ces derniers temps à ne pas me laisser reprendre haleine. Jugez : toutes les misères à Lyon passant à travers la mienne ; vingt, trente mille ouvriers cherchant jour par jour un peu de pain, un peu de feu, un vêtement pour ne pas tout à fait mourir. Comprenez-vous, monsieur, ce désespoir qui monte jusque sous les toits, qui heurte partout, qui demande au nom de Dieu et qui fait rougir d'oser manger, d'oser avoir chaud, d'oser avoir deux vêtements quand ils n'en ont plus ? Je vois tout cela, et j'en deviens pauvre... »

En 1834, ç'avait été bien pis, à l'époque de la grande insurrection ouvrière et républicaine dont elle avait été témoin, et dont elle s'était sentie comme victime. Elle avait, à cette date, adressé une espèce de cantique à la reine Marie-Amélie au nom des femmes et des mères : cette complainte touchante a été imprimée dans *Pauvres Fleurs,* mais elle a un certain air de ballade du temps jadis, du temps de la reine Blanche ; le poëte s'y déguise en trouvère. Ce qui avait un tout autre caractère et bien autrement poignant, ce sont les stances suivantes, écrites sous l'impression même de l'atroce spectacle qu'elle avait sous les yeux, et qu'offre dans tous les temps, — à l'époque de la Ligue, comme à la nôtre, — le cynisme des guerres civiles. J'ai déchiffré ces vers inachevés dans ses cahiers de brouillons, et je les en tire tels que je les y ai trouvés, en lambeaux comme le sujet même. Mais quels cris! quelle indignation! Il n'y a de pitié vraiment courageuse et virile que celle qui a ainsi traversé l'indignation et qui est capable au besoin de pareils accents, arrachés des entrailles. Voici donc la page, qui est comme un feuillet déchiré des *Tragiques* de d'Aubigné :

LYON, 1834.

Nous n'avons plus d'argent pour enterrer nos morts...
Le prêtre est là marquant le prix des funérailles,
Et les corps étendus, troués par les mitrailles,
Attendent un linceul, une croix, un remords.

Le meurtre se fait roi. Le vainqueur siffle et passe.
Où va-t-il? — Au Trésor, toucher le prix du sang.
Il en a bien versé... Mais sa main n'est pas lasse ;
Elle a, sans le combattre, égorgé le passant.
Dieu l'a vu. Dieu cueillait comme des fleurs froissées
Les femmes, les enfants qui s'envolaient aux cieux.
Les hommes... les voilà dans le sang jusqu'aux yeux.
L'air n'a pu balayer tant d'âmes courroucées (1).

Elles ne veulent pas quitter leurs membres morts.
Le prêtre est là marquant le prix des funérailles,
Et les corps étendus, troués par les mitrailles,
Attendent un linceul, une croix, un remords.

. . . . . . . . . . . . . . .

(1) Ce vers me rappelle celui de d'Aubigné exprimant les massacres de la Saint-Barthélemy et cette buée de sang qui s'exhale des carnages,

A l'heure que le ciel *fume de sang et d'âmes.*

L'un et l'autre vers qui se rencontrent dans une même image sont tout simplement sublimes.

## DÈS FEMMES.

Prenons nos rubans noirs! Pleurons toutes nos larmes ;
On nous a défendu d'emporter nos meurtris (1) ;
Ils n'ont fait qu'un monceau de leurs pâles débris :
Dieu! bénissez-les tous : ils étaient tous sans armes.

Il ne faut pas demander à M<sup>me</sup> Valmore, je l'ai dit déjà, une suite bien logique d'idées ni aucun système ; son cœur la guidait en tout, sa charité la transportait (2).

(1) *Meurtris* pour *tués, assassinés.* Ainsi dans *Athalie,* Joad s'adressant aux lévites (acte V, scène VI) :

Allez, sacrés vengeurs de vos princes *meurtris!*

(2) Le poëte d'ailleurs n'avait rien exagéré. Je trouve dans une lettre de ce temps-là, adressée par un père à son fils âgé de quatorze ans, un tableau des mêmes scènes, qui est une pièce poignante à l'appui. Disons-nous qu'aucun régime, hélas! n'est exempt ni pur de semblables calamités et n'a droit de jeter la pierre à l'autre. Chacun a eu ses rues Transnonain. Puisse l'humanité arriver un jour à triompher parmi les hommes!

« Lyon, ce 16 avril 1834.

« Mon cher enfant,

Que je voudrais que ta raison fût assez mûre pour peser à leur juste valeur les horribles événements dont nous venons d'être témoins et te servir de règle pour l'avenir! Nous qui sommes sur le théâtre même des scènes qui viennent d'avoir lieu, nous ne pouvons nous former une opinion vraie des causes qui les ont provoquées. Quelles qu'elles soient, les résultats n'en sont qu'affreux et sans avantage pour un parti quelconque. Si vous croyez que les républicains ont fait ce mouvement, vous voyez au petit nombre des combattants que le parti était bien minime, et les chefs de ce parti ont abandonné leurs coreligionnaires, sous prétexte qu'ils hâtaient une révolution qui manquait encore de maturité. D'autres vous disent que les carlistes, voulant opérer la leur en faveur de

Ayant eu à son retour de Lyon à Paris une première obligation à M. de Latour, elle s'en autorisa, quelque temps après, pour venir lui recommander un poëte-ouvrier de Rouen, de son métier imprimeur sur toile et rimeur dans les mortes saisons. Cet honnête homme modeste, de santé chétive, qui trouva protection en

Henri V, avaient soudoyé des gens du peuple qui se couvraient du voile du républicanisme. Entendez-vous les partisans de Louis-Philippe, ils disent que ce ramas de révoltés était composé de vagabonds, de forçats libérés, engeance dont cette ville abonde. Ce qu'il y a de certain, le voilà : des maisons écroulées, d'autres incendiées et brûlant dans leurs murs; les mères éplorées qui voulaient se sauver des flammes, leurs enfants dans leurs bras, et que le soldat dans sa fureur repoussait par des coups de feu. Ceci n'est pas du drame fait à plaisir : c'est de l'histoire toute fraîche et toute saignante de vérité. Des pères de famille égorgés au milieu de leurs enfants, parce que des malfaiteurs avaient tiré à leur insu de dessus leur toit; des rues entières saccagées; du sang et des morts, voilà tout ce qui reste : du deuil, des larmes, et la ruine d'un grand nombre de familles...

» Mon cher enfant, jette-toi avec ardeur dans les arts ou dans les sciences : avec eux, jamais de remords... »

(L'honnête homme qui parlait ainsi n'est autre que M. Valmore écrivant à son fils Hippolyte, alors en pension à Grenoble.) — Lorsque cet article parut dans *le Temps,* il s'éleva à Lyon une polémique dans le journal *le Salut public* (n° du 7 juin 1869), au sujet de ces souvenirs sanglants et néfastes de l'insurrection de 1834. M. le colonel en retraite Bernady, qui avait été sous-lieutenant au 7e dragons, en garnison à Lyon, lorsqu'éclata l'effroyable émeute, écrivit de son lieu de retraite, Sérézin-du-Rhône (Isère), à M. le directeur du *Salut public* pour récriminer contre les vers de Mme Valmore et l'article de M. Sainte-Beuve, auquel ce journal avait emprunté la partie relative aux événements de Lyon. M. le colonel Bernady proteste, en sa qualité de témoin ayant pris part au combat, contre les vers que cite M. Sainte-Beuve, contre la lettre sincère qu'on vient de lire, et il en arrive à faire une querelle à M. Sainte-Beuve pour n'avoir pas présenté autrement le tableau des faits, et haut lieu et autour de lui, Théodore Lebreton, devint sous-bibliothécaire à la Bibliothèque de la ville, à Rouen. En adressant ses Essais à M. de Latour, avec une demande de souscription, M^{me} Valmore débutait par cet apologue à la manière du poëte persan Saadi, dont elle avait lu quelque chose et que, disait-elle, elle adorait :

dans un sens purement favorable à l'armée. Il lui reproche en un mot, et pour résumer le sens de sa lettre, d'avoir trop pris parti pour l'émeute. On voudra bien remarquer, au contraire, que M. Sainte-Beuve, dans tout ce qui précède, n'a eu d'autre idée que de dépeindre, avec des scènes qu'il trouvait toutes crayonnées, des cris inspirés et des traits d'après nature, le hideux spectacle de ce que, tout à l'heure, il nommait lui-même le *cynisme* des guerres civiles; et par son appel final au triomphe de l'*humanité parmi les hommes,* et à un idéal avancé de civilisation, que nous ne paraissons pas près d'atteindre, hélas ! il élève la question autant que possible au-dessus de tout chauvinisme de camp ou de parti. — La lettre de M. Bernady appela une réplique sage et sensée, le lendemain (n° du 10 juin), de M. Alexandre Bret, ancien rédacteur du journal lyonnais *le Précurseur,* et qui avait été témoin, lui aussi, des funestes *journées d'avril* 1834. M. Bret rappelle le motif (toujours le même dans la grande cité industrielle, la question du salaire des ouvriers en soierie) qui amena la première insurrection de Lyon en 1831, où l'armée fut battue et dut opérer une retraite sous la fusillade des ouvriers à travers le faubourg de Bresse, ce qui, selon le mot officiel et authentique qui circula alors, appelait, de la part des autorités, une *revanche.* Elles la prirent en 1834. M. Alexandre Bret termine ainsi sa lettre, et M. Sainte-Beuve, s'il lui eût été donné de se justifier lui-même des attaques de M. le colonel Bernady, n'aurait pas voulu d'autre conclusion pour sa propre défense : « ... Je n'ai jamais pu comprendre, écrit M. Bret, que les militaires vainqueurs aient pu faire une froide hécatombe des trente ou quarante ouvriers qui s'étaient réfugiés dans l'église de Saint-Bonaventure, et criaient à genoux : « Grâce ! grâce ! » — Le respect même du lieu saint n'en sauva pas un seul!!! — Si le très-honorable colonel avait réfléchi à ce sanglant épisode, il eût été certainement moins sévère pour la muse de M^{me} Desbordes-Valmore. »

« Monsieur,

« Il est dit dans un livre qu'un pauvre oiseau jeté à terre et roulé dans le vent de l'orage fut relevé par une créature charitable et puissante, qui lui remit son aile malade comme eût fait Dieu lui-même ; après quoi l'oiseau retourna où vont les oiseaux, au ciel et aux orages.

« Le guérisseur n'ouït plus parler de lui et dit : La reconnaissance, où est-elle ? —

« Un jour, il entendit frapper vivement à sa fenêtre et l'ouvrit. Dieu lui répondait. L'oiseau lui en ramenait un autre blessé, traînant son vol et mourant.

« Sur quel cœur l'image de la créature qui relève était-elle mieux gravée que sur ce cœur qui semblait absent ?... »

C'est ainsi que le poëte présentait de la plus gentille façon un autre poëte. Heureusement que c'était à un poëte lui-même qu'elle l'adressait ; car il se trouva que la Préface, mise en tête de ces humbles Essais, et qui n'était probablement pas de l'auteur des vers, se ressentait plus qu'il n'aurait fallu de l'existence de prolétaire à laquelle elle se rattachait, et avait un certain goût de doctrines sociales réputées dangereuses. Qui fut étonné ? ce fut M^me Valmore, quand M. de Latour l'en avertit avec douceur :

« Je ne sais vraiment pas ce qu'il y a de mal dans cette Préface dont l'ouvrier est innocent comme moi-même. On me l'avait dite élégamment simple et vraie. A ce titre je vous l'avais signalée. Merci de n'avoir vu que l'ouvrier souffrant à travers des *tendances* que j'ignore. »

Dans cette relation affectueuse et délicate qu'elle entretenait avec M. de Latour, j'aurais à indiquer encore bien des recommandations, des intercessions pressantes dont elle se faisait l'organe, quelques paroles de vive et respectueuse doléance pour la reine Marie-Amélie au moment de la mort du duc d'Orléans ; et encore, auparavant, un autre cri impétueux de demande en grâce au lendemain de la condamnation à mort qui frappait le principal chef de l'insurrection du 12 mai 1839 :

« Oh ! monsieur, pour l'amour du roi et de la reine, ne laissez pas faire une telle chose. Parlez, demandez grâce. — Vous ne savez pas ce que ce sang-là coûterait. Monsieur, je serre vos mains et je vous conjure pour cette auguste mère si bonne, que la grâce vienne d'en haut et qu'elle soit prompte. Ma prière est un témoignage d'amour pour la reine et d'une estime profonde dans votre caractère.

« Votre plus humble et attachée servante,

« Marceline Valmore.

« 13 juillet 1839. »

Cette date nous indique Barbès, condamné la veille par la Cour des pairs. Tant il est vrai que quand il s'agissait d'implorer pour d'autres et de crier grâce, elle ne s'y épargnait pas. « Elle n'y va pas de main morte, » disait d'elle M. Martin (du Nord), quand elle lui faisait coup sur coup deux ou trois de ces demandes à la fois.

On peut dire qu'elle avait reçu de la nature ou du ciel une vocation et comme une grâce spéciale pour la délivrance et le service des prisonniers. C'était pour elle un culte et qui avait commencé dès l'enfance. Toute petite, dans la vallée de la Scarpe, ayant aperçu à la haute tourelle d'un donjon un vieux prisonnier qui lui avait tendu les bras, elle était partie à pied le jour même avec son frère pour aller à Paris chercher *la liberté* qu'on lui avait dit résider là-bas pour ce captif. On les ramena le soir tous les deux à leur mère inquiète, qui ne savait ce qu'ils étaient devenus. Elle fut fidèle toute sa vie à cette première aventure et légende de son enfance : tout prisonnier, n'importe le parti et la cause, tout captif lui était sacré. Elle adressa des vers en 1834 à M. de Peyronnet, prisonnier à Ham. — Elle en adressa d'autres plus tard à un autre prisonnier de Ham — au prisonnier seulement. A Lyon, elle visitait souvent dans les prisons de Perrache les détenus enfermés là à la suite des différentes affaires et émeutes de Lyon. Elle exerçait sur eux sa puissance sympathique et son don de consolation, servi par une voix qui devenait maternelle pour les humbles, fraternelle pour les autres malheureux. Un être souffrant lui était présenté par son malheur même. Si pour ses communications spirituelles et dans ses prières, elle n'employait pas entre Dieu et elle de fondé de pouvoir, elle entrait volontiers en relation avec un prêtre dès qu'il s'agissait de secourir et de se concerter pour une délivrance. Mais nulle part ses paroles émues, ses chants d'oiseau plaintif et ses battements d'ailes ne se portèrent plus souvent ni plus ardemment qu'aux grilles du château de Doullens, où cette singulière République de 1848, qui trouva moyen de canonner, d'emprisonner ou de déporter tous les vrais républicains, ne laissant guère à sa tête que des royalistes, avait renfermé l'opiniâtre et indomptable citoyen Raspail. M$^{me}$ Valmore, qui, en dehors de toute question politique, ne voyait en lui qu'un bienfaiteur du peuple et un martyr humanitaire, ne cessa de le suivre de sa pensée et de ses vœux dans l'exil et le bannissement. L'amitié austère et attendrie qu'elle inspira à cette stoïque nature est un des triomphes de son doux génie. Nous y reviendrons avant de finir, heureux d'en pouvoir citer de précieux témoignages (1).

J'ai hâte de retourner à la correspondance intime et de famille, qui me sera une occasion naturelle de placer, chemin faisant, quelques dernières remarques sur le caractère et l'âme de cette personne de douleur et de tendresse. En reprenant les lettres par elle écrites à son frère de Douai à la date où je les ai laissées, nous retrouvons les gênes obscures, les humbles misères consolées, et tout d'abord cette modique pension qu'elle touchait auparavant avec une sorte de pudeur, mais qu'elle appelle maintenant comme un bienfait :

« (26 obtobre 1847)... Il y a deux jours enfin, j'ai reçu le trimestre qui me semblait autrefois si pénible à recevoir, par des fiertés longtemps invincibles, et que j'ai vu arriver depuis d'autres temps comme si le Ciel s'ouvrait sur notre infortune...

« Ne nous laissons pas abattre pourtant, il faut moins pour

(1) Ce passage valut à M. Sainte-Beuve le respectable billet suivant, qui a conservé son cachet noir avec la devise, honneur de la carrière de M. Raspail, *Vincula decora*, entourée de chaînes : « Monsieur, merci de votre courage ; tous les libres penseurs n'ont pas obtenu de leur vivant de semblables souvenirs. — F.-V. RASPAIL. — Arcueil-Cachan, 7 mai 1869. »

se résigner à l'indigence quand on sent avec passion la vue du soleil, des arbres, de la douce lumière, et la croyance profonde de revoir les aimés que l'on pleure...

« En ce moment, je n'obtiendrais pas vingt francs d'un volume : la musique, la politique, le commerce, l'effroyable misère et l'effroyable luxe absorbent tout...

« Mon bon mari te demande de prier pour lui au nom des pontons d'Écosse. C'est un beau titre devant Dieu. »

« (12 janvier 1848)... Ondine est toujours esclave dans un pensionnat. Quand je veux l'embrasser, il faut que j'y aille. J'y vais tout à l'heure par ce soleil qui luit si rarement, et je t'embrasse pour elle, très-travailleuse et très-bonne. C'est un rude métier que le sien ; mais, mon bon Félix, nous n'avons pas de dot pour nos anges ; et la grâce, l'esprit, la sagesse, qu'est-ce que cela pour l'époque où nous sommes ? »

Le caractère d'Ondine était une des préoccupations de sa mère. Il y avait, entre elles deux, différence de nature et d'habitudes. La raison parfois silencieuse d'Ondine avait un air de blâme tacite pour les soins et les effusions que sa mère se montrait prête à prodiguer journellement à quiconque la sollicitait. Ondine suivait sa ligne de vie à part, en amitié, en étude. Sa mère l'appelait « notre charmante lettrée, » indiquant par là qu'elle la croyait plus savante qu'elle. Aux vacances précédentes elle n'avait pu jouir qu'à peine de sa présence, ce dont elle se plaignait doucement dans ce passage d'une lettre à M. Richard, de Rouen, mari de sa nièce :

(22 août 1847)... Ondine a donné à notre tendresse vingt-quatre heures de ses vacances après un esclavage qui l'avait *ahurie ;* puis elle est partie, il y a trois jours, pour Tarare,

afin de dormir, de prendre l'air de la montagne tout son saoul. Je n'ai pas opposé un mot à cette résolution, la voyant très-lasse et n'ayant à lui offrir qu'un espace assez étouffé, et moins que jamais de cette gaieté calme qui convient au bien-être moral et à la santé d'une jeune fille. Je sais par une triste expérience que ces jeunes et tendres âmes ont besoin de bonheur ou de le rêver, et que leur première nourriture doit être une indulgence inaltérable. Vous savez d'ailleurs que tous les rêves de cette aimable Ondine sont *si hauts* et si purs, que l'on peut du moins y sacrifier en toute sûreté la joie de sa présence. En jouir sans qu'elle y trouve du plaisir serait de plus une jouissance bien incomplète, et je ne me sens pas l'énergie d'aimer pour moi-même. Je ne peux, en vérité, mon bon Richard, ressentir le moindre bonheur que celui des autres ; le mien est brisé... »

La tempête de Février 1848 éclate. M<sup>me</sup> Valmore ne peut s'empêcher d'y applaudir ; elle ne se raisonne pas, elle suit son élan, elle sent à la manière du peuple ; elle a, je l'ai dit, l'âme populaire. La raison froide, la connaissance et la prévoyance des faits généraux, ne les lui demandez pas. Elle était de tout temps pour les souffrants et les opprimés ; elle est pour eux encore le jour où elle se figure que le peuple triomphe et se délivre ; elle a son hymne du lendemain ; c'est à son frère Félix qu'elle l'adresse :

« (1<sup>er</sup> mars 1848)... L'orage était trop sublime pour avoir peur ; nous ne pensions plus à nous, haletants devant ce peuple qui se faisait tuer pour nous. Non, tu n'as rien vu de plus beau, de plus simple et de plus grand. Mais je suis trop écrasée d'admiration et de larmes pour te rien décrire.—Ce peuple adorable m'aurait tuée en se trompant que je lui aurais dit : « Je vous bénis. » Ne confie cela qu'à la Vierge, car c'est vrai comme mon amour pour elle, — et mon affection pour toi...

« ... Mon cher mari n'a point de place. On dit ma petite pension supprimée, mais je n'ai pas le temps de penser à cela : ce serait interrompre la plus tendre admiration qu'il soit permis à une âme de ressentir. La religion et ses ministres divins se penchent sur les blessés pour les bénir, — sur les morts pour envier leur martyre...

« Ote ton chapeau à mon intention en passant devant l'église Notre-Dame, et mets sur ses pieds les premières fleurs de carême que tu trouveras. »

Cependant les conséquences ne tardent pas à se faire sentir. Après la bénédiction des arbres de la liberté et la lune de miel de la République, le quart d'heure de Rabelais commence : toute révolution amène avec elle son chômage à tous les degrés, depuis le bas jusqu'au faîte, et tout chômage entraîne après soi son déficit et sa pénurie :

« (A M^me Derains, 1848)... La triste réalité est que je suis sans aucun argent ; que l'on m'envoie à l'heure même une contrainte pour mes impositions, et que je n'ai reçu ni mon mandat, ni avis sur mon trimestre échu depuis cinq jours.. Comment faire ? pas une porte où je puisse aller frapper ; les événements semblent avoir écrit sur toutes : *Détresse.* »

Je continuerai de suivre la trame de l'existence qui nous intéresse, moyennant encore des passages de lettres écrites après 1848 : celles que je citerai dorénavant sont la plupart adressées par M^me Valmore à ses parents de Rouen. Une seule circonstance heureuse en rompt la note uniforme et triste : le mariage de sa fille Ondine, si tôt suivi d'une fin funeste.

« (24 décembre 1849)... Mon bon Richard, si votre amitié n'est pas sans inquiétude sur nous et notre silence, je suis tout à fait de même sur tout ce qui vous concerne; et quoique je ne sache de quel côté donner de la tête, je prends sur la nuit pour vous écrire,—la nuit de Noël, mon cher Richard, qui changerait les destinées de ce triste monde et la vôtre, si le Sauveur écoutait son pauvre grillon, humblement à genoux dans la cheminée... où il y a bien peu de feu, sinon celui de mon âme, très-fervente, très en peine!...

« Je vous embrasse tous du fond de mon cœur. Mon cher mari en fait autant. J'ai eu la douleur de le voir fort malade de chagrin. Ondine l'a été gravement : elle est si frêle que je passe une vie d'anxiété avec cette chère créature, à qui il faudrait le repos le plus absolu. Pour moi, je travaille comme un manœuvre, et je me repose pour pleurer, pour aimer et prier. »

« (25 février 1850)... C'est une grande lutte que nos existences à tous.

« Mon cher Valmore est malade. Plus fort que moi, il est aussi moins pliant au malheur, et quoiqu'il soit ingénieux à se créer des occupations qui raniment un peu sa solitude, cette solitude stérile le dévore, et il a des fièvres accablantes...

« Je ne fais aujourd'hui que vous serrer à tous les mains bien affectueusement, en suspendant l'envoi du petit paquet prêt à partir depuis trois jours.

« La question de l'*humble port* fait que je suspends son départ. Où en sommes-nous arrivés, Seigneur! qu'il faille arrêter les élans d'un pauvre cœur qui bat toujours si vite pour ceux qu'il a aimés et qu'il aimera toujours! »

Sa sœur Eugénie, qui habite Rouen, tombe mortellement malade, et l'on n'attend plus que sa fin. Ici l'un des traits de la religion de M<sup>me</sup> Valmore se prononce. On a vu de reste toutes ses douces superstitions légendaires et les crédulités qu'elle avait gardées du pays natal; mais il est un point sur lequel elle ne fléchit pas; si elle est catholique d'imagination, elle a, si je puis dire, le catholicisme individuel; elle n'entend y faire intervenir personne; elle est surtout pour qu'on respecte la paix des mourants, et elle écrit à sa nièce, fille d'Eugénie, de se bien garder d'alarmer sa mère à l'instant suprême :

« (5 septembre 1850)... J'attends une lettre avec la plus grande anxiété, et votre silence me jette dans l'effroi. Ma chère Camille, je vous vois tous auprès de ma sœur comme des enfants et des anges qui consolent une sainte, et je suis tranquille sur les bénédictions du Ciel qui attendent une si belle âme; mais les tortures de la mienne sont inexprimables, plus cent fois depuis que je suis revenue : la voir m'était encore moins terrible.

« Je n'ai pas, à la vérité, la frayeur que tu commettes l'imprudence, je dirai l'impiété, que tous les cœurs froids commettent, d'avertir ta mère sur ses devoirs, ce qui serait la tuer. Elle a rempli tous ses devoirs envers Dieu, envers nous. — Épargnons-nous ce remords de frapper cet esprit pur et divin. »

Et après la mort :

« (11 septembre 1850)... La volonté du Ciel est terrible, quand elle s'accomplit sur des êtres si faibles et si tendres que nous. »

Mais tout à coup, dans ce ciel si lourd, si chargé, si sombre, un éclair inespéré a lui :

« (14 janvier 1851)... Ondine se marie !
« Elle sera madame avant peu de jours. Tout est sérieux, tendre et honorable dans le choix réciproque. Son mari est

avocat à la Cour d'appel et représentant de la Sarthe. C'est le jour de Noël que cet événement *imprévu* a éclaté.

« Je t'en écrirai les détails quand je respirerai du tumulte de tant de soins, et des terribles embarras d'argent où je tourne épouvantée. — L'avenir de notre chère Ondine est assuré et tout à fait convenable; mais juge de cette époque pour sa pauvre famille si fière, si pauvre ! »

Il y eut là comme une éclaircie de bonheur. M$^{me}$ Valmore se faisait illusion sur l'état de santé de sa fille; elle ignorait — Ondine elle-même ignorait aussi — la gravité du ravage qui habitait depuis des années sa jeune poitrine et que le régime le plus exact avait pu seul arrêter ou ralentir. Le mariage, une grossesse, l'opiniâtreté de la jeune mère à vouloir nourrir, tout cela devait vite devenir fatalement une cause de mort. Cependant il y eut une saison d'oubli, de joie et de gaieté douce à la campagne, dans les propriétés de M. Langlais, à Saint-Denis d'Anjou : M$^{me}$ Valmore y passa quelque temps avec sa fille; le sentiment de cette vie des champs grasse et nourricière, au milieu des fermiers et des *colons,* respire et rit au naturel dans ce passage d'une lettre d'Ondine à son frère :

« (1851)... Ici on oublie tout; on se plaint par *genre,* mais sans amertume; on dort, on mange, on n'entend point de sonnette. On s'éveille pour dire : Va-t-on déjeuner? On se promène *à âne,* et on rentre bien vite pour demander : Va-t-on dîner? Il y a des fleurs, des herbes, des senteurs de vie qui vous inondent malgré vous-même; il y a une atmosphère d'insouciance qui vous berce et vous rend tout facile, même la souffrance. Que n'es-tu là? Tu prendrais ta part à tant de biens! Tu nous aiderais à traduire Horace dans un style élégant et philosophique comme celui-ci :

> Cueillons le jour (1). Buvons l'heure qui coule;
> Ne perdons pas de temps à nous laver les mains;
> Hâtons-nous d'admirer le pigeon qui roucoule,
>   Car nous le mangerons demain.

« Ne fais pas attention au pluriel rimant avec un singulier. C'est une licence que la douceur de la température nous fait admettre. Nous devenons véritables Angevins : *Molles* comme dit César (*ou un autre*)... »

Ainsi s'égayait la « charmante *lettrée* » à la veille de mourir. Comme on sent que cette jeune âme ne demandait pas mieux que de reprendre au soleil et à la vie! Pourquoi ce bonheur, ce bien-être lui étaient-ils venus si tard, — trop tard?

Dans une lettre à son fils, l'année d'après, Mme Valmore dépeignait cette même vie provinciale et rurale à sa manière :

« (Octobre 1852)... Hier avec Langlais, nous avons fait le tour de la ville (je crois qu'ils disent la ville). Toutes nos visites sont rendues. J'ai vu dans ces maisons bizarres des petites dames très-jolies et de très-beaux enfants, des fruits par paniers, des fleurs toujours. Oui, Dieu est partout! Juge s'il est dans ce silence profond des haines politiques et littéraires. On n'entend parler que de blés mûrs, de vendanges et de poules qui pondent sans s'arrêter. Sans doute ce n'est pas l'Espagne dont tu m'envoies le charmant écho dans cette vraie colombe dont tu traduis la langue avec émotion (2);

---

(1) C'est une parodie du *Carpe diem.*
(2) Il s'agissait d'une femme poëte, Carolina Coronado, dont M. Hippolyte Valmore avait traduit une pièce de vers passionnée et mystique : *El amor de los amores.*

mais c'est du calme, de l'air, sans sonnette aux portes, sans pianos, sans bonnet grec dans un grenier. — Ici tout va de plain pied... du moins à la surface des prés que j'ai parcourus. La mélancolie y est sans volupté, sans trop d'épines non plus. Les poëtes n'y font pas de nids, et les tourterelles mangent comme des ogres... »

L'état d'Ondine, à ce second automne passé aux champs, était déjà devenu un sujet d'alarme, et les yeux d'une mère, si crédule qu'elle fût à l'espérance, ne s'y trompaient pas :

« ... Hors de là, mon cher fils, il faut rentrer dans les détails douloureux, t'avouer que je souffre toujours dans ce même amour de mère, te dire que vingt fois dans un jour une terreur se glisse entre elle et mon regard. Elle a des physionomies si mobiles, une faim si étrange, et tant d'horreur de marcher! tout est si furtif dans ses confidences mêmes! Son âme semble habitée par des milliers d'oiseaux qui ne chantent pas ensemble, mais qui se craignent et se fuient. — Douce et agitée toujours! »

Les pressentiments se justifièrent trop vite, et quelques mois à peine écoulés, cette joie mélangée de crainte était changée en un deuil amer, inconsolable (12 février 1853) (1). Mᵐᵉ Valmore soigna elle-même sa fille mourante à Passy, et pendant de longues semaines,

(1) M. Sainte-Beuve n'a pas publié la lettre suivante, qui lui fut adressée lors du funeste moment : « Parmi tous, vous seul, je crois, devinez l'étendue de ma douleur. Je vous remercie de tous les sentiments qui vous la révèlent. Je vous remercie d'une larme de pitié qui vous vient aux yeux pour moi, et du serrement de cœur fraternel que sa perte vous cause, je le sens! — Vous l'avez bien connue, vous lui avez donné de la lumière pure. Vous avez

12.

elle fut en présence d'un dépérissement étrange, muet, bizarre, d'un besoin obstiné de solitude, d'une sorte de terreur contenue et fermée à toute espérance, à toute lueur distrayante :

« (A M^me Derains, 4 octobre 1852)... Il m'est impossible, dans la sincérité de mon cœur, de vous dire quoi que ce soit d'absolu sur l'état de ce que j'aime. Je passe dans un jour de l'espoir à l'effroi, et du sourire aux larmes. Comme à l'ordinaire, je cache tout, ne pouvant obéir qu'à mon instinct d'aimer. — Si j'étais libre de suivre celui de mère, je changerais tout le régime adopté, et dès longtemps, je crois, j'aurais rétabli l'harmonie dans ce corps chéri, qui semble se dissoudre d'une maigreur désespérante, d'une faim étrange et jamais contentée, malgré quatre repas abondants et un bon sommeil souvent. Je crois que l'estomac et les entrailles sont déveloutés (1) à force d'avoir bu de l'eau et des remèdes, tantôt allopathiques, tantôt homœopathiques,—l'orthographe y est comme elle peut. Hélas! il en est de même de la santé. Mais, ne pouvant prendre aucun empire sur cet esprit charmant, à la fois prévenu et découragé, je la regarde, la torture dans l'âme, et je prie Dieu sans savoir ce que je dis, car j'ai bien du chagrin !

« Pourquoi vous l'écrire ? parce que rien n'est plus difficile pour moi que d'écrire en ce moment. Appuyer ma pensée, c'est la trahir. Écrire autrement, c'est mentir, — chose impossible avec vous.

aimé l'innocence de son sourire... Elle l'avait encore en fuyant !... — Oui, je vous remercie pour elle, sainte et douce colombe; je vous remercie pour moi — et pour vous — d'avoir été son ami. — Laissez-moi me signer la vôtre, — Marceline Desbordes-Valmore. » — Le timbre de la poste porte la date du 18 février : Ondine venait de mourir.

(1) Elle est populaire aussi dans ses idées de médecine, et elle a ses explications à elle.

« Tout ce qui est alentour et devant moi est vraiment aimable. — L'air, le ciel et les arbres suffiraient bien, sans la maison très-confortable et riante (1); mais on dirait que j'y suis en rêve; je ne peux rien m'approprier ici, sinon le poids d'une crainte qui corrompt tout... »

Et encore de Passy, 30 décembre :

« Je ne peux la résoudre à vous voir ni personne. J'en aurais bien besoin pour elle, et pour moi! mais non; le silence, le retirement du cloître. — 30 au soir. »

Ces jeunes âmes déjà mûres, aux heures où la vie leur échappe, ont souvent ainsi de ces révoltes concentrées et profondes, de ces rancunes dernières contre la destinée, de ces regrets ineffables de ce qu'on a connu trop peu et qu'on ne peut plus ressaisir. Elles ont de ces refus fixes et définitifs au moment de rentrer à jamais dans l'éternel Érèbe :

> . . . . . . . . Atque inimica refugit
> In nemus umbriferum . . . . . . .

On a beau masquer et recouvrir cela ensuite, c'est à désespérer les vivants. — Je n'aurai plus maintenant qu'à mettre à la suite les plaintes sans trêve, mais toujours humbles et soumises, de celle que j'ose appeler la *Mater dolorosa* de la poésie :

« (A sa nièce, 1er avril 1853)... Ma bonne Camille, je te remercie de la tendre compassion de ton amitié. — Tu com-

---

(1) C'était dans une maison de la rue de la Pompe, aujourd'hui détruite. L'avenue de l'Impératrice a depuis passé par là.

prends bien ma blessure. — Elle est sanglante. — Je n'ose pas plus que toi-même appuyer sur la terrible épreuve qui est maintenant accomplie sur la terre. En parler est au-dessus de mes forces. Dieu me fera peut-être la grâce de la comprendre. — Ah! Camille, je suis bien infortunée!...

« Je n'ai aucune force morale en ce moment, et j'ai l'effroi d'écrire surtout à ceux que j'aime; car, pour ne pas mentir, c'est bien triste à raconter. »

« (13 août 1853)... Enfin, nous n'accomplissons en rien notre volonté; une force cachée nous soumet à tous les sacrifices, et cette force est irrésistible. »

« ... Paris, qui a dévoré toutes nos ressources et nos espérances, devient de plus en plus *inhabitable* pour nous, et quelque coin de la province nous paraît déjà souhaitable pour cacher nos ruines et reposer tant de travail inutile. Mais ce parti lui-même est entouré de bien des difficultés; c'est un déchirement, et je suis inerte de douleur. »

« (5 décembre 1853)... J'ai tant de raisons de savoir que le malheur d'*argent* surtout change beaucoup les affections et n'est justifié devant personne! »

« (26 mars 1854)... Nous allons quitter notre cinquième étage; je ne sais cette fois si ce sera pour monter au sixième. On ne peut plus trouver un grenier qu'au prix de douze ou quatorze cents francs... La terre où nous sommes a le vertige.

« ... Ce bon M. de J... lui-même, qu'est-il devenu? Ruiné dans toutes ses espérances, c'est encore une de ces existences dissoutes dans le mouvement formidable de ce qu'on appelle la civilisation, qui pour beaucoup ressemble au chaos. »

« (6 septembre 1854)... Le malheur finit par semer l'épouvante même au sein des familles que le bonheur aurait unies. Quand il faut de part et d'autre travailler durement pour ne pas tomber dans la dernière indigence, les ailes de l'âme se replient et remettent tous les élans à l'avenir. »

Dans des lettres à une amie, M^me Derains, elle revient sur cette misère des logements à trouver, et elle exprime en vives images le trouble moral et le bouleversement de pensées qui résulte de ces déplacements continuels :

« Ma bonne amie, vous me dites des paroles qui résument des volumes qne j'ai en moi. Ils y restent inédits, à l'état de ces graines cachées dans les armoires, qui sèchent sans avoir été semées. — Par exemple, vos craintes de vivre entre des habitudes perdues et d'autres à refaire, par ce mouvement incessant vers des demeures nouvelles, c'est ma vie. Elle finit par être une fièvre qui tend la mémoire et rend plus douloureuse la fuite des jours loin des lieux qu'on aimait parce qu'on y a beaucoup aimé.—Ne vous ai-je pas dit que souvent je me lève pour aller chercher tel ou tel objet dans telle ou telle chambre où je ne le trouve pas? Alors commence le tourment : « Ah! non, il est dans une armoire... Que je suis bête! cette armoire était à Bordeaux... ou bien dans le cabinet de toilette à Lyon... » Les *ou bien* se pressent et m'importunent. J'en ai quelquefois pleuré par les mille souvenirs qu'ils réveillent... »

Elle forme le vœu modeste qui pour elle ne se réalisera jamais :

« Je suis effrayée de l'obligation de sortir demain samedi vers une heure, malade ou non. — Si vous alliez venir!... C'est alors que mes cinq ou vingt étages me paraissent des Pyrénées, moins les fleurs. — Loger au *second,* première richesse des ambitions raisonnables! m'est-il à jamais interdit d'y prétendre?... »

Ce souhait agréable et sensé, qui est celui de bien

des familles, resta toujours pour elle à l'état de rêve. Elle eut sans cesse à défaire son nid et à le refaire. Elle changea quatorze fois de logement en vingt ans. Le nouveau Paris en train de se transformer, et dont elle vit les premières splendeurs, ne lui était guère un asile propice. Ces grands mouvements de civilisation, qui passent comme des ouragans, s'inquiètent-ils des nids d'hirondelles (1)?

(1) Voici une lettre que je retrouve dans le dossier de M. Sainte-Beuve, et qu'on dirait avoir été écrite instantanément sous l'inspiration de cette fin d'article. Elle est d'une plume que cette question de l'intérêt et de l'avenir des Lettres et de la Poésie, auxquelles les brusques mouvements sociaux se montrent parfois si malfaisants, a toujours sensiblement et personnellement touchée. L'auteur porte un nom connu et célèbre; — il était un ami et un des visiteurs assidus de Sainte-Beuve pendant sa dernière maladie; il est un de ceux dont Sainte-Beuve put dire dans l'après-midi du dimanche, 10 octobre, quatre jours avant de mourir, en le faisant monter près de son chevet : « Ils me font comme les soldats d'Alexandre, qui venaient visiter leur capitaine au lit de mort... » Et M. Sainte-Beuve, au suprême période de sa carrière et de sa vie, était bien autorisé à parler ainsi de lui-même et du rang qu'il tenait dans la Littérature, lui que ses amis, les gens de lettres, appelaient *mon maître,* — quelques-uns même (le bien-aimé Théo) continuaient à l'appeler *mon oncle* comme au temps romantique, lui laissant sa place à côté du *père,* qui est Hugo. — Ce qui me décide (outre l'amitié qui m'y autorise) à publier la lettre suivante, est l'appréhension intellectuelle qui y est exprimée, et qui se déduit assez logiquement de ce qu'un homme, bien placé pour cela, peut observer de plus en plus en littérature tous les jours : « Mon cher maître, écrivait le correspondant de Sainte-Beuve, vous avez dû recevoir de nombreux compliments à propos de votre belle étude sur M$^{me}$ Valmore; et cependant chacun ne saurait trop vous dire quelle portée prend (dans ce temps plus que jamais) l'analyse si intime de ce caractère de femme. — *Il est à craindre que vous ne soyez le dernier homme de lettres du siècle.* Les

préoccupations politiques et sociales ne vous empêchent pas de vous intéresser à une âme vibrante que la pauvreté et les misères de la vie ne purent abattre. — Il fallait également pouvoir faire entrer dans un journal une étude d'un relief si fin. Nul autre que vous, peut-être, n'y eût réussi. Il est vrai que nul autre que vous n'eût été capable d'une telle analyse... » — L'auteur de la lettre touche ici à un point d'une délicatesse extrême, où il trouverait des contradicteurs, dont la confidence est venue un instant embarrasser et presque intimider l'éditeur de ces articles et de ces notes : voulant tenir compte de toutes les opinions sérieuses, il n'a pu répondre à des objections d'un esprit sensé et lettré, — d'un très-honorable et très-respecté professeur de l'Université, — que cette publication continue de la biographie par lettres de M$^{me}$ Valmore n'avait précisément pas paru intéresser dans un journal politique quotidien, — qu'en montrant à son sage et prudent *avertisseur* et interlocuteur le grand nombre d'adhésions que M. Sainte-Beuve avait reçues, au contraire, après l'apparition en journal de chacun de ces articles. — Mais la discussion ne peut se prolonger sur ce sujet ici même : l'éditeur se reporte malgré lui à un autre souvenir de ces mêmes *Nouveaux Lundis*, où M. Sainte-Beuve définissait et décrivait, en toute connaissance de cause, ce qu'il a nommé lui-même *l'ouvrier littéraire;* et on peut reconnaître à certains traits que, sans en avoir l'air, il se rangeait dans cette catégorie de *travailleurs;* il en a été, malgré la dignité de sénateur, jusqu'à la fin de sa vie (voir à la fin d'un premier article sur *la Réforme sociale en France,* par M. Le Play, tom. IX, pag. 174 et suiv.). — Cet ouvrier, qui travaille avec son cerveau et qui le martèle avec sa pensée, a trouvé en M. Sainte-Beuve un vaillant *compagnon*, et l'auteur de la lettre que nous achevons de reproduire, un *ouvrier littéraire* lui aussi, avait raison de conclure en disant : « Ce que vous nous donnez depuis votre maladie, mon cher maître, est d'un bon exemple. Vous apprenez à tous à ne jamais se décourager, et l'esprit en vous se montre de plus en plus triomphant dans les luttes avec le corps. » — A cette date (7 mai 1869), M. Sainte-Beuve n'avait plus devant lui que quelques mois. Il lui restait encore à publier (et il n'en avait pas le premier mot écrit à l'avance) cette grande et dernière série d'articles qui suivit, et qui commencera le tome XIII, sur *le général Jomini*. Il est mort selon son vœu : il disait un jour, en pleine santé, qu'il fallait que l'homme de lettres mourût comme Eugène Delacroix, en ne laissant tomber le pinceau qu'au dernier moment. La plume ne lui est tombée de même à lui, définitivement, des mains que le jour où il s'est alité pour mourir. C'est ainsi que l'ouvrier littéraire, épris de sa profession, prend ses invalides. — Si cette note paraît trop longue, et, à quelques égards, déplacée à propos de M^me Valmore, qu'on n'oublie pas que, comme dans l'industrie, la littérature a aussi ses ouvriers *femmes,* et l'on sait à présent quel poète douloureux dans la réalité de la vie était cette âme chantante de M^me Valmore.

Mardi 4 mai 1869.

# MADAME DESBORDES-VALMORE

## SA VIE ET SA CORRESPONDANCE

(SUITE)

Il me reste à indiquer des portions de correspondance qui offrent des tons un peu plus variés, à montrer pourtant jusqu'à la fin la note fondamentale, et aussi à recueillir les principaux hommages qui n'ont pas manqué de son vivant à ce tendre et sympathique génie.

A son retour d'Italie et dans les premiers temps de sa réinstallation à Paris, M<sup>me</sup> Valmore revit ses chères Flandres; elle traversa Douai, où elle embrassa tristement son frère, où le passé et le présent ravivèrent ses douleurs, et elle alla à Bruxelles, où M. Valmore avait dû contracter un nouvel engagement. Le court séjour qu'elle y fit, et pendant lequel elle écrivait de charmantes lettres collectives à ses trois enfants à Paris, réveilla en elle des traces de jeunesse, et lui apporta, malgré tout, quelque diversion heureuse, un loisir relatif et comme une allégresse d'imagination. On sent à quelques éclairs lumineux combien il n'a manqué à cette exquise intelligence qu'un peu de recueillement et d'étude pour tout entendre des arts, de la littérature proprement dite, de tout ce qui constitue une culture accomplie. Ainsi, à son fils qui s'occupait alors de peinture, elle écrivait :

« Mercredi 21. — Hier mardi, 20 octobre, ton père a reçu ta lettre et le dessin qu'elle contenait, mon cher fils. Il t'en remercie et partage ainsi que moi tes adorations pour Michel-Ange. Que ce monde renferme de bonheur quand on possède en soi le sens le plus humble et le plus grand tout ensemble, l'admiration ! Il console de toutes les misères et donne des ailes à la pauvreté, qui s'élève ainsi au-dessus du riche dédaigneux. »

« (Le 26 octobre, à midi. — 1840, Bruxelles)... Je comptais travailler ici dans la solitude ; mais elle ressemble à celle où je voudrais m'enfermer à Paris. Les lutins entrent par la serrure.

« ... Je suis bien contente d'avoir ici ton volume sur l'Allemagne. Chaque ligne de M$^{me}$ de Staël est une lumière qui pénètre mon ignorance d'admiration et toujours d'attendrissement. Quel génie ! mais quelle âme ! Quel bonheur de croire à notre immortalité pour la voir aussi, comme je l'ai rêvée une fois (1) ! — D'un autre côté, plus je lis, plus je pénètre sous les voiles qui me cachaient nos grandes gloires, et moins

---

(1) Elle était fort attentive à ses rêves. Elle en avait souvent et de fort distincts, dont elle se souvenait au réveil, et qu'elle se plaisait à raconter. Il paraît, d'après ce passage, qu'elle avait cru voir une fois M$^{me}$ de Staël en rêve.

j'ose écrire ; je suis frappée de crainte, comme un ver luisant mis au soleil. »

Et cette autre lettre encore, qui semble résonner et bruire de tous les carillons de ces jolies villes flamandes à toutes les grandes et moyennes fêtes de l'année :

« Le 1er novembre 1840. — Bruxelles. — 10 heures du soir. — Je vous écris, mes chères âmes, au milieu de toutes les cloches battantes de Bruxelles qui se répondent pour les Saints et pour les Morts. Rien ne peut à Paris donner l'idée de ces solennités qui émeuvent ici la terre et les airs. Les églises que nous avons parcourues étaient pleines de femmes à longues failles sur la tête, et qui tombent jusqu'à leurs pieds. Ces églises ont tellement le caractère de l'Italie, que je donnerais tout au monde pour que vous les vissiez. Hippolyte serait ravi. Nous y avons vu aujourd'hui la Vierge noire et le petit enfant Jésus noir comme sa mère. Ces madones me serrent le cœur de mille souvenirs. L'art n'y est pour rien, mais les premières et douces croyances font que j'adore leurs voiles raides doublés de rose et leurs immobiles couronnes de fleurs d'une batiste si ferme que tous les orages du monde n'en feraient pas bouger une feuille. — J'ai à vous faire le récit d'un cabinet de peinture où nous avons pénétré hier, chez le duc d'Aremberg. Quelle richesse tranquille ! quelle solitude glorieuse ! les Rubens y pleuvent, et ses deux femmes, presque vivantes de son pinceau, et lui-même, peint de sa main : on croit voir ses lèvres bouger. Vraiment c'est ici le refuge de la peinture ; on sent qu'elle y est adorée par une religion profonde, sans paroles. Mais que direz-vous quand vous apprendrez que nous venons de voir la tête véritable du Laocoon, possédée par ce duc d'Aremberg, au prix de 160,000 francs ? Je vivrais mille ans que je ne pourrais oublier cette merveille qui me poursuit, cette tête noyée de douleur et de reproches amers. Des Vénitiens l'ont trouvée dans leurs fouilles longtemps après la découverte du magnifique groupe dont la tête véritable n'avait jamais été retrouvée. Sa vue déchire et l'on croit être près d'entendre des cris sortir de cette bouche ouverte par une convulsion de souffrance morale. La vue de toutes les dents découvertes sans grimace ajoute beaucoup à l'expression de cette torture. Ce n'est pas un vieillard comme dans le groupe, mais un homme dans la force et la beauté de l'âge, quarante à quarante-cinq ans : il pleure comme jamais je n'ai vu pleurer du marbre et comme on sent que doit pleurer le père des enfants qu'il ne peut délivrer.—Hippolyte avait observé qu'ils avaient l'air bien jeunes pour les enfants de ce vieillard. Il aurait vu avec transport l'harmonie de leur âge avec le sien. Ils doivent avoir quinze ans. Mais de quoi vais-je vous entretenir (1)?

(1) Dans le doute que soulèvent en moi ces assertions un peu singulières, je recours à l'un de mes amis, homme d'autant de savoir que de goût, qui me répond : « La tête du Laocoon appar-
» tient bien au corps sur lequel elle est, et n'a jamais pu être
» contestée; celle du duc d'Aremberg ne pourrait donc lui être
» substituée. Seulement on l'a considérée comme ayant appar-
» tenu à un *autre* groupe semblable ; de la plupart des statues
» ou groupes célèbres, nous connaissons plusieurs répétitions
» (*repliche,* comme disent les Italiens), avec ou sans variantes.
» — La tête d'Aremberg ne représente pas, d'ailleurs, un homme
» beaucoup plus jeune. — Je crois qu'assez généralement aujour-
» d'hui on la regarde comme un ouvrage de la Renaissance, l'ex-
» pression très-pathétique paraissant s'écarter des habitudes des
» anciens. Pour moi, je la crois antique. — Les deux têtes repré-
» sentent également, ce me semble, un homme dans la force de
» l'âge. — J'inclinerais à trouver la tête d'Aremberg supérieure,
» pour l'expression et pour l'exécution, à celle du groupe du Va-
» tican. Dans ce dernier groupe, il n'y a de restauré que le bras
» droit du père et deux bras des enfants. Le bronze des Tuileries
» (moulé par Primatice pour François 1er) le représente tel qu'il
» fut trouvé, avant les restaurations. » — Ainsi parle la critique éclairée et réfléchie (la lettre, y a-t-il indiscrétion à le dire, est de M. Félix Ravaisson) : M<sup>me</sup> Valmore en était au premier enthousiasme.

Tout ce que j'en dis est si pâle qu'il vaut mieux en venir à nos réalités connues. — La dernière lettre en trio chantait tout ce que je demande à Dieu : l'espoir et l'harmonie! Le bien-être que je goûte ici depuis trois semaines, et où pourtant vous me manquez bien, en est tout consolé. Je n'ai pas besoin de dire à Line (*Ondine*) qu'en allant aux madones, j'ai bien pensé à son anniversaire de naissance (1). Je sais que tu as du courage, mon cher enfant (*c'est à Ondine qu'elle s'adresse maintenant plus en particulier*), et je l'ai déjà vu plusieurs fois. Celui qui vient d'en haut guide toujours bien les femmes, qui n'ont pas besoin de la valeur permanente des hommes. Je suis heureuse du bonheur pur que tu ressens. Notre Inès et toi, vous aurez cette vertu qui répare toutes les fautes et qui est la balance des forces de l'autre sexe. Il est bien sûr que les travaux du ménage ont mille récompenses qui les rendent chers. C'est ici l'*unique* joie de la femme. Elles sont généralement très-gaies. Dans les moments de calamité de fortune, vous voyez que c'est un secours immense, et je vous embrasse de toute ma tendresse pour la manière dont vous venez de vous le prouver à vous-mêmes... »

Les lettres à M<sup>me</sup> Pauline Duchambge ont un caractère particulier. Entre ses amitiés de femmes M<sup>me</sup> Valmore en avait eu une toute première, tout angélique, *Albertine* (Gantier), qu'elle a célébrée dans ses vers et qui fut ravie dans la fleur de la jeunesse. Son autre amitié également tendre, et celle-ci de toute la vie, c'était M<sup>me</sup> Pauline Duchambge, auteur de douces mélodies que nos mères savaient par cœur et soupiraient du temps de l'impératrice Joséphine et depuis aux belles années de la Restauration. *Paroles de M<sup>me</sup> Des-*

---

(1) Ondine était née le jour des Morts.

bordes-Valmore, musique de M^me Pauline Duchambge, cela se voyait à son heure sur tous les pianos. Mais ce n'était point seulement à cause de cette collaboration aimable, c'était en raison d'une union, d'une unisson plus intime que M^me Valmore pouvait dire avec vérité à M^me Duchambge : « Ne sommes-nous pas les deux tomes d'un même ouvrage ? » Les deux tomes s'appareillaient, mais, à bien des égards, ne se ressemblaient pas. M^me Duchambge, habituée dès sa jeunesse au luxe, à toutes les élégances et les délicatesses de la vie, eut le retour d'autant plus amer, le déclin rude et pénible. Elle était devenue pauvre, et elle ne savait pas vieillir. Elle ne mourut qu'en 1858, un an avant son amie. Bien des passages, et qui ne seraient pas les moins piquants pour la curiosité, dans les lettres de M^me Valmore à elle, ne sont pas à donner de quelque temps, à cause des noms propres et de l'entière confidence sur les personnes ; mais on en détacherait, dans les parties de sentiment, des notes ravissantes dont je mettrai quelques-unes ici, un peu pêle-mêle, et sans trop avoir égard à l'ordre des dates. Par exemple, M^me Duchambge se reportait toujours en idée à ses jeunes rêves, et ne pouvait s'empêcher de se revoir telle qu'elle avait été autrefois ; à quoi M^me Valmore répondait :

« (Le 9 janvier au soir, 1857)... Pourquoi t'étonnes-tu de retourner si jeune dans le passé ? ne sommes-nous pas toujours jeunes ? d'où vient que tu t'affliges presque de cette preuve incontestable de l'immortalité de notre vie ? Elle peut donc être fatiguée, mais non finir. Nous ne finissons pas du tout, sois-en sûre. Il n'y a pas de nuit où je ne retrouve mes petits enfants dans mes bras, sur mes genoux. C'est bien eux, va! Sois persuadée comme moi qu'ils vivent *tout à fait!* tandis que nous, c'est avec gêne et tristesse et peur! Je soutiens donc que cet amour que tu retrouves si souvent dans les heures les plus tristes et les plus inattendues fait partie de toi-même, et que tu n'en revois alors que le miroir... Celui-là a été ardent. Ne te plains pas. C'est le sens de ce que tu ne pouvais t'expliquer alors. C'est ton âme qui continue et qui suit sa pente d'aimer immortellement. »

« (Le 27 décembre 1855)... Je t'aime d'avoir souffert tout ce que je souffre, et d'être restée si tendre.

« L'Indien se couche au fond de son canot quand il tourbillonne sur l'abîme. Moi je ne peux pas même me coucher, il faut chercher... souvent pour le jour même, afin que moi seule je sache que c'est l'abîme. »

En lui rappelant les premiers mots d'une ancienne romance :

« (Le 19 avril 1856)... Tu sais la suite dont les mots m'échappent, mais qui devaient dire : Nous pleurerons toujours, nous pardonnerons, et nous tremblerons toujours. — Nous sommes nées *peupliers*... »

« (Mercredi 27 novembre 1850)... Je reste à coudre près de lui (*mon mari*), car je maintiens tout ce que je peux d'un sort si délabré qui ne touche personne... Dieu et toi exceptés, je le sais bien, va! et cela me suffit pour coudre de tout mon cœur... Mais écrire m'est impossible. Ma pensée est trop grave, trop appesantie, et je n'ai pu faire le conte demandé. J'écris vraiment avec mon cœur : il saigne trop pour des petits tableaux d'enfants. »

Il y avait encore d'autres raisons pour ne pas écrire; n'écrit pas dans les journaux et dans les revues qui veut; il faut prendre le ton et l'esprit du patron; les plus honorables recueils ont leurs exigences; ainsi pour le *Musée des Familles,* qui semblait s'entr'ouvrir pour M^me Valmore, mais à la condition d'en passer par la censure et le *lit de Procuste* du directeur :

« (Le 22 février 1851)... M. Pitre-Chevalier tourne sa roue avec fureur dans ce moment, car enfin elle fait du pain et tout pour sa famille. Et puis c'est *lui* qui se juge avant de s'imprimer lui-même; pour les autres, il veut connaître, apprécier, commander, étendre ou raccourcir; il veut aussi *inspirer* l'esprit. C'est bien effrayant pour des oiseaux comme nous qui avons toujours chanté sans serinette. Cette basse continue du maître éteindrait mon goût de chanter. Je remets donc toujours à transcrire mon petit drame indépendant, et je dévore mes jours à des soins tout aussi graves. »

« (15 janvier au soir, 1856)... Tu dis, chère âme fidèle, que la poésie me console. Elle me tourmente au contraire comme une amère ironie ; c'est l'Indien qui chante tandis qu'on le brûle. »

« (Lundi 11 mai 1857)... L'orage est partout. Il y a des temps où l'on ne peut plus soulever un brin d'herbe sans en faire sortir un serpent...

« Restons nous-mêmes à travers tout. C'est bien de la part du Christ que je te le demande, car il est impossible qu'il ne trouve pas tout ceci digne de lui, tant c'est triste ! Le plus beau vers de M. de Lamartine, le sais-tu ?

Rien ne reste de nous, sinon d'avoir aimé. »

Elle se plaisait aussi à rappeler ces deux vers qui, s'ils ne sont pas d'elle, sont du moins tout son emblème :

En gémissant d'être colombe,
Je rends grâces aux dieux de n'être pas vautour.

Le nom de M^me Dorval revient plus d'une fois entre elles deux. Cette grande actrice, qui dans la seconde partie de sa carrière, et quand il était déjà tard, avait trouvé tout son talent et le cri vrai de la passion, ne ressemblait guère d'ailleurs aux deux tendres amies qui, jusque dans leur sensibilité la plus épanchée, étaient toute crainte, toute alarme et tout scrupule, toute discrétion et pudeur. Un jour que M^me Duchambge indiquait à M^me Valmore un livre qui venait de paraître, et qui disait crûment de certaines choses meilleures à cacher, M^me Valmore répondait :

« (22 avril 1857)... Tu craignais de m'avoir fait mal en me racontant M^me Dorval. Est-ce que je ne la connaissais pas toute pour la plaindre et pour l'aimer, en y comprenant même les choses que, par ma nature, je détestais en elle ? Mais des choses que l'on déteste dans quelqu'un empêchent-elles de l'aimer ? Hélas ! non, pas toujours. Elles y entraînent quelquefois fatalement. Je te dirai pourtant que si j'avais là ce volume dont tu me parles, je ne le lirais pas... Je t'ai toujours trouvé ce tort funeste de te jeter au-devant des couteaux. Seigneur ! ils ne viennent que trop nous chercher le cœur à travers les portes et les murailles. »

M^me Valmore usa de son influence sur Balzac, et surtout de l'influence qu'avait alors sur Balzac une autre personne qu'elle désigne sous le nom de *Thisbé*, pour obtenir du grand romancier devenu dramaturge, qu'il donnât une de ses pièces à l'Odéon et promît l'un des rôles à M^me Dorval. C'est sans doute des *Ressources de Quinola* qu'il s'agit dans la lettre suivante : on assiste à l'immense confiance du grand optimiste et à son rire tempétueux, retentissant. Tout cet espoir de succès et de bon office s'en alla en fumée.

« (A M^me Duchambge, 7 décembre 1841) ... Tu sais, mon autre moi, que les fourmis rendent des services : c'est de moi que sort, non la pièce de M. de Balzac, mais le goût qu'il a pris de la faire, et de la leur donner, et puis de penser à M^me Dorval que j'aime pour son talent, mais surtout pour son malheur et à cause de ton amitié pour elle. J'ai tant hurlé ma tristesse, qu'elle a été comprise et partagée... tu devines par qui? par l'humble Thisbé, qui use sa vie au service de ce littérateur. Elle en a parlé, murmuré, reparlé, — et il est venu me dire : « Je veux bien, tout est conclu. M^me Dorval a un rôle immense. » Je l'ai entendu rire! — Elle y sera belle; et toi, bien contente, j'en suis sûre. Cela vaut bien l'horrible fièvre gagnée à la campagne pour aller entendre cette lecture et porter l'acte qui lie l'Odéon à l'avenir de cet ouvrage... Garde cela dans un pli de ton cœur... Garde inviolable mon secret et celui de la pauvre Thisbé... Surtout que toi seule saches l'influence de notre tendresse pour M^me Dorval. J'aurais un bonheur infini de la revoir triomphante... Je veux tous les biens du monde à M^me Dorval, mais non pas de sa reconnaissance. Vois celle qu'elle a pour ton amitié! »

Emportée elle-même par son sort, par les nécessités de chaque heure, par la violence de son talent ou de ses passions, qui ne faisaient qu'un, M^me Dorval en son naufrage avait-elle le temps de montrer aux deux discrètes et silencieuses amies les nuances de sentiment qu'il aurait fallu et les grâces du cœur? Vers la fin, elle y mettait sans doute aussi de la réserve et se privait de les voir, sentant qu'elle vivait d'une tout autre vie.

M^me Duchambge, que je n'ai connue que déjà passée, qui avait dû être des plus agréables, et qui, toute ridée qu'elle était, rappelait, par les mille petits plis de son fin et mignon visage, certaine jolie vieille de l'Anthologie :

> De ses rides les petits plis
> De nids d'amours sont tout remplis;

M^me Duchambge avait eu pour dieu de sa jeunesse l'aimable enchanteur Auber, dont elle adorait toujours l'étoile de plus en plus brillante, inconstante et légère. Elle avait eu aussi, bien tard, un goût très-vif et peut-être assez tendre pour notre ami le poëte breton Brizeux, fugitif et toujours prêt à se dérober. Ces noms se rencontrent plus d'une fois, et à des degrés différents, dans la correspondance. L'illustre maître Auber, averti par M^me Duchambge, avait déposé un jour un témoignage d'intérêt chez M^me Valmore, à l'occasion d'un de ses derniers deuils :

« (A M^me Duchambge, 29 novembre 1854)... Ta lettre m a émue d'autant plus que tu m'amenais presque de force un consolateur dont le nom est puissant sur moi. Dis à M. Auber que ce grand nom, toujours plus cher, m'a fait pleurer comme l'hymne du Sommeil dans *la Muette*... Je garderai donc cette carte, qui me touche et qui m'honore. Elle est doublée de toute la grâce de ton âme, et je l'ai approchée de mon cœur brisé. — Je ne verrai pas de quelque temps M. Auber lui-même. Il ne faut pas éclater en sanglots devant ces âmes harmonieuses qui chantent pour consoler le monde. J'ai horreur d'interrompre ces grands missionnaires de Dieu. »

Quant à Brizeux, sa personne, son profil reparaît et disparaît sans cesse dans la correspondance. Mme Duchambge aimait la lecture; elle aimait à être au courant des choses de l'esprit, et même à s'instruire dans le passé. Mme Valmore était bien peu à même de satisfaire à ses curiosités et à ses demandes de livres :

« (Sans date)... Je t'envoie aussi *Turcaret.* Pour *Virgile,* nous ne l'avons pas. Si je pouvais le découvrir, je me le ferais prêter pour toi. Tout ce que je sais d'un *Virgile* comprehensible pour moi, c'est que le nôtre ou celui de la Bretagne voyage dans le Midi, sous le nom de Brizeux, dont la santé et le silence commencent à m'inquiéter, à moins que tu n'en aies reçu quelque lettre. »

Ce diminutif de Virgile, Brizeux, qui n'avait rencontré à temps ni Auguste ni Mécène, ni leur diminutif, ne touchait guère Paris qu'en passant; il se sauvait bien vite, pendant des mois et des saisons, tantôt dans sa Bretagne, tantôt à Florence; il craignait d'écrire et poussait l'horreur de la prose jusqu'à ne se servir le plus souvent que d'un crayon pour tracer des caractères aussi peu marqués que possible. C'était une nature particulière : une sensibilité poétique, une volonté poétique, plus forte que sa puissance d'exécution et que son talent. Par ses éclipses et par ses absences muettes, il donnait du souci aux deux amies, et Mme Valmore y prenait doublement part à cause de sa sympathie pour la tendre Pauline Duchambge. Un jour le bruit se répandit, on ne sait comment, que Brizeux, qui s'était oublié en Italie, entrait au cloître et se faisait moine :

« (Le 22 février 1851)... Le parti pris, dit-on, par notre Brizeux n'est pas dans la nature fiévreuse de M. Lacaussade; mais il est si malheureux qu'il comprend le *sauve qui peut* des âmes qui ne se jettent pas dans la lutte, et qui vont s'enfermer, croyant tout fuir... Ce serait là pour nous l'erreur la plus funeste; et c'est en cela que j'ai peur pour l'autre s'il l'a *osé;* je dis *si,* ma Pauline, car personne encore ne croit tout à fait à ce bruit que rien ne confirme, et que l'on fait toujours courir sur ceux que l'Italie attarde et rend affreusement paresseux d'écrire. Si malheureux que nous soyons ici, nous sortons de nous-mêmes, ne fût-ce que pour appeler au secours le souvenir de l'ami préféré. Là-bas, le soleil se charge de tout, de vous écraser et de vous apporter tous les souvenirs sans bruit, auxquels on n'aurait pas la force de répondre. — Hélas! ici pour nous la pauvreté pesante fait le métier du soleil d'Italie : elle nous rend immobiles et moines, quelque part que nous soyons renfermés... »

Les années pour Brizeux se succédaient de plus en plus âpres et sévères, et quoiqu'une pension accordée ou augmentée sous M. Fortoul lui fût venue en aide, rien dorénavant n'améliorait le sort ni le moral du poëte :

« (Le 3 février 1857)... Je partage ta préoccupation sur Brizeux. Pourquoi ne t'écrit-il pas? Le sentir là-bas, loin de sa mère, malade peut-être, et presque certainement sans argent, est un chagrin de plus dans tous nos chagrins qui s'accumulent à ne plus savoir comment les porter. Lui si farouche et si irritable quand il ne cueille pas tranquillement ses fleurs et ses blés! Ah! Pauline, n'être que poëte, n'être qu'artiste au milieu de toutes les faims dévorantes des ours et des loups qui courent les rues... J'ai l'âme triste comme la tienne, et je crois que c'est tout dire... »

Dans les trois ou quatre dernières années de sa vie,

Brizeux avait notablement changé; après chaque disparition, il revenait autre et presque pas reconnaissable, plus saccadé, plus brusque, plus négligé : ces longues solitudes ne lui étaient pas bonnes. Le temps n'était plus où M^me Valmore écrivait de lui à son fils : « Je suis toute vibrante des larmes rimées de Brizeux, et toi? — On dirait de ses vers qu'ils résonnent quelque chose de la mansarde divine. N'est-ce donc en effet que de la vraie misère que sortent ces accents inoubliables? » Cette rigueur trop prolongée du sort n'est pas moins funeste aux âmes que le trop de mollesse : elle finit par mordre sur elles et les altérer. C'est ce qui ressort avec énergie de ce passage, qui rend l'amère et dernière réalité dans ses traits les plus cuisants :

« (A M^me Duchambge, le 27 décembre 1855)... J'ai revu ton Breton ferré qui est venu s'asseoir cordialement avec nous. Il ne sentait plus la lavande. Mais quoi? ses vers sentent toujours le ciel. Quel poëte! Combien la vie est dure et marâtre puisqu'elle amène des hommes d'un tel mérite à devenir ce que celui-ci devient... et deviendra! Gustave Planche est bien mille fois pire. — Vois-tu, ces hommes divins ont froid dans leurs affreuses chambres d'auberge *ruineuses,* et leur soleil les brûle en dedans. Je t'assure qu'ils vivent comme des somnambules. Regarde leurs yeux (1). »

(1) Brizeux mourut à Montpellier le 3 mai 1858; il y était arrivé depuis une quinzaine de jours, presque mourant déjà d'une phthisie pulmonaire, mais confiant dans le climat du Midi et impatient de se réchauffer au soleil. La seule personne qu'il connût à Montpellier était M. Saint-René Taillandier, qui l'entoura des plus tendres soins et le traita en poëte et en frère. Ses derniers moments furent du moins consolés et adoucis autant qu'ils pouvaient l'être.

Alfred de Musset fait lacune dans les relations de M^me Valmore. Je crois qu'excepté lui, aucun des noms célèbres du temps ne manque à sa couronne poétique. Lamartine, Béranger, Hugo, Vigny, on le verra, l'avaient tous prévenue et saluée à leur heure. Elle était dans une vraie intimité avec Alexandre Dumas, qui mit, en 1838, une préface entraînante au recueil de *Pleurs et Pauvres Fleurs,* et de qui elle disait, en 1833, à son jeune fils Hippolyte, visité par lui au passage : « M. Dumas t'a trouvé bien. Il est bon et obligeant, mais, comme tous les hommes d'un grand talent littéraire, impossible à cultiver : il appartient à trop de monde, à tous les mondes. » Avec le seul Musset, il n'y avait jamais eu d'occasion, de rencontre, et partant de sympathie établie, pas le moindre petit fil tendu à travers l'air, et elle le supposait de loin plus avantageux certainement, plus plein de lui-même qu'il ne l'était, lui, l'indifférent passionné, éperdument livré au torrent de la vie; elle avait à son sujet de la prévention, faute de l'avoir connu à une heure propice. Et puis, à partir d'Alfred de Musset, se tranchait plus nettement la ligne de démarcation profonde qui allait séparer les générations nouvelles de leurs aînées; les sources et le courant de l'inspiration changeaient, et des anciens aux jeunes on ne s'entendait plus à demi-mot.

« (A M^me Duchambge, 20 janvier 1857)... Connais-tu de ton côté un moyen honnête et simple d'arriver à M. Alfred de Musset, que l'on dit malheureusement très-malade? C'est qu'un jeune Anglais, musicien, auquel s'intéresse beaucoup M. Jars, veut offrir au poëte une mélodie qu'il a faite sur ses paroles. Je ne sais pas une âme en rapport avec ce talent dédaigneux et charmant, et il faudrait que ce fût un homme, — C... par exemple, s'il était resté simplement poli avec moi, — car si c'est une femme, lui, M. de Lamartine et d'autres ne manquent pas de dire : « Encore une amoureuse ! » Je t'assure que cela m'a été raconté. Ah ! que mes instincts sauvages m'ont toujours bien servie ! Le pauvre banni (*Hugo*) n'a jamais dit cela, j'espère. Il n'a du moins jamais passé pour fat, et franchement il est trop grand pour cela. Il y a un grain de stupidité dans la préoccupation que tout un sexe brûle pour votre gloire. C'est ce qui m'a toujours rendue muette comme un poisson... »

Avec Béranger, sans qu'il y ait jamais eu intimité, il y avait liaison et affection sérieuse. Elle le visita dans les tout derniers temps, après la perte qu'il avait faite de la compagne de sa vie, Judith :

« (A M<sup>me</sup> Duchambge, avril 1857.) Les affligés entre eux doivent se comprendre, plus encore le dimanche que les autres jours, mon Dieu !...

« Hier je voulais te voir en sortant d'une visite fort triste à Béranger. Je m'y étais forcée, malgré l'étrange état où je suis toujours. Il faut pourtant essayer de vivre. J'ai trouvé M. Béranger si malade, et le sachant lui-même si profondément, que cette visite m'a fait beaucoup de mal. Il m'a dit assez clairement, et d'un sérieux résigné, qu'il ne supporterait pas la perte de sa pauvre amie. Véritablement, c'est visible dans toute sa personne affaissée ; ce n'est plus lui. J'en suis sortie moins courageuse que je n'y étais entrée. Son embrassement m'a fait mal. »

Si bonne, si affectueuse qu'elle fût et sujette aisément aux illusions, M<sup>me</sup> Valmore n'était pas dupe. Elle jugeait mieux des personnes et des caractères que sa tendre amie, et elle lui disait quelquefois, à propos de l'inintelligence de cœur de certaines gens les plus polis de surface et les plus avenants en apparence : « Ah! là! que de blessures sous les sourires et les *bon jour* convenants du monde! » M^me Duchambge avait eu l'idée de demander un service réel à l'un de leurs visiteurs les plus agréables et les plus gentils de façons; M^me Valmore lui répondait :

« (10 février 1843)... Ton idée sur M. X... est un rêve décevant. C'est l'homme du monde à qui je voudrais le moins dire *tout*. Sa glace polie me gèle à la seule pensée d'un service d'*argent*. Il a écrit pour M. B..., content de s'agiter sans tirer à conséquence. Mais, Pauline, il n'y a rien dans ces cœurs-là pour nous : les riches de cette époque viennent vous raconter leurs misères avec une candeur si profonde et des plaintes si amères, que vous êtes forcé d'en avoir bien plus de pitié que de vous-même. Il m'a déroulé l'autre fois ses affreux empêchements à cause d'une maison qu'il fait bâtir. Elle devait lui coûter cent mille francs, je crois, et le devis s'élève présentement au double, ce qui, avec l'éducation de son fils, lui fait *perdre la tête*. Elle m'a paru, en effet, très-malade, à la lettre. Que dire à ces fortunés? Que vous avez deux chemises et pas de draps? Ils vous diront . « Ah! que vous êtes heureux! Vous ne faites pas bâtir! » Ainsi n'y pensons pas, car c'est un accès de fièvre pour nous qu'un accès d'espérance. »

Et un autre jour, après une visite de deux grandes dames :

« Hier, ces deux princesses sont venues pour m'enlever de force à dîner. Tu sais que j'ai horreur de dîner en ville.

Elles m'ont trouvée dans mon lit pour toute réponse. Quelle dérision avec nos deux sorts! J'avais un franc dans mon tiroir pour commencer mon mois avec Victoire (*la domestique*) furieuse... Et ces bonnes dames disent : « M^me Valmore sait si bien s'arranger! » — La femme de son fils a cinq cent mille livres de rente (1). »

Il faut finir. — Après la mort de sa sœur Eugénie à Rouen en 1850, de son frère Félix à Douai en 1851, il ne restait plus à M^me Valmore qu'une dernière sœur, l'aînée, Cécile, qui habitait aussi Rouen. C'est cette sœur aînée qui avait appris à lire à la jeune Marceline tout enfant, et l'on trouve en maint passage des poésies un souvenir esquissé de sa douce figure. Elle était bien la sœur du poëte en effet par la sensibilité et par le cœur, et aussi par une certaine simplicité primitive d'imagination. C'est elle qui écrivait un jour à M^me Valmore cette lettre émue, où l'on croirait lire un bout de légende d'un autre âge :

« J'ai été dimanche faire une course pour une dame qui m'est quelquefois utile dans des moments où je ne sais plus à qui avoir recours; elle me tend la main pour me ranimer un peu. J'allais à Bon-Secours prier la bonne Notre-Dame pour elle. Je l'ai priée aussi pour nous tous, je me suis jetée à sa miséricorde; je lui ai demandé qu'elle te récompense de tout le bien que tu fais, qui est d'autant plus méritoire que ta position est bien difficile. En revenant, ma bonne sœur, je me suis vue entourée, presque ensevelie dans des fils de la

---

(1) Nous savons que l'une des deux nobles personnes fut véritablement bonne et ne s'en tint pas toujours aux paroles. Ici les cœurs étaient généreux autant que les paroles gracieuses : l'ironie n'était qu'entre les deux sorts.

Vierge. Je ne puis te peindre l'effet que cela m'a fait ; je me suis retracé dans un instant la rue Notre-Dame, le cimetière, qui était nos galeries ; toute notre enfance s'est déroulée devant moi comme si c'était hier. Je suis rentrée dans ma petite chambre en pleurant de l'isolement où je me trouve, et de tout ce que souffre notre malheureuse famille. Pourquoi ne suis-je pas morte dans cette chapelle, où je priais pour nous tous la Mère des affligés !... Espérons... »

Sur quoi M<sup>me</sup> Valmore, se mettant à son unisson, s'efforçait de relever son courage, d'évertuer sa vieillesse, de l'attendrir par l'aveu des misères communes, de l'égayer par des images simples, qui rappellent les beaux jours et les joies de l'enfance :

« (9 novembre 1854)... La dame qui m'aide souvent à trouver l'argent d'emprunt pour passer mon mois, à la condition de le rendre à la fin de ce mois même, n'a pu venir encore à mon secours, à travers la pluie et toutes les difficultés de sa propre vie. Mais tu dois savoir depuis longtemps qu'il n'y a guère que les malheureux qui se secourent entre eux. Va! c'est bien vrai. Sans être plus méchants que nous, les riches ne peuvent absolument pas comprendre que l'on n'ait pas toujours assez pour les besoins les plus humbles de la vie. Ne parlons donc pas des riches, sinon pour être contents de ne pas les sentir souffrir comme nous.

» Avant-hier, dans la nuit, j'ai eu le bonheur de rêver à toi et de t'embrasser avec une effusion d'amitié et de joie si vive, que je m'en suis réveillée. — Nous allions au-devant l'une de l'autre les bras ouverts. Tu portais un beau châle de laine à palmes, et je portais le pareil en vraie sœur. — Hélas! nous étions bien contentes de nous regarder et de nous serrer les mains. Ce bon rêve résume ce que j'ai senti bien des fois dans ma vie, qu'il n'y a rien de pareil ni de comparable à une amitié de sœur...

» Je n'entends pas parler de tes fils plus que toi, et je te plains dans tes tristesses de mère. Le siècle est de fer. Le malheur, le luxe, la misère, rendent les hommes effarés. Pour nos cœurs de feu, c'est froid.

» ... Veux-tu des mouchoirs de poche ou des bas? Ne ris pas de mes offres dans nos misères. Le cœur est inventif. Aimes-tu les rubans? Ah! ma bonne sœur, que je voudrais aller te demander tout cela moi-même et causer tout un jour avec toi! Rien ne se guérit dans mon triste cœur; mais aussi rien n'y sèche, et tout est vivant de mes larmes. »

Cette dernière sœur elle-même mourait; la mesure des deuils était comblée, et il y eut des moments où, dans sa plénitude d'amertume, l'humble cœur jusque-là sans murmure ne put toutefois s'empêcher d'élever des questions sur la Providence, comme Job, et de se demander le pourquoi de tant de douleurs et d'afflictions réunies en une seule destinée :

« (A sa nièce, 30 janvier 1855)... J'ai depuis bien longtemps la stricte mesure de mon impuissance, mais tu comprends qu'elle se fait sentir par secousses terribles quand je sonde l'abîme de tout ce qui m'est allié par le cœur et par la détresse. Oui, Camille, c'est très-poignant. Me voilà donc sans frère ni sœurs, toute seule des chères âmes que j'ai tant aimées, sans la consolation de survivre pour accomplir leur vœu qui était toujours, et toujours, de faire du bien... Que dire devant ces arrêts de la Providence? Si nous les avons mérités, c'est encore plus triste. — Cette réflexion ne regarde que moi, ma bonne amie. Je cherche souvent en moi-même ce qui peut m'avoir fait frapper si durement par notre cher Créateur; car il est impossible que sa justice punisse ainsi sans cause, et cette pensée achève bien souvent de m'accabler. »

Chaque cœur croyant a, ainsi, un jour ou l'autre, son heure de tentation et de doute, son délaissement et sa sueur froide, son jardin des Olives. L'aspect nu de la réalité, tout ce qu'elle a d'inexorable et de fatal, revient assaillir, bon gré mal gré, ces âmes aimantes qui veulent espérer, et les envahit, les remplit de douleurs profondes. C'est dans une de ces heures abattues que Mme Valmore écrivait encore ceci :

« (A Mme Derains, 11 mai 1856)... Travaillez-vous ? appuyez-vous quelque part ce cœur... pareil au mien, mais plus convaincu encore, plus sûr ?... Pourtant je vois à une immense distance le Christ qui revient. — Son souffle arrive au-dessus des foules. Il tend les bras tout grands ouverts, et ils ne sont plus cloués ! plus jamais cloués ! — Mais si je me remets à regarder la terre, les transes me reprennent et, à la lettre, je crois tomber, et je glisse à genoux contre une porte ou contre la fenêtre. C'est violent et silencieux. Ma bonne amie, quelle épreuve ! Et je ne sens pas toujours les anges qui me soutiennent. Ah ! vous méritez bien que le vôtre ne vous quitte pas !

» Tout ce que je vous dis de presque égaré vous prouve du moins une affection profonde, et que je vis d'aimer.

» Encore la pluie et les lourds nuages ! »

Nous avons atteint au suprême aveu, au plus désolé de tous, à celui de la désespérance.

Quand on écrit la biographie de certains poëtes, on peut dire que l'on montre l'envers de leur poésie ; il y a disparate de ton : ici, dans cette longue odyssée domestique, on a simplement vu le fond même et l'étoffe dont la poésie de Mme Valmore est faite, et à quel degré, dans cette vie d'oiseau perpétuellement sur la branche, — sur une branche sèche et dépouillée, — près de son nid en deuil, toute pareille à la Philomèle de Virgile, elle a été un chantre sincère. En extrayant cette douloureuse correspondance, je me suis souvent rappelé celle d'une autre femme-poëte, et dont il a été donné au public des volumes exquis, celle de M<sup>lle</sup> Eugénie de Guérin. Mais quelle différence, me disais-je, entre les douleurs de l'une et celles de l'autre! L'une, la noble châtelaine du Cayla, sous son beau ciel du Midi, dans des lieux aimés, dans une médiocrité ou une pauvreté rurale qui est encore de l'abondance, avec tous les choix et toutes les élégances d'un intérieur de vierge; l'autre dans la poussière et la boue des cités, sur les grands chemins, toujours en quête du gîte, montant des cinq étages, se heurtant à tous les angles, le cœur en lambeaux, et s'écriant par comparaison : « Où sont les paisibles tristesses de la province? » Et qui a connu M<sup>me</sup> Valmore en ces longues années d'épreuves, qui l'a visitée dans ces humbles et étroits logements où elle avait tant de peine à rassembler ses débris, qui l'y a vue polie, aisée, accueillante, hospitalière même, donnant à tout un air de propreté et d'art, cachant ses pleurs sous une grâce naturelle et y mêlant des éclairs de gaieté, brave et vaillante nature entre les plus délicates et les plus sensitives, qui l'a vue ainsi et qui lira ce qui précède se prendra encore plus à l'admirer et à l'aimer.

On serait trop tenté vraiment, à voir le détail d'une telle vie, et quel mal infini eut de tout temps à se soutenir et à subsister cette famille d'élite et d'honneur, ce groupe rare d'êtres distingués et charmants, comptant des amitiés et, ce semble, des protections sans nombre, chéris et estimés de tous, on serait tenté de s'en prendre à notre civilisation si vantée, à notre société même, à rougir pour elle; et surtout si l'on y joint par la pensée le cortége naturel de M<sup>me</sup> Valmore, cette quantité prodigieuse de femmes dans la même situation et « ne sachant où poser leur existence, » courageuses, intelligentes et sans pain, « toutes ces chères infortunées » qui, par instinct et comme par un avertissement secret, accouraient à elle, qu'elle ne savait comment secourir, et avec qui elle était toujours prête à partager le peu qui ne lui suffisait pas à elle-même! Évidemment il y a là un remède à chercher, il y a (ne fût-ce que dans l'éducation des femmes) quelque chose à faire. J'avais songé, par une sorte de compensation bien due, à réunir d'autre part autour d'elle quelques-uns des noms dont elle eut le plus à se louer, bon nombre des êtres bienfaisants et secourables qu'elle avait rencontrés sur sa route, et qui lui avaient été une consolation, une douceur et un réconfort au milieu de ses maux; — et M. Jars, qu'elle connaissait depuis l'opéra-comique du *Pot de fleurs,* à qui elle ne s'était ouverte avec confiance que bien tard, et de qui elle disait en le perdant (avril 1857) : « Cette affection douce et innocente de M. Jars me manque bien! Dans les orages de ma vie, c'était comme une chapelle silencieuse où ma pensée allait s'abattre, et j'avais le bonheur de le sentir heureux, exempt des luttes avec le besoin qui brûle l'honneur; » — et M. Dubois, l'économe de l'hôpital général de Douai, qui avait entouré de soins et d'égards la vieillesse ombrageuse et chagrine du pauvre Félix Desbordes, qui l'avait remplacée elle-même au lit de mort de ce cher et malheureux frère, et qui était entré pour les derniers devoirs dans toutes ses sollicitudes et ses piétés de sœur; — et M. Davenne, directeur alors de l'Assistance publique, un administrateur comme il y en a peu, qui ne se retranchait pas sans cesse derrière les règlements pour éviter de faire le bien, et qui a mérité qu'elle écrivît de lui dans un transport de reconnaissance :

« (A M$^{me}$ Derains, le 29 septembre 1856.) Je vous ai promis, ma bonne amie, et je me suis promis à moi-même de vous annoncer le premier rayon d'allégement qui luirait *ici*. Quand votre lettre n'appellerait pas la mienne, vous sauriez donc, presque en même temps que moi, l'admission *positive* de mon pauvre beau-frère au meilleur asile de retraite de Paris. — La Providence s'est laissé toucher pour lui et pour nous; et le meilleur des hommes *vivants* (1) vient de m'accorder un si grand bienfait sans le moindre droit pour l'obtenir, avec quatre motifs d'exclusion !

» Ce directeur comme divin a été jusqu'à me dire : « La chose est impossible, madame, et pourtant je vois qu'il le faut, et puisqu'il y va de votre tranquillité, nous passerons

(1) Elle dit « le meilleur des hommes *vivants* » par égard pour M$^{me}$ Derains qui, veuve, gardait un vrai culte pour son mari, mort cruellement, victime innocente des guerres civiles. — M. Derains était avocat. Il fut tué lors du massacre du coup d'État, en décembre 1851, sur la voie publique, à Paris, pendant qu'il se rendait, inoffensif et sans armes, au palais de justice. Son corps, recouvré par l'infortunée veuve, avait été troué de six balles.

par-dessus ce que je ne peux vous détailler ; et pour que vous soyez *heureuse,* nous en ferons un homme *heureux!* »

Mais je ne puis nommer tous ceux que je voudrais, et je ne fais qu'indiquer ici un développement qui sera mieux placé ailleurs, et dans le livre que je sollicite.

Mercredi 5 mai 1869.

# MADAME DESBORDES-VALMORE

SA VIE ET SA CORRESPONDANCE

(SUITE ET FIN.)

Il faut bien en venir pourtant aux hommages littéraires, à commencer par le plus magnifique et le plus royal de tous, celui de Lamartine. Lui seul en eut l'initiative, et un quiproquo y aida. Il y avait dans les dernières années de la Restauration un poëte errant et des plus bohèmes, Franc-Comtois d'origine ou à peu près, resté de tout temps provincial, voué à l'Épître laudative et à l'Élégie, d'une verve facile et un peu banale dans son harmonie coulante, Aimé De Loy. Il avait poussé son odyssée jusqu'au Brésil et en était revenu pour mourir pauvre en 1834. C'est à ce poëte, de plus d'infortune et de malchance que de talent, qu'un jour M$^{me}$ Valmore adressa des vers insérés dans un keepsake, avec ces seules initiales : à M. A. D. L. — Mais A. D. L., que pouvaient signifier de telles initiales à cette date, sinon le grand poëte régnant, Alphonse de Lamartine? Le keepsake lui étant tombé sous les yeux, Lamartine, en effet, prit ces vers pour lui, et, à l'instant, il s'échappa de son sein une nuée de strophes ailées, un admirable chant et vraiment sublime, à la louange de son humble sœur en poésie. Il y avait des années déjà qu'il avait noté et distingué entre tous l'accent particulier à M<sup>me</sup> Valmore. Un jour (vers 1828) qu'il s'entretenait avec M. de Latour, comme celui-ci avait amené dans la conversation quelques noms contemporains de femmes-poëtes, Lamartine s'était écrié : « Mais il y a bien autre chose au-dessus, bien au-dessus de tout cela ! Cette pauvre petite comédienne de Lyon... comment l'appelez-vous?... » Et lui-même avait aussitôt retrouvé le nom. Il fit donc cette admirable pièce qui commence avec grandeur, et où il montre le vaisseau de haut bord qui, dans l'orgueil du départ, se rit des flots et se joue même de la tempête ; puis, en regard, la pauvre barque comme il en avait tant vu dans le golfe de Naples, une barque de pêcheur dans laquelle habite toute une famille, et qui, jour et nuit, lui sert d'unique asile et de foyer : le père et le fils à la manœuvre, la mère et les filles aux plus humbles soins. Mais il faut citer ces stances qui, pour nous désormais, ont tout leur sens et toute leur vérité. Remarquez que Lamartine ne connaissait qu'à peine et de loin seulement M<sup>me</sup> Valmore ; mais la divination du génie est comme une seconde vue, et du premier coup d'œil il avait tout compris de cette existence, il avait tout exprimé en images vivantes et dans un tableau immortel :

. . . . . . . . . .
Ils n'ont, disais-je, dans la vie
Que cette tente et ces trésors;
Ces trois planches sont leur patrie,
Et cette terre en vain chérie
Les repousse de tous ses bords!

En vain de palais et d'ombrage
Ce golfe immense est couronné;
Ils n'ont pour tenir au rivage
Que l'anneau rongé par l'orage
De quelque môle abandonné!

Ils n'ont pour fortune et pour joie
Que les refrains de leurs couplets,
L'ombre que la voile déploie,
La brise que Dieu leur envoie,
Et ce qui tombe des filets!

Cette pauvre barque, ô Valmore!
Est l'image de ton destin.
La vague, d'aurore en aurore,
Comme elle te ballotte encore
Sur un océan incertain!

Tu ne bâtis ton nid d'argile
Que sous le toit du passager,
Et, comme l'oiseau sans asile,
Tu vas glanant de ville en ville
Les miettes du pain étranger.

Ta voix enseigne avec tristesse
Des airs de fête à tes petits,
Pour qu'attendri de leur faiblesse,
L'oiseleur les épargne et laisse
Grandir leurs plumes dans les nids!

Mais l'oiseau que ta voix imite
T'a prêté sa plainte et ses chants,
Et plus le vent du nord agite
La branche où ton malheur s'abrite,
Plus ton âme a des cris touchants!

Du poëte c'est le mystère;
Le luthier qui crée une voix
Jette son instrument à terre,
Foule aux pieds, brise comme un verre
L'œuvre chantante de ses doigts;

Puis d'une main que l'art inspire,
Rajustant ces fragments meurtris,
Réveille le son et l'admire,
Et trouve une voix à sa lyre,
Plus sonore dans ses débris (1)!..

Ainsi le cœur n'a de murmures
Que brisé sous les pieds du sort!
L'âme chante dans les tortures,
Et chacune de ses blessures
Lui donne un plus sublime accord!...

(1) Je ne sais si cette manière d'essayer des *stradivarius* en les brisant et en les rajustant est tout à fait conforme aux règles du métier; un luthier en sait là-dessus plus long que moi; c'est dans tous les cas une belle fable à l'Amphion. Mais voici une image qui, moins noble, présente le même sens et se trouve d'une parfaite vérité. Le pommier, s'il pousse trop bien en pleine terre et avec une végétation trop luxuriante, ne donne que peu de fruits. Les habiles jardiniers le savent, et, pour le faire fructifier, ils plantent un coin de bois dans une de ses plus grosses racines et l'enfoncent bien avant : la séve s'écoule par là, et l'arbre donne toutes ses pommes. Le talent est comme le pommier : le poete, pour porter tous ses fruits, a besoin d'avoir reçu aux racines de la vie sa blessure. Les organisations trop heureuses sont sujettes à pousser tout en bois et en feuillage.

14.

Qu'ajouter à de tels accents? et combien aux années heureuses et innocentes, avant la politique, il lui a été donné de verser de semblables chants dans les âmes souffrantes, lui, le grand consolateur à qui il doit être tant pardonné! En même temps que cette pièce de vers, M<sup>me</sup> Valmore recevait la lettre que voici :

« 25 janvier 1831.

« Madame,

« J'ai lu dans le Keepsake des vers de vous que j'ai voulu croire adressés à l'auteur des *Harmonies poétiques*. C'était un motif ou un prétexte que je ne voulais pas laisser échapper, d'adresser moi-même un bien faible hommage à la femme dont l'admirable et touchant génie poétique m'a causé le plus d'émotion. Agréez donc, madame, ces stances trop imparfaites où j'ai essayé d'exprimer ce qu'une situation si indigne de vous et du sort m'a si souvent inspiré en pensant à vous ou en parlant de vous. Voyez-y, je vous prie, seulement, madame, un témoignage de profonde sympathie, d'admiration et de respect.

« AL. DE LAMARTINE. »

Ainsi touchée au fond de l'âme et aussi prompte que l'écho, M<sup>me</sup> Valmore répondait à l'instant dans la même mesure et sur le même rhythme! Je ne mettrai de sa réponse que deux ou trois strophes dans lesquelles elle réclamait avec confusion contre le mot de *gloire* que lui avait jeté magnifiquement le grand poëte :

> Mais dans ces chants que ma mémoire
> Et mon cœur s'apprennent tout bas,
> Doux à lire, plus doux à croire,
> Oh! n'as-tu pas dit le mot *gloire*?
> Et ce mot, je ne l'entends pas :

> Car je suis une faible femme,
> Je n'ai su qu'aimer et souffrir ;
> Ma pauvre lyre, c'est mon âme,
> Et toi seul découvres la flamme
> D'une lampe qui va mourir...
>
> Je suis l'indigente glaneuse
> Qui d'un peu d'épis oubliés
> A paré sa gerbe épineuse,
> Quand ta charité lumineuse
> Verse du blé pur à mes pieds...

Envoyant à M. Duthillœul, de Douai, qui lui en avait demandé copie, la pièce de vers de Lamartine, elle ajoutait ces lignes qui sont dictées par le même sentiment :

« L'attendrissement l'a emporté sur la modestie, monsieur, et j'ai transcrit ces beaux vers à travers mes larmes, oubliant qu'ils sont faits pour un être si obscur que moi. Mais non, ils sont faits pour la gloire du poëte, pour montrer son âme dans ce qu'elle a de sublime et de gracieuse pitié. Je vous les donne. »

Quant à Lamartine, il remerciait M<sup>me</sup> Valmore de sa réponse émue et palpitante, par une lettre que je donnerai encore et qui clôt dignement cet échange harmonieux, ce cartel de haute et tendre poésie :

« Madame,

« Je suis payé au centuple, et je rougis en lisant vos vers des éloges que vous donnez aux miens ! Une de vos strophes vaut toutes les miennes. Je les sais par cœur.

» J'espère que la fortune rougira aussi de son injustice, et vous accordera un sort indépendant et digne de vous. Il ne faut jamais désespérer de la Providence quand elle nous a marqué au berceau pour un de ses dons les plus signalés, et quand on sait comme vous l'adjurer dans une langue divine.

» Je compte aller bientôt passer deux jours à Lyon. Je m'estimerais bien heureux de joindre le plaisir de vous connaître à celui de vous admirer et de vous remercier.

« AL. DE LAMARTINE.

« Mâcon, 3 mars 1831. »

A côté de Lamartine et non pas au-dessous, nous plaçons une autre liaison bien chère et plus intime, toute profonde, et qui avait sa racine dans les sentiments humains, plébéiens et véritablement fraternels ; c'est ainsi que je caractérise le mutuel attachement de M$^{me}$ Valmore et de M. Raspail, celui qu'elle appelait « bon Socrate, » — « bon et sublime prisonnier, » — « charmant stoïque, » celui à qui elle dédiait la pièce miséricordieuse, *les Prisons et les Prières,* du dernier recueil. Les passages de correspondance que j'ai à donner en diront plus que toutes les paroles sur cette noble et généreuse amitié, qui s'était affermie dans les épreuves et avait grandi dans l'absence.

Après sa sortie de la citadelle de Doullens, M. Raspail était allé passer ses années de bannissement en Belgique ; il y jouissait de l'espace retrouvé, de la nature, du soleil ; il y vivait à la campagne et s'amusait à rédiger un journal de médecine, une Revue où il parlait de tout à son gré, et dont il était le seul rédacteur. Il écrivait à M$^{me}$ Valmore :

« Boitsfort, 9 septembre 1855.

« ... Dans une prochaine lettre dites-moi donc dans quel coin de ces vertes Flandres est votre premier pays. Combien j'aime à dénicher ici tous ces petits berceaux de nos grandes renommées ! Il m'arrive bien des fois de vouloir rendre compte de mes visitations de ce genre, à propos de la moindre circonstance artistique qui semble s'y rattacher. Les Flamands ont une vénération tout allemande pour les reliques de leurs saints de la république artistique. Vous recherchez en France la pantoufle des rois : ici la pantoufle de Vésale ou de Rubens vaudrait le diamant de la couronne. Ils ne vénèrent, il est vrai, que leurs illustres morts, et se montrent plus qu'indifférents pour les morts ordinaires, même pour les morts qu'ils ont aimés ; rien n'est odieux à mes yeux comme leurs cimetières de village ! Mon petit village va se réformer sur ce point, parce qu'il craint de me faire de la peine. Je veux qu'un jour chacun de nos bons paysans continue à être bon sur une tombe, et qu'il aille se délasser de ses travaux par une délicieuse causerie avec les âmes. Le Flamand est lent, mais il marche ; et quand une fois il a pris son bâton de voyage, il va loin sans s'arrêter.

» Mais j'allais vous parler de ce que vous connaissez mieux que moi, vous qui jadis avez été Flamande comme j'en vois dans les tableaux de Van Eyck et de Van Dyck, avant de devenir une des gloires de l'Hélicon de France. Nous sommes tous ainsi faits : les débutants croient en apprendre aux maîtres ; un touriste en sait plus que l'habitant du lieu ; passez-moi cette commune manie : elle fait tant de plaisir ! »

M. Raspail avait écrit dans sa Revue d'éloquents articles sur Rousseau au physique et au moral (1). M<sup>me</sup> Valmore l'en remerciait :

« (Octobre 1855). Nous lisions vos belles pages sur Jean-Jacques, lorsque votre lettre m'est venue. J'ai enfermé cette

(1) Les articles sur Rousseau sont contenus dans les numéros de juillet et août 1855 de la *Revue complémentaire des sciences appliquées à la médecine et pharmacie, à l'agriculture, aux arts et à l'industrie*, publiée par F.-V. Raspail, seul rédacteur.

lettre avec ce que vous avez jamais écrit de plus ardent et de plus loyal : aussi l'ai-je lue en compagnie de mon cher fils avec un intérêt indicible. Jamais Rousseau n'a eu de juge plus équitable ni d'ami plus fervent. Êtes-vous son frère, bien-aimé banni? Êtes-vous lui-même, guéri de tous les maux du corps et de l'âme?... Cette idée m'a remplie de joie...

» J'ai une prière à vous faire, et vous me l'accorderez au nom de votre tendre et candide fille : ne me donnez jamais celui de *muse*. Non, ce n'est pas moi, et je suis si triste, si vraie, chère âme généreuse, que je ne mérite pas l'ombre de la moquerie, si innocente qu'elle soit de votre part. Vous voyez bien que je sais à peine l'orthographe de tout ce que mon cœur de mère vous écrit. »

Il est touchant de rencontrer dans cette correspondance, et sous la plume de l'exilé, tout un hymne patriotique et lyrique à la France conçue et embrassée par un cœur de fils et de citoyen. Au moyen âge on disait déjà *la douce France;* les chevaliers, les braves Roland qui mouraient loin d'elle, la saluaient ainsi. Les enfants de la Révolution ont renouvelé et rallumé avec ardeur, avec orgueil, ce culte filial et cet amour. S'est-il affaibli depuis lors, comme trop de symptômes l'annoncent? S'est-il altéré ou épuisé? Cette France de nos pères, celle de 89 et de 92, cette France de Manuel, de Béranger, de Raspail, celle de notre jeunesse, ne serait-elle donc plus la France d'aujourd'hui et de demain? Je n'ose presser l'avenir ni forcer les présages; je ne veux pas regarder au plus ou moins de ressemblance; je m'en tiens à cette pieuse et enthousiaste invocation par laquelle un fidèle, un croyant saluait à un commencement d'année la patrie absente :

« (Boitsfort, 1ᵉʳ janvier 1856)... Oh! le beau pays que mon pays! terre féconde en miracles, jusque dans les instants de tourmente et d'égarements partiels ! Ici l'on passe ; là-bas où vous êtes, on existe, on s'aime, on s'apprécie, on se comprend, on se respecte jusques après la mort. Oh! si la France venait à être retranchée de la carte, l'univers n'aurait plus ni cœur ni tête ; ce petit recoin pense et agit pour tout le monde. Tout se régénère, dès qu'elle comprend qu'il faut changer de robe ; tout tremble sous la calotte du ciel, dès que ce Jupiter fronce le sourcil. Le souvenir seul de son soleil vous réchaufferait jusque sur les glaces du pôle ; on l'adore, bonne mère ou marâtre ; on se ferait vingt fois tuer, dût-elle être ingrate, pourvu qu'elle fût plus belle encore ; — on a vu dans l'histoire des idiots et des scélérats la posséder ; nul n'a jamais pu ni l'humilier ni l'asservir. Chantez, ma muse, cette admirable France, héroïque, spirituelle, bonne et affectueuse, économe et libérale, un peu coquette et essentiellement aimante, un peu narquoise, mais toujours juste et impartiale, grande maîtresse du progrès indéfini qui entraîne dans son tourbillon jusqu'aux Cosaques et aux Hurons ; chantez cette mère, vous sa fille adoptive (1), qui la comprenez si bien ; et permettez-moi de vous appeler *ma muse,* puisque mon prosaïque lot ne me donne aucun droit de vous appeler *ma sœur;* et soyez sûre qu'en vous admirant, je vous aime. »

Et maintenant on comprendra que quand Mᵐᵉ Valmore disparut, M. Raspail, qui avait continué de vivre en Belgique, à la nouvelle de cette mort, ait écrit cinq jours après au fils de la chère défunte cette lettre pathétique et grave, qui mérite de rester attachée à sa mémoire comme la suprême oraison funèbre :

(1) M. Raspail supposait que Mᵐᵉ Valmore était Flamande d'au delà de la frontière, et née en Belgique; il ne savait pas qu'elle était de Douai.

« Monsieur, j'ai lu et relu, les yeux remplis de larmes, votre pieuse lettre; c'est le dernier adieu que votre illustre mère vous a chargé de me transmettre, vous, le légataire universel de ses souvenirs, de ses affections et de ses grandes qualités. Vous êtes, monsieur, le fils d'un ange. La patrie des lettres et de la poésie n'en produit que bien rarement de tels. Dans ce monde d'intrigues, de dissimulations, de faux amours et de haines mercenaires, où tout se vend, jusqu'au génie, elle a conservé son génie pur de toute atteinte, sa renommée toujours jeune, et son cœur exempt d'occasions de haïr. Ses émules l'ont adorée, ses lecteurs l'ont toujours bénie. Elle a été plus qu'une muse, elle n'a jamais cessé d'être la bonne fée de la poésie, et dans mes nombreux souvenirs de cœur, mon titre le plus doux est d'avoir conservé sa sympathie qui m'a suivi à travers tous mes barreaux. Je l'aurais aimée comme une mère, et à vous en rendre jaloux, si mon âge ne m'avait pas permis de l'aimer comme une sœur. Elle m'a écrit en vers, elle m'a écrit en prose, et toutes ses lettres ont le même charme pour moi. Je crois que madame votre mère était poëte jusque dans le moindre signe, jusque dans le moindre soin. Son dernier silence était un pressentiment qu'elle voulait ne communiquer à personne, tant elle craignait d'être la cause d'une affliction.

» Elle ne vous lègue qu'un nom; mais que de fortunes voudraient s'échanger contre un pareil titre de noblesse!

» Vous avez été bercé par la poésie, vous avez été élevé par une muse que j'appelais la dixième, la muse de la vertu. Restez, monsieur, le culte vivant de sa mémoire : les lettres ont plus que jamais besoin qu'on leur rappelle souvent de ces beaux souvenirs.

» Agréez, monsieur, et faites agréer à monsieur votre père l'assurance que je sens aussi vivement que vous la perte d'une tête aussi chère, d'une âme aussi aimante et d'un talent bien rare, car il avait son siège dans le cœur.

» F.-V. RASPAIL.

« Stalle-sous-Uccle, 28 juillet 1859. »

M^me Valmore mourut dans la nuit du 22 au 23 juillet 1859. Elle habitait en dernier lieu rue de Rivoli, 73, au coin de la rue Étienne. Elle venait d'avoir soixante-treize ans.

Le 4 août suivant, la ville de Douai accomplissait un devoir douloureux envers son cher poëte, et la population douaisienne remplissait cette église Notre-Dame, toute voisine de la maison de naissance de la défunte, pour assister à la messe solennelle qui était célébrée en sa mémoire avec le concours du corps de musique de la ville et de la Société chorale de Sainte-Cécile. La postérité commençait pour l'humble poëte.

Toutes les voix qui comptent parmi ses contemporains ont été unanimes à la louer comme il faut et à la définir des mêmes traits. Alfred de Vigny disait d'elle qu'elle était « le plus grand esprit féminin de notre temps. » Je me contenterais de l'appeler « l'âme féminine la plus pleine de courage, de tendresse et de miséricorde. » — Béranger lui écrivait : « Une sensibilité exquise distingue vos productions et se révèle dans toutes vos paroles. » — Brizeux l'a appelée : « Belle âme au timbre d'or. » — Victor Hugo, enfin, lui a écrit, et cette fois sans que la parole sous sa plume dépasse en rien l'idée : « Vous êtes la femme même, vous êtes la poésie même. — Vous êtes un talent charmant, le talent de femme le plus pénétrant que je connaisse. »

Et un seul mot en finissant pour ceux et celles qui trouveraient que j'ai parlé bien longuement des douleurs de M^me Valmore, et qui, se reportant à leurs propres peines, seraient tentés de dire : « Et moi donc, suis-je sur des roses? » Je leur répondrai : Toutes les douleurs humaines sont sœurs; à chacun la sienne. Il ne s'agit pas de venir comparer les douleurs; de rapport exact, de mesure commune entre elles, il n'y en a pas : chacun a tout son poids et tout son aiguillon de celle qu'il porte; elles n'ont point, hélas! à se jalouser. Mais le propre de la douleur en M^me Valmore et ce qui la différencie des autres, c'est qu'elle lui laissait la pleine liberté d'esprit et le mouvement spontané de cœur vers toutes les douleurs environnantes; c'est qu'elle n'était jamais assez remplie de sa douleur à elle pour ne pas rester ouverte à toutes celles des autres : « ... Que de chagrins étrangers à nous se mêlent aux nôtres! écrivait-elle dans l'intimité; tu n'imagines pas combien je connais de malheureux et comme cela m'abat. J'ai eu un temps l'espoir que je souffrais assez pour beaucoup d'autres : je me trompais bien!... » — « Je ne suis consolée en ce moment par le bonheur de personne, disait-elle encore; le bonheur d'autrui serait ma force. » — Un proverbe valaque l'avait frappée : *Donne jusqu'à la mort.* Cette devise roumaine lui était devenue familière, et elle, si pauvre, si dénuée, elle se plaisait à la répéter quelquefois; elle la pratiqua toujours.

# CAMILLE JORDAN

ET

## MADAME DE STAEL (1)

La vie de M<sup>me</sup> de Staël a bien des branches ; sa correspondance, si on l'avait au complet, en donnerait naturellement les divisions. On aurait une suite de chapitres : *M<sup>me</sup> de Staël et Benjamin Constant;* — *M<sup>me</sup> de Staël et Matthieu de Montmorency;* — *M<sup>me</sup> de Staël et Guillaume Schlegel;* — *M<sup>me</sup> de Staël et M. de Barante*, etc., etc. Malheureusement nombre de ces séries ont été détruites. Une bienveillance toute particulière, une confiance dont je me sens honoré (2) me remet entre les mains une suite de lettres de cette femme illustre qui ont échappé au double désastre d'une ruine

---

(1) La *Revue des Deux Mondes* publia cet article le 1<sup>er</sup> mars 1868.
(2) Je dois cette communication à M. Arthur de Gravillon, petit-fils de Camille Jordan, qui, à la demande de mon ami M. R. de Chantelauze, a bien voulu rechercher, dans ses papiers de famille, tout ce qui pouvait m'intéresser. M. A. de Gravillon est lui-même un esprit cultivé, ami des lettres, digne héritier, par ce côté, de son aïeul maternel.

et d'un incendie. Ce sont des lettres et billets intimes, adressés par M^me de Staël à Camille Jordan, à cette âme affectueuse et sympathique, à cette âme chaleureusement oratoire qui s'était annoncée et révélée dans le Conseil des Cinq-Cents, et qui s'exhala en 1821 dans des accents d'éloquence déjà prophétiques, à l'heure où cette Restauration qu'il aimait, mais qu'il avertissait, fit pour jamais fausse route et s'égara. Je profiterai de l'occasion inappréciable qui m'est offerte pour parler de Camille Jordan, pour rappeler ce qu'il fut dans la vie publique et pour le montrer dans l'intimité, aimé, goûté, presque adoré de femmes supérieures ou charmantes, et justifiant la vivacité de cette prédilection par des qualités et des trésors de simplicité, de sincérité, de candeur, d'honneur, de dévouement et de franchise.

Camille Jordan, né à Lyon le 11 janvier 1771, appartenant à une famille de commerçants aisés, de mœurs simples et d'une probité antique, fit de brillantes études à Lyon même, au collége de l'Oratoire, et il les couronna par un cours de philosophie de deux ans au séminaire de Saint-Irénée (1). Nourri de la sorte, formé parmi ses compatriotes, il resta toute sa vie l'homme de son pays et de sa ville natale; il ne se dépaysa qu'autant qu'il le fallut, et le type originel en lui ne s'affaiblit jamais. Je ne me hasarderai pas à donner les traits qui définissent le mieux le génie natif de cette

---

(1) Ce qui ne veut pas dire, comme l'a cru un de ses biographes, qu'*il entra au séminaire;* il était comme élève dans le pensionnat particulier qu'y tenaient les sulpiciens de Lyon.

race lyonnaise dont nous avons connu des représentants diversement distingués ; mais assurément un même caractère provincial leur demeure attaché à tous : ce caractère porte avec lui un certain fonds de croyances, de sentiments, d'habitudes morales, de patriotisme local, de religiosité et d'affectuosité (si je puis dire), qui se maintient au milieu de l'effacement ou du desséchement trop général des âmes. On a cru y remarquer en même temps un peu trop de mollesse et de rondeur dans la forme générale des talents. Camille Jordan jeune, âgé de vingt ans, témoin des excès inouïs qui, à Lyon encore plus qu'ailleurs, souillèrent le triomphe de la Révolution, presque au lendemain de 89, prit une part des plus actives à la résistance et à la révolte des citoyens honnêtes. Ce ne fut point précisément la contre-révolution qui arma les citoyens lyonnais contre la République et la Convention : ce fut l'excès de l'oppression, graduellement croissante depuis 1791 et renchérissant chaque jour par des mesures de plus en plus intolérables, ce fut la frénésie de quelques dominateurs fanatiques qui détermina le désespoir du très-grand nombre. Girondins, hommes de 89 et royalistes, nobles, bourgeois, marchands et hommes du port, tous à la fin se trouvèrent refoulés dans un seul et même sentiment d'indignation, confondus dans un seul et même parti qui s'insurgeait contre des tyrans extravagants et cruels, s'érigeant de leur propre autorité en comité de salut public. Là, les sections soulevées l'emportèrent contre une minorité présidée et ameutée par les triumvirs. Les Girondins succombaient à Paris le 31 mai : le 29 mai, deux jours auparavant, la résistance de Lyon contre le jacobinisme avait réussi, parce que les éléments de cette résistance y étaient plus nombreux, plus compactes, et dans une tout autre proportion qu'à Paris, où les Girondins ne formaient qu'un parti et se trouvaient isolés : à Lyon, c'était une coalition spontanée de tous les bons citoyens réunis qui avait opéré pour un temps la délivrance. Le royalisme ne s'introduisit que peu à peu, et il ne prit le dessus que quand la ville ayant été exceptée de l'amnistie accordée à d'autres cités pareillement insurgées la veille, on en vint aux extrémités d'un siége : toutes les nuances d'opinions intermédiaires pâlirent naturellement ou disparurent, et dans la lutte à mort, à ce degré d'incandescence, la couleur la plus tranchée se dessina.

Camille Jordan eut un rôle actif dans tous ces événements et par la parole, et par la plume, et par le fusil quand il fallut combattre. Il y eut là un premier Camille Jordan que nous ne pouvons nous figurer et ressaisir qu'en le devinant en partie. Il aimait certes la liberté, ce fut son aspiration première, et il ne l'abjura jamais. En 1788, il s'était trouvé chez son oncle Claude Perier, à Vizille, pendant la tenue des états du Dauphiné, de cette assemblée « d'où partit le premier cri de rénovation qui devait retentir sitôt et se prolonger si longtemps dans le monde (1). » Il avait pu dès lors sympathiser avec Mounier, à qui plus tard

---

(1) Ballanche, *Éloge de Camille Jordan.*

une amitié étroite l'attacha. En 1790, Camille avait fait le voyage de Paris en compagnie de sa mère ; il y avait été témoin des luttes oratoires de l'Assemblée constituante, et il avait dû sentir en son cœur un frémissement secret, comme le jeune coursier à l'appel du clairon. Ses premiers écrits pourtant, qui datent de l'année suivante, furent des écrits d'opposition, destinés à signaler la triste inauguration de l'Église constitutionnelle et inspirés par cette faculté d'indignation en présence de l'injustice, généreuse faculté qui ne devait jamais se refroidir en lui et qu'il garda intacte jusqu'à son dernier soupir. Ce jeune homme de vingt ans se prend tout d'abord d'un zèle éloquent pour les opprimés et les faibles. J'ai sous les yeux un seul de ces premiers écrits volants, devenus bien rares et presque introuvables, qu'il lançait sous divers noms.

Il s'attaquait de préférence à l'abbé Lamourette, qui n'était pas seulement un évêque ridicule, mais qui, bien qu'humain et tolérant de sa personne, couvrait de son optimisme sentimental et de son silence des actes odieux, des insultes et des assauts livrés par la populace des clubs aux fidèles de la communion non assermentée. Une scène des plus atroces s'était passée le jour de Pâques 1791 à la porte de l'église de Sainte-Claire. Le matin, au sortir de la messe de six heures, une troupe d'énergumènes, armés de fouets de cordes, s'étaient précipités sur les femmes à mesure qu'elles franchissaient le seuil de l'église, et celles auxquelles ils s'étaient acharnés, ils ne les avaient laissées que sanglantes, demi-mortes, après leur avoir infligé les derniers affronts. De pareilles scènes s'étaient renouvelées en plusieurs lieux. La garde appelée au secours, en pareil cas, refusait de marcher ou n'arrivait que trop tard, seulement « pour contempler le désordre, jamais pour le réprimer. » L'autorité municipale ne paraissait aussi qu'après coup, et semblait, dans ses timides admonestations, « n'écarter les criminels que comme on congédierait des amis. » L'Église constitutionnelle, en affectant d'isoler sa cause de celle de ses outrageux vengeurs, ne les flétrissait pas hautement et ne s'en séparait point par une réprobation éclatante.

Tout plein de ces scandales criants et le cœur gros de ces iniquités, Camille Jordan écrivit une sorte de pamphlet, signé *le citoyen Simon,* et qui avait titre *la Loi et la Religion vengées des violences commises aux portes des églises catholiques de Lyon.* Il dénonçait les attentats contre la loi, les violations de la liberté promise à tous les cultes et refusée à un seul.

« Mes yeux les ont vues, s'écriait-il, ces scènes de licence et de rage. J'ai vu à la porte de nos temples l'innocence insultée par le crime, la faiblesse maltraitée par la force et la pudeur violée par la brutalité. J'ai vu des citoyens paisibles tout à coup assaillis par une horde de brigands ; le sexe le plus intéressant et le plus faible devenu l'objet d'une persécution féroce, nos femmes et nos filles traînées dans les boues de nos rues, publiquement fouettées et horriblement outragées. O image qui ne s'effacera jamais de ma mémoire ! j'ai vu l'une d'entre elles baignée de pleurs, dépouillée de ses vêtements, le corps renversé, la tête dans la fange. Des hommes de sang l'environnaient ; ils froissaient de leurs mains impures ses membres délicats, ils assouvissaient tour à tour le besoin de la débauche et celui de la férocité, ils abîmaient leur victime de douleur et de honte. L'infortunée ! j'apprends qu'elle expire à cette heure ; son dernier soupir est une prière pour ses bourreaux. Voilà ce que j'ai vu, citoyens, et j'ai vu plus encore : j'ai vu tant d'horreurs commises et non réprimées, le scandale à son comble et l'autorité dans le silence, le méchant enivré d'audace et puissant par l'impunité. Ah! il n'est plus possible de dévorer en secret le sentiment de tant de crimes. Ah! j'ai besoin de décharger mon cœur, et tous les cœurs honnêtes, du poids d'une si accablante douleur. L'indignation publique demande un organe public. La nature et l'humanité sollicitent à la fin une solennelle vengeance... »

Le ton, on le voit, est à la hauteur des circonstances : l'écrivain n'échappe pas entièrement à la phraséologie déclamatoire qui régnait alors, et qui ne faisait que traduire le plus souvent avec sincérité l'exaltation des sentiments.

Il ne sortait point d'ailleurs, dans l'expression de ses griefs et dans ses conclusions, des termes rigoureusement constitutionnels. On a pu dans la suite rappeler contre Camille Jordan telle page, telle lettre qui lui était échappée alors et qui pouvait à la rigueur le faire ranger parmi les royalistes ; mais il ne le fut jamais dans le sens direct qu'on attache à ce mot, c'est-à-dire à titre de partisan des princes déchus : il put de bonne heure être royaliste de doctrine et partisan en théorie de l'autorité d'un seul ; mais il ne conspira jamais contre la forme républicaine tant qu'elle prévalut. Aucun engagement ne le liait aux Bourbons avant 1814.

De même pour la religion : Camille Jordan était foncièrement religieux; il plaida en toute occasion pour la liberté des cultes. Tant que dura la Révolution, c'était prendre parti pour les catholiques. Il s'exprima souvent comme eût fait l'un d'entre eux : il n'en était pourtant que par le cœur et la sympathie; il défendait la cause la plus faible, celle des persécutés, en citoyen équitable et juste. Personnellement il était spiritualiste et déiste, et c'était même plus tard un sujet habituel de discussion entre lui et son pieux ami Matthieu de Montmorency, qui eût voulu l'amener à admettre la nécessité de la révélation.

Camille Jordan se trouvait, comme acteur, avec la majorité courageuse des sections à cette journée du 29 mai 1793 qui affranchit le peuple lyonnais et lui permit de se constituer lui-même. Son action, pendant les mois qui suivirent, soit dans les assemblées sectionnaires, soit dans les missions qui lui furent confiées au dehors pour rallier à la ville les provinces voisines, ne nous est connue et indiquée que d'une manière fort générale : il est bien à regretter qu'il n'ait pas pris soin de laisser un récit de ce mémorable épisode révolutionnaire; nul témoin n'était plus propre à nous en présenter un tableau fidèle autant qu'émouvant. Après un siége héroïque, lorsque la ville succomba, il fut ou de la première ou de la seconde émigration lyonnaise, et parvint à se réfugier en Suisse, où il demeura six mois. De là il passa en Angleterre, où il put assister à la marche régulière et puissante d'un vrai gouvernement représentatif qui savait toutefois se défendre énergiquement alors contre le contre-coup venu de Fran e et contre toute tentative d'anarchie. Il rentra en France dès 1796. Lorsque plus tard, dans la lutte des assemblées publiques, on lui jetait à la face le nom d'*émigré*, il ne l'acceptait que moyennant explication et commentaire :

« Et qui d'entre eux, s'écriait-il, craindrait de l'avouer? Où sont les lois qui les condamnent? quelle est l'opinion qui les accuse? Un Louvet ne se réfugia-t-il pas en Suisse, un Talleyrand en Angleterre? Et, pour citer de plus nobles exemples, qui d'entre vous, Lyonnais, ne chercha point à dérober sa tête à la hache du bourreau? On nous appelle émigrés à ce titre! Oh! la belle émigration! oh! l'honorable proscription! Et c'est ainsi que nos droits eux-mêmes à la confiance du peuple sont devenus les prétextes pour nous calomnier auprès de lui... »

Au commencement de 1797, à peine âgé de vingt-six ans, Camille Jordan fut porté et nommé à Lyon d'une voix unanime dans les élections pour le renouvellement du second tiers du conseil des Cinq-Cents. Sa véritable carrière politique commence. Il est alors dans l'Assemblée sur la même ligne que Royer-Collard, avec lequel il noue alliance au nom de la justice, que tous deux défendent et dont ils voudraient inaugurer le règne à la place des audaces de toute sorte, des coups d'État en sens contraires et des proscriptions sans cesse menaçantes. Mais Camille se met un peu plus en avant que Royer-Collard, il se découvre davantage; sa parole est plus véhémente, plus impétueuse, et il va quelquefois jusqu'à braver et à blesser l'adversaire.

Le grand acte de Camille Jordan au conseil des Cinq-Cents fut en apparence un acte de pacification et de réconciliation, mais qui, tombant dans un milieu inflammable, suscita à l'instant bien des animosités et des colères, je veux parler de son Rapport sur la police des cultes (séance du 29 prairial an v, 17 juin 1797). Le courant de l'opinion, laissé à lui-même, était à cette époque pour une réparation des injustices commises, des oppressions trop prolongées. Un grand nombre de pétitions arrivaient de toutes parts au conseil des Cinq-Cents. Quantité de communes réclamaient leur église, leur presbytère, leurs cloches, les signes extérieurs du culte. Le rapport de Camille Jordan donnait satisfaction à ces demandes. Il s'appuya directement, dès le principe, sur l'article de la Constitution qui déclarait que *nul ne pouvait être empêché, en se conformant aux lois, de professer le culte qu'il avait choisi.*

« La volonté publique, disait-il, sur d'autres points de notre législation, a pu changer; elle a pu ne pas se prononcer oujours avec précision et clarté : ici elle est unanime, constante, éclatante. Entendez ces voix qui s'élèvent de toutes es parties de la France; faites-les retentir, vous surtout qui, naguère répandus dans les départements, avez recueilli la ibre expression des derniers vœux du peuple! Je vous en prends à témoin : qu'avez-vous vu dans le sein des familles? Qu'avez-vous entendu dans les assemblées primaires et électorales? Quelles recommandations se mêlaient aux touchantes acclamations dont vous fûtes environnés? Partout vos concitoyens réclament le libre exercice de tous les cultes; partout ces hommes simples et bons qui couvrent nos campagnes et les fécondent par leurs utiles travaux tendent leurs mains suppliantes vers les pères du peuple en leur demandant qu'il leur soit enfin permis de suivre en paix la religion de leur cœur, d'en choisir à leur gré les ministres et de se reposer, au sein de leurs plus douces habitudes, de tous les maux qu'ils ont soufferts! »

Il insistait sur l'importance des idées religieuses, sur leur influence morale, leurs jouissances touchantes, « indépendantes du pouvoir des hommes et des coups du sort, » les consolations dont elles sont pour les âmes à travers les inégalités des conditions et les vicissitudes de la vie :

« Leur besoin est senti surtout par les peuples en révolution : alors il faut aux malheureux l'espérance ; elles en font luire les rayons dans l'asile de la douleur, elles éclairent la nuit même du tombeau, elles ouvrent devant l'homme mortel et fini d'immenses et magnifiques perspectives. Législateurs, que sont vos autres bienfaits auprès de ce grand bien? Vous plaignez l'indigent, les religions le consolent; vous réclamez ses droits, elles assurent ses jouissances. Ah! nous avons parlé souvent de notre amour pour le peuple, de notre respect pour ses volontés : si ce langage ne fut pas vain dans nos bouches, respectons avant tout des institutions si chères à la multitude. De quelque nom que notre haute philosophie se plaise à les désigner, quelles que soient les jouissances plus exquises auxquelles nous pensons qu'elle nous admet, c'est là que le peuple a arrêté ses volontés, c'est là qu'il a fixé ses affections ; il nous suffit, et tous nos systèmes doivent s'abaisser devant sa volonté souveraine. »

Tout en s'exprimant en philosophe, on le voit, mais en philosophe politique qui cherche à donner un fondement profond à la moralité, et qui ne dédaigne pas de lui trouver la sanction la plus intime, il essayait d'attendrir pour la première fois la législation, et, en la laissant égale pour tous les cultes, de lui infuser une pensée de sollicitude et d'intérêt supérieur pour chacun d'eux :

« Que la liberté que vous accordez à tous les cultes ne soit donc point en vous l'effet d'une égale indifférence, encore moins d'un égal mépris, comme cette tolérance dont se parèrent longtemps de dangereux sophistes ; mais qu'elle soit le fruit d'une sincère affection. Vous ne devez pas seulement les souffrir, vous devez les protéger tous, parce que tous entretiennent la morale, parce que tous sont utiles aux hommes... »

Aucun secours direct de l'autorité civile, à la bonne heure ! aucune préférence spéciale comme dans l'ancien système, où le trône et l'autel s'appuyaient et se garantissaient mutuellement, mais du moins une liberté générale et entière, efficace et sincère dans son application.

Discutant les conditions essentielles de cette liberté, Camille Jordan en venait à montrer l'iniquité et l'inutilité du serment ; il rappelait ce dilemme si simple et que chacun, disait-il, répétait au dehors : « Les bons seront fidèles sans serment, les méchants seront rebelles malgré tous les serments. » La loi ne distinguait plus le prêtre du simple citoyen : pourquoi donc l'en distinguer sur ce seul article du serment ? pourquoi ne pas le laisser se renfermer en cela dans le silence des conditions privées ? « La loi n'a pas connu le prêtre pour l'honorer, elle ne doit pas le connaître pour le soupçonner. » Il expliquait comment quantité d'honnêtes ecclésiastiques, tout prêts d'ailleurs à obéir aux lois, s'étaient refusés par scrupule à prêter ce serment qu'on exigeait d'eux et qui leur semblait recéler des piéges pour leur conscience.

Les raisons politiques, tirées de l'état présent des esprits, ne manquaient pas à l'argumentation de Camille Jordan : il les développait pleinement et les mettait en lumière ; mais elles étaient vraies alors et avouées, ces raisons de prudence sociale et de sagesse, partout autre part qu'au sein des corps officiels, pour qui l'intérêt personnel et l'instinct de conservation offusquaient le droit, et qui, sans cesse sur la défensive et se sentant menacés, n'avaient de prochain salut et de ressource que dans une crise violente. Auprès d'eux, l'appel au calme et à la concorde, ce vœu déjà presque unanime du pays, était encore prématuré et intempestif jusqu'à paraître séditieux. Dans ces assemblées politiques de l'an v, composées d'éléments ennemis et inconciliables, trop de levains contraires rapprochés et mis en contact fermentaient violemment et allaient produire de nouveaux éclats. On ne vit, on ne fit semblant de voir dans le Rapport de Camille Jordan que la requête, qu'il appuya avec détail et une sorte de complaisance où se mêlait du pathétique, en faveur du rétablissement des cloches. Il y avait déjà par avance un peu du *Génie du Christianisme* dans son accent : c'était trop tôt et ce n'était pas le lieu. Cette partie finale de son Rapport fut celle à laquelle la malveillance s'arrêta pour tourner le tout en ridicule. Il avait fait remarquer pourtant que la loi qui interdisait ces terribles cloches n'était guère observée que dans les villes, qu'elle était généralement violée dans les campagnes, que ces cloches proscrites sonnaient encore, et qu'elles ne sonnaient ni pour le tocsin ni pour la contre-révolution, que le seul abus qu'elles présentaient pour le moment était l'inexécution d'une loi existante; il ajoutait :

« Ces cloches sont non-seulement utiles au peuple, elles lui sont chères, elles composent une des jouissances les plus sensibles que lui présente son culte : lui refuserions-nous cet innocent plaisir? Qu'il est doux pour des législateurs humains de pouvoir contenter à si peu de frais les vœux de la multitude! Qu'il y a de grandeur dans une telle condescendance! et quelle serait donc cette superstition philosophique qui nous préviendrait contre des cloches, à peu près comme une superstition populaire y attache les femmes de nos villages?... »

Il eut beau dire, le lendemain de son Rapport l'incrédulité philosophique prit sa revanche : on le chansonna, on attacha à son nom des sobriquets burlesques, des refrains et des carillons en manière de charivaris (1). Un travail noble, élevé, conciliateur, se perdit

---

(1) Par exemple, il y eut *le Din, din, dindon, vaudeville*, dédié à Camille Jordan. En voici le dernier couplet :

Tu vas donc pour ta récompense,
Jordan-bourdon,
Te dire : Il n'est clocher en France
Ni clocheton
D'où ne retentisse mon nom...
Din din, din din, dindon, dindon.

Il courut alors contre lui nombre de chansons pareilles, également plates, et qui n'avaient que le refrain. J'en fais grâce.

dans un torrent de dérision, de légèreté et d'insulte.

Philosophiquement et de loin, Camille Jordan nous apparaît, à cette heure de 1797, dans une position intermédiaire, tenant le milieu entre M. Necker, auteur de l'*Importance des Opinions religieuses* en 1788, et M. de Chateaubriand, auteur du *Génie du Christianisme* en 1802, se rapprochant au fond du premier plus que du second, plus ami de la liberté réelle de tous les cultes que partisan de la domination d'un seul, éloquent et convaincu, donnant de haut et le premier un signal de clémence et d'apaisement, mais le donnant à la veille d'une journée mauvaise, en face d'ennemis encore ardents, d'adversaires haineux, et ne faisant par là qu'irriter et hâter les méchants desseins d'un pouvoir central corrompu qui va être réduit, pour durer, à se faire conspirateur.

Quinze jours après environ, dans la séance du 16 messidor (4 juillet), la parole de Camille Jordan l'entraîna un peu plus loin qu'il n'eût fallu, et il lui échappa un de ces mots dont s'empare aussitôt et qu'envenime à plaisir la mauvaise foi des partis. Le Directoire avait adressé au conseil des Cinq-Cents un message dans lequel il était rendu compte des crimes commis par des brigands connus sous le nom de *chauffeurs* ou de *compagnons de Jésus,* qui infestaient la commune de Lyon. La cité lyonnaise y était particulièrement incriminée : le patriotisme de Camille Jordan prit feu à l'instant; il se leva pour justifier ses compatriotes, accoutumés à être des victimes et non des auteurs de crimes :

« Bien loin, disait-il, de reprocher au Directoire son message, je lui en rends des actions de grâces, puisqu'il me fournit l'occasion de prendre à cette tribune la défense de ma malheureuse patrie, et de repousser loin d'elle les inculpations calomnieuses dont on s'est plu si souvent à la noircir.

« Si le Directoire vous montrait sa correspondance officielle, vous verriez que les voies de fait dont il est ici question sont étrangères aux opinions politiques; la plupart n'ont eu lieu que sur des voleurs pris en flagrant délit. (*Murmures*.) C'est du sein de la misère et de l'insuffisance des lois que naissent ces crimes, et non d'un système d'assassinat. De toutes les communes de la République, il n'en est aucune où la rage révolutionnaire ait exercé ses fureurs avec plus d'atrocité qu'à Lyon; il n'y a pas une famille qui n'ait à y pleurer la perte d'un parent, d'un ami : la réaction dont on se plaint n'est-elle donc pas, jusqu'à un certain point, naturelle? (*Violents murmures, trépignements de pieds. On s'écrie : A l'ordre! à l'ordre!*) Depuis deux mois que les nouveaux magistrats ont été nommés, les assassinats se réduisent à un seul, celui d'un membre du tribunal révolutionnaire, qui a été poignardé par un jeune homme dont il a lui-même assassiné le père; mais tous ces crimes sont désavoués par l'immense majorité des citoyens de Lyon. La jeunesse de Lyon, brave et fière, sait se battre et non assassiner... »

Il avait dit une chose juste : « S'il y avait une réaction à Lyon, cette réaction, après tout ce que Lyon a souffert, ne serait-elle pas assez naturelle?... » Mais il n'avait pas mesuré son expression, et une telle parole, tombant du haut de la tribune, prête beaucoup trop à la déclamation des partis. On accusa Camille Jordan d'avoir non-seulement préconisé, mais *déifié* l'assassinat, et ce fut Marie-Joseph Chénier qui porta contre lui cette accusation. Le poëte-tribun s'était fait, avant et après le 18 fructidor, l'ennemi personnel et le satirique acharné de Camille. Camille Jordan lui répondit, et, je dois le dire, sa réponse fut cruelle (1).

Le coup d'État du 18 fructidor éclata. Camille Jordan était trop en vue pour n'en pas être victime. Il résistait à se dérober par la fuite : il fallut que son intime ami Degérando l'arrachât de son lit dans la nuit du 18 au 19, et l'emmenât dans une retraite sûre qu'il lui avait ménagée chez une amie généreuse, rue de la Planche. C'est là que fut composé l'écrit apologétique : *Camille Jordan, député du Rhône, à ses commettants sur la ré-*

(1) Cette réponse à Chénier se trouve dans une note de l'écrit de Camille Jordan sur le 18 fructidor. La voici en ce qu'elle a d'essentiel; il s'adresse, par manière d'apostrophe, à ses compatriotes lyonnais : « Après avoir prouvé que jamais votre ville n'avait joui d'un calme plus profond que depuis trois mois à l'ombre des paternelles administrations qu'elle s'était choisies, montrant que si, à des époques plus reculées, quelques assassinats y avaient été commis, comme dans toutes les autres parties de la République, par la négligence du gouvernement, ils n'appartenaient à aucun système réfléchi, à aucun mouvement contre-révolutionnaire, mais à la seule impulsion de la vengeance individuelle, je disais : *Et dans quelle ville une telle vengeance dut-elle paraître davantage, je ne dis pas excusable ou permise, mais naturelle?* Voilà mes propres paroles; j'en atteste tous mes collègues. Eh bien, c'est cette phrase qu'ils ont dénoncée avec fureur, c'est dans cette phrase où la vengeance est expressément condamnée, où elle est simplement qualifiée de *naturelle*, qu'ils ont trouvé l'apologie, la *déification* de l'assassinat. Et qu'y a-t-il donc dans une telle expression que je veuille réformer dans le calme de tous mes sens? Qu'y a-t-il que, je ne dis pas l'orateur, mais le philosophe ne doive expressément approuver? Tout ce qui est naturel est-il permis?... Voyez l'humanité de ces vertueux citoyens! Une telle doctrine affecte même leur sensibilité. Il ne suffit pas qu'on convienne avec eux que la vengeance est défendue,

*volution du 18 fructidor* (Paris, 25 vendémiaire, an VI), ayant pour épigraphe ces vers consolants de Virgile :

> O socii (neque enim ignari sumus ante malorum),
> O passi graviora! dabit deus his quoque finem.

Camille Jordan, dans cette adresse aux Lyonnais, a principalement à cœur de justifier ses collègues et lui-même du crime dont on les accuse, d'avoir conspiré contre la Constitution. Il s'étend, pour commencer, et un peu longuement, sur la justification de Pichegru, le plus sérieusement compromis et dont la mémoire est restée entachée aux yeux de l'histoire. Il est plus heureux avec d'autres noms, et quand il en vient à ceux de ses collègues qui pouvaient être soupçonnés, pour

ils ne peuvent pas même entendre qu'elle est naturelle. Leur nature bienfaisante se révolte à cette pensée. O vous que le ciel doua d'une âme si expansive et si tendre, cette erreur est belle sans doute, elle fait honneur à vos cœurs ; mais c'est une erreur cependant, et la raison ne saurait perdre ses immuables droits. Retenez donc bien que la nature humaine, telle qu'elle est faite chez nous, comporte des sentiments quelquefois illégitimes et même cruels. Retenez bien qu'entre des actions également défendues par les lois divines et humaines, il en est de naturelles, comme il en est qui ne sont pas naturelles, et si vous voulez que je vous donne un exemple qui vous apprenne à les discerner, Chénier, écoutez-moi : ... Il est naturel pour un fils de fondre le poignard à la main sur le bourreau de son père ; mais il ne l'est pas pour un frère de laisser son frère périr sur un échafaud, quand il n'avait, pour le sauver, qu'à le vouloir. Le premier fut coupable, le second fut atroce ; le premier est un homme, le second est un monstre. » — On retrouve ici sous la plume de Camille cette accusation de fratricide que les hommes du côté droit se plaisaient trop souvent à retourner comme un poignard au cœur de Marie-Joseph. Camille Jordan, attaqué injustement, se sert lui-même d'une arme injuste.

tout méfait, de sentiments royalistes *in petto,* il y trouve sujet à un beau développement et qui rappelle l'orateur. Il ne craint pas de confesser cette forme de royalisme en l'expliquant, en la montrant compatible avec tous les devoirs et avec le respect pour la Constitution en vigueur :

« Et pourquoi le taire ? — Oui, il pouvait se trouver parmi nous quelques royalistes d'opinion, il pouvait s'y trouver quelques hommes qui, méditant dans le silence du cabinet sur notre Constitution nouvelle, croyaient y apercevoir quelques imperfections, qui soupçonnaient qu'un pouvoir exécutif, placé dans les mains d'un seul homme, pourrait acquérir plus d'activité, plus de dignité, plus de cette force morale qui économise la force politique, et qu'une telle réforme, loin de saper la liberté, la posait sur ses vrais fondements. Eh bien, qu'en conclure? Où les conduira cet aveu ? Une telle opinion est-elle contraire à la Constitution? Suppose-t-elle le désir, le dessein de la renverser?... Vous ne les croirez pas (*les accusateurs*), vous, citoyens de bonne foi, vous en croirez un homme vrai qui connut les royalistes qu'il vous dénonce, qui vit le fond de leurs cœurs honnêtes, qui peut le dévoiler à la France, et ne craint pas de présenter de tels royalistes à l'estime de tous les républicains éclairés.

« Oui, ils étaient royalistes, mais ils étaient vos mandataires; une Constitution républicaine avait été commise à leur garde, et, s'il eût fallu opter entre l'amour d'une opinion et la foi d'un dépôt, ces hommes délicats sur l'honneur n'eussent pas connu même l'hésitation.

« Ils étaient royalistes, mais ils étaient philosophes; une profonde connaissance de la nature humaine les avait dépris de la chimère d'une perfection absolue, ils savaient tolérer des abus en les déplorant, obéir à des lois en les improuvant.

« Ils étaient royalistes, mais ils étaient législateurs, et, n'appartenant à la monarchie par aucune idolâtrie d'individus, par aucune de ces habitudes qui gouvernent le vulgaire, mais par le seul regard de l'ordre et de la félicité publique, ils considéraient avant tout les besoins actuels du peuple, et, remarquant que le repos, après tant d'agitations, en était le plus pressant,... ils se seraient gardés de troubler ce calme heureux...

« Ils étaient royalistes, mais ils étaient citoyens; ils savaient qu'ils n'avaient que leurs voix dans ce vaste empire; ils tenaient leurs systèmes les plus chers subordonnés à la volonté nationale...

« Ils étaient royalistes enfin, mais, j'ose le dire, les plus prudents et les plus éclairés des royalistes; ils avaient bien compris que, si la monarchie pouvait se rétablir jamais, ce ne serait que par le développement libre et légal de cette imposante volonté publique; que toute secousse violente, toute tentative contraire aux lois, loin de l'accélérer, en retarderait l'inévitable cours; et ainsi pensaient-ils que conspirer pour la royauté, c'était en effet travailler contre la royauté.

« Voilà, voilà, Français, quels royalistes se mêlèrent parmi nous à un grand nombre de républicains sincères, tel le fanatisme qui les inspira, telle la conspiration qu'ils ourdirent... »

Je ne donne que le tracé et le canevas : on sent ce que le développement complet peut y ajouter de fécond et ce qu'eût été surtout à la tribune un tel mouvement, un tel motif, d'une grande et habile hardiesse, côtoyant et frisant en quelque sorte l'écueil, allant en apparence donner dessus avec une imprudente confiance, et l'enveloppant, le tournant de toutes parts, le serrant de plus en plus près sans s'y briser.

Je distingue dans les pages suivantes un beau mouvement encore à l'occasion de l'armée, car chez Camille c'est l'orateur à tout instant qui reparaît et palpite dans l'écrivain. On avait accusé les représentants proscrits de n'avoir pas assez pris en main les intérêts de nos armées, de ne s'être pas souciés de leurs besoins ni de leur gloire, de s'être méfiés de leur intervention dans la politique, et en dernier lieu de leur approche. Il réfute une partie de ces accusations. « Il est vrai, dit-il, que nous nous plaignîmes qu'une colonne de troupes eût osé franchir la limite constitutionnelle. Il est vrai que nous préparions une loi répressive contre les délibérations et les adresses émanées des armées. » Mais était-ce donc une crainte si vaine et si chimérique dans la circonstance? Et c'est ici que surgit un nouvel élan, un nouveau jaillissement oratoire :

« La triste expérience du passé ne devait-elle pas ajouter à nos craintes? Ne devait-il pas être présent à nos pensées, le souvenir de tant d'excès auxquels purent se porter des soldats égarés? Qui, à l'époque du 31 mai, fut l'espoir et l'appui des plus exécrables tyrans? Des soldats. — Qui leur prêta son bras pour courber sous un joug de fer une nation indignée? Des soldats. — Qui vint combattre sous vos murs, ô mes concitoyens, les derniers et sublimes efforts de la liberté mourante, incendier vos habitations, massacrer votre jeunesse, présider aux plus féroces exécutions, tomber le sabre à la main sur des malheureux échappés aux mitraillades? Des soldats. — Qui, par tout le reste de la France, fit couler aux cris redoublés de: *Vive la liberté!* des torrents de sang français? Des soldats. — Qui, même après le 9 thermidor, quand l'humanité se réveillait dans tous les cœurs, reprit encore au premier signal ces habitudes de carnage, et, répondant par des coups de canon aux justes représentations d'un peuple libre, porta de nouveau dans les murs de Paris l'épouvante et la mort? Encore des soldats. — Mais comment des soldats? Peut-être quelques individus? Non, des bataillons entiers. — Ils étaient abusés, direz-vous. J'aime à le croire; mais enfin des hommes qui furent abusés au point d'étouffer, etc... »

Il y aurait bien quelque chose à répondre à cette philippique contre les armées de la Révolution, à revendiquer leur vrai rôle et l'esprit qui les animait, si c'était ici le lieu. Du reste, la pensée de Camille Jordan ne s'arrête pas sur ce sentiment de méfiance et de répulsion; elle se continue et se tempère par les réflexions qui suivent et que termine une cordiale allocution. Je ne fais encore un coup qu'indiquer des points. L'accusation d'avoir entravé la paix est un autre thème qui prête à un nouveau mouvement. Les dernières paroles sont un vœu patriotique, non pas le vœu de l'antique Camille s'éloignant des murs de Rome, mais celui du citoyen respectueux et plein de tendresse pour son pays, même lorsqu'il est contraint de s'en bannir et qu'il a à courber la tête sous une grande iniquité publique. Son dernier cri est un cri d'espérance :

« Après un si effroyable revers, que le désespoir du salut de la patrie ne gagne pas nos cœurs, il serait le plus grand de tous les maux. Que l'espérance se conserve; qu'elle anime tout encore. Vous, députés honnêtes, qui restez mêlés aux tyrans de votre pays, mais que tous les bons citoyens distinguent et plaignent, vous ne pouvez plus opérer le bien, arrêtez quelquefois le mal. Soutenez l'État sur son penchant... Vous, juges vertueux, intègres administrateurs, que vos départements ont le bonheur de conserver encore, continuez à exercer dans l'ombre des vertus que sentent vos concitoyens et qu'ignorent vos tyrans; que des mesures atroces s'adoucissent en passant par vos bienfaisantes mains, et que du moins le magistrat se montre meilleur que la loi. Vous, simples citoyens, ne cessez de réclamer ces assemblées primaires qu'aucune puissance n'a droit à vous ravir... Dites-vous bien que telle est en France l'immense majorité des amis de l'ordre, que, même après qu'elle est décimée, il en reste partout assez pour comprimer la horde impure qui a juré le pillage de vos fortunes et l'assassinat de vos personnes. Imitons ainsi l'infatigable constance des méchants. Persévérons à vouloir le triomphe des lois... »

Camille Jordan ne ressemble point à ces émigrés qui prêchent l'abstention à leurs concitoyens : c'est qu'il n'est pas un émigré, il n'est qu'un proscrit.

J'ai dit que, dans la nuit du 18 au 19 fructidor, Degérando, avec ce zèle dans l'amitié qu'on lui connut toujours, mais qui s'enhardissait alors de tout le feu de la jeunesse, avait dérobé Camille à l'horreur d'être déporté à Sinnamari avec Barbé-Marbois et autres nobles victimes. J'emprunte une expression qui doit être de Degérando même et qui lui ressemble : il *prit en main*, si l'on peut ainsi parler, *les affaires* d'un exil qu'il aurait voulu partager, et il n'eut de repos que quand, grâce à lui, son ami eut réussi à passer la frontière. Les deux inséparables, Oreste et Pylade (comme on les appela depuis), se rendirent d'abord à Bâle, et de là en Souabe, à Tubingen, à Weimar. Camille retrouva en Allemagne Mounier, avec qui il se lia d'une amitié étroite, cimentée d'une communauté de principes et de sentiments. Il acquit la connaissance de la langue et de la littérature allemandes, et voua à

Klopstock un culte qui ne savait pas encore s'étendre jusqu'à Gœthe (1).

Pendant ce temps-là on l'insultait en France. Le nom de Camille Jordan y était devenu l'enseigne d'un parti et le point de mire des risées ou des haines. On le disait en correspondance avec Rome, un pur papiste. Marie-Joseph Chénier faisait paraître sa brochure : *Pie VI et Louis XVIII, conférence théologique et politique trouvée dans les papiers du cardinal Doria, traduite de l'italien par M.-J. Chénier, avec approbation et aux dépens du concile national de France.* Pie VI, chassé de Rome, était censé rencontrer Louis XVIII, et l'un et l'autre se racontaient leurs malheurs; mais ce n'était

---

(1) Camille Jordan visita Gœthe à Weimar, mais il ne le vit pas dans un de ses meilleurs jours. Mme de Staël, pendant son voyage d'Allemagne en 1804, écrivait à Degérando : « J'ai beaucoup vu Schiller et Gœthe ici ; Gœthe est en conversation un homme extraordinairement remarquable. On me dit que Camille Jordan lui-même ne l'a pas vu dans sa belle humeur ; en ce cas il ne peut le connaître. » Cependant Gœthe, toujours attentif, avait pris, de son côté, une juste idée de Camille Jordan et de son caractère. Dans la partie de ses *Mémoires* qui a pour titre *Campagne de France*, à la dernière page, après avoir parlé des différents essaims d'émigrés qui traversèrent successivement l'Allemagne et qui s'y firent estimer par leur résignation, leur patience, leurs industrieux efforts pour gagner leur vie en travaillant : « Ils ont su, ajoute-t-il, se rendre assez intéressants pour faire oublier les défauts de la plupart de leurs frères et pour changer l'antipathie en une faveur décidée. Cette impression profita à ceux qui vinrent après eux et qui plus tard s'établirent dans la Thuringe. Parmi ces derniers, je n'ai besoin que de citer Mounier et Camille Jordan pour justifier le préjugé en faveur de la colonie entière, qui, sans se conduire comme ces hommes, ne se montra pas néanmoins indigne d'eux. »

pas sans se dire beaucoup de vérités. Dans leur double récit, quantité de noms propres se rencontraient, et, à vrai dire, l'Épître était à leur adresse. Chénier soignait tous ses collègues ou confrères, les écrivains ou députés qui n'étaient pas de son bord. La journée du 18 fructidor y était célébrée sous forme d'anathème. Après que Louis XVIII s'était plaint de ce que les républicains avaient battu sa *livrée,* Pie VI, reprenant à son tour, disait :

Ils ont le même jour battu la mienne aussi.
. . . . . . . . . . . . . . . . . . . . . . .
Quels hommes j'ai perdus! j'avais saint du Vaucelle,
. . . . . . . . . . . . . . . . . . . . . . .
Le clément saint Rovère. . . . . . . . . . .
L'éloquent saint Gallais. . . . . . . . . . . .
Saint Mailhe. . . . . . . . . . . . . . . . .
Saint Quatremère. . . . . . . . . . . . . . .
. . . . . . . . . . . . . . . . . . . . . . .
Saint Laharpe. . . . . . . . . . . . . . . .
. . . . . . . . . . . . . . . . . . . . . . .
J'avais saint Vauvilliers. . . . . . . . . . . .
. . . . . . . . . . . . . . . . . . . . . . .
Mais parmi ces grands saints, canonisés tout vifs,
Du vicaire de Dieu vicaires adoptifs,
Nul n'était comparable à saint Jordan Camille;
Chacun valait un saint, lui seul en valait mille.
Cet apprenti sous-diacre, en vrai pauvre d'esprit,
S'était senti toujours du goût pour Jésus-Christ :
Il aimait du vieux temps les sottises prospères,
Et réclamait surtout les cloches de nos pères;
Cent oisons répétaient ses pieuses clameurs.
Dans le château Saint-Ange, au bruit de ces rumeurs,
Mon âme était ouverte à la douce espérance

De voir des indévots le sang couler en France,
Et j'entendais de loin crier de tout côté :
« Guerre aux républicains ! meure la liberté !
Mais vivent les clochers, la tiare, l'étole,
Camille, et les oisons, sauveurs du Capitole! »

Dans une autre brochure, non plus en vers, mais en prose, aux approches des élections de 1798, on faisait parler d'une part Robespierre à ses sectateurs, et de l'autre Camille Jordan aux siens: *Robespierre aux frères et amis, et Camille Jordan aux fils légitimes de la monarchie et de l'Église.* Robespierre conseillait aux siens toutes les exclusions possibles, excepté celle des terroristes; mais, faute de terroristes, il préférait encore le royaliste le plus ardent à un républicain modéré, et de son côté Camille Jordan, recommandant des hommes du bon choix, concluait à préférer aussi, en désespoir de cause, des anarchistes à des modérés. Dans ce singulier rapprochement de deux noms qui hurlaient de se voir accouplés, le pamphlétaire concluait que la séquelle de Robespierre, aussi bien que la secte de Camille Jordan, ne redoutait rien tant que l'affermissement de la Constitution de l'an III, et que l'un et l'autre appelaient à tout prix une révolution. L'on faisait dire au noble Camille, à la fin de cette espèce de sermon et de capucinade fanatique :

« En vérité, en vérité, je vous le dis et je vous en assure, c'est un nouveau baptême de sang qu'il faut à la France pour la purifier de tant de souillures et pour la rendre digne du rétablissement des autels et du trône. Que la terreur se réorganise, qu'elle couvre encore la République de prisons, d'échafauds, de ruines et d'ossements! Et je jure par les saints évangiles que le nouveau 9 thermidor qui terminera ce second empire de la terreur sera le premier jour de la royauté renaissante et affermie pour les siècles des siècles. Ainsi soit-il. »

Et c'est ainsi que la calomnie s'acharnait sur un proscrit, sur un exilé sans défense. Marie-Joseph, dont le cœur valait mieux que les passions, et qui avait des retours généreux après ses colères, reconnut-il jamais son tort envers celui avec qui il se rencontra plus tard dans la résistance à l'Empire?

Rentré en France au mois de février 1800, dès les premiers mois du Consulat, Camille Jordan vint à Paris, et l'on nous dit qu'avec son ami Degérando il fut l'hôte de M$^{me}$ de Staël à Saint-Ouen. Ce qui est vrai, c'est que le château de Saint-Ouen, qu'elle n'habitait pas cette année-là, fut mis par elle à la disposition de M. et de M$^{me}$ Degérando (1), et Camille y vint passer quelque temps. Les relations amicales de Degérando avec M$^{me}$ de Staël amenèrent vite celles de Camille. Si (ce qui est douteux) quelques relations déjà avaient pu être nouées avant le 18 fructidor, elles ne devinrent intimes et tendres que depuis ces années du retour. Il paraît que le bonheur que dut avoir Camille Jordan en revoyant la France ne fut pas exempt de quelques ennuis. Ses ennemis (il en avait toujours) déterrèrent je ne sais

(1) Je consulte une intéressante brochure intitulée *Souvenirs épistolaires de M$^{me}$ Récamier et de M$^{me}$ de Staël*, par M. Degérando fils, et qui a fait le sujet d'un discours à l'Académie de Metz en mai 1864. Le nom de Camille Jordan y revient souvent.

16.

quelle lettre qu'il avait écrite, qu'il avait peut-être publiée anciennement, et qui était de nature à donner le change sur ses opinions actuelles. Cette pièce, reproduite probablement dans quelque journal hostile, provoqua la lettre de M^me de Staël qu'on va lire, et qui, je crois, est la première en date de la série que nous possédons.

« Ce 1^er ventôse (1801 ?).

« Vous avez du chagrin, mon cher Camille, et je voudrais que vous fussiez avec moi. Je vous aurais montré que votre peine est beaucoup moins fondée que vous ne le croyez. Rien de plus simple que votre lettre *à l'époque où vous l'avez écrite*. Apprend-elle rien à personne sur vos opinions d'alors? Touche-t-elle en rien à la moralité du caractère? Si, comme je le crois, vous avez depuis senti combien les principes de la liberté sont supérieurs à tout cela, vous écrirez une fois de manière à vous faire connaître, et vous vous classerez quand vous le voudrez dans un parti qui recevra toujours le talent et le courage avec reconnaissance. Vous ne feriez rien, que ceci vous laisserait dans la position où vous étiez en fructidor, et vous ne l'avez pas désavouée. Mettez-vous bien dans l'esprit que cela ne change rien à votre situation, et que votre courage et votre conduite à l'Assemblée étant royalistes, vous aviez toujours besoin d'une action quelconque pour sortir de cette ligne, et cette action ou cet écrit, vous êtes toujours libre de le faire, et vous avez une élévation de style, une candeur d'âme qui vous donnera toujours le moyen de convaincre quand vous le désirerez. Enfin, quand vous resteriez tel que vous êtes, seriez-vous dans une autre position que Malouet, dont les lettres sont oubliées, et pensez-vous qu'en politique, dans un pays tel que celui-ci, rien dure plus de six mois? — Vous savez que je suis républicaine, et vous me savez très-vive dans tout ce que je suis : je vous atteste que votre lettre ne m'a point étonnée, que je l'ai trouvée naturelle dans votre situation et qu'elle n'a rien changé à l'opinion que j'avais de vous. Je vois la même manière de penser dans les autres. Ne vous affligez donc pas et venez nous voir. Vous ne savez pas combien vous serez remonté par l'affection de vos amis. Vous passerez l'été à Saint-Ouen, vous y ferez un bon ouvrage et tout ira bien. — Adieu, mon cher Camille, songez quelquefois à mon amitié pour vous, si vous vous souvenez encore que vous me trouviez aimable. »

C'est encore à cette première saison et comme à ce printemps de l'amitié que je crois pouvoir rapporter le petit billet suivant, qui n'est pas sans coquetterie et qui sent le gracieux prélude :

« Vous vous entendez bien aux rendez-vous romanesques : vous arrivez une heure avant et vous ne revenez pas. Allons! il ne faut plus vous en donner.

« Gérando et vous, voulez-vous venir dîner avec moi à *cinq* heures précises? Nous irons ensuite ensemble voir la pièce qui me touche le plus, *le Philosophe sans le savoir*, où j'ai une loge où je vous mène — *loge grillée;* monsieur Camille, votre incognito sera respecté. — Dites à Gérando que je me plains de lui. Il vient quand il sait que je n'y suis pas. »

Et dans une lettre à Degérando lui-même, qu'elle lui adressait de Coppet : « En écrivant à Camille Jordan, dites-lui que j'aime quelqu'un à Genève, *seulement de ce qu'il lui ressemble un peu.* »

L'écrit marquant que M<sup>me</sup> de Staël désirait pour Camille, et qui devait dissiper les nuages du passé en le classant décidément dans son vrai parti, il ne tarda pas à le produire : c'est la brochure de 60 pages intitulée : *Vrai sens du vote national sur le Consulat à vie*, qui est de 1802. L'écrit parut d'abord sans nom d'auteur; mais la première édition ayant été saisie et l'imprimeur (ou celui qui avait remis la copie à l'imprimeur) ayant été inquiété ou même incarcéré, Camille Jordan crut devoir se faire connaître, et l'affaire n'eut point d'autres suites.

On a souvent posé cette question et exprimé ce regret : pourquoi le premier consul n'est-il pas resté consul? pourquoi a-t-il poussé si vite ses destinées jusqu'à l'Empire? pourquoi n'a-t-il point assis la France sur la base modérée du Consulat? et qu'aurait-il eu à faire pour tirer de cet état de choses et de cette forme politique toutes les institutions et les garanties qu'eût réclamées une France libre, mais apaisée et rangée sous le pouvoir d'un seul chef, magistrat à vie? L'écrit de Camille Jordan répond complétement à ces questions; l'auteur les traite à cœur ouvert et les embrasse avec autant de lumière que de franchise. Il discute les moyens, il indique les points essentiels et les articles du programme; il réfute les objections des empressés et des intéressés, des enthousiastes et des ambitieux, de tous les courtisans de la veille, et enfin il présente sans chimère, en homme d'ordre et de liberté, toutes les conditions, selon lui possibles, mais à la fois indispensables, qui eussent été à remplir, de la part du chef illustre que la France s'était donné, pour consommer l'œuvre de la réparation sociale et pour arriver (le mot déjà est de lui) jusqu'au « couronnement de l'édifice (1). »

Ceux qui ont prétendu et qui prétendent plus que

(1) Page 46 de la brochure.

jamais aujourd'hui que l'Empire était implicitement et nécessairement renfermé dans le Consulat, que l'un n'a été que la déduction et, pour ainsi dire, l'épanouissement de l'autre, devraient lire cette brochure de Camille Jordan : ils reconnaîtraient peut-être qu'il y avait en réalité deux issues possibles, que l'esprit du temps et la nature des choses ne commandaient pas l'une plutôt que l'autre, et que ç'a été surtout dans le caractère et la toute-puissante personnalité du chef qu'a été la raison dominante et invincible de la solution qui a prévalu.

Je ne rappellerai de cet écrit peu connu, non réimprimé depuis, que l'entrée en matière et l'exorde ; on aura du moins le ton, on prendra une juste idée de l'homme qu'admira et qu'aima M<sup>me</sup> de Staël :

« Et moi aussi, homme indépendant, j'ai suivi la foule : j'ai voté pour le Consulat à vie. Mais, déterminé en effet par des motifs plus hauts que ces votants que pousse au hasard l'adulation ou l'exemple, j'ai besoin de marquer, dans une conduite semblable, la différence des vues ; il m'importe que ma pensée entière soit connue : n'ayant pu la consigner sur un registre, je la déposerai dans cet écrit.

« Que parlé-je, au reste, de mon vœu personnel ? J'ai le bonheur de le pouvoir dire, c'est celui de nos plus vrais citoyens, de tous les hommes faits, par leurs lumières et leurs vertus, pour servir de guides à l'opinion. J'ai parcouru leurs honorables rangs, j'ai recueilli leurs libres sentiments, je n'en suis que l'organe, et c'est en leur nom que j'offre à la nation et au gouvernement des vérités qui seront à la fois un hommage pour l'une et une instruction pour l'autre.

« Car enfin le moment est venu où il est permis, où il est utile, où il est nécessaire d'écrire. Un assez long silence a réparé l'abus que nous fîmes de la parole, c'était le sommeil succédant au délire de la fièvre; mais ce sommeil ne put être celui de la mort, le retour de la santé en a marqué le terme. Nous voici délivrés à la fois des habitudes serviles de l'ancien ordre et des exagérations passionnées du nouveau, appelés par notre gouvernement à délibérer sur de grands intérêts, reconnus par lui-même assez sages pour les bien déterminer; eh! comment aurait-il espéré un vœu éclairé, sans de franches communications? comment aurait-il consulté la volonté nationale, si la pensée publique n'était manifestée?

« Que lui importent des listes de vulgaires suffrages, toujours d'avance assurés au pouvoir, toujours n'enfermant aucune réserve généreuse, et qui n'ajouteront rien à ses droits véritables? Mais ce qui lui importe, c'est de recueillir des votes indépendants, c'est de savoir ce qu'entendent dans cette grande circonstance, sous quelle condition viennent de souscrire tous ces hommes qui ont une opinion, une conscience, et dont la voix semble l'interprète naturel de la vérité et de la justice.

« Il fut digne de les interroger, et voici ce qu'ils lui ont répondu :

« Sans doute d'abord il est entré dans notre vote un sentiment profond de reconnaissance pour l'homme qui nous gouverne. Nous n'avons pas besoin de répéter ici ces louanges sans mesure que lui-même dédaigne; il nous suffit de dire, dans un langage plus simple parce qu'il est plus vrai : Oui, ce citoyen a bien mérité de son pays. Il fut appelé au pouvoir dans des jours de discorde, et il répondit dignement à sa haute mission; d'une main ferme il contint les factions au dedans, il vainquit les ennemis au dehors, il dicta la paix, *il commença la justice,* il consola le malheur. Quelques partielles erreurs purent se faire douloureusement remarquer, mais elles trouvèrent leur excuse dans de difficiles circonstances: elles n'ôtent point à son administration, jugée dans son ensemble, ce caractère à la fois énergique et bienfaisant qui la distingue, et il est naturel, ce mouvement d'un peuple généreux qui aime à prolonger l'autorité qui l'a sauvé, et cherche pour le plus grand des services la plus haute des récompenses.

« Sans doute encore nous avons été frappés de cette utilité politique, qu'après tant de déplacements funestes, et dans un État si vaste, le pouvoir acquière plus de fixité ; qu'il persévère longtemps dans les mêmes mains, surtout lorsque ces mains se montrèrent heureuses, lorsque le chef a fait d'illustres preuves de talent, lorsque, respecté dans son pays et redouté en Europe à l'égal de nul autre, il semble avoir identifié avec sa fortune la fortune publique.

« Mais en même temps nous nous hâtons de le déclarer, et nous voulons que la France l'entende, ces motifs qui ont pu suffire à quelques-uns, qu'ils ont longuement commentés, dont ils ont avec adulation exagéré la force, ne nous auraient jamais décidés seuls à une concession de cette étendue ; nous nous fussions défiés même de ce sentiment de la reconnaissance, comme trop sujet à égarer les peuples, même de cette importance de la stabilité, comme devant être cherchée plus dans les lois que dans les hommes, si à ces considérations ne s'en était jointe une autre qui a dû fixer nos suffrages : c'est la ferme confiance que bientôt Bonaparte, appréciant les nouvelles circonstances qui l'entourent, n'écoutant que l'inspiration de son âme et la voix des bons citoyens, posera lui-même à l'autorité dont il est investi une limite heureuse, qu'il ne profitera de cette prolongation de sa magistrature que pour achever, réaliser des institutions qu'il n'est pas temps de détailler encore, mais dont le but sera de former dans le sein de ce peuple un pouvoir véritablement national, qui seconde le sien, qui le tempère, qui le supplée au besoin, qui en assure la transmission légitime.

« Voilà ce qui fut, avec notre intention expresse, l'intention moins développée, mais réelle, de la majorité du peuple, ce qui forme de ce vote un contrat tacite entre la nation et son chef, ce qui seul, aux yeux d'une raison sévère, peut justifier le don que nous lui fîmes... »

L'écrit de Camille Jordan est donc l'œuvre d'une haute raison restée libérale. L'homme politique était alors tout à fait mûr et formé en lui. Les développements sont abondants, solides, animés d'un mouvement et d'un nombre qui, dans la bouche de l'orateur et sortant de ses lèvres, seraient de l'éloquence. L'expression, toujours saine, élevée et digne, manque un peu d'éclat.

Et en général, même quand il s'agit des meilleurs écrits de Camille Jordan, parlons moins de son style que de son langage soutenu, toujours noble, de sa parole même : elle a l'ampleur, l'abondance, le *flumen*; elle se présente par de larges surfaces et se déroule d'un plein courant, comme il sied à ce qui tombe et s'épanche du haut d'une tribune : elle n'offre pas la nouveauté, l'imprévu, l'éclat, la finesse, qu'on aime à distinguer chez un écrivain proprement dit, les expressions créées, les alliances heureuses, la fleur du détail et ce qui accidente à chaque pas la route. Il n'y a pas de ces paroles de feu qui restent, de ces flèches aiguës qui traversent les âges et atteignent au cœur de la postérité. En un mot, il y a du talent, un beau talent : il n'y a pas miracle de talent. Chateaubriand eut de tels miracles au milieu de bien des hasards. Royer-Collard en eut aussi sous sa forme sentencieuse et sévère.

Quoi qu'il en soit de ces réserves purement littéraires, par son moment, par ses prévisions et ses vœux si nettement exposés, par la justesse et la gravité des raisons produites, non moins que par la générosité de son inspiration, la brochure de Camille Jordan appartient tout à fait à l'histoire. M. Duvergier de Hauranne l'a bien senti, et il n'a eu garde d'en omettre la mention dans son *Histoire du gouvernement parlementaire*, à l'endroit où il signale le vote du consulat à vie. Il ne s'éleva en effet à cette minute rapide qu'une seule voix, une seule, pour réclamer les garanties et les libertés désirables; mais cette voix isolée, qui est celle de Camille Jordan, a suppléé à toutes les autres, et elle a su tout résumer. M. Ballanche a eu raison de dire dans son *Éloge* de Camille, prononcé en 1823 : « Tout ce qu'il y a de prévision dans cette brochure confond actuellement la pensée. Rien n'est si habile, rien n'est si éclairé qu'une haute conscience et un désintéressement complet de tout intérêt personnel. Cet écrit sur le consulat à vie est nécessaire pour juger tout Camille... » J'ajouterai que ce même écrit est nécessaire aussi dans une histoire politique du consulat pour qu'il n'y ait pas lacune; il y manquerait, si l'on ne l'y faisait entrer comme une ombre au tableau. En regard du côté brillant, il laisse voir le côté sacrifié, qu'on serait tenté d'oublier ou de faire moindre qu'il ne fut réellement. Il ouvre une perspective dans le sens opposé à celui où l'histoire a marché et triomphé. Qui oserait dire qu'elle n'aurait pu tout aussi bien se diriger dès lors dans cet autre sens sous une impulsion différente ? Le philosophe aime à rêver et à méditer sur ces problèmes. Le possible, — ce qui eût été possible, — est comme une mer immense et sans horizon.

Plusieurs des lettres de M$^{me}$ de Staël à Camille se

rapportent évidemment au lendemain de cette publication, qui lui alla au cœur; on ne laisse pourtant pas d'être dans l'embarras quand on veut les dater exactement. Je n'ai jamais vu une aversion du chiffre et du millésime aussi complète que dans les lettres de cette femme supérieure. Cela me rappelle un mot d'un de ses amis, le duc de Laval, et qu'il prononçait avec une certaine moue : « les dates ! c'est peu élégant ! » Voici, quoi qu'il en soit, des pages qui rendent au vif l'admiration et l'enthousiasme que ressentit M<sup>me</sup> de Staël à la lecture du manifeste indépendant de Camille Jordan. Un journal avait apparemment critiqué cet acte public comme étant d'un mauvais exemple.

« (1802, Coppet.)

« Je profite, mon cher Camille, d'une occasion rare pour vous écrire. Je voudrais que vous m'envoyassiez ce numéro du *Défenseur* que je n'ai jamais lu. Je n'imagine pas quel tour on peut prendre pour arriver à dire du mal de vous. Il n'y a pas ici un être pensant qui vous ait lu sans en être enchanté; il y a des morceaux que je sais par cœur et que je déclame si bien qu'il faudra que vous me les entendiez réciter. Je n'ai rien lu qui ait été plus au fond de mon âme. Je ne me suis livrée à rien avec un sentiment aussi complet. J'avais une bague de mes cheveux qui a appartenu au pauvre M. de St. (*Staël*) (1), je voulais vous l'envoyer; mais vous me paraissez si engoué des cheveux blonds de M<sup>me</sup> de Krüdner que j'ai été timide sur mes cheveux noirs, et ils restent là jusques à ce que nous nous revoyions. Matthieu (2) vous

(1) Le baron de Staël venait de mourir le 9 mai de cette année 1802, à Poligny, en se rendant à Coppet. M<sup>me</sup> de Staël était auprès de lui dans ce voyage et avait reçu ses derniers soupirs.

(2) Matthieu de Montmorency qui, dans cette correspondance, est ainsi désigné par son nom de baptême.

dira qu'on m'a donné des inquiétudes sur mon repos cet hiver. Je suis décidée à n'y pas croire. D'ailleurs, cela fût-il vrai, vous me trouverez quelque habitation près de Paris et vous viendrez m'y voir. C'est de mes amis et non de Paris que j'ai besoin. Oh! quel tissu ourdi pour enchaîner tout ce qui pense que ce S. C. (*sénatus-consulte*)!!! (1) Mais je ne veux pas commencer à parler : ce sera pour l'heureux jour où je vous reverrai, Camille; c'est avec le respect qu'on doit à la plus noble des actions que je vous reverrai. Mon amitié me fera reprendre le ton familier, mais il me restera au fond du cœur de l'admiration pour votre caractère et votre talent. Ne le perdez pas, ce talent; c'est, après mon père, la dernière voix de la vertu sur la terre. Qu'avez-vous pensé de l'ouvrage de mon père (2)? N'avez-vous pas trouvé que c'était vos sentiments appliqués aux institutions? Je ne sais rien qui s'accorde mieux que votre jeunesse et sa vieillesse. Mandez-moi ce que vous en pensez et ce qu'on en dit. — Adieu, je vous aime à présent bien plus que vous ne m'aimez. »

Voici encore une autre lettre du même temps et de la même veine d'admiration; on y sent combien, chez Mme de Staël, le goût pour les personnes et la tendresse même dépendaient de l'esprit, et comme l'attrait passionné lui arrivait par la communauté des sentiments politiques et la sympathie des opinions.

« Ce 6 septembre (1802).

« Combien j'ai été heureuse, et mon père aussi, de votre lettre, mon cher Camille! Ah! combien, depuis que je vous

(1) Il s'agit sans doute du sénatus-consulte du 2 août 1802 qui investissait Bonaparte, consul à vie, de ses nouveaux pouvoirs.
(2) *Dernières Vues de politique et de finances,* offertes à la nation française, 1802.

ai quitté, vous avez encore grandi à mes yeux! Quelle place vous prenez dans l'opinion par cette double résistance dont l'une interprète si bien l'autre (1)! — On a dû vous écrire pour vous redemander des exemplaires. — Les journaux allemands n'ont fait jusqu'à présent que copier les journaux anglais. On a envoyé un extrait bien fait : on attend s'ils l'inséreront. Je vous rapporterai l'argent, si l'ouvrage de mon père ne leur donne pas de l'humeur contre moi, ce qui, je l'avoue, me semblerait plus qu'injuste. — Je la braverai, cette humeur. — Une seule chose (ceci pour vous seul, pas même à Matthieu ni au *bon* (2), une seule chose m'aurait donné l'idée de ne pas revenir cet hiver : c'eût été si vous aviez voulu venir à la fin d'octobre ici et partir avec une ou deux personnes de Genève et moi pour l'Italie. Nous aurions vu M. de Melzi qui m'y invite, Rome et Florence et le printemps. En repassant à Genève, peut-être auriez-vous emmené mon père en France. J'ai assez d'argent pour faire ce voyage agréablement presque sans frais pour vous. Benj. (*Benjamin*) passe l'hiver à Paris. Il nous en donnerait en route des nouvelles. — Si vous ne saisissez pas ce projet qui me touche, n'en parlez pas *absolument,* car il ne faut pas refroidir les autres amis par cette idée. — Oublier tout ce qui m'oppresse pendant six mois, l'oublier avec vous, que j'aime profondément, sous ce beau ciel d'Italie, — admirer ensemble les vestiges d'un grand peuple, verser des larmes sur celui qui succombe avant d'avoir été vraiment grand, ce serait du bonheur pour moi ; je mènerais avec moi mon fils aîné, qui est très-bon, et je suspendrais la douleur pendant six

---

(1) Par cette double résistance, M^{me} de Staël entend probablement la protestation de Camille Jordan au 18 fructidor en même temps que l'opinion sur le consulat à vie, deux actes en effet qui se complètent, dont l'un (le dernier) donne l'entière explication de l'autre et en détermine le vrai sens.

(2) Le *bon,* c'était Degérando, dont la bonté était, pour ainsi dire, la fonction ; il l'appliqua depuis, un peu trop indistinctement, à la philanthropie universelle.

mois. — Pourquoi donc n'avez-vous pas le même mouvement? Mais encore une fois, si vous ne l'avez pas, si je n'ai pas cet événement heureux pour me consoler de tant de peines, — ne dites jamais que je vous ai écrit un seul mot, c'est important. — Oui, mon ami, l'on est lassé du *temps* et bientôt aussi de la vie; j'ai senti ma voix se briser dix fois en lisant haut votre lettre, en pensant même à ce bon Duchesne (1), à qui je vais écrire un mot en lui envoyant le livre de mon père. — Oh! que le mot de Brutus prêt à se tuer est beau! et dans ce temps on n'avait pas encore découvert ce *dissolvant* des temps modernes, la plaisanterie, qui veut remettre en doute tout ce que l'âme nous inspire. Je n'ai point encore vu M$^{me}$ de Krüdner. Je crois que vous ne savez peut-être pas qu'au milieu de la nature et de la solitude je vous conviendrais mieux, quoique au reste, vous aussi, vous ayez comme moi cet esprit de société qui donne du mouvement à la vie. Adieu, mon cher Camille. — Sous l'adresse de François Coindet, vous pouvez m'écrire sans inconvénient. Je désire savoir les divers effets de l'ouvrage. »

« *P. S.* Dites à Malouet que je l'aime. Mon père lui a écrit. »

Ce projet de voyage en Italie, cette offre qui en est faite à Camille, et pour lui seul, sous le secret, nous indique le moment le plus vif du goût de M$^{me}$ de Staël pour cet aimable esprit et cette âme généreuse. Camille, il faut le dire (et je ne lui en fais pas précisément mon compliment), résista, ne prit pas feu, ne s'enflamma point par l'imagination. La lettre qui suit nous le prouve trop bien :

(1) Duchesne était un parent des Jordan, celui qui avait remis à l'imprimeur la brochure de Camille, et qui avait été un moment arrêté.

« Ce 23 octobre (1802), Coppet.

« Je savais bien, mon cher Camille, que ce qu'on appelle communément la raison n'était pas pour mon projet; mais j'avais eu un élan vers quelque chose de mieux qu'elle, quand cette idée me vint. N'en parlons plus. Je ne l'aurais pas eue, cette idée, avant ce que j'ai lu; mais j'ai eu l'orgueil de trouver là tant de réponses à mes sentiments les plus intimes, qu'il me semblait que tout pouvait être d'accord. Ma vengeance se borne maintenant à désirer qu'en lisant *Delphine* (1) vous regrettiez le projet évanoui. J'ai vu assez souvent M<sup>me</sup> de Krüdner. Je la trouve toujours distinguée; mais elle raconte une si grande quantité d'histoires de gens qui se sont tués pour elle, que sa conversation a l'air d'une gageure, et que, sans être précisément affectée, on ne se confie pas à son naturel. Il m'est revenu que vous aviez eu un peu de goût pour sa fille, et je vous avouerai que, si cela est, je ne conçois pas comment tout ce qui a quinze ans ne vous a pas enchaîné. Je l'ai bien observée depuis qu'on m'a dit cela, et je n'ai jamais pu y voir qu'un très-joli visage de Greuze, parlant sans accent de l'âme, mais avec douceur. Elle m'a dit des vers d'une énergie remarquable comme un bouquet à Iris : c'est gracieux à regarder; mais il me semble que, pour aimer, il faut peut-être ce visage, mais sûrement un autre esprit. — Je range donc cette passion de vous avec celle de M<sup>lle</sup> Hulot. Si je me trompe, dites-le-moi; je l'étudierai mieux, et je l'aime d'avance, si elle est digne d'être aimée de vous. Benj. (*Benjamin*) sera peut-être retenu par son père à Genève la moitié de l'hiver, et vous me reverrez seule et peu de jours après mon roman. J'espère que vous me soignerez d'autant plus qu'un de mes amis me manquera. Je vous le répète, j'arriverai vous aimant plus que quand je suis partie. C'est pour vous avoir mieux connu. La cause doit vous plaire. Un voyageur de ma connaissance vous por-

(1) Le roman de *Delphine* parut à la fin de 1802.

tera toutes les nouvelles de Suisse que vous désirez. Nous allons après-demain, mon père. et moi, passer deux jours à Lausanne pour tirer un parti quelconque de nos droits féodaux, qui seront reçus, dans l'achat de quelques terres, à peu près au taux des assignats ; mais enfin mon père, qui n'aime point à se déplacer, le fait quand il s'agit de l'intérêt de sa famille. Nous serons de retour bien avant que vous pensiez à m'écrire. Je lis l'ouvrage de Gérando pour Berlin (1), qui me frappe de vérité et de clarté. Je lui écrirai quand je serai plus avancée. Villers m'écrit des lettres où l'amour de Kant et de moi se manifestent, mais Kant est préféré. — Adieu, Camille, adieu. »

Le nom de M<sup>me</sup> de Krüdner, qui revient assez ironiquement sous la plume de M<sup>me</sup> de Staël, nous est un indice que Camille se sentait alors de l'attraction vers cet autre côté. Il n'avait que trente-un ans. Nature saine et droite, s'il regardait avec tant de complaisance *tout ce qui avait quinze ans* et la fille même de M<sup>me</sup> de Krüdner, une douce beauté, sans doute c'est qu'il pensait déjà à des affections régulières et justes, au mariage qui devait bientôt, près d'une autre personne, le fixer et l'enchaîner (2).

(1) *De la Génération des connaissances humaines,* mémoire qui a partagé le prix de l'Académie des sciences de Berlin, 1802.

(2) M<sup>me</sup> de Staël n'aimait pas voir ses amis se marier ; elle le disait naïvement. Dans une lettre d'elle à Degérando vers ce même temps, je lis ce passage : « Camille Jordan m'a écrit une lettre qui l'a fait beaucoup aimer de mon père. Pour moi, c'est décidé depuis longtemps, j'ai le plus tendre attrait pour lui, et je pense avec peine que vous le marierez, et qu'il aura des affections nouvelles qui me reculeront de plusieurs degrés. Je lui écrirai la première fois contre. le mariage ; j'ai un beau morceau sur ce sujet, qui vous convaincrait vous-même, si Annette (*M<sup>me</sup> Degérando*) n'était pas là. »

M^me de Staël, refusée pour son projet un peu romanesque de l'Italie, n'en garda pas rancune à Camille; mais le paroxysme de son enthousiasme diminua un peu. Nous avons pourtant d'autres lettres qui sont d'une date voisine et d'une grande vivacité encore. Camille Jordan lui avait envoyé des parties de sa traduction de Klopstock :

« Ce 3 juillet (1803 (1), Coppet).

« Comment vous exprimer, mon ami, l'enthousiasme que m'a fait éprouver votre traduction de Klopstock? J'ai tressailli, j'ai pleuré en la lisant comme si j'avais tout à coup entendu la langue de ma patrie après dix ans d'exil. Je vous ai aimé d'un sentiment nouveau qui avait plus de vie, plus de dévouement, plus d'émotion, que tout ce que j'avais éprouvé pour vous jusqu'alors. C'est là le vrai talent, celui de l'âme. L'imagination de Chateaubriand à côté de cela ne paraît que de la décoration. Le réel, le sincère est dans ces odes. Il y a une vie derrière ce style. Il y aura une vie après, et celle-là peut-être vous en passerez quelques jours avec moi. — Je ne puis vous dire tout ce que je voudrais, mais devinez-moi. Un de mes amis que vous connaissez assez froid, du moins en apparence, m'a égalé dans mes impressions : il a jugé, il a senti de même; je n'ai de plus que lui qu'une tendresse pour l'auteur qui sera désormais l'un des trésors de ma vie. Mon père a dit en parlant de cette traduction : « Elle met le traducteur sur la première ligne des écrivains. » Croyez-moi, c'est ainsi que tous les hommes dignes de vous vous jugeront. — A présent, parlons des moyens de faire connaître en Allemagne cette belle imitation de leur premier poëte. Les imprimeries d'ici sont trop chères

---

(1) Je mets à cette lettre la date de 1803. En effet, il résulte de deux passages que Chateaubriand était déjà célèbre, et que M. Necker vivait encore.

et trop françaises pour rien d'un peu allemand : à vingt lieues d'ici, on trouverait mieux ; mais là ce ne peut être moi et encore moins Pictet, qui n'a point de goût pour la littérature. Je pensais que, si vous aviez l'idée de faire un voyage, vous viendrez ici, — premier plan de bonheur, — et que nous songerions ensuite à vous envoyer à l'une des petites universités où votre talent pour traduire l'allemand trouverait à se placer. Dans la solitude où nous vivons, vous ne pourriez être connu de personne, mais vous ne seriez pas fâché de passer ainsi quelques jours, et le tout ne vous éloignerait pas plus d'un mois de vos amis. Réfléchissez à mon projet, et n'allez pas le croire mauvais parce que j'y trouverais du bonheur. — Adieu. Dites-vous bien que vous pouvez disposer de moi comme de votre sœur. Je voudrais avoir droit à ce titre par quelque ressemblance avec vous. — Répondez-moi le plus tôt possible comme vous m'avez écrit. »

C'est dans l'automne de cette année 1803 que M<sup>me</sup> de Staël vint à Paris ou aux environs, et qu'elle se flatta d'échapper à l'attention du premier consul, tout occupé qu'il était du projet de descente en Angleterre. Elle n'y réussit pas et fut priée de quitter la capitale et son rayon. Elle a raconté toutes ces tracasseries, et comment, après avoir éludé et tardé le plus longtemps possible, elle se décida, en quittant Paris, à partir pour l'Allemagne. Une petite lettre de M<sup>me</sup> Récamier à M<sup>me</sup> de Staël, et qui se trouve je ne sais comment mêlée aux papiers de Camille, se rapporte juste à ce moment et a trait à une démarche qui fut faite par Junot auprès du premier consul :

« Au moment où je recevais le billet qui m'annonce votre départ, on m'en a remis un de Junot qui m'écrit : « J'ai vu « ce matin le consul ; il m'a dit qu'il consentait à ce qu'elle

« ne quittât pas la France ; il veut bien qu'elle réside même à
« Dijon, si cela lui est agréable ; il m'a même dit tout bas
« que s'il n'y a rien de nouveau par la suite... — J'espère
« que sa sagesse et nos vives sollicitations feront achever la
« phrase. » — Vous savez sans doute tout cela. Pour moi, j'ai
bien besoin d'espérer de vous revoir bientôt pour me consoler un peu de votre absence. Je vous prie en grâce de me
faire savoir vos projets. Je n'oublierai pas l'affaire de M... —
Adieu. Il est bien difficile de s'accoutumer à ne plus vous
voir, quand on a eu le bonheur de passer quelques jours
près de vous. J'attends de vos nouvelles avec une inquiète
impatience.

« JULIETTE R.

« Dimanche soir. »

M<sup>me</sup> de Staël avait à peine attendu la réponse de Junot (1) : elle considérait la partie comme perdue. Les

(1) Si l'on compare ce billet avec le récit de M<sup>me</sup> de Staël dans ses *Dix années d'exil*, on peut en tirer quelques remarques. M<sup>me</sup> de Staël, dans ce voyage de 1803, fit deux séjours chez M<sup>me</sup> Récamier, qui passait la saison à Saint-Brice. La première fois, elle y resta quelques jours, se croyant hors d'inquiétude ; la seconde fois, déjà relancée par son officier de gendarmerie, elle ne s'y arrêta que quelques instants en venant de sa campagne à Paris. C'est cette seconde fois qu'elle y rencontra Junot, l'un des adorateurs alors de la belle Juliette, et qui, par dévouement pour elle, promit d'aller parler le lendemain au premier consul. M<sup>me</sup> de Staël, dans son récit, dit que la démarche de Junot échoua. Il résulte du billet de M<sup>me</sup> Récamier que la réponse faite à Junot n'était pas tout à fait négative ; mais elle ne pouvait satisfaire la brûlante impatience de M<sup>me</sup> de Staël, et au moment où Junot informait M<sup>me</sup> Récamier à Saint-Brice, l'illustre exilée avait déjà quitté Paris. — Il est même à croire que le billet de M<sup>me</sup> Récamier ne fut pas remis à M<sup>me</sup> de Staël, car, en ce cas, comment se trouverait-il dans les papiers de Camille Jordan? M<sup>me</sup> Récamier l'aura sans doute remis à Camille pour le faire tenir à M<sup>me</sup> de Staël, et il n'aura pu s'acquitter de la commission.

lettres d'elle qui suivent viennent bien à l'appui de tout ce qu'elle a écrit dans ses *Dix années d'exil*. On l'y voit tourmentée surtout par son imagination et ne sachant pas prendre dès l'abord son parti d'une persécution qui, mesquine assurément dans son principe, aurait pu être supportée avec plus de calme et de simplicité; mais il faut accepter les natures comme elles sont, et celle de M$^{me}$ de Staël, orageuse, sentimentale et digne, rachetant quelque faiblesse par beaucoup de courage, mérite qu'on fasse pour elle toutes les exceptions. Arrivée à Metz et s'y reposant quelques jours avant de mettre le pied en Allemagne, elle écrivait à Degérando d'abord :

« Metz, ce 26 octobre (1803).

« Me voilà ici, mon cher Degérando, où j'attends mes lettres de Strasbourg avant de continuer ma route. J'ai envoyé à M. Turckeim votre excellente lettre; mais je ne passerai pas par Strasbourg parce que c'est un détour en allant à Francfort. Envoyez-moi donc ici vos lettres pour l'Allemagne, mais écrivez-moi courrier par courrier, car je ne veux pas rester ici plus de six jours. Ce qui m'y plaît, c'est Villers, à qui je trouve vraiment beaucoup d'esprit, et je vous recommande de tirer parti de cet esprit cet hiver : il a toutes les idées du nord de l'Allemagne dans la tête. Je vous ai écrit un mot en partant de Bondy. Sans Benj. (*Benjamin*) j'aurais succombé à l'excès de peine que j'avais là. Je n'ai pas retrouvé le sommeil, et mon cœur est bien rempli de pensées et de douleurs. — Adieu, mon excellent ami. Parlez de moi à Annette (1). J'écrirai à Camille par le premier courrier.

« Mon adresse à Francfort sera chez ce pauvre Maurice

(1) M$^{me}$ Degérando, très-estimée et goûtée de M$^{me}$ de Staël.

Bethmann, dont nous riions, Camille et moi, dans mes jours heureux. »

Nous n'avons pas sa lettre à Camille; mais nous en avons une autre adressée à Matthieu de Montmorency :

« Metz, ce 28 octobre (1803), samedi.

« J'ai reçu deux lettres de vous, cher Matthieu, que je n'ai pu lire sans beaucoup de larmes. Je suis bien faible, et les nuits que je passe avec un sommeil sans cesse interrompu achèvent de m'ôter la force. J'étais loin de croire que je souffrirais ce que je souffre; je me serais conduite autrement, si je l'avais prévu. Pour m'achever, ma fille a repris un rhume coqueluche, et je ne sais absolument que devenir. J'espère cependant être en état de partir jeudi prochain, mais je meurs de peur que le climat du Nord ne convienne pas à ce pauvre enfant. Quel mal le 1$^{er}$ C (*premier consul*) m'a fait! Je crois encore pour l'honneur du cœur humain que, s'il en avait eu l'idée tout entière, il aurait reculé devant elle. — J'ai la conviction que c'est moi qui suis cause que votre oncle est rappelé : il aura voulu vous donner une compensation. Mais n'est-il pas vrai, cher Matthieu, que ce n'est pas une compensation, parce que personne ne vous aime comme moi et parce que votre oncle a le bonheur de ne pas souffrir par l'imagination? J'ai été hier voir la cathédrale de Metz et la synagogue des Juifs. Ces tombeaux dans la cathédrale, ces cris aigus dans la synagogue, tout agissait sur moi, et j'avais une terreur de la vie qui ne peut se peindre. Il me semblait que la mort menaçait mon père, mes enfants, mes amis, et ce sont des sensations de ce genre qui doivent préparer le désordre des facultés morales. Pourquoi vous peindre, cher Matthieu, un si misérable état? Mais mon âme va se réfugier dans la vôtre, et j'ai pour vous de ce sentiment que vous inspirent les personnes en qui vous vous confiez et que vous croyez meilleures que vous. — Benj. (*Benjamin*) est excellent pour moi. Certainement, sans lui, il me serait arrivé quelque chose de bien extraordinaire. Je vous prie de l'aimer du bien qu'il me fait, ou plutôt du mal dont il me sauve. — J'ai trouvé ici Villers de Kant, qui est vraiment un homme d'esprit et intéressant par son enthousiasme pour ce qu'il croit bon et vrai. Il a avec lui une grosse Allemande, M<sup>me</sup> de Rodde, dont je n'ai pas encore percé les charmes. Le préfet a été parfait pour moi; mais je n'en cause pas moins une peur terrible dans la ville. On y a tout exagéré, si exagérer est possible, et un pauvre président du tribunal criminel, beau-frère de Villers, ne croit pas pouvoir me voir sans courir le risque d'être destitué. A Paris, on connaît mieux le vrai, mais ici l'on est comme une pestiférée dans la disgrâce. Raison de plus pour n'y pas rester. Mais ces lettres qui arrivent tous les jours et au bout de deux jours, c'est encore un lien à déchirer que de s'en éloigner. — Cependant j'y suis résolue, si la santé de ma fille me le permet. Si vous recevez cette lettre à Paris lundi, vous pouvez encore me répondre ici mardi (jusqu'à) midi. Plus tard je vous écrirai ce que je fais. Je change d'avis quatre fois par jour; cependant je crois que je vais à Francfort. Adieu, cher Matthieu, ne vous lassez pas d'aimer votre pauvre amie. (Que dit-on) à Paris de mon histoire? — Je vous ai écrit de (Châlons), avez-vous reçu ma lettre (1)? »

C'est pendant son voyage d'Allemagne que M<sup>me</sup> de Staël reçut le terrible coup de la mort de son père. Elle s'empressa de revenir à Coppet, et, après avoir accompli le pieux devoir de publier les manuscrits paternels, elle résolut de partir pour l'Italie. Elle eut encore l'idée d'associer Camille à ce voyage, et elle l'y convia par une lettre d'une tendre amabilité :

(1) Je supplée par les quelques mots placés entre parenthèses à des mots déchirés.

« Vous savez, cher Camille, que Matthieu est ici et qu'il vous y attend avant le 10 août pour retourner avec lui à Paris. Aurez-vous un attrait de plus pour venir en sachant que je le souhaite autant que je puis souhaiter encore? — Dans mes lettres à Matthieu, je vous appelais Pylade et Oreste, Gérando et vous, et, par une équivoque, il a cru que je proposais à Gérando de venir en Italie avec moi. Je n'y avais jamais songé, mais je renouvelais l'idée chérie de vous y mener. — Se peut-il en effet que vous refusiez l'occasion, peut-être la dernière (si la guerre continentale a lieu), de voir un tel pays? Vous ne seriez pas seul avec moi, puisque j'emmène mes trois enfants et leur savant instituteur (1)? — Vous feriez un acte de charité pour une personne dont l'âme est cruellement malade, et c'est un beau motif à donner. — Vous auriez jusqu'au 1$^{er}$ de novembre pour aller à Paris. Je vous irais prendre à Lyon, si vous vouliez. Vous seriez de retour le 15 de mai. En vérité un grain d'enthousiasme pour l'Italie, l'amitié et le malheur, devrait vous décider. — Venez ici en causer avec moi, ne me refusez pas sans m'entendre. — Adieu.

« Coppet, ce 21 juillet (1804). »

Camille, enchaîné par ses habitudes et un peu casanier, ce semble, résista encore. Son amitié a des limites. On lui voudrait sans doute plus d'entraînement, un élan plus vif vers cette sœur de génie qui lui faisait signe tant de fois de venir. Résignons-nous à le voir tel qu'il était.

Camille Jordan, par son écrit sur le Consulat, s'était annulé politiquement pour tout le temps de l'Empire. Il vivait d'ordinaire à Lyon, il s'y maria; il fut reçu membre de l'Académie lyonnaise et y donna des lec-

(1) Guillaume Schlegel.

tures sur différentes questions d'une littérature élevée : *l'Influence de la Révolution sur l'éloquence française,* un mémoire sur la *Littérature allemande,* dont Klopstock, à son point de vue, était le centre ; un *Éloge* de l'avocat général Servan. Les manuscrits de ces divers ouvrages ne se sont malheureusement point retrouvés, et l'on n'en a que des analyses dans les procès-verbaux de l'Académie. Pendant cette résidence à Lyon, il n'était pas très-éloigné de Mme de Staël ; il était sur la route de Genève et de Coppet. Mme de Staël, dans les essais de voyages qu'elle faisait en France, ne manquait pas de le chercher au passage. Elle lui écrivait souvent, elle l'appelait à elle quelquefois. Camille Jordan n'entrait pas toujours, comme elle l'aurait voulu, dans l'excès de ses inquiétudes et dans l'agitation de ses projets. Cela ressort de quelques lettres qui doivent se rapporter aux années 1806 et 1807, pendant lesquelles elle vint en France et s'approcha de Paris aussi près qu'elle pouvait pour surveiller l'éducation de ses fils et aussi l'impression de *Corinne.* Je donnerai ces lettres dans l'ordre qui me paraît le plus naturel.

« Près d'Auxerre, ce 1er mai (1806).

« En arrivant à Lyon, j'ai écrit à votre frère aîné, mon cher Camille, qui était indisposé et qui m'a envoyé César. Je lui ai exprimé le plus vif désir de voir Mme Camille. Il m'a répondu qu'elle était à la campagne, et j'ai cru entrevoir dans sa physionomie qu'il eût été indiscret d'insister. J'ai donc renoncé par force à un véritable plaisir, celui de connaître une personne qui vous est aussi chère ; mais je ne sais pas pourquoi vous vous étiez placé d'avance hostilement contre mon jugement. J'ai beaucoup plus de bienveillance que je n'en inspire. Une personne que vous aimez n'a qu'une chose à faire pour me plaire : c'est de me montrer de l'intérêt. — Je n'aime pas trop, j'en conviens, que mes amis se marient; mais quand ils le sont, ce ne serait plus de l'amitié que de ne pas partager leurs sentiments, — et si je vois M^me Camille, je serai aussi coquette pour elle que je l'ai été pour vous, n'est-ce pas bien? Je ne sais rien du tout de mes affaires, et je suis ici dans la plus solitaire de toutes les retraites, soutenue seulement par l'ineffable bonté de Matthieu. — J'espère vous voir. Je voudrais bien ne plus souffrir, car je suis arrivée à un point où je crains de n'avoir plus du tout de forces pour rien supporter. Adieu. »

Après quelques détails d'affaires sans intérêt pour nous, la seconde lettre, qui se rapporte au même séjour, continue en ces termes :

« Auxerre, ce 20 juin (1806).

«... Il se pourrait que Matthieu vînt avec moi à Lyon, si je me décidais pour cette ville. — Je n'ai pas su démêler dans votre lettre si ce serait un plaisir pour vous de m'y voir. Vous ne m'avez pas dit non plus si M^me Camille savait combien j'avais désiré de la connaître. Je vous enverrai *Johnson*(1) au premier jour. J'aime qu'on soit enthousiaste de la distinction de l'esprit; mais Boswell l'est un peu trop, car on peut s'en moquer, et c'est ce qui nuit à l'enthousiasme, surtout en France. — Je suis misérable d'âme et de santé; mais le plus beau vers de Voltaire n'est-il pas :

Tout mortel est chargé de sa propre douleur?

Adieu, Camille; vous êtes un peu rude pour moi. Si vous avez raison, j'en voudrais profiter; mais il est peut-être vrai seulement que, si vous m'aimiez davantage, vous seriez moins rude. — Adieu. »

(1) La *Vie du docteur Johnson*, par Boswell.

« Meulan, ce 10 avril (1807).

« Vous avez écrit à Matthieu que je vous boudais. C'était un peu vrai. Je vous aimais plus que vous ne m'aimiez. De ce désaccord est né de la peine pour moi. — Il n'y a aucun chagrin vrai et sincère qui ne doive intéresser, surtout quand ce chagrin, comme vous le verrez par *Corinne*, coûte beaucoup de larmes, mais pas une platitude; enfin, quand ce chagrin a courbé mille fois plus grands que moi, le Dante, Cicéron, etc. Enfin, croyez-moi, l'on m'a dit sur ma peine, comme on dit sur toutes les peines du monde, mille choses qui m'ont blessée, et je n'ai conservé de rancune que contre vous, parce que je vous aime. N'est-ce pas juste? Je vais vous envoyer *Corinne*. Quand vous l'aurez reçue, écrivez-moi à Coppet, où je vais passer l'été dès que *Corinne* sera imprimée. Je vous embrasse, rancune tenante.

« Mes compliments à votre enfant et à la mère, si elle le permet. »

Cette sorte de crainte que M<sup>me</sup> Camille avait de M<sup>me</sup> de Staël et cette première glace à briser, de la part d'une jeune femme timide en présence d'une femme supérieure, ne tinrent pas, et d'autres lettres nous la laissent voir en tiers avec son mari et celle qui savait si bien se proportionner. Je mets à la suite plusieurs de ces lettres et billets qui montrent si bien l'active bonté de M<sup>me</sup> de Staël et la sollicitude avec laquelle elle entrait dans toutes les affections de ses amis :

« Voulez-vous bien, mon cher Camille, me retenir une chambre à l'hôtel d'Europe pour dimanche 15? J'arriverai pour dîner à cinq heures avec vous. Restez libre pour me donner cette soirée et le lendemain lundi, car il faut absolument que je parte le mardi de grand matin. — Dites à lady Webb que j'irai passer deux heures avec elle lundi matin. — Je ne veux d'ailleurs voir personne. Je n'ai fait le détour de Lyon que pour vous embrasser et causer avec vous. Dites à madame Julie (1) que j'ose la mettre de l'un et de l'autre. Adieu. A dimanche! J'ai le cœur bien serré.

« Ce 10 avril, Coppet. »

« Lyon, dimanche — 3 mai.

« J'arrive ici espérant vous y trouver d'après la lettre que Matthieu et moi nous vous avons écrite, et je me désole de ce que vous n'y êtes pas. — Je vous envoie un exprès pour vous demander de revenir demain. — Songez que je reste demain sans avoir quoi que ce soit à faire à Lyon, seulement pour avoir quelques heures de vous. — Passerai-je donc sans voir M$^{me}$ Camille ?

« Je remets mon billet à monsieur votre frère, qui est plein de bonté pour moi. »

Les billets suivants, qui me semblent d'une date un peu postérieure, se rapportent au même ordre de sentiments :

« Ce 16 avril (1812 ?).

« Lady Webb écrit à une personne de mes amies que vous êtes inquiet de la santé de M$^{me}$ Camille. — Si vous pouvez vous distraire d'un intérêt si cher pour en parler encore, mandez-moi en deux lignes ce qu'il y a de vrai dans cette nouvelle, qui m'a cruellement troublée. — J'ai moi-même la fièvre depuis quinze jours et j'avais de tristes pensées sur ma santé, quand ce qui vous concerne a captivé toute mon attention. — Quand je vous crois heureux, je pense quelquefois que vous ne m'aimez guère; mais, quand je me figure que vous souffrez, je sens seulement que je vous aime encore beaucoup. »

(1) Julie de Magneunin, c'est le nom de famille de M$^{me}$ Camille Jordan.

« Ce 19 avril (1812?).

« Vous pouvez, si vous voulez, mon cher Camille, me répondre par celui qui vous remettra cette lettre et qui vous a déjà porté celle que je vous ai écrite ce matin. C'est un M. Bert, Genevois, négociant et très-brave homme... S'il me rapporte un *oui* de vous pour mes projets, je sens que je lui en saurai gré toute ma vie. — Je vous dis mille tendres amitiés pour la troisième fois depuis quatre jours. »

« Ce 26 avril (1812?).

« J'ai été bien touchée, mon cher Camille, du billet que j'ai reçu de vous. Vous avez dû voir que je vous avais prévenu et que la lettre de lady Webb m'avait vivement inquiétée. Je vous demande encore un petit mot sur la santé qui vous est si chère et à laquelle je prends un intérêt si vrai. — J'ai été moi-même bien souffrante et je ne sais trop si je me guérirai ; mais ma vie est si triste qu'elle ne vaut pas trop que l'on s'en occupe. — Voulez-vous me renvoyer le livre de Gœthe (1)? Il y a une personne ici qui voudrait le traduire. Je ne le trouve guère meilleur que vous ; mais il a un grand succès en Allemagne, et le succès inspire toujours le désir d'en connaître la cause. — Mais de quoi me mets-je à vous parler? Comme toute la littérature du monde paraît chose frivole à côté d'un sentiment du cœur! — Je ne vous demande que deux lignes ou plutôt qu'un bulletin. — Auguste est à Châlons depuis quinze jours (2). Je l'attends à toutes les minutes.

(1) Il s'agit de l'*Autobiographie* (*Poésie et Vérité*), la première partie, qui parut en octobre 1811, mais qui ne vint qu'assez tard aux mains de M^me de Staël. « En ce temps-ci, disait-elle à ce propos, les voyages des livres ne sont guère plus libres que ceux des personnes. »

(2) Nous savons qu'Auguste de Staël alla deux fois à Châlons pour y rendre visite à M^me Récamier exilée, qui passa dans cette

« Renvoyez-moi le livre de Goethe sous bande, comme vous l'avez reçu. — Adressez à Genève, dép$^t$ du Léman. »

Nous revenons un peu en arrière. Le grand moment, le moment décisif pour M$^{me}$ de Staël en ces années fut celui de son livre de *l'Allemagne.* Elle avait conçu le projet assez étrange de passer en Amérique, tant c'était pour elle un poids insupportable que le chagrin solitaire! Mais elle aurait eu une grande consolation si elle avait pu laisser en partant son *Allemagne* publiée, lue, débattue dans les salons, dans les journaux, et occupant la renommée : un succès lui eût peut-être fait changer de projet. L'ouvrage tirait à sa fin. Tout occupée de le terminer, elle comptait bien le faire imprimer à Paris sans encombre. Pour cela, elle était allée s'établir près de Blois, dans l'antique château de Chaumont-sur-Loire, et de là elle écrivait à Camille :

« Chaumont par Écure, dép$^t$ de Loir-et-Cher, ce 7 mai (1810).

« Il me serait cruel, cher Camille, de partir sans vous dire adieu. J'ai senti à Lyon plus que jamais combien vous m'étiez cher ; mais toutes mes affections ne sont pour moi que des peines, et je les sens au fond de mon cœur comme un mal. — Mon fils n'a pu voir l'empereur avant son départ. — Il circule autour de lui qu'on pourrait bien m'accorder dix lieues (1) ; mais je n'en sais rien encore, et je ne sais pas si je le désire. En attendant, je travaille à mon livre, qui ne

ville les derniers mois de 1811 et les premiers mois de 1812. C'est cette circonstance qui indique la date probable de ces billets de M$^{me}$ de Staël.

(1) C'est-à-dire qu'il lui serait permis d'approcher de la circonférence de Paris jusqu'au rayon de dix lieues.

sera pas fini de deux mois. Il y a des négociations de paix, dit-on, mais on n'y croit pas. — J'ai écrit à M. de Lally pour savoir de lui s'il voulait donner la traduction de Cicéron à votre libraire. — Avez-vous adopté mon idée? Faites-vous quelque chose de votre discours (1)? Il y avait tant de pensées et d'éloquence que ce serait vraiment dommage qu'une telle chose ne fût connue que de votre académie. Je ne sais pourquoi vous négligez la gloire. Je ne sais pourquoi vous ne considérez pas comme un devoir de faire usage de vos talents dans le noble sens que votre âme vous inspire. Je crois que c'est une grande erreur de borner les devoirs au cercle des vertus domestiques. Chaque faculté est un devoir de plus, et les vôtres sont en rapport avec le monde. Cette émotion qu'on éprouve quand on exprime ce qu'on a dans l'âme est une impulsion à laquelle il faut céder et qui nous vient d'une céleste source. — Je resterai encore trois mois. Du moins tel est mon projet actuel ; mais après ce terme je partirai : tout me le persuade ; ne vous verrai-je donc pas ? Matthieu est ici, et nous nous sommes déjà beaucoup parlé de vous. Il m'a paru bien de santé et, grâce au ciel, dans une assez agréable disposition. Son âme, ses sentiments, toujours les mêmes, se soutiennent et donnent de l'intérêt à sa vie. — — Juliette va venir. Vous trouveriez ici trois cœurs bien à vous. Cela ne vaut-il pas quelques jours et quelques lieues?

« Je me crois ici jusqu'au 15 juillet. »

Sur cette même lettre et sur le dernier feuillet, je lis quelques lignes non signées qui paraissent bien être de M. de Montmorency; on remarquera le tutoiement, qui témoigne de la dernière intimité avec Camille :

(1) Le discours qui avait pour sujet *l'Influence de la Révolution sur l'éloquence française.* Il va encore en être fort question plus loin.

« J'arrive ici, cher ami, à temps pour mettre mon mot d'amitié à la fin de cette lettre. J'ai trouvé notre amie contente de son passage à Lyon, et de ce qu'elle y avait entendu. Tâche de me procurer bientôt la même jouissance, qui me sera très-précieuse... etc. »

Mᵐᵉ Récamier, peu après son arrivée, s'empressait à son tour d'écrire ; sur ces entrefaites, il y avait eu séance publique de l'académie de Lyon le 1ᵉʳ mai, et Camille y avait lu son discours de réception, le même dont Mᵐᵉ de Staël avait eu connaissance dans son passage à Lyon, et dont il avait déjà été donné lecture à l'académie dans trois séances privées :

« Chaumont, 17 mai (1810).

« C'est mal à moi d'être restée si longtemps sans vous écrire, cher Camille. Vous savez pourtant que vous occupez bien souvent mes pensées, et, s'il était possible de vous oublier, vous nous faites donner de vos nouvelles par la *Renommée*. J'ai lu avec un vif intérêt ce qu'on nous dit dans les journaux de votre discours. Je me sens toute disposée à avoir de l'amour-propre pour vos succès; nous en parlons avec Matthieu et Mᵐᵉ de Staël, et vous n'êtes pas trop maltraité dans ce joli coin de Chaumont. Que vous seriez aimable d'être fidèle à la promesse que vous aviez faite d'y venir! Comme vous seriez bien reçu! Je compte rester encore plusieurs semaines. — Comment se porte votre charmante petite Caroline (1)? Que je voudrais encore pouvoir embrasser sa jolie petite tête blonde! et votre Julie, ne nous l'amenez-vous pas à Paris? Les fêtes lui donnent-elles de la curiosité? Je serais charmée de la revoir. Adieu, cher Camille, je vous trouverais bien aimable de répondre promptement à toutes mes questions, et, si vous m'annon-

---

(1) Celle qui devint Mᵐᵉ de Gravillon.

ciez que nous vous verrons, je ne puis dire comme j'en serais heureuse.

« J (uliette) R. »

Et dans la même lettre, sur le même papier, M^me de Staël ajoutait, revenant sur ses précédentes exhortations, et en personne d'excellent conseil pour tout ce qui était de littérature et de publicité :

« Je vous ai écrit, il y a quelques jours, et je reçois votre lettre qui m'intéresse bien vivement. — Vous voyez que la nouvelle de votre succès est arrivée dans *le Publiciste* (1). — Je vous prie de faire imprimer ce que vous avez lu plutôt que la traduction des odes de Klopstock. — (Malheureusement mon premier volume est tiré.) Mais ce n'est pas à cause de cela que j'insiste pour que vous commenciez par une chose de vous et une chose qui est décidément plus intéressante pour les Français que les odes de Klopstock et plus belle même, car la poésie fait tant aux odes qu'aucune traduction ne peut en rendre l'effet. — De plus, il y aura un parti contre ce qui vient de l'allemand au moment où mon

(1) *Le Publiciste* du 17 mai 1810 avait en effet un petit article ainsi conçu : « On lit dans le *Journal de Lyon* que, dans la dernière séance publique de l'Académie des sciences, belles-lettres et arts de cette ville, M. Camille Jordan a lu des fragments d'un discours fort étendu sur cette question : *Quelle a été l'influence de la Révolution sur les progrès de l'art oratoire en France, et quels ont été les effets de l'éloquence sur la Révolution?* Ce sujet semble faire le complément de celui qui a été proposé pour le dernier prix de la deuxième classe de l'Institut; il achève le tableau de la littérature du xviii° siècle. L'auteur y passe en revue presque tous les orateurs qui se sont fait un nom dans nos assemblées délibérantes : il a cherché à déterminer le genre et le degré de leur mérite littéraire. Ces fragments ont été écoutés avec un vif intérêt; on y a retrouvé le talent de M. Camille Jordan mûri et fortifié par l'étude et la méditation. On espère que ce discours sera bientôt imprimé. »

ouvrage paraîtra, et la disposition est à vous admirer sur le sujet que vous avez traité. — Travaillez-y, venez me le lire dans deux mois et donnez-le à l'impression à Paris. Vous ferez ainsi du bien à ce qui est noble, et vous aurez un grand succès. — Dans votre traduction, les orthodoxes trouveront des bizarreries, des négligences, et vous reparaîtrez à demi, tandis qu'il convient que votre premier retour sur la scène soit éclatant. — Enfin je vous donne ma parole d'honneur que j'ai raison. — Écrivez-moi que je vous ai persuadé; écrivez-moi surtout que je vous reverrai. Mon cœur en a tout à fait besoin. »

Camille Jordan, un peu trop absorbé dans les joies et les soucis de la famille, trop loin du centre, n'ayant pas à Lyon ses vrais juges, même parmi ses confrères de l'Académie, un peu trop abondant dans les matières qu'il traitait devant eux, comme il arrive d'ordinaire quand on n'a pas en vue une publicité immédiate, Camille ne tint pas assez compte des judicieux conseils littéraires de M<sup>me</sup> de Staël, et toute cette partie de sa vie qui se rapporte à la période de l'empire a pu paraître de loin non occupée : elle est restée comme enfouie dans les registres de l'Académie de Lyon. C'est qu'en définitive il n'était pas surtout et avant tout un écrivain ; il avait de cette paresse des orateurs qui ne retrouvent pas dans la solitude du cabinet tout le degré de chaleur nécessaire à la production active, et il fallut plus tard les circonstances politiques pour que l'homme de tribune, l'ardent improvisateur, retrouvât tout naturellement son heure et son à-propos.

Cependant M<sup>me</sup> de Staël s'était cruellement trompée sur la destinée de son livre. On sait trop bien ce qui en arriva, et elle va elle-même nous le redire d'une façon plus précise et plus accentuée que nulle part ailleurs. Les lettres de Sismondi, dans lesquelles il n'est que l'écho de la société de Coppet, ont, à ce sujet, fortement incriminé Esménard, et l'ont fait responsable du tour que prit l'affaire. Dans une lettre à M<sup>me</sup> d'Albany, du 16 août 1811, Sismondi, à propos de la mort d'Esménard, a dit : « Esménard, qui s'est tué à Fondi, est bien en effet et le poëte et le censeur, et celui des fausses lettres de change, et celui qui a fait supprimer l'ouvrage de M<sup>me</sup> de Staël, parce que le libraire s'est refusé à le gagner à prix d'argent (1)... » Esmé-

(1) Il est fâcheux que les témoignages contemporains concernant Esménard ne le mettent point au-dessus de ce genre de soupçon. On lit dans les Mémoires du comte de Senfft, ancien ministre de Saxe à Paris vers l'an 1809, à l'occasion d'une parente compromise qu'il s'agissait de sauver des rigueurs extrêmes auxquelles elle était exposée : « M. Esménard, poëte de beaucoup de talent, mais homme de plaisir, sans principes, qui s'était fait par besoin intrigant et instrument de la police, et qui s'attachait aux pas des étrangers de marque et des membres du corps diplomatique, offrit à M. de Senfft ses services dans cette affaire, et en reçut quelques centaines de louis sous prétexte de prévenir par leur emploi les rapports défavorables de la police westphalienne, qui auraient pu donner à l'affaire une tournure plus odieuse. » — En ce qui concerne l'affaire de M<sup>me</sup> de Staël, il est toutefois à remarquer, à la décharge d'Esménard, que, dans la lettre à Camille Jordan qu'on va lire, M<sup>me</sup> de Staël ne le distingue point des autres censeurs, qu'elle donne pour favorables à la publication. Dans *les Souvenirs et la Correspondance tirés des papiers de M<sup>me</sup> Récamier* et publiés par M<sup>me</sup> Lenormant, Esménard, sollicité par M<sup>me</sup> Récamier en faveur de M<sup>me</sup> de Staël, ne paraît point non plus si farouche ni si hostile (tome I<sup>er</sup>, p. 161) : mais il était déjà trop tard quand M<sup>me</sup> Récamier intervint auprès de lui, et la décision était prise.

nard en effet dut beaucoup agir sur l'esprit de son ministre, le duc de Rovigo, et il put lui communiquer une première impression défavorable ; mais en telle matière la responsabilité ne descend pas, et il est juste qu'elle remonte aussi haut que possible, et qu'elle incombe à qui de droit. Tenons-nous-en donc à la lettre suivante de M$^{me}$ de Staël, écrite sous le coup même de l'émotion, et qui n'est pas sans ajouter quelques traits bien caractéristiques à ce qu'elle a écrit ailleurs et à ce qu'on savait déjà :

« Ce 1$^{er}$ novembre (1810), Coppet.

« J'ai beaucoup souffert, mon cher Camille, et vous le croirez aisément. — Je n'ai pas voulu passer par Lyon, parce que dans ce moment on observait toutes mes démarches et que je ne voulais pas attirer sur vous l'attention ; mais à présent que je suis retombée dans l'oubli, puisque le but est atteint, que le livre est brûlé, si vous venez me voir cet hiver, ce me sera un moment bien doux et le dernier, car vous m'en croyez bien, ou je mourrai ou je m'en irai. — Quoi! mon livre est censuré par Portalis, qui certainement n'est pas facile, et l'on me le saisit! Après cette saisie, tous les censeurs de la police sont convoqués, Esménard, Lacretelle, Fiévée, etc.; ils sont d'avis que rien ne doit en empêcher la publication, et l'on le pile tellement que l'édition entière de dix mille exemplaires ayant rendu 500 francs en carton, on a donné 500 francs à Nicolle comme dédommagement, tandis que moi je viens de lui en envoyer quinze mille. — Le duc de Rovigo a dit à mon fils : « *Quoi! nous aurons fait la guerre pendant quinze ans pour qu'une femme aussi célèbre que madame votre mère écrive un livre sur l'Allemagne et ne parle pas de nous!* » A cela j'ai répondu que louer l'empereur, lorsqu'il me retenait mon bien et m'exilait de ma patrie, me semblait une pétition et non une louange, et que j'aurais cru manquer de respect en me le permettant. — Il a dit encore, le duc, « *que l'État avait besoin de mes talents ; qu'il fallait me décider pour ou contre comme au temps de la Ligue, que j'avais tort de louer les Prussiens, qu'on ferait plutôt du vin muscat avec du verjus que des hommes avec des Prussiens,* etc. » La saison trop avancée ne m'a pas permis d'aller en Amérique ; mais, cher Camille, qui pourrait vivre à de telles conditions ? J'ai brûlé votre lettre, et je ne ferai point paraître mon livre sur le continent. Ainsi vous pouvez venir me voir sans aucun inconvénient cet hiver ; mais, si vous étiez moi, ne feriez-vous pas ce que je ferai ? et trouvez-vous que, mes enfants et moi, nous sommes faits pour planter des choux à Coppet sans rien faire de nos esprits ni de nos âmes ? — Pardon de vous parler si longtemps de moi ; mais je voulais profiter de l'occasion du chevalier Webb pour vous dire ce que je ne peux écrire par la poste. — Je serais charmée de voir M^me de Royer, et c'est uniquement la discrétion qui m'empêche d'insister sur son voyage ; vous pouvez bien le lui dire. — Mais expliquez-moi quelle infernale méchanceté a fait dire à Lyon que j'avais voulu dédier mon livre à l'empereur ? Certes, quand tout tenait à une seule phrase d'éloge, il est un peu dur que celle qui a le courage de la refuser passe pour avoir voulu l'écrire. — Au reste, c'est peut-être une seule personne qui a dit cette bêtise recherchée. — Adieu, cher Camille ; ah ! faites que je vous voie cet hiver !

« *P. S.* Rappelez-moi au souvenir de M^me Julie. »

Est-il besoin de faire remarquer, dans la sortie du duc de Rovigo, son étrange théorie physiologique et historique sur la race prussienne ? L'insolente et outrageuse bévue peut servir de leçon aux hommes dits pratiques et positifs, aux hommes du jour, pour ne point se hasarder sur le terrain des prédictions et des prévisions historiques. Les plus vigilants argus, en fait de police, sont souvent des myopes du lendemain. A l'heure où le duc de Rovigo s'avisait de prophétiser de la sorte, le baron de Stein était à l'œuvre et se chargeait, lui et sa nation, de lui répondre.

Chose non moins singulière, dans le temps même où M<sup>me</sup> de Staël quittait Pétersbourg et allait chercher un asile en Suède, Napoléon, maître de Moscou et à la veille de cette fatale retraite, trouvait le moment de donner son avis sur la question de la presse comme il l'entendait, et il le donnait en des termes formels qui font le plus absolu contraste avec le procédé qu'on avait tenu envers M<sup>me</sup> de Staël. C'est à n'y pas croire, tant la contradiction entre ce qu'il prescrivait en 1812 et ce qui avait été pratiqué en 1810 est directe et flagrante! M. de Montalivet, ministre de l'intérieur, ayant soumis à l'empereur une décision de la direction de l'imprimerie et de la librairie « pour prohiber la publication d'un ouvrage historique susceptible de porter atteinte à la réputation d'un membre de la famille royale d'Angleterre, » Napoléon répondait en marge :

« Moscou, 10 octobre 1812.

« Je désapprouve entièrement cette fausse direction donnée à la censure : c'est par là se rendre responsable de ce qu'on imprime. Mon intention est qu'on imprime tout, absolument tout, excepté les ouvrages obscènes et ce qui tendrait à troubler la tranquillité de l'État. La censure ne doit faire aucune attention à tout le reste. »

Et le lendemain, dans une lettre adressée à M. de

Montalivet, il réitérait sa prescription en y appuyant encore davantage :

« Moscou, 11 octobre 1812.

« Je n'approuve pas la direction que prend la censure. Mon intention est qu'on laisse une liberté entière à la presse, qu'on n'y mette aucune gêne, qu'on se contente d'arrêter les ouvrages obscènes ou tendant à semer des troubles dans l'intérieur. Du reste, qu'un ouvrage soit bien ou mal écrit, bête ou spirituel, contenant des idées sages ou folles, utiles ou indifférentes, on ne doit point y faire attention. La question que doit se faire le directeur de la librairie est celle-ci : 1° L'ouvrage est-il obscène, et sa publication serait-elle contraire aux règles de la police municipale? 2° l'ouvrage a-t-il pour but de réveiller les passions, de former des factions ou de semer des troubles dans l'intérieur? Toutes les fois qu'un ouvrage n'est point dans l'un de ces deux cas, on doit le laisser passer. »

On est confondu de voir, rien qu'à deux années de distance, une décision d'un si ferme et si large bon sens qui vient juger et condamner de tout son poids l'acte exorbitant de 1810.

A partir de ce moment où toute production de sa pensée lui fut interdite et où ce fut chose conclue et décidée, l'existence de M$^{me}$ de Staël à Coppet et à Genève ne fut plus qu'un long tourment. Elle se considérait comme dans une geôle et n'était occupée qu'à épier le moment et le moyen pour s'échapper. Ses amis s'affligeaient de ce trouble extrême et étaient quelquefois tentés de l'en blâmer. C'est sans doute ce que fit Camille Jordan, et les réponses suivantes de M$^{me}$ de Staël nous initient à cet instant de désaccord dans leur amitié, mais ce ne fut qu'un instant.

« Coppet, ce 3 octobre (1811).

« Je ne résisterai point à deux lettres de vous, et je tâcherai d'oublier celle qui en effet a produit sur moi la plus vive sensation que j'aie éprouvée de ma vie. — Je ne vous avais point accusé de n'être pas venu me voir : quand vous vous y étiez refusé, je ne croyais pas au nouveau paroxysme de persécution que j'ai souffert. Si je l'avais prévu, assurément j'aurais résisté à la générosité de Matthieu, comme j'ai résisté, mais inutilement, à celle de Juliette. — Je trouve ridicule d'imiter le baron de Voght, c'est-à-dire d'abandonner une amie pour des places; mais quand il s'agirait de l'exil, on ne pourrait pas me causer une plus grande douleur que de le braver, et je me meurs à la lettre du malheur de mes amis. — Ma santé, qui était forte, est détruite, et il se pourrait très-bien que je mourusse avant la traversée. Tout cela est égal. J'aime mieux cette situation que ce qu'on m'offre pour en sortir. — Mais je vous le dirai de toute la hauteur de mon âme : je pense qu'en fait de *dignité morale* les circonstances me placent aussi haut qu'il est possible, et je m'étonne que vous, qui êtes si indulgent pour l'inconcevable conduite de Gérando, vous tourniez toutes vos foudres contre une malheureuse femme qui, résistant à tout, défendant ses fils et son talent au péril de son bonheur, de sa sécurité, de sa vie, est un moment touchée de ce qu'un jeune homme d'une nature chevaleresque sacrifie tout au plaisir de la voir (1). — J'estime avant tout sur cette terre le dévouement, l'élévation et la générosité. — Je voudrais qu'on pût y joindre l'absence totale de faiblesses, d'imagination; mais de toutes les faiblesses, celles qui souillent le plus à mes yeux, ce sont celles du calcul ou de la pusillanimité ! — On peut encore accomplir toutes les vertus, quand on serait trop susceptible de goût pour les agréments et les

---

(1) De quel jeune homme s'agit-il? On croit deviner que c'est M. de Rocca.

qualités; mais de quoi reste-t-on capable quand on recherche la faveur aux dépens de l'amitié, aux dépens des consolations qu'on peut donner aux malheureux? *Que signifient ces aumônes aux pauvres, quand on néglige la charité du cœur?* quand on n'encourage pas les sacrifices en estimant ceux qui les font? enfin quand on consacre son existence à servir les petites haines, les petites passions des cœurs, en foulant aux pieds les âmes d'une nature relevée? — Certes je n'ai pas besoin de vous dire que cela ne vous regarde pas. — Votre vie est parfaitement honorable; nos rapports ensemble n'exigent rien au delà de ce que vous faites pour moi, et vous n'êtes pas responsable de l'espèce de sentiment d'enthousiasme qui m'aurait portée à désirer plus parce que j'aurais fait davantage. — Je n'ai donc jamais, je vous le répète, soupçonné votre caractère, et votre lettre m'a confondue, parce qu'il me semblait que, si vous vouliez bien employer votre indignation, il ne devrait pas vous en rester de libre, et encore moins contre moi. — J'ai demandé mon passage sur la frégate la *Constitution*. J'espère l'obtenir. — Je ne vous dirai pas ce que je souffre; vous le comprendrez; mais, excepté le moment où un homme tel que vous m'a fait douter de son estime, Dieu m'a fait la grâce de penser que je donnais un noble exemple à mon siècle. — Adieu. Peut-être vous reverrai-je en passant; quoi qu'il en soit, je suis sûre que vous me rendrez justice. C'est dans ma conscience que je cherche votre opinion. — Adieu.

« Schlegel m'est rendu.

« Auguste se rappelle à votre souvenir. »

« Ce 15 février (1812?).

« Cher Camille, aucune course ne peut m'empêcher d'être ici le jour que vous me désignerez. Ce sera une telle émotion pour moi et les miens que vous voir! — Je vous remercie des renseignements que vous m'avez envoyés; mais vous avez ôté le nom de l'homme, de manière qu'il est impossible de lui écrire directement. — Croyez-vous que M$^{me}$ Lyonne de Royer ait vraiment envie de venir ici? C'est par discrétion que je n'ai pas continué à l'en prier; dites-le-lui. — Notre jeune peintre est dans les montagnes. Son grand-père trouvait bien mal qu'il se fît persécuter chez lui. — On me mande de Paris que Degérando est mécontent d'une réponse de moi qu'il a reçue à Rome. Peut-on écrire sans froideur à quelqu'un qu'on a vraiment aimé? Enfin le grand fleuve passera sur tout cela, j'espère. Mais vous, mais vous, ne m'oubliez jamais, car je vous aime jusqu'au fond de l'âme, et c'est de moi dont je douterais et non pas de vous, si vous étiez mal pour moi. — Tout ce qui m'entoure vous aime et vous admire. Apportez ce morceau sur Klopstock, nous le lirons. — Cela se peut-il qu'il n'y ait plus ni sentiments ni pensées? — Adieu. »

Il ressort de ces lettres que M$^{me}$ de Staël croyait avoir à se plaindre de quelques-uns de ses amis. Dans la disgrâce évidente où elle était, elle se voyait comme une pestiférée dont on craignait de s'approcher, et en effet elle eut à s'apercevoir trop visiblement de plus d'une de ces peurs subites, *déguisées en mal de poitrine*. Degérando en particulier n'était plus l'homme du 18 fructidor, celui qui se risquait généreusement pour un ami; le *bon* était resté bon, mais il était devenu timide à l'égard des puissances, et M$^{me}$ de Staël, en raison précisément de leur liaison étroite, avait pu lui en vouloir plus qu'à un autre et le lui reprocher. Voici encore une lettre d'elle qui est d'une date antérieure et qui a dû précéder le voyage de Degérando à Rome, où il était en mission; elle l'y raille agréablement, et elle dit même de lui et sur sa philanthropie un peu banale le mot décisif. Cette lettre renferme d'ailleurs quelques obscurités que je ne me flatte pas d'éclaircir :

« Genève, ce 16 janvier (1810?).

« Je ne fais jamais rien de ce que je veux, et je me suis trouvée retenue par mille raisons. Mandez-moi quand vous partez pour Paris. Je veux vous voir et je m'arrangerai pour cela. — Le baron (1) a fait des sociétés du dimanche de Genève la cour (?) de Paris. — *Il met trop de philanthropie dans l'amitié, et l'on a peur d'être traitée par lui comme un pauvre.* — Il sait cependant vous aimer et vous admirer; mais je vous aime encore plus. — Vous m'avez écrit que vous me souhaitiez des idées plus religieuses : j'en voudrais sûrement davantage; mais, cher Camille, je m'en crois bien autant que vous, et sûrement j'ai plus d'usage à en faire.

« Matthieu m'a écrit une admirable lettre à l'occasion de ses malheurs. Cet homme n'est pas tout à fait sur la terre. — Je veux vous dire adieu. Tracez-moi votre marche. Je vous rattraperai quelque part...

« Faites que mes compliments soient agréables à M$^{me}$ Camille. — Mille impérissables sentiments. — Adieu.

« Prosper (2) est ici depuis trois semaines. »

On aura remarqué ce qu'elle dit de ses sentiments religieux et de ceux de Camille Jordan : c'est un avertissement pour nous, si nous en étions tenté, de ne pas faire Camille plus catholique qu'il n'était en effet (3).

(1) Le baron Degérando.
(2) Prosper de Barante.
(3) Sur un fragment de lettre de M$^{me}$ de Staël, qui n'a ni commencement ni fin, mais qui doit se rapporter à ces derniers temps de Coppet, on lit : «... Je ne pouvais guère, moi, être plus malheureuse sur cette terre, et il fallait un million de chances pour que ce résultat eût lieu; mais tel qu'il est jusqu'à ce jour, je n'ai point encore manqué de respect à l'Auteur de la destinée, et je dis comme Job : Pourquoi n'accepterais-je pas les maux de la main de Celui dont j'ai reçu les biens...? »

La fuite de M^me de Staël, qui, s'échappant de Coppet le 23 mai 1812, traversa la Suisse, puis l'Autriche et la Galicie pour gagner Moscou, Pétersbourg, et se rendre par ce long circuit jusqu'en Suède, interrompit nécessairement sa correspondance avec Camille Jordan. Elle trouva moyen pourtant de lui faire parvenir ce billet qui doit être écrit de Stockholm :

« 18 décembre (1812).

« Je ne vous ai point écrit par discrétion. Je disais comme Du Breuil à Pechméja (1) : « *Mon ami, ma maladie est contagieuse; et il ne doit y avoir que toi ici.* » — Vous daignez penser à moi, et je pense à vous comme à un être noble et qui n'a sacrifié des devoirs qu'à des devoirs. — Je suis plus affermie que jamais dans des sentiments qui me réunissent aux premiers jours de ma jeunesse et surtout à mon père. — Peut-être, dans ce monde ou dans l'autre, nous nous retrouverons : vous partagerez ce que j'éprouve. — J'ai couru de grands dangers ; je m'applaudis de les avoir bravés. — Je suis sous une zone très-triste : je me relève par mon âme. — J'admire aussi *complétement* le chef qui me protége ici (2). Jamais de plus hautes qualités, selon moi, ne se sont trouvées réunies à un charme de bonté qui met le cœur à l'aise. — Ce que je deviendrai, Dieu le sait, mais je reste ce que je suis. — C'est vous dire que je vous aimerai et vous estimerai toujours. »

(1) Pechméja, collaborateur de l'abbé Raynal, était un homme de lettres instruit, modeste et sensible, dont le beau monde du xviii^e siècle s'était engoué ; pauvre et d'une santé débile, il vivait à Saint-Germain-en-Laye auprès de son ami le docteur Du Breuil. On les citait tous deux comme le modèle des amis. Le mot de Du Breuil à Pechméja se retrouve, employé ailleurs, dans d'autres lettres de M^me de Staël.

(2) Bernadotte.

Durant l'absence de M^me de Staël, nous n'avons plus pour nous introduire particulièrement auprès de Camille Jordan que quelques lettres de M^me Récamier. Elle avait passé auprès de lui, à Lyon, les derniers mois de 1812. Il lui avait présenté son ami Ballanche, qui, du premier jour, se voua à elle comme à une Béatrix. Partant pour l'Italie dans les premiers mois de 1813, elle avait désiré que l'un des deux amis vînt l'y retrouver. Ballanche seul fit le voyage. Voici deux agréables lettres de M^me Récamier à Camille, qui donnent bien le ton de cette douce intimité; elles témoignent en même temps d'une véritable justesse et finesse d'observation chez cette belle Juliette, dont le goût se formait et mûrissait au soleil de la seconde jeunesse :

« 26 mars (1813).

« Il est impossible, cher Camille, d'écrire une plus charmante lettre que celle que je reçois de vous; elle m'a émue jusqu'au fond du cœur. Vous ne pouvez vous imaginer la tristesse qui s'était emparée de moi en arrivant au sommet de ce mont Cenis et en le redescendant. Il me semblait mettre une barrière éternelle entre moi et tous ceux que j'aime, et j'étais si souffrante en arrivant à Turin que j'ai cru tomber tout à fait malade. Je commence depuis deux jours à me ranimer, à reprendre à des projets, à de l'avenir, et à sortir un peu de ce cercle d'idées si fatal que je suis bien décidée à éloigner le plus possible. — Je commence à observer ce qui m'entoure et à voir quelques personnes. — L'influence de l'Italie commence à se faire sentir ici non par le climat, mais par les mœurs. — Les femmes ont des sigisbées pour société et des abbés pour intendants. — Le prince Borghèse, qu'on n'appelle ici que *le prince*, a, dit-on, la petite cour la plus solennelle de l'Europe. Les anecdotes, les toilettes et les amours de cette petite cour me paraissent occuper tous les esprits et faire le fond de toutes les conversations. Notre ami, le comte Alfieri, a un prodigieux succès comme maître des cérémonies. — Les anciens grands seigneurs piémontais et les Français dans les administrations se rencontrent sans cesse à la cour et ne s'en aiment pas davantage. Les vanités du rang et de la puissance rappellent le grand monde de Paris, mais sont bien plus ridicules parce qu'elles s'agitent dans un plus petit cercle et ne se lient à aucun intérêt politique. — Je ne crois pas qu'il y ait de pays où l'on tienne plus à la représentation; les maisons sont des palais, et l'on y conserve l'ancien luxe d'avoir un grand nombre de domestiques; mais quand on arrive sans être attendu, on est tout surpris, après avoir traversé des antichambres, des salons, des galeries, de trouver la maîtresse de la maison dans un cabinet écarté, éclairé par une seule chandelle. — En tout, il me paraît d'usage ici de se donner le superflu aux dépens du nécessaire. — *Le prince* mène la vie la plus retirée, excepté les heures de représentation. Il passe tout son temps renfermé seul au fond de son palais. Cette retraite dure depuis deux ans. On a remarqué que depuis cette époque les jalousies des dernières pièces de son appartement étaient constamment restées fermées. — Un seul valet de chambre pénètre dans le dernier appartement, qui est tous les jours garni de fleurs nouvelles et...» (*Le reste manque.*)

L'autre lettre, datée de Rome, nous offre des traits assez fins sur les personnes, et n'est pas exempte, par endroits, d'une douce malice :

« Rome, 21 avril (1813).

« Vous avez raison : je suis un peu difficile à vivre, mais pour rancuneuse, je ne le suis pas; je dis ce qui me blesse et puis je n'y pense plus. — Me voici à Rome depuis douze jours. J'en ai passé cinq ou six couchée et souffrante; me

voici mieux, et je vais commencer à faire quelques courses.
— J'ai déjà vu de fort belles choses, et je regrette de n'avoir pas le talent descriptif du baron de Voght pour vous en parler. — Il a laissé de bons souvenirs ici, et votre ami Deg. (*Degérando*), pour lequel c'était bien plus difficile comme situation (1), n'a laissé aussi que des impressions flatteuses. S'il n'a pas pu contenter tout le monde, du moins il n'a mécontenté personne, et tous rendent justice à son caractère et à ses intentions. — Vous êtes bien bon de penser à lui demander des lettres pour moi ; elles seraient inutiles. J'ai été priée en arrivant chez toutes les autorités, le gouverneur, le préfet et l'administrateur de police. Je n'ai pas accepté les invitations parce que j'étais encore souffrante ; mais je me trouve en relation de visite avec tout le monde.
— Werner, que vous connaissez, je crois (auteur d'*Attila* et de *Luther*, deux tragédies qui ont fait grand bruit en Allemagne), se trouve dans ce moment à Rome. Il s'est fait catholique et me paraît dans la plus haute exaltation religieuse. — J'ai vu aussi M. de Chabot, ami de Matthieu, un jeune homme aimable et bon, passant aussi sa vie dans les églises. Voilà les heureux du siècle ! — Il vient d'arriver M. Millin l'antiquaire : il m'a parlé de M. Artaud, de M. Richard, de M. Revoil (2) ; mais je n'ai trouvé d'autre charme dans sa conversation que les souvenirs de la *patrie lyonnaise*. Quoiqu'il soit homme d'esprit et qu'il ait le goût et l'habitude du monde, je ne sais pourquoi il ne me plaît guère. Il vient de m'envoyer ses derniers ouvrages ; si je les trouve dignes de vous, je vous les ferai passer. — Le directeur de la police, M. de Norvins, m'a parlé de vous ; il connaît plusieurs de vos amis et des miens, et parle de vous comme tout le monde en parle. C'est une chose rare dans les

(1) Degérando avait été récemment l'un des commissaires préposés à l'administration des États romains.

(2) MM. Revoil et Richard étaient les deux peintres les plus distingués de l'école lyonnaise ; M. Artaud, autre que son homonyme le diplomate, était le directeur du musée de Lyon.

temps actuels que d'avoir traversé tous ces orages sans se faire un ennemi, et d'être suivi dans sa retraite de l'affection de ses amis et de la haute estime des indifférents. — Ce M. de Norvins est certainement un homme d'esprit. Il m'a mise dans la confidence de quelques écrits qui prouvent du talent; mais il y a en lui un mélange de l'ancien et du nouveau régime qui m'étonne toujours. C'est quelquefois M. de Narbonne, et l'instant d'après c'est Regnaud de Saint-Jean d'Angély. Du reste il est parfaitement soigneux et aimable pour moi. — Le général Miollis paraît le meilleur homme du monde; il est aimé. Je lui ai parlé de *Corinne;* il ne savait pas ce que je voulais dire. Il a cru que c'était une ville d'Italie qu'il ne connaissait pas. — Pourquoi donc vous opposer au départ de M. Ballanche? Voilà un vrai sujet de querelle. Savez-vous bien que M. Ballanche est, après vous, la personne avec laquelle j'aimerais le mieux voyager! Mais j'avoue que c'est après vous. Il me plaît, lui, par tout ce que j'ai de bon dans l'âme; mais vous, vous me plaisez également par ce que j'ai de bon et par ce que j'ai de mauvais. Prenez cela pour une épigramme, si vous voulez, et plaignez-vous d'être à la fois assez aimable pour plaire à mes goûts frivoles, tandis que vous me prenez l'âme par tout ce qu'il y a de noble et de pur dans la vôtre. Julie ne sera pas jalouse de cette déclaration; je la porte avec vous dans mon cœur, cette aimable et attachante Julie. — Pourquoi ne me donnez-vous pas de nouvelles de M$^{me}$ de Luynes et de M$^{me}$ de Chevreuse? Je suis inquiète de cette dernière (1), et je vous demande d'aller de ma part savoir de ses nouvelles. — Soyez assez bon aussi pour parler de moi à M. et M$^{me}$... (*Le reste de la lettre manque.*)

1814, en changeant l'aspect de la France, ramena

(1) La duchesse de Chevreuse, exilée, se mourait d'ennui et de consomption; elle ne tarda pas à s'éteindre à Lyon, en juillet 1813.

sur la scène Camille Jordan. Lyon se voyant investi par les armées étrangères, ses concitoyens le nommèrent d'une députation qui fut envoyée à Dijon, au quartier général de l'empereur d'Autriche. Louis XVIII une fois reconnu roi de France, il fut membre d'une autre députation solennelle chargée de présenter au lieutenant général du royaume les hommages et les vœux de la cité antirévolutionnaire. La première Restauration toutefois le laissa encore à l'écart, ou du moins simplement mêlé aux affaires et aux fêtes municipales. Un service public à rendre à ses compatriotes lyonnais, un legs considérable à recueillir au profit des hôpitaux, l'obligea vers ce temps d'aller à Londres. Aux approches du 20 mars, il se signala entre les personnes dévouées qui assistèrent Monsieur, comte d'Artois, venu à Lyon pour conjurer le retour de l'île d'Elbe : il fut le dernier, dit-on, à se séparer du prince. Camille Jordan prit tout à fait rang, à cette époque, parmi les royalistes bourbonniens. Il s'effaça néanmoins pendant le reste de cette année 1815, résista aux suffrages qui venaient s'offrir, et ne fit point partie de la Chambre introuvable. Il fut lent, selon sa propre expression, à « s'ébranler du sein d'une longue retraite qu'embellissaient pour lui toutes les affections domestiques. » Ce ne fut qu'après l'ordonnance du 5 septembre qu'il fit sa rentrée dans la carrière politique, en 1816. Élu député, il eut bientôt le titre de conseiller d'État. Un nouveau et dernier Camille Jordan, désormais tout en vue, nous apparaît.

Les événements de 1815 et l'absence de M$^{me}$ de Staël,

qui était partie après les Cent-Jours pour l'Italie, avaient causé une interruption de correspondance entre elle et Camille. Il est à remarquer cependant combien il est lent et paresseux à écrire, et comme il a souvent besoin d'être provoqué. Dès le commencement de leur liaison, M^me de Staël l'avait agréablement signalé à Degérando pour ce défaut-là. « Il a une paresse à la Narbonne, » disait-elle. Dans une lettre qu'elle écrivait à M^me Degérando en partant pour l'Italie, et qui est datée de Martigny le 27 septembre 1815, je retrouve une mention de Camille avec le vœu que formait pour lui alors sa généreuse amie :

« Parlez de moi, je vous prie, à Camille Jordan. Il m'a bien négligée depuis un an, mais je crois encore que nous nous entendons sur tout. Il pourra faire un grand bien et jouer un beau rôle dans la Chambre peu libérale où il va se trouver. *Dites-moi s'il est disposé à faire pour la liberté ce qu'il fit contre l'injustice.* »

Camille y était tout disposé, si bien que ce mot de M^me de Staël renferme le programme et offre comme le résumé de toute sa vie publique. Ce que lui et son ami Royer-Collard avaient tenté avant fructidor pour la réintégration de la justice dans les lois, ils le tentèrent après 1815 pour le maintien et l'accroissement de la liberté dans les institutions; mais Camille, encore une fois, ne fut point de cette première Chambre, comme le supposait M^me de Staël, et Royer-Collard était déjà sur la brèche et en pleine lutte, que Camille attendait encore son moment.

Aussitôt revenue de ce voyage d'Italie où elle avait assisté au mariage de sa fille, la duchesse de Broglie, Mme de Staël refaisait appel à Camille et lui demandait raison de ses lenteurs :

« Dites-moi pourquoi vous ne me donnez pas signe de vie, cher Camille, depuis un mois que je suis ici. — Je retourne le 10 du mois prochain à Paris. — Que faites-vous? où serez-vous? nous donnez-vous l'hiver? Enfin il est triste de vous aimer et de ne pas causer avec vous. —Vingt fois je me dis : Comment pense Camille? que dit-il? que fait-il? Mais je saurais mieux tout ce que je suppose, si je vous voyais. — Mes compliments à madame Camille.

« Ce 20 août (1816), Coppet. »

Le retour à Paris annoncé comme prochain fut retardé par l'état de santé de M. de Rocca, et c'est de Coppet encore que, sur la nouvelle de son élection, Mme de Staël écrivait à Camille en l'exhortant vivement de reprendre la vie politique comme elle l'avait précédemment convié à la gloire littéraire :

« Coppet, ce 12 septembre 1816.

« Je vous prie, mon cher Camille, au nom de la France et de vous, d'accepter la place de député et d'y consacrer toute votre éloquence. Jamais le pouvoir des individus n'a été plus grand qu'à présent, et c'est peut-être la seule fois depuis 1789 où les hommes puissent créer les circonstances. Je vous demande deux lignes sur votre nomination, votre acceptation et vos collègues.

« Je vous adjure de renoncer à la vie privée au nom de tous les devoirs, devant Dieu et devant les hommes.

« *P. S.* Lady Jersey, qui est chez moi dans ce moment, se rappelle à votre souvenir. »

Enfin le billet suivant, le dernier que nous ayons, fut écrit après le retour à Paris :

« Comment n'êtes-vous pas venu me voir hier, ayant à me parler de votre nomination? — Je vous attends ce soir jusqu'à dix heures. — Il faut absolument que je parle avec vous. — Vous n'oubliez pas que vous dînez chez moi samedi.

N. DE STAEL-H.

« Ce mardi. »

Il ne saurait entrer dans mon dessein d'achever la biographie de Camille Jordan. Il faudrait pour cela reprendre dès l'origine, et de 1816 à 1821, l'histoire des sessions parlementaires auxquelles il ne cessa d'être mêlé et où son éloquence reparut et se manifesta avec tant d'éclat : de dignes historiens l'ont fait en marquant dans chaque discussion la part importante qui lui revient. Son rôle pendant ces quatre années peut se diviser en deux temps fort distincts : dans toute la première période, il est avec le ministère; il appuie le gouvernement, car le gouvernement à cette époque avait à lutter contre un parti et contre une faction. Mais du moment que le gouvernement recule et dévie, qu'il rouvre la porte à ce parti de la réaction, à ce funeste parti de 1815, malheureusement plus vivace en France qu'on ne l'aurait cru, et qu'il lui concède une influence croissante dans les conseils et dans la proposition des lois, Camille Jordan se retire; il reprend sa place à la tête de l'opposition, et d'une opposition qui, pour être dynastique et royaliste, n'en est pas moins énergique et vive. Il marche dans une parfaite union, dans un concert unanime avec Royer-Collard. Il ne craint pas de mécontenter en haut lieu et d'encourir la disgrâce. Sa parole est ardente, et comme aux jours de fructidor, quand une accusation injuste, quand une mesure illégitime vient froisser sa conscience, quand un appel à l'iniquité s'élève, quand la Constitution, la Charte, lui paraît en péril, il est des premiers à protester avec émotion : il s'enflamme, et son éloquence a cela de particulier entre toutes, qu'elle exhale le cri des entrailles. Sa santé affaiblie, une affection organique incurable dont il se sentait miné lentement et qu'il supportait avec douceur et presque avec sourire, imprimait à ses discours un accent plus profond, plus pénétré. Il avait d'abord songé, dès les premières atteintes du mal, à renoncer à la vie publique, à refuser sa réélection de député (octobre 1818) : désapprouvé, blâmé fortement par ses amis politiques (Royer-Collard, M. Guizot, même M. Lainé) pour cette résolution qu'il avait prise de loin sans les consulter, il se laissa vaincre ; mais en le revoyant ils purent trop bien reconnaître que leur ami faisait un sacrifice au devoir. Chaque discours de lui désormais était au prix d'un visible et touchant épuisement. Un témoin de ce temps-là, un anonyme en qui je crois reconnaître la plume distinguée de Henri de Latouche, nous l'a présenté tel qu'il parut à la session de 1820, dans cette esquisse ressemblante et fidèle : « Si vous voyez s'avancer à la tribune d'un pas lent et réfléchi un homme de taille élevée, la figure douce et valétudinaire, les cheveux courts, poudrés et un peu crêpés; si cet orateur promène sur l'Assemblée un œil de bienveillance et de conviction; que son discours soit commencé d'un accent noble, assuré et modeste à la fois, recueillez-vous, gardez un religieux silence, prêtez une exclusive attention. M. Camille Jordan va parler (1)! »

M<sup>me</sup> de Staël l'avait précédé dans la tombe : si elle lui avait survécu, elle l'aurait approuvé et applaudi jusqu'au terme; elle l'eût de plus en plus admiré. M<sup>me</sup> Récamier continua de l'aimer comme aux jours d'autrefois, comme aux années de l'exil à Lyon, comme aux plus anciennes et riantes saisons de 1802, quand elle l'allait chercher loin du monde, dans sa petite

---

(1) Pour suivre dans ses divers degrés la conduite de Camille Jordan et sa marche progressive courageuse à travers les débats passionnés de la Restauration, pour s'en faire une juste idée, il faut lire l'*Histoire du Gouvernement parlementaire en France* de M. Duvergier de Hauranne; on y verra notamment, au tome IV, pages 67-69, le discours de Camille Jordan sur la liberté individuelle; p. 255-257, son discours sur la juridiction du jury en matière de presse; p. 294, son discours sur la loi du recrutement; p. 466-469, son écrit intitulé *La session de 1817;* — puis au tome V, après une absence causée par la maladie, pages 458-460, son discours de rentrée contre le projet de loi sur la presse, discours qualifié d'*acte de délire* par M. de Serre; p. 539-541, son discours pour un amendement à la loi électorale; — enfin, au tome VI, page 34, sa lettre à M. Decazes, et p. 140-142 son dernier discours à l'occasion de l'adresse (31 janvier 1821), le chant du cygne. La collection des *Discours* de Camille Jordan, publiée en 1826, ne les donnant qu'en bloc, sans explication, et séparés des circonstances où ils se produisirent, est insuffisante. — On les retrouvera aussi, résumés et par extraits, mais encadrés comme il convient, dans l'*Histoire de la Restauration* par M. L. de Viel-Castel.

chambre de Meudon, pour faire ensemble des promenades dans les ruines. Les deux billets d'elle qui suivent, et dont l'un est écrit de la Vallée-aux-Loups, se rapportent aux dernières années de Camille :

« Cher Camille, j'ai été si triste et si souffrante que je n'ai même pas eu le courage de vous demander de venir dans cette belle petite vallée. Je voudrais bien obtenir de vous et de Julie la journée de mardi. — Je pars incessamment pour les eaux, et je voudrais emporter le souvenir d'une journée de vous. J. R.

« De la vallée, 5 juin (1819) »

Et encore :

« Voici, cher Camille, l'ouvrage que vous désirez. Je me flatte que vos impressions seront d'accord avec les miennes. — Donnez-moi de vos nouvelles et des nouvelles de Julie. — Quelle douce soirée nous avons passée hier ! que vous êtes aimable (1) ! »

M<sup>me</sup> Récamier pourtant n'était pas sans souffrir quelquefois du refroidissement inévitable que des lignes politiques de plus en plus divergentes amenaient par degrés dans cette tendre intimité de Camille Jordan et de Matthieu de Montmorency. La situation était plus forte que les sentiments ; la contradiction des esprits s'étendait et prenait jusque sur les cœurs : la grâce elle-même et son doux génie en personne n'y pouvaient rien.

Au contraire de la plupart des hommes, au lieu de

(1) Ce petit billet porte un cachet avec cette devise : *Nulla dies sine nebula.*

19.

se décourager et de s'amollir en avançant dans la vie, Camille, sans cependant s'aigrir et s'irriter, était allé s'affermissant de plus en plus et se trempant d'une énergie nouvelle. Après tout, quand on le considère de près et qu'on l'étudie, on reconnaît qu'il suivit toujours la même ligne de principes, le même ordre d'inspirations, puisées aux mêmes sources morales; mais il était en progrès. Sous le Directoire, au conseil des Cinq-Cents, il avait voulu civiliser, humaniser la Révolution et tirer de cette Constitution de l'an III la véritable liberté, la véritable égalité et la justice. Le lendemain du vote pour le Consulat à vie, il avait essayé de montrer que cette autre Constitution de l'an VIII était perfectible, et qu'avec un peu de bonne volonté on pouvait en tirer des institutions, des garanties, tout un ordre de choses qui terminât la Révolution en assurant et en limitant ses conquêtes politiques et civiles. Sous la Restauration, il essayait de même de demander à la Charte tout ce qu'elle contenait, et d'en faire découler les conséquences naturelles; il s'indignait surtout qu'on la faussât, qu'on la torturât dans un mauvais sens, au gré des passions, au détriment de la monarchie comme du peuple. Dans cette triple carrière et en ces trois grandes conjonctures, Camille Jordan fut fidèle à ses principes et à lui-même; mais sous la Restauration il avait toute sa maturité, son autorité croissait de jour en jour, son éloquence dans un corps usé avait grandi, et le poids de chacune de ses paroles, auquel s'ajoutaient tous les titres du passé et l'honneur d'une belle vie, était considérable.

Et cette autorité, ne vous semble-t-il pas qu'il l'ait léguée à son ami Royer-Collard, à cet autre lui-même qui en hérita et qui vit bientôt doubler la sienne? Et lorsque plus tard, dans cette lutte déclarée du droit contre la fraude et du pays contre un parti, lorsqu'à l'heure du triomphe légal le grand citoyen fut nommé député sept fois, j'ai peine à croire que de ces sept élections il n'en fût pas revenu deux ou trois à Camille, s'il avait vécu. Mais à chacun sa destinée, à chacun son lot! et la carrière de Camille, sans être allée jusqu'à la vieillesse, est assez complète, assez parfaite en soi pour n'avoir rien à envier.

Immortel honneur de son nom! belle et pure et rare louange qu'il mérite! Il ne se blasa jamais comme tant d'autres avec les années; l'expérience n'émoussa point sa vivacité et n'amortit point sa fraîcheur morale; il garda jusqu'à la fin toute sa tendresse d'impressions, sa sincérité et sa candeur. En un mot, il resta toujours une âme neuve qui se révoltait, qui éclatait en présence du mal, du mensonge, de l'intrigue, de l'injustice. Cela étonnait un peu ses amis du monde et de salon, qui se demandaient comment un tel homme si doux, si plein d'aménité dans le commerce habituel, pouvait trouver à la tribune des paroles souvent si âpres et si brûlantes. Nature intègre, conscience restée vierge et non usée, ils ne le connaissaient qu'à demi. Rendons-lui le plein et entier hommage qui lui est dû. Mort à cinquante ans (19 mai 1821), sans une déviation, sans un pas en arrière, sans une tache, je ne sais point parmi les hommes qui ont traversé la politique, et qui y ont marqué par le talent, — je ne crois pas qu'en aucun temps on puisse trouver une plus attrayante physionomie, une plus belle âme.

Il n'est pas, il ne sera pas oublié, il ne saurait l'être; mais les générations passent vite, et les réputations d'orateur excellent, et même d'orateur homme de bien, comme était la sienne, ne sont bientôt plus qu'un nom. Le hasard l'a mieux servi aujourd'hui. Les lettres retrouvées de M^me de Staël, dans lesquelles il nous est rendu si vivant et avec charme, seront désormais un heureux rajeunissement pour sa mémoire, une dernière et perpétuelle couronne sur son tombeau.

# EUGÈNE GANDAR [1]

*Bossuet orateur* (2). — *Choix de Sermons de la jeunesse de Bossuet, édition critique donnée d'après les manuscrits* (3). — *Mélanges littéraires; Correspondance inédite* (4).

## I.

L'Université a perdu le 22 février 1868 M. Gandar, qui venait d'être nommé professeur titulaire d'éloquence française à la Faculté des lettres de Paris. Il n'avait que quarante-deux ans. Il remplaçait depuis cinq ans déjà M. Nisard en qualité de suppléant; mais cette chaire, qu'il avait tout fait pour mériter et pour conquérir, il ne lui fut point donné d'y monter et d'en

---

(1) Cette Étude a été publiée d'abord par le *Journal des Savants* (octobre et novembre 1868).
(2) Un vol. in-8° à la librairie Didier, 1866.
(3) Un vol. in-8° à la librairie Didier, 1867.
(4) 2 vol. in-8° (sous presse). Ils ont paru depuis (1869, à la librairie Didier). Ces articles de M. Sainte-Beuve ont été réimprimés en tête du premier volume des *Lettres*.

prendre possession en son propre nom. Je ne sais pas de destinée plus particulière, en un certain sens, que celle de l'estimable Gandar. Les uns meurent à la fleur de la jeunesse, au printemps des espérances ; on leur rêvait tout un avenir de bonheur ou de gloire, et ils disparaissent : leur image continue de nous sourire de loin, à demi voilée, du haut d'un nuage. D'autres meurent en pleine action et sont emportés en pleine carrière comme des guerriers au milieu du combat ou dans le sein de la victoire : ils ont déjà gagné la couronne qui se dépose sur leur cercueil. D'autres, après la carrière parcourue et remplie, se ménageant un repos, une retraite et un nid pour la vieillesse, meurent précisément la veille du jour où ils sont prêts à y entrer ; il ne leur est pas donné d'habiter la villa du sage qu'ils avaient construite tout exprès et ornée à plaisir pour leurs derniers ans : ils expirent au seuil. La mort a toutes les sortes d'ironies et de malencontres. Mais Gandar nous est, lui aussi, à sa manière, un de ces exemples, et des plus ironiques, des plus frappants. La prudence, la maturité semblaient avoir de bonne heure présidé à toute sa vie. Chez lui rien d'imprévu, rien d'aventuré au premier coup d'œil. Il marche et procède à pas sûrs, à pas lents. Sorti de l'École normale, agrégé des Lettres et admis au premier rang, puis élève de l'École française d'Athènes, puis à son retour professeur de rhétorique dans un lycée, puis professeur de Faculté en province, puis enfin revenu à Paris et délégué comme maître à cette École normale dont il avait été l'un des meilleurs élèves, appelé de là comme suppléant à la Sor-

bonne, il n'a cessé, dans toute sa carrière et à chaque
degré, de se préparer, de se munir, de s'aguerrir de
plus en plus pour cette fonction et pour ce talent de
professeur qui est de ceux qui s'acquièrent, qui se
perfectionnent et auxquels l'expression de *fiunt* opposée
à *nascuntur* s'applique si justement. Eh bien, c'est
quand il a tout fait pour se préparer, quand il s'est
amassé des fonds de science et d'érudition considérables dans tous les sens, qu'il a sondé et fouillé les
littératures étrangères pour en rapporter des notions
précises et tous les termes élevés et lumineux de comparaison, qu'il s'est attaché à diversifier son goût, à
l'étendre et à l'éclairer par les connaissances acces-
soires des beaux-arts étudiés dans leurs chefs-d'œuvre,
qu'il n'a négligé ni voyages, ni lectures sur place, ni
vérifications de toute nature; c'est quand il a, pendant
des années, travaillé, affermi et assoupli son organe et
sa parole de manière à remplir un vaste auditoire, à le
tenir attentif, suspendu à ses lèvres, et à l'associer à
ses impressions sérieuses, à sa gravité consciencieuse
et concentrée, d'où il tirait parfois des sources de chaleur morale et d'admiration émue; c'est alors, quand
tous ces stages et comme ces degrés d'apprentissage
sont terminés, quand il se sent prêt et digne de passer
maître, quand il a noué sa ceinture, serré et fortifié
ses reins pour la grande lutte, pour le vrai début et
l'inauguration suprême, c'est alors que le courageux et
patient athlète, qui n'avait jamais faibli, qui pour un
homme d'étude avait tout l'aspect d'un de ces hommes
primitifs du nord, solides et robustes, ἔμπεδος, une tête

énorme sur des épaules carrées (et lui-même en plaisantait bien souvent (1)), c'est alors que du jour au lendemain ce fils prudent du travail et de la sagesse, atteint d'un mal secret sans cause connue, tout d'un coup s'affaisse, pâlit et tombe. La chaire, objet de ses vœux, et qu'il remplissait pour un autre, du moment qu'elle est à lui et qu'il l'a gagnée, il n'y montera plus. La mort qui nous assiége et nous déjoue sous toutes les formes s'est chargée, en sa personne, de nous rappeler une fois de plus le néant des efforts et des projets humains, là même où ils semblaient les plus modestes, les mieux soutenus et les plus sagement concertés.

Les Anciens avaient poussé loin l'art de la rhétorique et toutes les préparations par où devait passer un orateur qui aspirait à exceller. On en a d'assez beaux traités et qui dépassent nos idées modernes. Je crois que la vie de Gandar, bien présentée, nous montrerait, non pas seulement en préceptes, mais en action, toutes les préparations, toutes les études préliminaires, tous les exercices gradués et les préludes déjà définitifs et bien complets, au moyen desquels on peut devenir un digne, un savant, un autorisé et, je ne crains pas d'ajouter, un éloquent professeur. L'éloquence du professeur, s'il y a lieu, se tire en effet de la profondeur même de l'étude et de la sincérité des convictions littéraires. Un portrait ou caractère de Gandar, résumé

(1) « Je crains bien, disait-il un jour en riant à l'un de ses amis de la Bibliothèque impériale, de descendre de quelqu'un de ces maudits Suédois dont vous recueillez les méfaits, et qui se serait fixé en Lorraine après l'avoir ravagée. »

dans son esprit et dans son originalité, pourrait exactement s'intituler *Gandar, ou la Parfaite École du professeur,* de celui qui se destine à l'être.

Eugène Gandar naquit le 8 août 1825 au Neufour (Meuse), où son père avait de grands établissements industriels ; mais ses souvenirs d'enfance le reportaient plus habituellement à Remilly, pays de sa mère, foyer principal de sa famille, où l'on retourna bientôt demeurer, où il allait passer ses vacances, et d'où lui vinrent ses impressions les plus chères et les plus douces. Sa mère, Rolland de son nom, appartenait à une famille qui a donné un peintre très-distingué au pays messin, et qui promettait dans un des frères mêmes du peintre un lettré et un poëte. Dès 1833, on voit le jeune Gandar à Metz dans le pensionnat Laffitte, puis au collége de la ville ; il y fit toutes ses classes, y compris la rhétorique. En 1841 il vint à Paris et fut mis à Sainte-Barbe, d'où il suivait le collége Louis-le-Grand : il y recommença sa rhétorique sous M. Rinn ; il y fit sa philosophie sous M. Barni. En 1844, il entrait à l'École normale, où M. Dubois était directeur et où M. Vacherot présidait aux études ; il était de la même volée que les philosophes Albert Lemoine et Émile Beaussire, que Jules Girard l'helléniste et le journaliste Frédéric Morin, et encore Eugène Fallex, le traducteur d'Aristophane. Il sortit de l'École avec le titre d'agrégé des Lettres, et le premier à la tête du concours. Dès le temps de son séjour à l'École, nous assistons à ses préoccupations, à ses pensées habituelles par cette page intime de son Journal :

« (18 février 1845.) — J'ai fait à la Conférence de français, devant M. Jacquinet et les élèves, une leçon sur *Athalie*, qui m'a donné la fièvre. Qu'il est difficile de parler devant un public; et quel public qu'un maître et des concurrents qui vous jugent, l'un avec une raison sévère, les autres avec une bienveillance équivoque!

Ma leçon, beaucoup moins bonne que je n'aurais voulu la faire, a cependant satisfait ceux de mes camarades qui étaient le mieux disposés à mon égard. M. Jacquinet m'en a félicité, me reprochant un début trop orné, un peu de paraphrase dans l'exposition, mais en revanche reconnaissant en moi un sentiment très-vif de l'œuvre que j'avais appréciée, du style dans la parole et des moments d'*éloquence*. Il ne ménage jamais les expressions. »

Candar avait un profond sentiment de reconnaissance pour M. Rinn, ce savant latiniste, cet homme du devoir, qui ne voulut jamais être qu'un professeur et qui a imprimé de lui une estime si marquée chez tous ceux qui le connurent.

« (23 mars.) — M. Rinn a toujours pour moi la même bienveillance. Que ne lui dois-je pas? C'est son exemple qui m'a fait préférer à l'existence précaire du journalisme la carrière honorable, sérieuse, utile de l'enseignement public. Puissé-je comme lui passer ma vie à prêcher quelques vérités, aimer toujours les jeunes gens et en être aimé! »

De bonne heure il avait du professorat cette haute idée; il s'en approchait avec précaution et respect, comme le jeune lévite s'approche du ministère :

« (13 juillet.) — Pour ne pas me fatiguer à la veille des épreuves de la licence, je suis resté chez moi. Siben et

Lenté (1) ont bien voulu m'y tenir compagnie ; nous avons discuté ; je leur ai lu quelques-uns de mes travaux. Ils ont un esprit sérieux et des idées larges ; nés également pour la vie intérieure et la vie publique, ils seront bons pères de famille et bons citoyens. Je connais peu de jeunes gens dont on puisse faire avec assurance une telle prédiction ; la plupart sont si légers ! tant d'autres sont vicieux !

« (17 juillet.) — J'ai été reçu licencié ès lettres après des épreuves assez satisfaisantes. Dieu me fasse réussir avec le même bonheur au concours d'agrégation ! »

L'École normale, ce savant séminaire intellectuel, a été la pépinière de nombreux élèves qui, une fois formés et maîtres d'eux-mêmes, n'ont eu rien de plus pressé que de rompre leurs liens, de prendre leur essor à travers le monde et qui y ont brillé en se dissipant. Gandar, lui, n'aspirait qu'à demeurer et à cheminer de pied ferme dans la voie régulière et droite toute tracée.

« (9 février 1845.) — J'ai passé six heures au coin du feu avec Siben, parlant un peu de tout, mais surtout de l'importance et de la dignité du professorat, texte bien fecond que je préfère à tout autre (2). »

(1) Deux élèves de l'École polytechnique. M. Lenté, ingénieur des ponts et chaussées, est mort aujourd'hui. Il sera encore question plus loin de M. Siben.

(2) J'ai voulu, puisque M. Jacquinet était nommé dans le Journal de Gandar, faire appel de plus près à ses souvenirs, et voici sa réponse toute concordante : « J'ai connu en effet, dès le temps où il était élève de l'École, le regretté M. Gandar : le souvenir qui m'est resté de lui, quant à ces années, est celui d'un excellent élève, d'un très-bon humaniste, solide, complet, déjà professeur (chose plus rare à l'École qu'on ne pense) par l'air, le ton, l'a-

Nommé en 1847 membre de l'École d'Athènes, Gandar partait pour la Grèce au commencement de 1848; mais il fit le trajet à loisir en s'acheminant à travers l'Italie et en y distribuant ses étapes et ses stations à son gré. M. de Salvandy (et c'est un côté par lequel nous nous plaisons à le louer) lui avait donné là-dessus carte blanche.

« (Paris, 2 décembre 1847.) — ... Avant-hier M. Guigniaut m'a présenté au ministre. J'en ai reçu un accueil aimable et cordial, des compliments, une liberté sans limites. Je puis fixer à mon gré le jour de mon départ, ma route en France et en Italie, et même, ce que je n'aurais pas osé demander, le jour de mon arrivée. Le grand maître, dont les idées sont très-larges, veut que les premiers sujets de l'Université mûrissent leur esprit et complètent leur éducation par des voyages utiles; il veut que nous apprenions l'Antiquité ailleurs que dans les livres, et le monde autre part qu'en France. Aussi profite-t-il sans hésiter de ma bonne volonté, et me laisse-t-il maître de m'arrêter autant que je le trouverai sage dans toutes les villes où je verrai un sujet de profitables recherches et de fécondes observations. Il m'encourage à voyager en Orient, et désire que je n'y voyage pas seul. Si les ressources du ministère le permettent, il veut aider mes collègues comme moi à visiter toutes les côtes de l'Asie, la Troade et la Palestine; et, sans doute il me fera revenir par Ravenne et Venise. Son rêve, car son esprit aventureux rêve toujours, serait de nous donner plus tard

plomb de la parole, le zèle sérieux et convaincu. La gravité qu'il mettait à tout pouvait paraître un peu *marquée,* mais personne n'était plus sincère que lui; tous ceux qui l'ont vu de près l'ont aimé; ses sentiments étaient naturels, son âme élevée, son cœur excellent. Je l'ai revu à l'École quatorze ans après, chargé d'une Conférence de français... » Mais ceci reviendra plus tard.

une seconde mission pour séjourner dans les Universités d'Allemagne et d'Angleterre. L'idée est raisonnable et je voudrais qu'elle fût exécutée. Pour le présent j'attends mon ordre de départ, et je me dispose à profiter de la liberté qui m'est donnée. »

Régulier et méthodique, Gandar ne se proposait toutefois d'user de cette latitude qu'avec discrétion et mesure :

« Mon désir était de voir peu de villes pour les bien voir, de séjourner à Rome, de traverser Gênes, Florence et Naples, et d'arriver à Athènes sans m'écarter de cette ligne. Le ministre et M. Dubois, par des raisons différentes, me décidèrent à voir Turin; aller de Turin à Florence, c'était traverser Milan et Bologne : je m'y résignais; mais, pressé d'arriver à Rome, j'avais résolu de me hâter et de saluer Venise sans y entrer. C'était encore ma volonté deux jours avant mon départ, quand j'eus l'honneur de rencontrer chez M. Guigniaut le plus illustre voyageur de notre siècle, M. de Humboldt, vieillard courbé et blanchi, mais qui n'a rien perdu de la vigueur de son esprit; il voulut bien prendre intérêt à mon voyage, et me questionna sur la route que je me proposais de suivre; mais il s'indigna presque de mes réponses : « Un homme intelligent peut-il songer au voyage « d'Orient sans s'y préparer par un voyage à Venise? « Peut-il, traversant Milan, résister aux séductions du che- « min de fer qui conduit en quelques heures à l'amphithéâ- « tre de Vérone, et de Vérone à Saint-Marc, au Palais des « doges, au Rialto? » — C'était prêcher un converti, car quel crève-cœur pour moi de renoncer au spectacle de cette ville unique au monde qu'on a nommée d'un nom pittoresque, la flotte de pierre! J'objectais humblement, du bout des lèvres, le temps qui me presse, la crainte d'abuser du droit que m'accorde le ministre, l'espoir de visiter Venise à

mon retour. — « C'est peu, me répondit M. de Humboldt,
« c'est peu de la voir au retour; il faut la voir plus tôt pour
« mieux comprendre Byzance et l'Asie. Dites à M. de Sal-
« vandy, si vos retards lui déplaisent, que c'est moi, moi
« seul, qui, par la brutale franchise de mes conseils et de
« mes invectives, vous ai contraint à voir Venise et Vérone;
« n'y dussiez-vous passer que six heures, il faut les voir. »
— Je les verrai... »

On a beaucoup médit de M. de Humboldt depuis sa mort; on lui a rendu la monnaie des épigrammes dont il ne se faisait pas faute envers ses contemporains; mais, des esprits supérieurs, il convient surtout de ne pas perdre de vue le grand côté, et le côté élevé d'Alexandre de Humboldt, son honneur durable devant la postérité, c'est son amour pour la science, pour l'avancement des connaissances humaines et, par suite, pour la docte et laborieuse jeunesse qu'il estimait capable de les servir; cet amour et cette flamme, il les conserva dans toute leur vivacité jusqu'à sa dernière heure, et sa conversation avec Gandar nous en est un nouvel et intéressant témoignage.

La lettre de Gandar ne finit pas sur ce conseil de M. de Humboldt; il continue avec esprit, avec entrain et une sorte de gaieté qu'on n'attendrait pas sous sa plume et dont sa correspondance familière est souvent animée; il se promet donc d'obéir à l'impérieux conseil de M. de Humboldt, puis il ajoute :

« Mais M. de Saulcy me dit : « Arrêtez-vous à Naples;
« montez au Vésuve; explorez Pompéi; allez à Baïa, à Sa-
« lerne, à Pæstum; lisez Virgile à Cumes, au cap Misène,
« au seuil des Enfers. » — Mais M. Ozanam me dit : « Si

« vous voulez connaître la Grèce, étudiez la Sicile : Catane
« sous son volcan, Taormine avec son théâtre, Selinonte avec
« ses ruines pittoresques, Ségeste, Syracuse, Agrigente,
« feront revivre à vos yeux la Grèce, mieux que la Grèce
« elle-même. La longueur, les frais, les fatigues du voyage
« ne doivent pas vous effrayer ; malade, je l'ai fait, avec ma
« femme, en quatorze jours. » — M. Le Clerc ajoute :
« Sacrifiez plutôt le Nord au Midi, et si vous pouvez par-
« courir la campagne dé Naples et la Sicile, vous compren-
« drez mieux la Grece que vos aînés. C'est en faisant cette
« étude préliminaire, opportune, féconde, que vous vous
« montrerez tout à fait digne de la liberté qui vous'est don-
« née. »

« Que faire ?... Le ministre m'envoie à Turin, M. de Humboldt à Venise, M. de Saulcy à Naples, M. Le Clerc en
Sicile ; mes préférences m'appellent à Rome, et j'y veux passer un mois. Que faire ? Je suis d'autant plus embarrassé
que je crois bon d'arriver à mon poste avant le 15 avril. »

Dans son embarras, Gandar va consulter M. Rinn,
l'homme sage et de bon conseil, le meilleur ami et le
meilleur jugement : la conclusion est en effet de tout
voir, de tout parcourir en trois mois, sauf à laisser de
côté la Sicile, si le temps presse. Tant de rapidité coûte
sans doute un peu à Gandar, qui est un esprit de réflexion plus que de premier jet, qui craint toujours de
n'avoir pas assez regardé, qui a besoin de repasser sur
les objets, de méditer et de ruminer ses impressions
pour les classer avec ordre et les fixer. « Un pareil
voyage fait si vite est propre à donner le sentiment
plutôt que la connaissance des choses. » Mais enfin ce
premier sentiment, c'est beaucoup déjà, c'est l'éveil de
l'esprit et la vie.

Les événements vinrent à la traverse avant l'accomplissement de tous ces beaux projets. Gandar avait vu Milan, Venise; il avait séjourné à Florence; il était encore à Rome; il y était en pleine contemplation du passé et sous le charme souverain du grand art sévère, se faisant presque un élève de l'École de Rome avant de l'être de celle d'Athènes, lorsque tout à coup la nouvelle de la révolution du 24 Février éclata comme un coup de tonnerre. Dans sa jeunesse d'enthousiasme et son intégrité de convictions, il eut un instant l'idée de tout quitter, de renoncer à ce beau voyage d'Italie et de Grèce, et, au risque de briser sa carrière, de raccourir en France pour y remplir les devoirs civiques d'électeur et peut-être aussi d'écrivain, de soldat volontaire de la presse. Une lettre datée de Rome, du 6 mars, à son ami et camarade d'enfance Siben (1), une consultation à la fois intime et solennelle fait foi de cette soudaine tentation qu'il eut, imprudente et généreuse. Un accès de la fièvre universelle l'avait atteint jusque dans sa sagesse; il fut pendant quelques jours comme transporté (2). Un peu de réflexion le rendit à lui-

---

(1) M. Siben nommé précédemment, un enfant de Metz : après avoir été ingénieur des ponts et chaussées en France, il a construit le chemin de fer de Florence à Bologne; il est aujourd'hui à Gênes à titre de directeur des chemins de fer liguriens.

(2) J'avais dit d'abord, d'après une fausse indication, que, sous le contre-coup des émotions qui ébranlèrent dès lors la Ville éternelle, il était arrivé à Gandar de faire sa harangue au peuple romain. C'était une erreur. Dans aucun cas Gandar n'aurait pu s'adresser au peuple romain, ni parler en plein *Corso* : il ne savait pas assez d'italien pour cela. Voici la rectification du fait, par un témoin oculaire : « C'est dans le *Cercle français* qu'il prit la

même et le ramena à la juste mesure des choses. Il écrivait le 13 mars à ses parents :

« L'anxiété que mêlaient à l'inquiétude commune mes propres pensées m'avait mis hors de moi. Notre beau soleil m'a calmé; j'ai parcouru les grandes ruines de Rome; j'ai été voir reverdir les arbres, éclore les fleurs parmi les majestueux debris de cette reine du monde. L'enivrant spectacle de ces plaines abandonnées où revivent avec Tite-Live, avec Virgile, tant de souvenirs impérissables, m'a fait rentrer en moi et revenir aux salutaires pensées dont m'avait distrait le bruit que vous faites. J'ai retrouvé la paix que j'avais perdue, et je reprends fermement la résolution de poursuivre en silence mon chemin, et d'attendre, en m'y préparant par des études solitaires, que mon pays me réclame et que mon temps soit enfin venu.

« J'ai soulagé mon cœur en vous laissant entrevoir les incertitudes dont j'ai triomphé. Désormais je m'efforcerai d'oublier la grande Révolution qui préoccupe tous les esprits pour ne plus parler que de Michel-Ange, de Raphaël et du printemps... »

Pour être plus sûr de se calmer, il alla faire à la fin de mars un voyage de quelques semaines à Naples, la

parole un jour que l'on voulait provoquer de la part des Français résidant à Rome une manifestation à l'ambassade, afin d'obliger M. Rossi à arborer le drapeau de la République. On avait parlé d'une modification dans l'ordre des couleurs nationales. M. Rossi n'avait point encore reçu de communication du Gouvernement provisoire. En prenant la parole, Gandar n'eut pas de peine à faire comprendre l'inopportunité de cette demande. Son rôle politique en ce moment s'est borné à ce simple discours. » Ce qui n'empêche pas que son discours, même avec ses conclusions modérées, ne renfermât des choses fort vives. Le sage Noel des Vergers, qui était présent, en avait gardé souvenir en ce sens, et il eut quelque peine à le pardonner à Gandar.

ville de l'oubli : *et in otia natam Parthenopen ;* il en savoura en peu de jours les incomparables douceurs et respira au Pausilippe le génie de Virgile.

Il était mûr pour Athènes, et revenu à Rome, ce ne fut que pour en repartir au plus vite (3 mai). Après un dîner d'adieux donné par ses amis Benouville, les peintres, il prit le bateau à Civita-Vecchia, rangea les côtes de l'antique Latium, salua le cap de Circé, rasa le rivage de la Grande-Grèce, fit une pause de quelques heures à Naples, toucha encore à Malte, une bien agréable étape ; et en tout, « après six jours, nous dit-il, de houle et de calme, de malaise et de gaieté, de coliques et de poésie », il abordait au Pirée le 11 mai : il était en possession de son rêve. Là, de sa chambre provisoire et de ce qu'il appelle son *grenier* de l'École d'Athènes, il put, dès le premier jour, rassasier ses regards, admirer à souhait l'Acropole et les lignes de l'horizon, le pays de la lumière (Venise n'est que le pays de la couleur), cette lumière « si transparente et si pure qu'on croirait toucher de la main les côtes et les montagnes d'alentour (1). » Il commença cette vie de studieux loisir : « la liberté presque complète sous le plus beau ciel du monde, quelques livres que ce ciel explique, » et, pour les yeux comme pour la pensée, l'accomplissement du vœu le plus cher à tout pèlerin classique digne de ce nom.

(1) Et ailleurs dans une lettre à **M. Havet :** « ... Cette lumière plus précise que chaude, ces couleurs plus harmonieuses que tranchées, ces lignes de la mer et ces montagnes si nettes quoique lointaines, et si grandioses quoique resserrées dans un espace relativement assez étroit... »

Gandar était de la seconde promotion de l'École d'Athènes, une espèce de promotion extraordinaire qui eut lieu en 1847, et où il figurait seul : il retrouvait en arrivant les élèves de cette nombreuse et brillante promotion première qui comptait Lévêque, Émile Burnouf, Louis Lacroix, Benoit (doyen à Nancy), Hanriot, Roux, — Grenier enfin, Grenier ouvertement incrédule à Homère, négateur hardi de l'exactitude tant admirée des descriptions homériques; car, dès qu'il y a une douzaine de personnes réunies, il se trouve toujours un homme d'esprit en sus pour contredire et remettre en question ce que les autres admettent et admirent. Certes, Gandar n'était pas de ceux-là; il avait la piété et la religion de son sujet, le respect de la tradition et des maîtres; son esprit était le moins fait pour l'ironie : cela ne l'empêchait pas de distinguer bien des défauts des Grecs modernes, mais le passé pour lui dominait tout.

Éprouvé par le climat de l'Attique, il se décida à faire un voyage dans les îles Ioniennes, à Corfou, Zante, Céphalonie, Ithaque; il prendra plus tard cette patrie d'Ulysse pour le sujet d'une de ses thèses; mais ce ne sera qu'après être revenu la visiter une seconde fois. « Je ne suis pas, disait-il à son maître M. Havet, de ceux qui comprennent après un coup d'œil et prononcent après une lecture. Les voyages à vol d'oiseau ne conviennent pas au tempérament indolent, à l'humeur rêveuse que j'ai gardée des brouillards de ma Lorraine. Je suis myope aussi et vois vaguement quand je ne vois qu'une fois. » Il aura donc besoin, pour se croire en droit d'en parler, d'y revenir; cette fois-ci il ne veut que jouir de l'impression naïve et des charmes d'une première vue. Nombre de lettres à sa mère, à ses amis de France, sont datées de là et nous rendent fidèlement ses impressions. J'avoue que je préfère infiniment ces lettres écrites au courant de la plume et toutes naturelles aux estimables travaux académiques ou universitaires dans lesquels il a traité plus méthodiquement les mêmes sujets. Parmi les guides qu'il se donna en Grèce, Homère fut le premier, le principal, le seul qui ne l'ait jamais quitté. Il se plaisait à vérifier avec lui ce qu'il faut seulement y chercher, le premier aspect, « l'apparence pittoresque, sinon la réalité essentielle des choses », le premier essai largement jeté de la ligne ou de la couleur. C'est ce qu'il fit d'abord dans ce voyage des îles, et sa correspondance nous le dit agréablement. Ainsi, dans une lettre à son frère Adolphe Gandar :

« (Corfou, 2 août 1848)... J'ai pris une sotte habitude, celle de vous raconter mes voyages; cela n'a pas le sens commun : la nature a mille manières d'être belle, et nous n'en avons qu'une de dire qu'elle l'est... Après vous avoir tant parlé des montagnes de l'Attique, du Géranien, du Cyllène, de Sicyone, de Lépante, vous parler encore des montagnes de Patras et de Missolonghi, vous dire qu'elles sont belles quand je ne puis vous faire comprendre que leur beauté n'est pas uniforme, qu'elles ne se ressemblent pas plus que les couleurs de l'arc-en-ciel, que la nature ne se copie pas, n'est-ce pas abuser ?... La sortie de la baie de Patras est un des plus magnifiques passages dont je retrouverai dans les souvenirs de ma vie errante je ne sais quel parfum indécis et quelle image effacée. La mer était de tous côtés bordée de rivages qu'éclairaient les derniers rayons du jour : à droite Missolonghi blanchissait dans ses lagunes au pied des rochers sauvages et presque déserts de l'Acarnanie ; devant nous Céphalonie élevait au ciel des masses noires et semblait une forteresse bâtie au milieu des flots pour garder le passage ; sur ces masses que le crépuscule assombrissait, se dessinait la petite île d'Ithaque avec sa double montagne ; plus loin, dans la mer, je distinguais les collines et les plaines de Zante, la fleur du Levant, et à gauche les montagnes de l'Achaïe s'abaissaient en se rapprochant des grasses campagnes de l'Élide. La lumière était tout à la fois chaude et transparente, et pour donner une vie nouvelle à cette nature si gracieuse dans sa simplicité, le soleil se couchait derrière les écueils fantastiques de ces îles Courzolaires où George Sand a placé la scène de son petit roman de l'*Uscoque*.

« J'aurais voulu passer la nuit sur le pont ; mais les chaleurs d'août invitent au sommeil, et j'étais d'autant plus fatigué que pendant six heures d'horloge j'avais parlé italien. La nuit m'a donc empêché de voir l'héroïque Parga,... le rocher de Leucade où s'élevait le temple d'Apollon, et l'entrée du beau golfe d'Ambracie. Je ne me suis éveillé qu'en face de la petite île de Paxo, en vue de Corfou. Peu à peu la ville se montrait à nous avec ses formidables citadelles et ses jardins au bord de la mer ; à dix heures nous entrions au port.

« 4 août, 3 heures, 32 degrés à l'ombre.

« Corfou n'est pas très-frais, mais Corfou est charmant, je parle de l'île plutôt que de la ville, petite ville vénitienne et génoise sans caractère, qui ne serait rien par elle-même si elle n'avait pas la mer, son horizon, ses campagnes et son esplanade. Ah ! malgré mon profond amour pour la vallée de la Moselle, je donnerais peut-être notre belle promenade pour celle de Corfou. Mais ce serait faire injure à nos jolies Messines endimanchées et montrer trop de dédain pour nos prairies bien aimées. Ne gâtons pas nos joies en ce monde par des comparaisons stériles. »

C'est pourtant un à-propos et une harmonie morale, quand on est à Ithaque, dans l'Ithaque d'Ulysse, ce symbole classique de la patrie, de se souvenir soi-même de sa patrie. Aussi Gandar n'y manque-t-il pas, et il écrit de là à sa mère avec un redoublement d'effusion et de tendresse :

« (Ithaque, 20 août 1848.) — Je n'ai jamais été plus seul, ma bonne mère, et jamais je ne me suis senti plus près de vous. Je ne sais pourquoi, mais tous mes souvenirs prennent des formes moins indécises, les visages que j'aime sont devant mes yeux, les lieux que je regrette m'apparaissent à l'horizon ; c'est comme si je n'avais que quelques pas à faire pour les revoir et pour vous embrasser...

« A qui dois-je ces douces visions, et qui donne à mon cœur ces transports inaccoutumés ?...

« Ithaque est un rocher stérile et nu : et c'est pour cela même que la poésie des Anciens en a fait le symbole de la patrie. Les rois qui vivaient sur de plus beaux rivages, qui cultivaient des terres plus fécondes, qui dormaient dans de plus riches palais, ne comprenaient guère que le prudent Ulysse s'obstinât à chercher ainsi, malgré la destinée, son pauvre royaume. N'eût-il pas été plus sensé de demander ou de conquérir une autre demeure ?

« Ulysse répondait : « Ithaque est escarpée, mais elle
« nourrit une brave jeunesse. Pour moi je ne puis voir
« aucune autre terre qui me soit plus chère que celle-là. La
« déesse Calypso voulut me retenir et Circé me garder dans
« sa demeure, parce qu'elle voulait faire de moi son époux,
« mais jamais elles ne persuadèrent mon cœur ! Car rien
« n'est plus doux que la patrie et les parents, quand même

« on habiterait une riche maison dans une autre terre et
« loin d'eux. »

« J'éprouve un plaisir très-vif à relire ici tous ces beaux
vers d'Homère; la vue des lieux qui les ont inspirés leur
prête un nouveau charme et comme un sens inconnu. Et
puis, ne sens-tu pas qu'un voyageur, longtemps absent et
longtemps seul, retrouve avec une joie d'enfant un langage
qui répond aux secrètes émotions de son cœur?

« La déesse Calypso ne m'a pas offert d'éternelles amours
sous ses grottes tapissées de fleurs; l'adroite Circé n'a pas
voulu faire de moi son époux immortel; mais j'ai traversé de
bien douces et de bien belles patries; j'ai compris que Sturler s'oubliât à Florence depuis seize ans, et que Le-Duc
quittât Rome les larmes aux yeux; j'ai senti qu'on pouvait
rêver la paix de l'âme au bruit harmonieux des flots de Sorrente et de Baïa, oublier le monde à l'ombre de quelques
vieux arbres, dans une petite maison isolée sur les rivages
d'Éleusis. Cette mer bleue qui caresse les plages de Grèce;
ces riantes villas de Naples et d'Albano, éclairées par un
ciel si pur; ces grandes ruines d'Athènes; ces lignes élégantes et ces éclatantes couleurs des paysages d'Italie et
d'Orient auront gardé quelque chose de mon cœur quand,
plus avancé dans la vie et séparé de ma jeunesse, je jetterai
en arrière un regard découragé... Mais, oh! que j'aime mieux
retourner vivre sous nos peupliers, auprès de vous! oh! que
j'ai hâte de m'asseoir à votre foyer et de me promener avec
vous dans mon Breuil bien-aimé, à l'ombre des arbres que
j'ai plantés!... »

Comme si, par une association naturelle avec les
touchantes beautés de l'*Odyssée,* il avait eu à cœur de
dater d'Ithaque tous les souvenirs les plus chers de la
patrie, Gandar écrivait de là aussi à une personne dont
le nom ne m'est pas indiqué, qui pourrait bien être
celle à laquelle il était déjà fiancé de cœur et qui de-

vint plus tard, et non sans d'assez longues épreuves, la digne et dévouée compagne de sa vie ; ou si ce n'est elle, il s'adressait à elle par une amie commune, et en parlant à l'une, il pensait certainement à l'autre. Ceux qui jusqu'ici ne connaissaient Gandar que par ses livres ou par son enseignement auront remarqué combien cette correspondance nous le montre plus varié, plus vif qu'on n'était accoutumé à le voir, d'une nature tout à fait aimable et attachante ; mais cette lettre qu'on va lire est d'un caractère encore plus particulier et plus délicat. Rien n'y éclate : le sentiment sous forme voilée est partout présent, comme dans ces tièdes matinées où une brume légère, qui n'est pas un nuage, dissimule pourtant le soleil. L'expression, pour être ainsi discrète et contenue, n'en est que plus pénétrante :

« (Ithaque, 21 août 1848.) — La vie d'un voyageur est une étrange alternative de joies et de peines, de regrets et d'oublis, d'élans impétueux vers l'avenir et de retours mélancoliques vers le passé. S'il est des moments où l'âme est comme arrachée à elle-même par les monuments de l'histoire, par les œuvres de l'art ou par les beautés de la nature, elle se lasse bientôt de cette admiration solitaire ; elle sent le vide de son bonheur plus vite et plus longtemps qu'elle n'en a joui ; et rassasié d'émotions nouvelles, fatigué d'effleurer tant de choses et de livrer sans cesse la voile aux quatre vents, on aime, croyez-moi, dans ces heures de chagrin morne qui sont si fréquentes sous un toit étranger, on aime à rentrer en soi-même, à remonter le cours de la vie, à ranimer ses plaisirs et ses tristesses d'autrefois, à chercher dans les replis les plus cachés du cœur ces noms aimés, ces chers visages que la mort seule y peut effacer.

« Ne semble-t-il pas qu'en changeant chaque soir d'idée,

de spectacle, de patrie, qu'en emportant chaque jour quelque chose à des objets, à des êtres auxquels nous laissons aussi une partie de ce que nous sommes, nous devrions désapprendre et les affections profondes et les grandes pensées qui inspirent toute une vie?... Il n'en est pas toujours ainsi ; la foi, soumise à tant d'épreuves, ou périt ou se fortifie; la raison se dégrade ou mûrit; le cœur se ferme, ou bien il s'ouvre à des tendresses plus ardentes, et dégoûté de ces amitiés banales qu'une heure voit nouer et se rompre, il s'attache avec plus d'énergie aux affections étroites qui lui paraissent dignes de l'enchaîner pour toujours.

« Les uns oublient, les autres apprennent à se souvenir; les uns s'étudient à aimer moins pour moins souffrir; les autres sont dévorés du besoin d'aimer davantage; et plus ils s'éloignent, plus ils sentent leur courage défaillir, et plus ils s'efforcent de se rapprocher au moins par la mémoire des joies perdues.

« Aimer davantage c'est aimer autrement; et surtout si c'est encore le même cœur qui s'attache aux mêmes êtres, le temps ayant profondément changé la nature de ses liens.

« Aimer de si loin, c'est aimer sans jouir, c'est aimer sans posséder, c'est apprendre à n'aimer plus pour soi. Ne croyez pas que le cœur s'endurcisse, mais il se résigne; il sent profondément ses blessures, mais il ne s'effraye plus de les voir, il trouve à les sonder, à les rouvrir, je ne sais quelle joie triste qui l'anoblit.

« C'est aux instants de lassitude, c'est dans les soirées d'ennui, c'est dans les nuits d'insomnie que l'âme se berce de ces rêves ou caressants ou douloureux; c'est quelquefois aussi durant les heures de contemplation muette et de recueillement religieux.

« Pour moi, dans les plus vives souffrances et dans les plus vives joies, je retrouve les mêmes pensées. Si mon âme est vide, à quel sentiment fais-je appel pour la remplir? si elle est trop pleine et anéantie par des émotions qu'elle n'exprime pas, à qui songe-t-elle pour n'en garder que la moitié?

« Ces jours derniers, sorti de Corfou, et après avoir traversé l'île, j'étais monté sur une colline qui domine à pic — ici l'île elle-même, ombragée et riante comme un grand jardin, — et là cette douce mer Ionienne que le soleil éclairait de ses derniers rayons avant de disparaître derrière un promontoire aux lignes fantastiques. La brise était silencieuse, l'horizon brumeux et borné; les nuages confondaient avec les flots endormis leurs couleurs fines et vaporeuses, un peu pâles, presque effacées. Vingt enfants demi-nus m'avaient suivi, chuchotaient et riaient entre eux de ma rêverie. Je ne pouvais me détacher de ce spectacle; j'aurais voulu graver cette impression dans ma mémoire et la rendre éternelle. Comme je cueillais une fleur sur la roche stérile et nue, un enfant me tendit une poignée d'herbe sèche, ne comprenant guère qu'on puisse compter les jours de sa vie aux pages de son album et mettre quelque chose de son cœur dans les feuilles flétries qu'il a si souvent foulées aux pieds. Et je me demandais avec moins de surprise que d'ivresse pourquoi il est ainsi des lieux qui nous rendent plus simples que les enfants.

« Cette nuit encore, comme la fatigue avait écarté de moi le sommeil, j'ouvris à l'aube la fenêtre du grenier où je reçois l'hospitalité comme les voyageurs d'Homère : à travers le feuillage pâle des oliviers, j'apercevais les eaux du port, le double rocher qui en ferme l'enceinte, et derrière eux le mont Nérite que ne couronnent plus, comme au temps d'Ulysse, de vertes forêts... Aucun bruit ne troublait le silence de la nuit... Peu à peu l'aurore éclaira de lumières plus vives ce paysage si simple et si calme, les coqs chantaient, et des portes entr'ouvertes, les gens du faubourg s'en allaient lentement achever la vendange dans les champs de pierres où le vieux Laërte cultivait de ses mains de jeunes arbres...

« Adieu ! Où est le jour où nous regarderons ensemble la

Moselle des côtes de Sainte-Ruffine, et la Nied des prairies de Remilly!... »

Je ne crois point m'écarter; je n'oublie pas que j'ai présenté Gandar comme un exemple à suivre pour celui qui se destinerait à être un parfait professeur. Cette manière de sentir intime et profonde qu'on vient de voir se révéler était bien en accord avec la sévérité des devoirs futurs qu'il acceptait à l'avance. Son existence devait trouver un jour à s'y affermir dans son ensemble et à s'y compléter. Quintilien et Rollin, pour des raisons diverses chacun en leur temps, ont omis cela dans le modèle qu'ils ont tracé d'un bon maître. Le professeur a besoin d'une vie domestique établie. Une femme, compagne intelligente, confidente et *partner* de ses études, lui procure non-seulement la paix, mais l'inspiration du foyer. Plus il a de racines de ce côté, plus il trouve à l'intérieur de consolations et d'appui, et plus il s'appliquera à ses travaux avec tranquillité et joie, en toute assurance. Quelque chose de la sérénité affectueuse qu'il ressent transpirera jusque dans son enseignement même et se répandra sur ses élèves. Dans cet ordre de succès réguliers et paisibles, où il ne s'agit point de feux d'artifice à tirer à de certains jours, mais de fruits à produire durant des années, le bonheur calme et pur est un meilleur conseiller encore que l'amour-propre. Celui qui tient avant tout à être utile se distingue bientôt, à sa méthode et à son accent, de celui qui ne prétend qu'à briller.

Gandar ne perd jamais de vue le but sérieux, et

même quand il rêve, il ne s'en éloigne pas. Dans ses lettres ou plutôt dans les espèces de rapports sous forme de lettres qu'il adresse à ses maîtres, M. Havet, M. Guigniaut, il nous expose la suite régulière de ses études, de ses excursions, de ses vues et de ses projets qu'il n'a pas tous remplis. De même qu'il avait eu le plaisir de lire quelques chants de l'*Odyssée* à Ithaque, c'était dans les champs de Troie qu'il voulait lire l'*Iliade*; il avait dessein de présenter à la Faculté une thèse d'ensemble sur le monde d'Homère. Et il ne bornait point ses vues à la seule Antiquité; préoccupé avec intérêt du sort de cette Grèce moderne qui n'a été ressuscitée qu'à demi et qui ne respire, pour ainsi dire, que d'un poumon, il méditait un petit livre qu'il aurait intitulé : *Des limites légitimes d'une Grèce unitaire*. Enfin il roulait à la fois dans son esprit, comme il arrive dans la première jeunesse, plus de choses qu'il n'en devait produire. Mais même dans ses plus libres échappées vers l'avenir, il ramenait tout à la carrière principale où il mettait son honneur, à l'office sévère auquel il s'était voué. Gandar est l'homme qui, même en voyage, fait le moins l'école buissonnière; il est déjà à l'avance le professeur fidèle à la chaire qu'il aura.

« Quoi qu'il en soit, écrivait-il d'Athènes à M. Havet (26 janvier 1849), malgré les fatigues de nos chevauchées et l'ennui dont je ne puis me défendre quand je reste trop longtemps à Athènes, je m'applaudirai toute ma vie d'avoir passé deux ans à visiter les pays classiques, si curieux à tant de titres; et j'ose espérer que, soit que je reste dans l'enseignement des lycées, soit que le ministre m'appelle à remplir une chaire dans une Faculté des lettres, le fruit de ces voyages ne sera pas tout à fait perdu pour ceux qui écouteront mes leçons. C'est pour eux autant que pour moi que j'etudie ; car je suis pénétré d'une vive reconnaissance envers ceux qui m'ont permis de compléter ainsi mes premières études, et je n'oublierai jamais qu'en acceptant cette mission, j'ai contracté envers l'État une de ces dettes que l'on n'acquitte qu'avec les efforts de toute une vie. »

Il avait fait, en septembre-octobre 1848, un petit voyage en Arcadie et en Élide, dont il envoya un récit détaillé à son frère. J'y remarque cette belle page qui lui fut inspirée par les harmonies de la nature et de l'histoire, par l'heureuse et parfaite convenance du cadre et des souvenirs, en face de l'admirable vallée, aujourd'hui déserte, d'Olympie :

« Il existe entre les lieux célèbres et leur histoire une harmonie qui en fait le charme ; on sent à les parcourir vingt siècles après leur ruine qu'ils étaient prédestinés, que ce qu'ils ont été ils devaient l'être, que la nature avait mis une correspondance intime entre eux et le fait dont ils ont été le théâtre, ou la pensée dont ils ont été le symbole. Olympie, c'est l'unité de la Grèce, c'est la fraternité des peuples consacrée par des jeux et des prières solennelles, c'est la concorde succédant, quand son heure est venue, aux guerres intestines, et faisant tomber des mains de quelques-uns, au nom de la patrie commune, des armes fratricides. J'ai vu l'Isthme et j'ai vu Némée, qui avaient aussi le même sens, mais qui n'ont jamais eu dans l'Antiquité la même gloire. Un seul coup d'œil explique cette différence : Némée est mesquin ; l'Isthme est sec ; l'idée de séparation est empreinte, comme l'idée d'alliance, dans cet étroit passage où les nations divisées s'étaient si souvent heurtées ; la ville même où se célébraient les jeux isthmiques n'était qu'une forteresse. Des merveilles d'Olympie il reste bien peu de traces; les alluvions du Cladée et de l'Alphée ont couvert sous vingt pieds de terre l'hippodrome, le bois sacré de l'Altis, les sculptures d'Alcamène dont Pausanias a parlé ; c'est à peine si les architectes de la Commission de Morée ont découvert par leurs fouilles la base de quelques colonnes, seul reste de ce majestueux temple de Jupiter, plus grand et plus vénéré que le Parthénon : et cependant aucun lieu ne répond plus fidèlement à l'idée qui s'attache à son nom; aucun paysage n'est plus harmonieux dans ses lignes, plus doux aux regards; ces plaines fécondes, ces eaux paisibles, ces collines verdoyantes écartent l'idée de la souffrance, de la haine, du sang versé ; la joie et la paix y respirent; c'est là que des peuples de frères doivent se réunir pour oublier leurs querelles et jurer de s'aimer toujours. »

Il ne se peut de plus beau commentaire littéraire; Gandar s'y complaisait et aurait eu peu à faire pour y exceller. Dans sa correspondance, où il appuie moins, il réussit mieux. — Il fit aussi à cette fin d'automne (1848), avec Émile Burnouf et Hanriot, une pointe jusqu'en Béotie et à Thèbes. Ses compagnons et lui ne purent guère rapporter sur la topographie de l'ancienne Thèbes que des notions assez conjecturales, comme on les peut tirer d'une ville entièrement détruite « dont il ne reste que trois ou quatre pierres et une vieille mosaïque. » Gandar ne voyageait point d'ailleurs en archéologue : ce n'était là que l'objet secondaire à ses yeux; Pindare, les *Sept Chefs,* les *OEdipe* relus sur place, lui tenaient davantage au cœur. Ces textes magnifiques, encadrés dans des promenades aux bords de l'Isménus et de Dircé, l'aidaient moins à reconstruire qu'à se figurer une Thèbes idéale approximative et suffisante pour l'imagination. L'École d'Athènes, à l'époque où il en faisait partie, n'était elle-même encore qu'au berceau pour les recherches et les découvertes archéologiques. Celles-ci, négligées ou ajournées dans le principe, s'inaugureront surtout avec les générations auxquelles le brillant succès de M. Beulé donnera le signal (1). Gandar s'en tenait volontiers à des impressions et à des résultats purement littéraires :

« L'École française jusqu'à ce jour, écrivait-il à M. Guigniaut (17 janvier 1849), n'a pas réussi à faire beaucoup de découvertes ; il faudrait pour cela des frais de séjour et de fouilles, une patience et des connaissances spéciales dont elle ne se pique pas. Si j'en juge par ses premières campagnes, elle n'aura peut-être la gloire ni d'ajouter une ligne au Recueil des inscriptions, ni d'exhumer une seule ruine ignorée. Ce n'est pas son but. Ce que nous demandons à la Grèce, c'est une idée plus exacte de l'Antiquité, un sentiment plus vif des beautés que nous aurions commentées peut-être sans les bien comprendre, et chaque voyage fait faire à chacun de nous un pas de plus dans cette voie. Si nos esprits font ainsi quelque progrès, l'auditoire des lycées et des Facultés et nos maîtres de la Sorbonne en jugeront. Nous ne voulons pas autre chose. »

C'était trop peu, c'était par trop restreindre la portée de l'institution. L'École d'Athènes depuis a voulu davantage ; elle a élargi son programme et a su le remplir. Mais Gandar, en définissant le sien, montrait à quelles conditions élevées il mettait désormais le mérite

---

(1) On sait les noms de MM. Perrot, Heuzey, Foucart, Wescher et de bien d'autres, qui ont marqué depuis dans cette voie.

de l'humaniste, et comment il entendait le renouvellement du goût et du sentiment littéraires.

Ce renouvellement des plus sensibles, l'École d'Athènes et son influence l'ont déjà opéré en partie. L'humaniste d'auparavant, du temps où elle n'existait pas, se reconnaît tout d'abord, et il différait assez notablement de l'humaniste rajeuni, retrempé à la source. Un humaniste qui a vu la Grèce n'est point en effet le même que celui qui ne l'a pas vue. Ce dernier était plus orné, plus fleuri, plus rhétoricien, plus de seconde main, que sais-je? il était plus *quartier-latin*, il était moins attique. Un humaniste qui a vu la Grèce remet les choses classiques à leur vrai point. En admirant Virgile, il sait combien celui-ci, pour être tout entier lui-même, a dû se rapprocher de la Grèce, y vivre d'aussi près que possible, se tenir constamment en présence d'Homère. Homère, selon la remarque de Gandar, a inspiré à tous ceux qui ont visité les contrées homériques, à André Chénier, à Chateaubriand, à M. Lebrun, « des pages où respire le vrai parfum de l'Antiquité. » La Fontaine et Fénelon, s'ils ne l'avaient pas vue, avaient deviné la Grèce. Mais certes il ne l'avait ni devinée ni vue, le poëte moderne qui, tenant à nous montrer Homère et se piquant de nous le rendre avec plus de vérité que ses devanciers, s'est félicité hautement de n'avoir pas fait comme André Chénier, « qui avait reculé devant la *brutalité* d'Homère. » La *brutalité* d'Homère, bon Dieu! et cela dit presque en manière d'éloge! Si M. Ponsard avait vu la Grèce, il aurait su que le mot de *brutalité* n'existe que pour le cyclope dans le monde d'Homère, et qu'un pareil terme jure et crie, appliqué à ces beaux génies harmonieux qui, même sous leur forme primitive, sont tout le contraire du barbare. La seule vue d'un rivage de Grèce aurait averti un homme de talent de la note si discordante ; l'idée même ne lui en serait pas venue.

Je ne fais que donner à la pensée de Gandar son sens le plus précis. — Il eut le temps de voir arriver les membres de la promotion suivante, la troisième, dont était son ami Jules Girard, *l'attique;* mais, fatigué par le climat, il ne prolongea point son séjour et il ne tarda pas à rentrer en France. Il y débuta dans la carrière de l'enseignement comme professeur de rhétorique au lycée de Metz. Il n'y resta pas moins de six années (1849-1855), interrompues seulement par un congé en 1853 et par une mission en Grèce : sa véritable mission, scrupuleux comme il l'était, consistait surtout à revoir Ithaque, afin de pouvoir écrire en toute précision sa thèse latine. Son séjour à Metz fut marqué, d'ailleurs, par la participation très-vive qu'il prit au mouvement des arts. L'école messine comptait dès lors parmi ses peintres distingués Maréchal, Devilly, de Lemud et Rolland, un oncle de Gandar : Émile Michel préludait par des paysages pleins de fraîcheur, de légèreté et de vie. La musique aussi avait ses Durutte et ses Desvignes, et l'on se souvenait qu'Ambroise Thomas était né à Metz. Notre jeune professeur de rhétorique ne crut point sortir de sa sphère ni abuser de l'art de persuader en conviant ces jeunes talents chers au pays à se former en une société dite de l'*Union des*

*Arts.* Il s'y mit de tout cœur ; le zèle qu'il déploya, les services qu'il rendit ou qu'il essaya de rendre en qualité de secrétaire et d'organe à l'association dont il était l'âme, et qui n'eut que deux années d'existence, ont été exposés et appréciés dans une excellente notice de M. Prost, membre de l'Académie de Metz. Il y eut évidemment en ces années un premier Gandar, plus actif, plus répandu, plus expansif que celui qui nous est venu ensuite. Il se mêlait de plus de choses, il se mettait plus en avant; un rayon du soleil d'Athènes l'animait. J'ai quelque lieu de croire qu'il y portait aussi d'abord une flamme démocratique, depuis comprimée (1). Ses qualités, au fond restées les mêmes, prirent par la suite une teinte de réserve ; son ardeur se concentra. Laissant de côté cet épisode local, qui

---

(1) Dans une lettre à sa mère, datée de l'École française d'Athènes, à son second voyage (7 juin 1853), Gandar écrivait : « Je t'avouerai que je ferme les yeux et les oreilles autant que je le puis ; ce n'est point pour chercher les tracas de la politique que je vous ai quittés ; et tu peux voir, ma bonne mère, d'après le silence que gardent sur ce point toutes mes lettres, que je ne me suis point laissé distraire de mes préoccupations par tous ces bruits. Les temps commandent aux gens de cœur de demeurer étrangers à la vie publique ; lorsqu'on n'y recueille que des inquiétudes, il faut s'étudier à l'indifférence ; pour moi, j'oublie et j'ignore ; ce n'est pas sans peine, et je fais violence à ma nature qui aspire à tout autre chose que l'apathie et l'inaction ; mais le mouvement du voyage, Homère et les écrits que je me hâte de terminer me sont si à propos venus en aide, que les jours passent sans que j'y songe et sans que je me mêle le moins du monde à toute l'agitation qui m'entoure. » D'autres passages de ses lettres sont encore plus expressifs : un notamment à propos des souvenirs du duc de Reichstadt, retrouvés à Vienne ; il a dû être supprimé à l'impression.

tient une assez grande place dans la jeunesse de Gandar, je ne dirai ici que quelques mots encore de son second voyage en Grèce.

## II.

Il ne faut jamais revoir, dit-on, ce qu'on a trop aimé et admiré, de peur d'éprouver un mécompte. Mais il n'en est pas ainsi des vraiment belles choses : elles ne peuvent que gagner à être revues. Gandar, en retournant en Grèce au printemps de 1853, n'était plus pourtant le voyageur intrépide et avide des premières années. C'est qu'il n'était pas essentiellement un voyageur : il allait voir les lieux dans un but particulier, au profit de certains livres, de certaines études présentes, et non pas tout à fait pour les voir en eux-mêmes et pour y chercher du nouveau. Il le sentait bien à la veille du départ, il regrettait ce qu'il allait quitter. Il s'était fait, dès ses premiers mois de congé, une vie à souhait, des journées de recherches et de lectures, des soirées sans isolement. Venu à Paris, dans le carême de 1853, pour consulter les bibliothèques : « J'ai ce bonheur, disait-il, d'échapper au monde et de trouver quelquefois la société. » Revenu à son Remilly, il avait peine à s'en arracher, même en cette saison de fin d'hiver, même en songeant qu'il repartait pour la Grèce ; il écrivait à son ami Émile Michel, en ce moment à Rome (25 mars 1853) :

« Notre Remilly n'a pas encore une seule feuille ; il y

tombe chaque jour quelques flocons de neige; le soleil a des rayons bien pâles; le ciel est gris; le vent sommeille; aujourd'hui (*Vendredi saint*) les cloches, qui sont allées vous retrouver à Rome, ne troublent même plus ce silence de la nature. Ce calme sied à la lassitude de mon esprit. Dans l'isolement, j'ai pu me recueillir, et j'ai toujours besoin de le faire à la veille d'une nouvelle absence; il faut savoir à quel moment de sa vie on s'est mis en route, à quel moment on est revenu; ce qu'on a laissé, ce qu'on retrouve, ce qu'on rapporte. Hélas! lorsqu'on songe à toutes ces choses, on n'est plus fait pour voyager. Je sens, en effet, mon cher Michel, que ma curiosité s'émousse; c'est trop courir sans atteindre au but, trop voir sans savoir; trop flétrir de fleurs, sans faire un pauvre rayon de miel; et tenez, quoique je veuille absolument partir et que j'aie raison de le vouloir, il me semble que je pars sans joie et que jamais plus je ne m'en irai aussi loin. Ce sont des adieux que je vais faire au ciel d'Orient, et j'aspire à me renfermer comme vous dans l'horizon du ciel natal, dans le cercle étroit des affections domestiques et des petits devoirs de la vie de chaque jour.»

J'ai dit qu'il préparait ses thèses : il avait choisi pour sujet de sa thèse française Ronsard d'abord; mais bientôt le Ronsard tout entier l'avait effrayé ou rebuté, et il s'était restreint à suivre de près « l'imitation d'Homère et de Pindare » dans le vieux poëte. Sa thèse latine, mélange de topographie, d'érudition et de littérature, était l'île d'Ithaque avec tous les souvenirs de l'*Odyssée* : il l'avait préparée à l'avance et n'avait à revoir l'île elle-même, Ithaque *aux beaux couchants,* dans sa configuration précise et dans ses échancrures de rochers que pour plus de certitude et pour mettre la dernière main à son travail. « Je compte prendre la mer à Marseille le 11 avril, écrivait-il de Remilly à M. Émile Michel ; le 19 j'arriverai à Athènes juste à temps pour y trouver encore Beulé. Je sortirai très-peu de la ville et ne songe pas dans mes promenades à dépasser Platée, Mycènes et Corinthe. Dès que j'aurai revu à mon aise le Parthénon et le golfe, tiré des livres et des hommes ce que je puis en espérer, j'irai vite à Corfou et à Ithaque. » Il suivit exactement son programme.

La génération qu'il retrouvait à Athènes était pour lui nouvelle. Le docte couvent avait vu passer bien des hôtes depuis le jour où Gandar l'avait quitté. A Girard, à Vincent enlevé là-bas par la mort, aux membres de cette troisième promotion, en avait succédé une quatrième, Beulé, Alexandre Bertrand, Mézières, et celle-ci elle-même avait fait son temps. Mézières était déjà de retour ; Beulé allait partir. Il accueillit cordialement Gandar, lui fit les honneurs de l'Acropole et de sa découverte par la plus belle journée qu'avait eue encore le printemps. Gandar retrouvait l'École bien en progrès, la bibliothèque agrandie et complétée, le petit jardin ayant gagné en verdure et en fleurs, d'autres jardins encore (ceux de la reine) créés et embellis par une habile culture :

« Bien que deux hivers désastreux, dit-il, aient ravagé toute la plaine, brûlé les jeunes orangers d'Athènes comme les oliviers séculaires du Céphise, la reine est parvenue à doubler ses plantations où l'on trouve de l'eau, des fleurs, de l'herbe, presque de l'ombre, et quelques arbustes exilés de nos pays, mêlés à ceux des montagnes de l'Attique et aux

21.

palmiers de l'Orient. Quatre années ont laissé faire à cette oasis de verdure de grands progrès. En revanche, les orages ont nui beaucoup aux ruines ; et j'ai retrouvé plus d'un monument mutilé ou chancelant. Qu'y faire? chaque jour les arbres rajeunissent, et le Parthénon vieillit. Ce qui dure sans avoir besoin d'une jeunesse nouvelle et sans craindre la décrépitude comme les œuvres des hommes, c'est la mer et l'horizon des montagnes et cette divine lumière que je retrouve tels que je les ai connus, aussi surpris qu'à mon premier voyage parce que je sors de nos brumes, et plus ému, parce qu'ayant eu déjà le loisir de les aimer, j'avais eu le temps aussi de les regretter plus d'une fois. »

Ailleurs, regrettant la perte de quelques illusions, il se félicite d'en garder au moins une : « C'est, dit-il, mon amour pour la Grèce que je ne puis cesser d'admirer, après l'avoir retrouvée plus belle que mes souvenirs. »

Je ne crois pas sortir de mon sujet ni abonder dans le trop de familiarité en relevant ce passage naturel d'une lettre à son frère Adolphe Gandar ; nous sommes dans le monde homérique où l'on ose être homme avec tout ce qu'il y a d'humain en nous, et où les pleurs qu'on verse ne sont pas une marque de faiblesse :

« (Athènes, 5 mai 1853.) — Beulé m'a quitté dimanche (*jour de la Pâque grecque*). Plus on vit sous ce ciel d'Athènes, plus on a besoin d'y vivre. Joies et souffrances, chaque souvenir est un lien. Il vient un jour où tous ces liens, on les brise, mais le cœur saigne, et les yeux les plus stoïques se mouillent de larmes. A l'heure des adieux, le pauvre Beulé pleurait. Il faut penser qu'il était ici depuis plus de trois ans, et que de tous les membres qui se sont succédé à l'École, c'est lui surtout que la Grèce aura fait ce qu'il est et ce qu'il doit devenir un jour. »

M. Beulé, en partant, laissait Gandar aux soins d'un jeune et nouveau membre de l'École, dont le coup d'essai brillant, le premier exploit signalé datera également de la Grèce, mais dans un genre bien différent : « Beulé parti, écrivait Gandar, je vivrai en tête à tête avec un de nos jeunes collègues né à Dieuze et garçon d'esprit, M. About. » Et rendant compte de ses occupations, de ses promenades parmi les ruines, de ses paisibles lectures dans la petite bibliothèque de l'École, de tout ce qui ne lui laissait guère à désirer d'autres distractions : « Il me suffit, ajoutait-il, de quelques instants passés par intervalle chez M. Daveluy, à la Légation, ou dans la société du seul membre de l'École qui l'habite encore porte à porte avec moi, M. About, jeune homme de beaucoup d'esprit, et qui est rempli d'égards pour moi comme pour un aîné et un hôte. »

Et puisque je rencontre le nom de M. About lié à celui de Gandar, je ne saurais (si peu rhétoricien que je sois) me dérober à l'envie de les rapprocher au moral et de les opposer. Gandar et About, c'est à mes yeux l'École normale dans ses produits les plus distingués et les plus différents, les plus inverses, et lui faisant grand honneur tous les deux. J'aime à me les représenter en ce moment, puisque nous sommes en Grèce, par un de ces bustes doubles où se complaisait souvent la fantaisie des artistes grecs : ils aimaient, on le sait, ces sortes de Janus à physionomies assortissantes ou le plus souvent contrastantes; les vases sculptés nous offrent volontiers deux figures opposées dos à dos, nuque à nuque, et qui se complètent, Sophocle et Aristophane, Bacchus et Ariane, et sur un rhyton je vois Alphée et Aréthuse. Ici le contraste est parfait: Gandar et About, deux cerveaux disparates; l'antithèse, pour qui les connaît, saute aux yeux et rit à l'esprit : l'un grave, consciencieux, religieux aux anciens, déférant aux modernes, se tenant dans sa voie et ne s'en laissant détourner par rien ; portant du sérieux et de l'affection en tout, de cet approfondissement attentif et pénétré, quelque peu étranger à la nature française, et que les Allemands qui se l'arrogent expriment très-bien par le mot *Gründlichkeit*, réalisant encore l'idée du σπουδαῖος d'Aristote, l'homme vertueux et non léger; un gros front énorme venant en surcroît au portrait (1) : l'autre gai, vif, ironique, espiègle même, le nez au vent, la lèvre mordante, alerte à tout, frondant sans merci, à l'exemple de Lucien ne respectant ni les hommes ni les dieux : chez l'un l'École normale en plein exercice et développement de son

(1) « ... Mon fardeau m'a poursuivi jusqu'ici, et aucun chapelier ne consent à la coiffer (ma tête) ni d'un chapeau ni d'un bonnet grec; il paraît que dans le pays de Phidias on me trouve aussi plus gros que nature ; mais vous devez me pardonner ma laide grosse tête, car j'ai un bon gros cœur pour vous aimer... » (Lettre d'Athènes, 23 mai 1848, à M$^{me}$ Viollet-Le-Duc.) — En insistant sur l'idée de force et de solidité, qui était le caractère le plus saillant, il ne serait que juste toutefois, pour compléter la physionomie, de marquer aussi ce qu'il y avait d'intelligence sur ce front et parfois de finesse dans ce regard.

professeur modèle, dans tout le large de la tradition régulière et directe; chez l'autre cette même École en rupture de ban, en pleine dissipation et feu d'artifice d'homme d'esprit émancipé, lancé à corps perdu à travers le monde, mais d'un homme d'esprit, remarquez-le, dont c'est trop peu dire qu'il petille d'esprit, car sous sa forme satirique et légère il fait bien souvent petiller et mousser le bon sens même, et toujours dans le meilleur des styles : toutes qualités par où il témoigne encore de son excellente nourriture et tient, bon gré mal gré, de sa mère.

Assez jouer comme cela.— Gandar revint de la Grèce par l'Adriatique, Corfou, Trieste; il traversa l'Allemagne, Vienne, Prague, Dresde, Munich. Rentré en France, il soutint ses thèses en 1854, fut nommé l'année suivante professeur suppléant de littérature ancienne à la Faculté de Grenoble, n'y resta qu'un semestre marqué par un fort bon discours d'ouverture sur *Athènes, son génie et ses destinées;* nommé presque aussitôt à la Faculté de Caen professeur de littérature étrangère, il y fit quatre cours complets, de 1856 à 1860, et y traita successivement de Gœthe, de Dante, de Pétrarque, de Shakespeare et de ses imitateurs, de Schiller, de Gœthe encore, de Machiavel et des grands Italiens, écrivains ou artistes de la Renaissance. Cette brusque obligation d'entrer dans des sujets pour lui nouveaux et d'en parler au fur et à mesure de l'étude lui fut très-utile. Il était naturellement le contraire de ces professeurs improvisés qui ne doutent de rien, qui comptent sur l'inspiration du moment, qui apprennent le matin ce qu'ils débiteront le soir, et qui sauront peut-être à la seconde ou à la troisième année ce qu'ils ont commencé à enseigner dès la première. Mais il n'était pas mauvais non plus pour lui de se sentir l'aiguillon au flanc, d'avoir à presser le pas et à entrer en campagne, sauf à achever de s'équiper en marchant. La rapidité fut toujours la qualité qui lui fit le plus défaut (1), et il dut souvent s'en préoccuper dans cet ordre d'enseignement, pour lui tout nouveau, auquel il lui fallait sans cesse et surabondamment pourvoir : soixante leçons au moins par année, et des leçons à pleins bords! il faut y avoir passé pour savoir ce qui en est, ce que demande et consomme un cours de Faculté fait en conscience, sans interruption ni relâche; le métier est dévorant. On peut prendre idée de la forte acquisition et de la dépense intellectuelle de Gandar durant tout ce temps par ses discours et programmes imprimés, mais surtout dans ses lettres, qui nous initient à ses efforts et à cette suite, à cette simultanéité de riches et fécondes études. Il avait commencé ce cours de littérature étrangère par Gœthe, auquel il devait encore revenir plus tard ; mais après ce prélude, qui était une entrée en matière relativement facile, il aborda la difficulté de front, par les

(1) Un ami particulier de Gandar m'avertit qu'il y aurait à faire ici une distinction. La vivacité pouvait manquer à Gandar dans les allures, dans la manière de s'exprimer, dans les actions et les démarches, dans les résolutions même; mais il concevait et travaillait vite. Il ne le cédait pour la rapidité du fonctionnement intellectuel à aucun, — à presque aucun des hommes distingués de sa génération.

sommets, et s'attaqua à Dante. Il ne consacra pas moins de trente-quatre leçons à ce grand sujet. Il avait un exemplaire de la *Divine Comédie* qui lui avait été donné par le peintre Émile Michel, et il s'y trouvait, entre les feuillets non coupés, des fleurs séchées qui étaient sans doute un souvenir des printemps d'Italie :

« Quel dommage, écrivait-il à son ami (31 décembre 1856), que ni vous ni moi nous n'ayons lu ce livre, là où vous avez cueilli ces fleurs ! Lire Dante à Florence comme j'ai lu Homère en Grèce, tel serait aujourd'hui mon rêve. Quel commentaire que les peintures et les sculptures primitives, et tous ces monuments du XIII$^e$ siècle qui sont encore debout par toute la Toscane ! Mais j'ai beau tourner mes yeux vers le soleil, c'est dans les brumes de Caen que je lis Dante, et sans autre espoir que celui d'aller lire Shakespeare dans les brumes de Londres. Il faut se faire une raison. »

Ainsi encore il se figurait qu'on devrait lire les *Wallenstein* de Schiller à Prague, au cœur de la Bohême. Il avait suivi à Francfort et il espérait suivre un jour à Weimar et à Wetzlar les souvenirs de Gœthe, selon le principe posé par Gœthe lui-même : « Quiconque veut comprendre le poëte doit aller dans le pays du poëte. » C'était son dilettantisme à lui et mieux que cela, sa méthode vivante d'interprétation et de critique littéraire. Il réalisa en partie son rêve pour Shakespeare dans un voyage qu'il fit à Londres au commencement de l'automne de 1857 ; il y vit représenter *Hamlet* par un acteur de talent, mais sur un théâtre de faubourg, devant un parterre tout populaire. Dans une lettre à sa femme, il décrit cette salle enfumée, ce public surtout comparable à celui de nos théâtres du boulevard, mais un public plus grossier, plus violent, avec toute la différence des *titis* de Londres à ceux de Paris; et il ajoute :

« Tu croirais, chère amie, que tout ce bruit m'a pris sur les nerfs. Mon Dieu! non; l'étude que je venais faire n'a pu être une étude complète qu'à ce prix. Je voulais comprendre cette grande énigme d'*Hamlet,* de toutes les œuvres de Shakespeare la plus puissante et la plus étrange, celle qui s'empare le plus fortement de l'imagination, celle qui par instants heurte le plus non-seulement la délicatesse du goût, mais la délicatesse du sentiment. Eh bien, je comprends tout, presque tout, maintenant que j'ai retrouvé Shakespeare et le public de Shakespeare, le poëte et l'acteur aux prises avec cette populace turbulente, capricieuse, à laquelle il faut plaire, qu'il faut faire taire, faire rire et faire pleurer. Tâche difficile que Shakespeare réussit à remplir presque autant par ses défauts que par son génie. Oh! que j'avais besoin de venir à Islington pour comprendre la scène du cimetière! Du reste, il faut dire que le rôle d'Hamlet, ce rôle qui est toute la pièce. était joué d'une manière remarquable. Tu penses si j'étais attentif de tous mes yeux, de toutes mes oreilles! Mon impression maintenant est plus nette, et j'espère, cét hiver, jeter quelque lumière sur une question qui est, à mes yeux, l'une des plus importantes et l'une des plus délicates que présente l'histoire des lettres. »

Il me semble que la lumière qu'il désirait est toute faite; l'observation est bien simple et ne paraît pas comporter tant de mystères. Shakespeare faisait des concessions volontaires ou involontaires à son public, et quel public! on vient d'en voir un échantillon.

Mais ne le trouvez-vous pas, vous tous qui êtes au

courant de la critique théâtrale et du feuilleton dramatique contemporain? Au soin qu'il prend, à l'importance et à l'insistance qu'il y met, Gandar nous rappelle un autre élève de l'École normale, un très-estimable transfuge : avec plus d'élévation et de choix, mais non pas avec plus de conscience, Gandar est le Sarcey de la chaire (1).

Convenons-en, Voltaire, avec son seigneur Pococurante, traitant sous jambe les plus fameux auteurs et leurs chefs-d'œuvre, est bien loin d'ici, et je ne sais pourquoi il me revient précisément à l'esprit en ce moment, si ce n'est peut-être parce que dans une méthode excellente je crois entrevoir un peu d'abus, et que le goût nous avertit qu'il faut de temps en temps se détendre. Il en est plus ou moins de ces choses du goût comme des plaisirs : *Glissez, mortels, n'appuyez pas.*

A peine ceci est-il écrit que je sens le besoin de m'excuser et que je suis tenté de m'en repentir; car, je le sais, d'une part le haut enseignement a ses obligations; le professorat, on l'a dit, celui des Facultés du moins, est « une sorte d'apostolat laïque, » il a charge d'esprits et d'âmes; il est presque tenu à ne jamais sourire; et, d'autre part, la critique est devenue une

---

(1) Quand cet article fut lu, avant l'impression, devant le Bureau du *Journal des Savants,* comme c'est l'usage, ce rapprochement de Gandar à Sarcey étonna un peu. J'avais pourtant mes raisons. Gandar, certes, eût accepté de très-bonne grâce cet éloge, lui qui disait un jour à M. Mézières : « Sarcey est tout simplement en train de devenir notre premier critique de théâtre. »

science, et des plus complexes; elle a nécessairement quelque chose d'artificiel; elle est une construction savante; l'ordre et la méthode y sont indispensables. Il ne s'agit plus de venir faire une simple lecture d'un auteur en l'accompagnant de remarques vives, de commentaires rapides et justes, de rapprochements heureux, et en y apportant un vif sentiment des beautés et aussi des défauts, comme ce serait le compte d'un disciple de Voltaire, de Pope et d'Horace. Parler aujourd'hui des œuvres d'un grand poëte, c'est parler de son époque, de ses contemporains, de ses sources et de ses dérivés, non-seulement de tout ce qu'il est, mais de ce qu'il a pu être et de ce qu'il représente. Dante, Shakespeare, Molière même et La Fontaine ne sont plus que des occasions de tout voir et de tout dire, de remuer toutes les questions d'art et d'histoire, de faire son tour du monde littéraire; et pour Shakespeare en particulier, l'ensemble du cours que lui consacra Gandar est parfaitement défini dans le passage suivant d'une de ses lettres (à M. Émile Michel, 14 février 1858) :

« Je me suis décidé à parler de Shakespeare toute l'année (1857-1858). Il me semble que personne ne sera tenté de trouver que ce soit trop, et moi, je suis ainsi fait qu'il me semblera que c'est trop peu. En effet j'ai beau me hâter, ma seule crainte est de ne pas arriver au terme. Après quelques considérations préliminaires sur Shakespeare et la Normandie, et une biographie de Shakespeare où j'espère avoir mis quelque vie par mes impressions personnelles, j'ai abordé l'examen des œuvres du poëte. J'ai écarté l'ordre des dates qui est contesté, la distinction par genres qui est contestable. Considérant l'œuvre de Shakespeare comme une image plus ou moins complète, plus ou moins fidèle du monde réel et du monde imaginaire, je vais avec lui de pays en pays, de siècle en siècle, passant d'Athènes à Rome, de l'antiquité grecque et latine à la Renaissance italienne, du midi au nord, d'Elseneur en Angleterre et en Écosse; ici des légendes à l'histoire, là de l'histoire à la comédie, enfin de la comédie de mœurs à la comédie romanesque et à la comédie fantastique. Telle est la vaste carrière que je me propose de parcourir depuis *Timon d'Athènes* jusqu'à *la Tempête*. J'en ai fini avec les pièces antiques et, jeudi prochain, je termine avec *Othello* la série des pièces italiennes; puis j'aborde *Hamlet*. Au bout je cherche à réserver cinq ou six leçons pour conclure, c'est-à-dire pour faire la part exacte du génie de Shakespeare et celle du bien et du mal dans ses exemples. Fidèle aux habitudes de mon esprit, je me prépare surtout à déterminer et à juger l'impression morale produite par ses drames, grande question qui me tourmente à mesure que j'avance, et sur laquelle je suis très-préoccupé de dire assez, de ne pas dire trop... (1) »

En dehors d'ailleurs du cadre et de l'appareil enseignant, l'admiration de Gandar pour Shakespeare ne l'aveuglait pas, et il restait à cet égard dans une mesure que les derniers venus, toujours portés à renchérir, ont trop souvent dépassée. Dans une lettre de

(1) Les écrits de M. Mézières sur *Shakespeare* et sur *les Contemporains, les Prédécesseurs et les Successeurs de Shakespeare,* excellents ouvrages, nés eux-mêmes d'un enseignement de Faculté, sont un équivalent fait pour nous consoler de ceux qu'il n'a pas été donné à Gandar de rédiger et de recueillir sur les mêmes sujets. Avec les différences d'application qui tiennent à l'individualité des esprits, on y sent les fruits d'une même méthode, d'une même culture critique saine et sûre.

Londres, du 25 septembre 1857, adressée à M^me Gandar, dans un post-scriptum écrit à onze heures du soir, il disait :

« Je viens, à l'instant même, de voir représenter *Richard III*. Franchement je ne t'ai pas regrettée, et ce n'est pas *Richard III* qui te convertirait à Shakespeare. Des peintures d'une vérité et d'une énergie saisissantes, une fin sublime; mais quel rôle! quelle pièce! et quelles monstrueuses horreurs! J'aurais mieux aimé que tu entendisses hier soir cette spirituelle comédie de l'*École de la Médisance,* très-joliment jouée à Hay-Market. Sheridan n'est pas Shakespeare; mais il est aimable. »

Ce caractère d'amabilité et d'agrément, Gandar, et je l'en remercie, y reste très-sensible. On a fort exalté depuis un certain nombre d'années les génies supérieurs, austères, grandioses, jusqu'à en écraser parfois les plus charmants. C'est devenu quasi une mauvaise note que de plaire. Gandar, qui a si bien rendu toute justice au Dante, n'est pas injuste pour l'Arioste, pas plus que tout à l'heure pour Sheridan, et, à l'occasion des ouvrages du Titien réunis à l'Exposition de Manchester, et d'une suite de portraits excellents, il écrivait :

« Le meilleur de tous, et l'une des peintures les plus parfaites de toute cette Exposition, est un portrait de l'Arioste. Admirable visage : la nature, avec le génie, lui a donné la sérénité. L'Arioste n'aura ni les colères de Dante, ni les égarements du Tasse. Ce n'est pas un héros, non : ce n'est qu'un homme, mais qui unit à la beauté du visage la bonté du cœur, à la santé du corps la vigueur de l'esprit, la prudence d'un sage au génie d'un poëte. »

Gandar en chaire ne s'aventurait d'abord qu'avec précaution, bride en main, parcourant de l'œil des notes qui lui servaient de point d'appui : ce ne fut qu'à la troisième année qu'il fit le grand pas, laissa de côté tous les papiers et se lança en pleine mer sur la foi de sa seule parole. Il l'annonçait à l'ami de Metz, confident habituel de ses travaux et de ses progrès, M. Émile Michel, et dans des termes où la satisfaction se tempérait d'une modestie rare :

« (Caen, 4 avril 1858.)... On n'a point paru mécontent de mes leçons ; je commence à les faire avec moins de peine, plus librement. Depuis six semaines, je fais ce que je désespérais d'oser jamais, je monte en chaire sans aucunes notes, et parle un peu de mémoire, un peu d'inspiration. C'est dire que je commence à parler véritablement : bien ou mal, c'est selon les jours ; une ou deux fois, c'était bien. Particulièrement j'ai fait un portrait d'Hamlet qu'on a fort applaudi ; on m'a dit que c'était ma meilleure leçon. »

Et encore :

« (12 juin 1858.)... Depuis trois ou quatre mois, j'ai beaucoup, beaucoup gagné. Le plan de mes leçons est plus simple, mes analyses sont plus rapides et plus vivantes, j'ai eu le courage de jeter toutes mes notes, afin de monter en chaire avec une entière liberté d'esprit et de regarder les gens en face, et il se trouve naturellement que je dis mieux ce que je veux dire et suis mieux compris. Eh bien, c'est maintenant surtout que je sens bien les défauts de mon esprit, les imperfections de ma parole et tout ce que j'aurais besoin d'acquérir pour être seulement la moitié d'un orateur. Cherchons donc, cherchons toujours : c'est l'art et c'est la vie ; et grâce à Dieu, les joies de l'effort, si sévères qu'elles soient bien souvent, valent mieux que les joies passagères et stériles du succès. »

Quelle digne et loyale nature! On ne saurait proposer une meilleure étude du professeur. Gandar avait bien le sentiment vrai de ce genre semi-oratoire, car un professeur n'est qu'un demi-orateur. Celui-là seul est complet qui a des contradicteurs en face et non un auditoire muet et docile, et qui, en réponse à des objections imprévues, est tenu à la réplique soudaine, immédiate. Mais aussi ces objections et ces contradictions sont parfois un secours pour le véritable orateur; elles le soutiennent en le provoquant, elles l'alimentent. Le professeur, qui parle seul et sans discontinuer, est soumis à des conditions particulières et qui ont leurs difficultés propres; la plus grande est dans la quantité de notions substantielles et saines qu'il est tenu de débiter en y mettant du mouvement, de la vivacité, une demi-action, et sans négliger l'agrément jusque dans le sérieux. Il doit dessiner des cadres et les remplir, il doit ébaucher sans cesse ou même détailler les sujets, mais sans avoir le temps de les terminer et de les réduire en livres; des matériaux tout préparés s'accumulent journellement derrière lui sans qu'il lui soit donné de les reprendre définitivement et de les cimenter dans une œuvre durable. A peine est-il maître d'un sujet, que force lui est de passer à un autre. Aussi l'auteur en lui, l'écrivain, pour peu qu'il soit écrivain, souffre-t-il tout bas de ce qui fait la vogue même et l'applaudissement public du professeur. Gandar, sur la fin de ses cinq années de Caen, le sentait bien ; si professeur qu'il fût par vocation et par nature, il éprouvait un vif désir de fixer pour lui-même, et pour d'autres encore que pour sa centaine d'auditeurs fidèles, quelques-uns de ses résultats. Nous assistons par ses lettres à sa vie intérieure active, ardente, haletante, et qui n'était pas sans avoir dès lors ses quarts d'heure d'affaissement :

« (A M. Émile Michel. — Caen, 26 décembre 1859.)... Claire (*M^me Gandar*) vous a dit que j'avais repris mes leçons ; j'en ai déjà fait trois, et, dès le commencement du mois de janvier, je ferai mon service comme à l'ordinaire, sans plus demander grâce... Quelle tâche d'ailleurs que la mienne en ce moment! Me voici à Florence au xv^e siècle : j'ai fait une leçon sur les érudits, l'autre sur les architectes et les sculpteurs ; la prochaine sera consacrée aux peintres, particulièrement à Masaccio ; puis j'indiquerai la renaissance de la poésie en langue vulgaire. Après Laurent le Magnifique, Savonarole, Léonard et Michel-Ange, Machiavel. Avec Jules II et Léon X, je passerai de Florence à Rome, où je m'occuperai moins des obscurs essais de la poésie que des chefs-d'œuvre des beaux-arts. Ce tableau doit me conduire jusqu'à Pâques. Le second semestre est réservé à Venise et à Ferrare, avec l'Arioste, Titien et Le Tasse. Quelle vaste carrière, n'est-ce pas ? mon cher Émile, elle m'attire et tout à la fois elle m'effraye. Je n'aurai jamais tant lu ni tant osé. Parfois je me désole d'aborder un tel sujet sans avoir revu l'Italie ; et cependant je me console en pensant que si un séjour à Florence eût été la préparation la plus convenable du cours que j'entreprends, ce cours et ces études telles quelles, dont il est l'occasion, seront la préparation tout aussi naturelle du séjour à Florence que nous ne cessons de rêver... »

« (Au même. — Caen, 6 mars 1860.)... Je ne connais que de nom, mon cher Émile, la plupart des ouvrages dont vous me parlez. J'ai regretté particulièrement il y a quelques semaines de n'avoir pas sous la main les *Artistes dominicains* du père Marchese ; mais je dois me résigner et marcher toujours, toujours courir... Jugez si les désirs et les regrets se pressent dans ma pauvre tête. Je n'ai pu donner à Machiavel que quatre leçons, à peine dix ou douze journées d'études. Jeudi dernier, j'ai commencé à parler de Michel-Ange ; je l'ai conduit depuis le berceau jusqu'à la mort de Jules II. C'est vous dire que j'entreprenais de donner à mes auditeurs une idée du plafond de la Sixtine et du Moïse. Quelle tâche ! je l'ai pourtant remplie à moitié ; car l'émotion paraissait très-vive de part et d'autre. Après demain, je conduis Raphaël jusqu'à la même date ; puis, jusqu'à sa mort. Puis je reviendrai à Michel-Ange, achevant ce que j'ai à dire du sculpteur, du peintre, de l'architecte, du poëte. Ces études font mon bonheur et mon tourment ; je m'y passionne et m'y consume. Il est temps que l'heure du repos sonne et que j'aille à Paris me distraire, s'il se peut, de mes idées. Aussi bien l'Arioste et Le Tasse me changeront d'air et de monde au mois de mai. »

Sommes-nous assez initiés ? Ce n'est plus le cabinet du professeur qu'il faut dire, c'est l'atelier, c'est le laboratoire, c'est la *forge* du professeur : *fervet opus.* Les conditions du professeur en ce temps-ci ont en effet changé ; elles se sont multipliées, se sont activées comme toutes les autres. J'aurais bien voulu voir le cabinet d'un Rollin ou même d'un Andrieux la veille d'une leçon : je vous demande s'il y était besoin de tant d'instruments et de livres auxiliaires. Mais on n'est pas moderne pour rien, et toutes les études désormais convergent, rivalisent, se lient et se tiennent en un faisceau qu'il faut embrasser. — Je continue l'intéressante confidence :

« Les secours ne m'ont pas tout à fait manqué dans le cours de mes recherches. Nous avons ici un très-beau moulage de la célèbre porte de Ghiberti. Le musée possède, vous le savez, le *Sposalizio* du Pérugin et une bonne copie de l'*École d'Athènes*. La bibliothèque m'a fourni plus d'estampes que je n'espérais ; j'y ai joint les *Vierges de Raphaël*, et l'on m'a prêté des photographies magnifiques du *Moïse* et du *Jugement dernier*. Vasari, Lanzi, Rio, les catalogues des musées étaient là d'avance sur ma table. J'ai lu Quatremère de Quincy. Je lis en ce moment un Essai sur les fresques de Raphaël, publié l'année dernière, en attendant l'édition française de Passavant, qu'on nous promet toujours. Avec cela et mes souvenirs, et des lambeaux recueillis çà et là, je vais comme je puis, selon mes forces, moins mal que je ne devais le craindre. Cela suffit à ma conscience.

« Savonarole m'a très-vivement préoccupé : c'est trop peu dire, il obsédait ma pensée... »

« (Au même. — 22 juillet 1860.)... J'ai dit et pensé sur cette Renaissance italienne une foule de choses qui vaudraient peut-être la peine d'être conservées. Maudit métier ! il nous entraîne d'un sujet à l'autre, comme Maréchal va de croquis en croquis... »

Ce n'était pourtant pas sur la Renaissance, quoiqu'il en fût si plein, qu'il méditait en ce temps-là de faire un livre ; il menait presque parallèlement deux séries de leçons :

« Dans mon autre série, écrivait-il le 24 juin 1859, j'ai achevé de raconter la jeunesse de Gœthe Me voici engagé dans un parallèle de l'auteur de *Werther* et de *Vérité et Poésie* avec l'auteur de *René* et des *Mémoires d'outre-tombe*. Je dirai aussi quelques mots de lord Byron, cherchant à marquer du point de vue où je suis placé la part de chacun de ces trois grands poètes dans l'influence commune, et malheureusement très-funeste, qu'ils ont exercée sur la littérature contemporaine. »

L'ouvrage qu'il roulait dans son esprit et dont il avait déjà fixé le plan avait été conçu à cette occasion et dans cet ordre d'idées. Généralisant son point de vue, y rattachant le résultat de ses précédentes études sur Dante et Pétrarque, il s'était arrêté à l'idée de réunir sous ce titre : *Des Confessions poétiques,* une suite d'analyses dans lesquelles il aurait présenté les modifications du sentiment personnel se produisant aux différents siècles. Commençant par saint Augustin et Boëce et la vive influence qu'ils avaient exercée sur Dante et Pétrarque, il aurait marqué le caractère propre de ce sentiment chez ces deux poëtes; il aurait montré chez Shakespeare et Molière l'art profond sous lequel se voile sans jamais s'étaler, sans jamais nuire à l'action, leur personnalité discrète. C'eût été le point culminant de son œuvre, et ces deux chapitres étaient faits dans son esprit : il arrivait ensuite à Rousseau, signalait l'écueil de ces sortes d'apologies autobiographiques auxquelles son école s'est complue, poursuivant son analyse chez Gœthe, chez Chateaubriand et jusqu'à ces récentes publications auxquelles les noms d'Alfred de Musset et de George Sand ont donné un dernier et si contagieux attrait. « Je voudrais pouvoir dire, m'écrit un confident de ses pensées, tout ce qu'il apportait de savoir et d'élévation morale dans cette étude pleine de vie, qui eût offert au public de nos jours une lecture attachante et d'un intérêt actuel sans nulle flatterie. Les plus grands génies des littératures modernes y eussent été caractérisés non pas d'une façon abstraite, ainsi qu'il arrive trop souvent dans de pareils ouvrages, mais avec une connaissance approfondie de leurs œuvres et en partant d'un point de vue spécial nettement défini. Il se serait, sans parti pris, élevé progressivement à des considérations générales pleines de saines instructions. » En tout il était ainsi, cherchant la moralité de la conclusion et à faire la part du bien et du mal.

Ce noble projet, comme tant d'ébauches et tant de germes dignes de vie, est resté dans le royaume des limbes. D'autres travaux, d'autres devoirs vinrent à la traverse et rompirent la trame.

On ne saurait s'étonner que la correspondance de ce temps nous montre Gandar toujours fort occupé de beaux-arts et de peinture. Les lettres dans lesquelles il rend compte de l'Exposition de Manchester, des œuvres des anciens maîtres et des libres essais des paysagistes anglais, feraient des feuilletons excellents, et où il n'y a en fait de description que le nécessaire. Ses jugements sont d'un amateur exercé qui a déjà beaucoup vu et qui s'y entend. Gandar, en ces mêmes années, crut devoir payer tribut à l'Académie de Caen par une étude qui sentît le sol et qui le naturalisât Normand jusqu'à un certain point : il choisit Poussin (1), dont le génie sévère s'accordait bien avec ses propres goûts de sérieux et de moralité. Ce n'est pas à dire que le grand peintre, qu'on cite toujours comme exemple de la composition historique et de l'austère dignité de l'art, n'ait pas fait aussi des *Bacchanales*, « réminiscences très-hardies de la sculpture antique, » et qui déjouent un peu les graves théories à son sujet; mais une débauche n'est pas coutume, et en lisant le recueil des Lettres du Poussin, Landar put se féliciter d'avoir appris à connaître l'homme dans le peintre, « et un homme selon son cœur. »

Pendant ce séjour de Caen, il eut aussi à donner ses soins, de concert avec son ami M. Trébutien, au choix de Lettres de M$^{lle}$ Eugénie de Guérin; sa délicatesse de cœur se complaisait à ce travail tout confidentiel, et il ne souffrit même pas que M. Trébutien citât son nom dans sa pieuse Préface; l'allusion qui y est faite à cette étroite collaboration ne s'est éclaircie que depuis sa mort.

Quand paraissait ce volume des Lettres d'Eugénie de Guérin (1862), Gandar, qui en soigna de près le texte et l'impression (2), était déjà rappelé à Paris depuis un

---

(1) *Les Andelys et Nicolas Poussin*, tirage à part extrait des *Mémoires de l'Académie de Caen* et de la *Gazette des Beaux-Arts* (mars 1860).

(2) Le public, qui jouit couramment d'une lecture facile et charmante, ne se doute pas de tout ce qu'ont souvent exigé de soins et donné de peine ces éditions d'ouvrages ou de correspondances posthumes : une famille à satisfaire, des scrupules sans nombre à ménager, la vérité à ne point fausser ni trahir, les convenances pourtant à respecter, celles du moins qui eussent paru telles à l'auteur lui-même s'il avait vécu, c'est là le revers de la toile, et ce n'est pourtant qu'un faible aperçu de la tâche morale et litté-

an. Chargé d'abord d'une Conférence de français à l'École normale, ce qui lui était un cadre un peu neuf, il dut y refaire quelque apprentissage de forme et de méthode. Et en général, depuis qu'il fut à Paris, il ne considéra guère toute sa carrière de Caen et ce premier stade si bien rempli que comme une sorte de stage. Je laisserai ici parler M. Jacquinet, directeur des études littéraires à l'École normale : « Cet enseignement de nos conférences tout intérieur et familier, après la Faculté de Caen d'où il sortait, était assez nouveau pour lui : ce qu'il gardait, au commencement

raire qui était échue aux éditeurs dévoués de Maurice et d'Eugénie de Guérin. Ce passage d'une lettre de Gandar, du 21 mars 1862, en laisse entrevoir quelque chose : « J'ai dû aussi, malgré mes lourdes obligations de chaque jour, continuer de donner mes soins à la publication des Œuvres posthumes de Maurice et d'Eugénie de Guérin, qui sera terminée, selon toute apparence, vers les premiers jours du mois de mai. Pour dire la vérité, le volume du frère m'a causé assez d'ennuis, et je n'ai tenu bon jusqu'au bout que par complaisance pour l'éditeur. Il n'en est pas de même du Journal de la sœur, qu'on imprime en ce moment : c'est de tout cœur que j'en ai revu et arrêté le texte. Il me tarde que vous voyiez ce chef-d'œuvre, qui a failli périr entre des mains trop pieuses, ou être profané par des mains intéressées. N'était qu'il ne dépendait pas de moi de réparer les indiscrétions commises dans une publication partielle, il y a sept ans, j'oserais croire qu'Eugénie de Guérin donnerait son assentiment à ce que j'ai fait depuis trois mois pour que l'expression de sa pensée fût conservée fidèlement, à l'exception de quelques pages dont la publication l'aurait effrayée elle-même. J'étais préparé à cette mission très-délicate par mes récentes études sur les manuscrits de Pascal et de Bossuet, et j'y trouve encore cet intérêt particulier qu'elle me prépare au travail définitif que réclament, et bientôt, si je ne me trompe, les œuvres laissées par notre pauvre oncle Adolphe (*Adolphe Rolland, frère du peintre, et qui avait été poète*). »

surtout, de solennité de débit, ce qu'il avait encore à cette époque d'enveloppé et de trop orné fut facilement excusé par les élèves en faveur de son savoir et de son ardeur : il fut, en somme, très-estimé à l'École. » Les élèves, juges très-fins et qui savent fort bien concilier malice et justice, avaient un mot pour rendre l'idée de ce mérite solide, un peu grave d'aspect et de ton : « Gandar parle d'or, mais il pèse son poids. » Il se serait assoupli en continuant. Il ne fit guère que passer dans la Conférence, ayant été nommé suppléant à la Faculté des lettres dès la fin de cette année 1861. Il se retrouva d'abord plus à l'aise dans un grand amphithéâtre que dans un moindre local, et devant un nombreux auditoire qu'en petit comité ; sa mise en train un peu lente s'en accommodait mieux. Le même maître qui vient de le juger sans complaisance, avec la précision habituelle à nos écoles, rend témoignage de ses progrès en des termes qui sont à reproduire :

« Sa vie de professeur à la Faculté des lettres, m'écrit M. Jacquinet, a été des plus laborieuses : son succès sur ce théâtre a été en grandissant. Chaque année, les amis qui venaient l'entendre en Sorbonne remarquaient en lui un progrès dont ils étaient frappés : il gagnait à mesure en simplicité, en lumière, en fermeté; ce qu'il y avait d'oratoire dans sa nature se déployait là, en s'épurant; sa piété vive et studieuse pour ses modèles, pour Bossuet surtout, l'a plus d'une fois bien inspiré. Un passage d'une de ses leçons d'ouverture sur Pascal (la première des trois qui ont été imprimées) fit un jour beaucoup d'effet. L'École normale, qui était restée un peu froide pour lui en 1861, demanda en dernier lieu à suivre son cours. Ce cours, quoique le ton fût resté un peu trop solennel, était vivant, plus vivant que le très-bon livre sur Bossuet couronné par l'Académie. Ce livre d'ailleurs, comparé avec la thèse sur *Ronsard,* avec les études sur *Homère et la Grèce contemporaine,* sur *Poussin,* marque bien l'heureux progrès que les années de la maturité amenaient dans cette sérieuse, active et généreuse nature. »

Les premières leçons et discours d'ouverture, imprimés aujourd'hui et qui comprennent ces six années de suppléance, depuis Pascal (janvier 1862) jusqu'à Diderot (décembre 1867), en passant par Bossuet, Fénelon, Montesquieu et Voltaire historien, constituent une suite de discours généraux sur la littérature française depuis le milieu du xvii$^e$ siècle jusqu'au dernier tiers du xviii$^e$, chaque période importante se rattachant à l'un de ces grands noms et se rangeant à l'entour. Je ne sais pas d'exposé plus plein, plus substantiel; l'auteur n'esquisse rien au hasard; il serre de près chaque point; il tient compte de tout; il pense que le temps des à-peu-près est fini. Ses jugements sont d'une précision, d'une pondération parfaite, d'un tour ferme et souvent heureux. Je n'y trouverais à redire, à la lecture, qu'un peu trop de contention et de densité; dans son désir d'être précis et complet, il ne veut rien omettre ni négliger : dans le développement oral des leçons, cet inconvénient devait en partie disparaître. Sa correspondance nous tient au courant du nouveau travail auquel il dut se livrer à ce renouvellement de carrière; il ne croyait jamais en avoir fait assez. Sa première leçon d'ouverture, du 8 janvier 1862, avait été sur Pascal, dont il s'occupa jusqu'à la fin de l'année. Il écrivait le 21 mars à M. Émile Michel :

« De plus en plus, mon cher Émile, je suis occupé, soucieux, fatigué de l'effort de la veille, inquiet des obligations du lendemain. C'est ma vie de Caen, hélas! que j'ai retrouvée ou à peu près. Le progrès n'est pas très-sensible. Peut-être oserai-je vous dire que j'ai gagné quelque chose en fermeté et en raison ; mais ma tâche est devenue plus lourde, et, tout compensé, ce sont bien les chaînes d'autrefois que j'ai reprises après les avoir secouées. Je suis pourtant sorti à mon honneur de la première partie de mon cours, qui exigeait plus de lectures et de recherches que de réflexion. La grippe et la peur ne m'ont donc pas empêché de dire assez exactement ce que j'avais à dire sur les devanciers et les contemporains de Pascal. Après l'Académie et les *Précieuses*, j'ai cherché dans l'atelier des peintres, surtout dans la vie et les œuvres de Le Sueur, une transition pour revenir de Scarron à Pascal. J'ai déjà raconté la jeunesse de Pascal, fait l'histoire de sa famille et, en dernier lieu, cherché à éclaircir l'histoire de sa vie pendant l'intervalle de ses deux conversions. Me voici arrivé aux *Provinciales*. Jugez quelles difficultés on rencontre en un tel sujet lorsqu'on ne peut le traiter ni du point de vue très-précis de la tradition, ni avec un entier dégagement, et qu'on éprouve sur tant de questions délicates où la conscience est engagée, une égale horreur pour l'hypocrisie et pour la légèreté. J'ai cependant la satisfaction de voir que les passions irréfléchies ne cherchent pas leur aliment à mes leçons ; qu'un assez grand nombre d'auditeurs fidèles et sérieux s'accoutument à l'indépendance et à la modération de mon langage, et qu'en somme on est disposé à me suivre dans les voies moyennes où me mène ma sincérité. Je trouve dans cette pensée le prix de mes efforts, et le jour n'est pas très-éloigné peut-être où je souffrirai moins du sentiment de mon insuffisance et ressaisirai toute ma liberté d'esprit. »

Le discours d'ouverture dont Fénelon était le sujet, et qui eut lieu le 12 décembre 1863, nous montre Gandar ayant rétrogradé sur ses habitudes d'improvisation à Caen; il s'était décidé encore une fois à lire, pour cette leçon d'apparat. Il écrivait le lendemain, 13 décembre, à son ami :

« Ah! la semaine a été chaude. On ne parlait plus guère au coin de notre cheminée que de cette terrible leçon dont je n'avais pu m'occuper à Remilly, vous le savez. J'allais, j'allais, passant au crible mes idées, refaisant mon plan, et résigné du reste à me livrer pour la forme à tous les hasards de l'improvisation. Mercredi soir une étrange peur m'a pris, j'avais dépassé la limite où il faut rester quand on ne veut pas balbutier en récitant une leçon mal apprise. Les expressions, que je ne cherchais point, obsédaient ma pensée ; mes notes grossissaient d'une heure à l'autre; j'apprenais par cœur sans le vouloir. Alors le plus sûr était d'écrire : en deux jours j'ai réussi à le faire, et mes amis ont été hier quelque peu surpris de me voir dérouler en chaire le cahier traditionnel. En vérité, ma pusillanimité me causait bien un peu de honte; mais elle ne m'a pas porté malheur; car j'ai gagné ma troisième bataille devant un auditoire à faire envie aux plus gâtés, et le plus nombreux que j'aie jamais eu. »

La seconde bataille avait été Bossuet, et la première Pascal. Nous avons les bulletins de toutes ces leçons d'ouverture qui sont les grandes journées du professeur (1). Ainsi encore pour l'année suivante, 11 décembre 1864 :

(1) M. Letronne, érudit et archéologue, faisait un bon cours au Collége de France. Sa parole était nette, brève, précise, un peu sautillante; il n'était pas éloquent; dans les sujets qu'il traitait, il n'avait pas besoin de l'être. Un jour qu'il avait convié un de ses amis, professeur distingué de littérature, à venir l'entendre, il lui dit, la leçon faite, en descendant de sa chaire et en se frottant les

« Chaude semaine, mes bons amis, pour nos deux ménages. (*M. Émile Michel organisait de son côté un concert.*) Tandis que vous parliez de Haydn, de Mozart, de Beethoven, vous devinez sans peine que Montesquieu tenait une grande place dans nos entretiens de coin du feu. J'avais pris à temps le sage parti de faire deux parts dans mon sujet, et j'ai pu ainsi finir, sans trop de lassitude, un discours qui a reçu hier en Sorbonne un accueil très-sympathique. Mes amis m'assurent que c'est le meilleur qu'ils m'aient entendu faire, et je le crois, mon cher Émile, tant j'ai besoin de les croire. »

Il était dès lors en proie à de grandes lassitudes, à des anxiétés qu'il qualifiait de nerveuses, mais qui tenaient au fond à un mal organique. Son dernier succès fut sur Diderot, à la veille du jour où il allait être nommé professeur en titre :

« (18 décembre 1867)... Mon cours, du reste et comme à point nommé, fait merveille ; nous avons, Diderot et moi, beaucoup d'amis en Sorbonne ; plus d'appelés que d'élus, et j'ai dû samedi, pour arriver jusqu'à la chaire, marcher sur de braves gens qui n'avaient pas trouvé d'autres siéges que les gradins de l'escalier. Descartes a aussi ses fidèles, quoique Descartes soit fort austère, vous le savez, et que je ne lui fasse pas l'injure de sacrifier aux Grâces. »

mains : « Et voilà, mon cher ami, comment je m'en tire sans me fouler la rate et en allant mon petit bonhomme de chemin. » Cette méthode peut être bonne, appliquée à l'archéologie ; mais celui-là ne sera jamais éloquent dans une chaire littéraire qui n'aura pas connu ce que vient de nous offrir Gandar, l'*agonie* des premières leçons, la fièvre et l'émotion de toutes. C'est la loi de toute lutte et la règle de quiconque brûle d'atteindre le but : *Sudavit et alsit*. Gandar n'abordait jamais sa chaire sans une excitation fébrile et n'en sortait chaque fois que baigné de sueur, accablé et brisé ; on n'a des accents qu'à ce prix.

Descartes faisait probablement l'objet de la petite leçon de chaque semaine, car il y a en Sorbonne grande et petite leçon : cette dernière est réservée à l'étude des textes qui figurent dans le programme de la licence. C'est grâce à ces petites leçons que Gandar dut de pouvoir écrire un livre sur Bossuet, au milieu des fatigues que lui imposait son cours : Bossuet avait fourni durant toute une année le thème principal de son enseignement, et de plus, dans sa petite leçon, Gandar avait pu procéder à l'analyse détaillée de quelques-uns des sermons du grand orateur. Un tel sujet était fait pour l'attirer et le fixer par toutes sortes d'affinités grandioses et morales.

Il n'y a qu'une opinion sur le génie oratoire de Bossuet : il y en a, il peut y en avoir deux sur son esprit, sur sa personne et son caractère. On a trouvé dans les papiers de Colbert la note suivante, qu'un correspondant bien informé adressait au ministre, au sujet de l'abbé Bossuet, alors âgé de trente-cinq ans (1662) :

« Attaché aux jésuites et à ceux qui peuvent faire sa fortune plutôt par intérêt que par inclination, car naturellement il est assez libre, fin, railleur et se mettant fort au-dessus de beaucoup de choses. — Ainsi, lorsqu'il verra un parti qui conduit à la fortune, il y donnera, quel qu'il soit, et il pourra servir utilement (1). »

*Quel qu'il soit* n'est pas juste, et rien dans la vie de Bossuet n'autoriserait cette idée d'une ambition à tout

---

(1) *Madame de Montespan et Louis XIV*, Étude historique par M. P. Clément, p. 55.

prix ; c'est un mot mis à la légère. D'ailleurs, l'information qu'on vient de lire et que le correspondant anonyme semble avoir donnée dans un esprit non pas d'hostilité, mais de parfaite indifférence, n'a rien qui doive surprendre. Bossuet, d'abord attaché aux jésuites ou à leurs adhérents, puis lié avec les messieurs de Port-Royal, puis se tenant à distance et observant la neutralité, était assurément un politique; il ne se sentait pas de goût en général pour être du parti des disgraciés, des persécutés et des vaincus; il avait fort égard à la doctrine et aux opinions en faveur à la Cour; il avait un faible pour tout ce qui régnait à Versailles; son esprit même, son talent avait besoin, pour se déployer tout entier et atteindre à toute sa magnificence, de l'appui ou du voisinage de l'autorité et de l'accompagnement de la fortune. Ce n'est pas sans raison qu'un des hommes les plus spirituels de ce temps-ci, et des plus indépendants par le jugement, M. de Rémusat, qui n'a pas craint d'appeler Bossuet « le sublime orateur des idées communes, » a écrit autrefois de lui ce mot, comme il l'aurait dit de M. Cuvier : « Bossuet après tout était un conseiller d'État. »

Mais cette question, quand on aborde uniquement Bossuet par le côté de sa parole et par les productions de son éloquence, n'est que secondaire; l'idée ne vient même pas de se la poser. Étant donné un talent de cet ordre et de cet emploi, il est impossible qu'il ne se subordonne pas tout le reste. Les conséquences suivent de soi : comment tout l'homme n'inclinerait-il pas insensiblement, même au prix de quelques concessions, du côté où le talent qu'il porte trouve son espace, sa nourriture, son air et son soleil? Naturellement et sans calcul, la manière de penser et même de croire se met d'accord avec ce don, cette puissance de dire, quand elle existe à ce degré souverain. Bossuet est invinciblement un orateur, un prédicateur de la première volée, et tout ce qui lui est nécessaire en fait d'idées, de doctrines, de points d'appui, de considérations et d'images pour le plus grand développement de sa faculté oratoire, on peut être sûr qu'il l'aura. Dans le plein exercice de son admirable éloquence, il retrouvait toute sa sérénité, sa tranquillité de conviction, son unité morale, comme toute sa majesté de pensée et sa hauteur.

Longtemps les premiers sermons de Bossuet furent négligés et restèrent comme inconnus : il ne paraît pas lui-même y avoir attaché la moindre importance. Ses splendeurs dans l'oraison funèbre et dans son rôle d'évêque gallican éclipsaient tout. Cependant au dernier siècle, un bénédictin, dom Déforis (1772), s'était avisé de fouiller dans les manuscrits de Bossuet et d'en tirer neuf volumes de sermons ou de canevas de sermons. L'abbé Maury, avec son coup d'œil d'orateur, les avait hautement signalés à l'admiration publique. Mais le texte assez difficile à débrouiller dans ses surcharges n'avait pas toujours été bien donné. Un jeune ecclésiastique mort trop tôt, l'abbé Vaillant, un disciple de M. Cousin pour la révision de nos textes français classiques, avait dénoncé des inexactitudes, indiqué des corrections et ouvert la voie. Un éditeur de nos jours, M. Lachat, avait prétendu mieux faire que dom

Déforis et n'avait pourtant bien fait qu'à demi. Gandar, qui avait étudié de près la question, qui avait eu recours aux manuscrits et les avait longuement tenus entre les mains, qui de plus et avant tout avait une dévotion toute particulière à cette grande prose du maître de la chaire sacrée, à toutes les époques de sa carrière, s'attacha dans un premier ouvrage (1), après l'abbé Vaillant et après M. Floquet, à ressaisir ce premier Bossuet, cet abbé Bossuet déjà célèbre, mais avant la gloire, à le suivre pas à pas, à fixer la date et à déterminer l'occasion de ses plus anciens sermons ou panégyriques, à traiter la question de priorité pour certaines pensées entre Pascal et lui ; et enfin dans un second volume (2), se faisant éditeur dans toute la ri-

---

(1) *Bossuet orateur. Études critiques sur les Sermons de la jeunesse de Bossuet* (1866). — Il eût été plus exact d'intituler le livre : *Bossuet prédicateur* ; car tout l'orateur est loin d'être compris dans cette Étude. C'est une remarque que sut très-bien faire un orateur distingué, M. Dufaure, lorsque le livre fut présenté au jugement de l'Académie française ; il n'y trouvait pas tout ce que le titre promettait. Je me rappelle encore son opinion si nettement exprimée et un peu sévère. C'est qu'aussi M. Dufaure jugeait avec le simple bon sens ces études principalement philologiques et grammaticales, études utiles, mais dont on a fait grand bruit dans ces derniers temps, et dont on a exagéré, je crois, la portée, pour ce qui est du moins de notre littérature. On est entré à plein collier dans l'ère des scholiastes, et l'on s'y est un peu appesanti. La gloire du talent a fléchi et s'est déplacée. Je glisse en toute humilité cette réserve au milieu de tant d'éloges mérités.

(2) *Choix de Sermons de la jeunesse de Bossuet,* édition critique donnée d'après les manuscrits de la Bibliothèque impériale, avec les variantes du texte, des *fac-simile* de l'écriture, des notices, des notes, et classée pour la première fois dans l'ordre des dates (1867).

gueur du mot, il donna le texte restitué *in extenso* de quelques-uns de ces premiers sermons prêchés tant à Metz et à Dijon que dans les églises de Paris et à la chapelle du Louvre. Lors même que Gandar n'eût rien laissé que ces deux volumes, il serait sûr d'avoir sa place dans l'histoire littéraire : il a gravé son nom au bas de la statue de Bossuet.

Ce fut son dernier effort. Il n'avait pas mis moins de six ans de sa vie à ce travail d'exacte et minutieuse critique. Il le rappelait assez ingénument lorsque, présentant le premier de ces deux volumes au concours de l'Académie et ayant cru devoir faire visite à quelques-uns de ses juges, il écrivait :

« (31 décembre 1866.)... J'ai profité de l'intervalle de mes leçons pour aller frapper aux portes ; mais Bossuet m'a jusqu'à présent porté bonheur. On est tout surpris en général de voir un homme de mon âge publier un livre qui lui a pris six années de sa vie. J'ai recueilli à ce sujet les marques d'étonnement les plus naïves et de très-précieux témoignages d'estime. Cela m'a fourni l'occasion de revoir les illustres qui connaissaient déjà ma figure, et aussi quelques-uns de ceux que je n'avais pas encore osé aborder. Plusieurs m'ont lu déjà, chose rare !... »

Je ne crains point, par toutes ces citations, d'appuyer sur ce cachet de patience, sur cette peine et ce labeur que cet estimable esprit s'imposait en toute chose : ç'a été son honneur, son originalité. — Il atteignait enfin au but de sa vie entière : unanimement désigné par la Faculté pour le titre de la chaire qu'il remplissait si bien depuis six ans, il allait être présenté, à l'unanimité aussi, par le Conseil académique. J'ai sous les yeux une dernière lettre de lui à M. Émile Michel, dans laquelle, déjà bien malade, il exprimait son vœu, son espoir mêlé d'une plainte étouffée :

« (1ᵉʳ janvier 1868)... J'ai beau faire depuis deux mois : le malaise dont vous avez vu le commencement n'a fait qu'empirer. J'ai eu vraiment des semaines pénibles, où il m'a fallu quelque courage pour aller faire mes deux leçons à la Sorbonne, et dans l'intervalle rien, mais rien du tout... Bref, un état supportable à peine pour un oisif qui laisserait glisser les heures sans les compter...

« La Sorbonne fait pourtant tout ce qu'elle peut pour me payer des peines qu'elle m'a données. J'ai cette année un auditoire très-nombreux, très-partagé d'opinions, très-recueilli, et je puis vraiment croire que nous cherchons tous ensemble la vérité... »

Le professeur qui cherche la vérité! c'est son dernier mot, le mot de toute sa vie.

Après avoir tant fait pour arriver au terme, qui ne devait être pour lui qu'un point de départ nouveau, après tant et de si longues années d'apprentissage, au moment où il entrait dans la pleine maîtrise, il tombe. Nommé titulaire de sa chaire le 8 février 1868, il mourait le 22.

Il a laissé un vif et poignant souvenir de son enseignement au cœur de ceux qui l'ont entendu :

« On regrettera longtemps encore, me dit l'un des plus fidèles, le charme communicatif de cette parole sérieuse, animée et prudente, qui s'élevait parfois et qui, ressentant l'écho des nobles émotions qu'elle éveillait dans l'âme de ses auditeurs, touchait à la véritable éloquence... Pourquoi faut-il que tous ces trésors d'érudition, de conscience, d'élévation morale, le meilleur de lui-même, soient perdus pour le public? car ses leçons écrites sont bien rares, et l'on n'y retrouve que bien affaiblis ces accents spontanés, ces moments de libre abandon de son enseignement public, si dignement, mais si chèrement achetés. »

Son souvenir du moins ne périra pas. Sa famille, sa pieuse veuve, en recueillant ses écrits, ses lettres surtout qui nous livrent tout l'homme, lui aura élevé le seul monument qui dure. L'Université, cette autre famille, conservera sa mémoire : oui, tant qu'il y aura une Université en France, on y citera avec honneur le nom de Gandar. Tout aussitôt après ceux qui en furent les renommées brillantes et les gloires, on dira qu'il en a été l'un des talents les plus vrais, un des caractères les plus purs, une des vertus enfin et un exemple.

# L'ACADÉMIE FRANÇAISE [1]

On peut railler l'Académie en France : elle n'a pas cessé d'être populaire en Europe. Certainement tout étranger de distinction qui parle le français comme sa langue, arrivant dans la capitale, après les curiosités les plus voyantes et les visites les plus pressées, quand il en viendra au fin des choses, quand, son gros appétit apaisé, il n'aura plus à songer qu'aux friandises du dessert, demandera : « A quand une séance de l'Académie française ? à quand une réception ? »

Je suis même bien sûr que parmi les voyageurs asiatiques, s'il en était de Chinois, ce serait une des premières questions, et peut-être la première, qu'adresserait un mandarin lettré à son guide ou introducteur. Rien dans nos usages ne l'étonnerait moins ; rien ne lui parlerait mieux.

Ce qu'on pourrait souhaiter de plus agréable comme complément d'exposition parisienne à une élite de voyageurs encore curieux de bel esprit, ce serait donc une telle séance, surtout s'il s'y rencontrait quelques-uns

---

[1] M. Sainte-Beuve avait été autorisé par l'éditeur M. Albert Lacroix à reproduire, quand il le voudrait, dans un de ses livres, cet article qui fut composé d'abord pour le *Paris-Guide* en 1867.

de ces contrastes, quelqu'une de ces antithèses de morts ou de vivants comme on en a vu. Mais il serait dur de tuer tout exprès un de nos confrères ou nous-même, et de le tuer à temps pour faire ainsi les honneurs de l'esprit français et pour ménager une fête littéraire, fût-ce aux plus aimables des étrangers.

Il y aurait pourtant quelque erreur à croire que l'Académie française d'aujourd'hui est la plus ancienne des institutions subsistantes, que seule, comme on l'a dit souvent, elle a survécu à tout un passé englouti, qu'elle a surnagé par miracle comme l'Arche et n'a pas fait le grand naufrage. L'ancienne Académie française, née sous Richelieu, a péri bel et bien avec le trône de Louis XVI : institution essentiellement monarchique, elle a suivi le sort de la royauté au 10 août. L'Académie actuelle a des origines plus simples, toutes modernes, qu'elle s'est efforcée plus d'une fois de reculer et de recouvrir, comme si elle avait besoin d'une plus ancienne noblesse et plus vraie que celle du talent et du mérite !

L'ancienne Académie française étant morte, ayant été détruite et supprimée comme toutes les Académies en 1793, la Convention nationale, qu'assaillirent d'abord des soins plus impérieux que ceux de la littérature et des arts de la paix, la Convention, sitôt pourtant qu'elle y vit jour, se recueillant au lendemain de la Terreur et des proscriptions, aspirant à instituer, à laisser après elle un régime républicain éclairé et durable, eut une grande pensée, digne couronnement du xviiie siècle : elle fonda l'Institut par cette parole créatrice et féconde : « Il y a pour toute la République un Institut national chargé de recueillir les découvertes, de perfectionner les arts et les sciences (1). » Cet Institut national, dans sa simplicité première, composé de cent quarante-quatre membres résidant à Paris et d'un égal nombre d'associés répandus dans les différentes parties de la République, et pouvant aussi s'associer des savants étrangers au nombre de vingt-quatre, se divisait en trois classes : la première comprenant les Sciences physiques et mathématiques; la seconde, les Sciences morales et politiques; la Littérature avec les Beaux-Arts formait la troisième classe. Ces trois classes étaient divisées elles-mêmes en sections dont les objets d'étude répondaient à un exact dénombrement des connaissances humaines. Le testament philosophique des Encyclopédistes, et notamment de Condorcet, se trouvait de fait réalisé. Tout ce qu'on avait pu dire autrefois sur l'inutilité de l'Académie française, avec son mélange de grands seigneurs et de prélats, n'avait ici nulle prise : chaque membre de l'Institut était par là même un producteur et travailleur distingué, un commissaire autorisé dans sa branche d'étude (2).

(1) Loi du 5 fructidor an III (22 août 1795).
(2) Je me trouve obligé, pour ces commencements, de côtoyer de près (dangereux voisinage) l'article de mon savant collaborateur, M. Renan, sur l'*Institut* envisagé dans son ensemble, et de reprendre à mon point de vue l'exposé historique de cette grande création, jusqu'à ce que j'en aie détaché cette branche particulière qui est mon sujet, l'*Académie française :* je me bornerai à l'indispensable. (Cet article de M. Renan précède celui de M. Sainte-Beuve dans le *Paris-Guide*.)

La première séance publique de l'Institut national eut lieu le 15 germinal an IV (4 avril 1796) : ce fut Daunou qui prononça le discours d'inauguration dans cette réunion solennelle en présence du Directoire, des ministres, des ambassadeurs, de l'élite de la société française. Son discours est excellent, généreux ; mais on ne peut se dissimuler que la littérature proprement dite, la poésie, y sont tenues un peu à l'étroit et, en quelque sorte, surveillées par les sciences, par l'école philosophique alors en vigueur. Ce terme de *classe* même sent la gêne et l'école, et semble ne pas appeler la poésie. « Le goût et la raison, la littérature et les sciences, contractent, selon l'orateur, en ce jour, une alliance solennelle ; » mais, quelle que soit l'ingénieuse rédaction sous laquelle cette alliance est présentée, la chaîne est courte et le poids s'en fait sentir. Gardons-nous toutefois de méconnaître ce qu'il y avait de grand, d'utile, d'applicable à une société républicaine et libre dans ce premier programme, tracé tout en vue du travail et de l'émulation des membres, du concert et du progrès des connaissances humaines. Ajoutez que l'écueil des Compagnies toutes littéraires, le vice du genre académique proprement dit, qui est la célébration de soi-même et l'exagération de la louange, était évité. Il n'y avait point alors, sous cette forme première, de secrétaire perpétuel : on était en République, et cette perpétuité eût senti la monarchie. Chaque secrétaire, nommé par sa classe, restait en fonction pendant un an seulement et ne pouvait être réélu qu'une fois. On redoutait jusqu'à l'ombre de la dictature, même dans l'ordre de la pensée; que dis-je ! surtout dans cet ordre-là.

La forme de l'Institut national, son organisation, fut essentiellement modifiée sous le Consulat, et son esprit, je n'ose dire s'altéra, mais du moins se modifia essentiellement aussi. Il se serait à coup sûr altéré si le premier Consul eût écouté Fontanes, qui, dès les premiers mois de 1800, ne proposait ni plus ni moins que le rétablissement pur et simple de l'Académie française avec la liste des noms qui la devaient composer (1). C'eût été sur un point toute une contre-révolution. Le premier Consul n'eut garde de se prêter à ce coup de tête d'ancien régime, et ce ne fut que trois ans plus tard qu'après mûre délibération il procéda à la réorganisation de l'Institut tout entier sur un plan conforme à ses vues de gouvernement. La classe des Sciences morales et politiques fut supprimée, et cependant, au lieu de trois classes, l'Institut fut porté à quatre. La première classe continua de comprendre les Sciences physiques et mathématiques; la seconde fut exclusivement consacrée à la Langue et à la Littérature françaises qui se dégageaient de la sorte et se définissaient davantage. La troisième classe fut celle d'Histoire et de Littérature anciennes. Les Beaux-Arts formèrent la quatrième et dernière. On avait beau dire, on revenait très-sensiblement à l'ancien régime. Derrière ces dénominations de classes, en effet, se

(1) On peut lire ce curieux projet anticipé de restauration académique à la page 9 de la brochure intitulée *M. Ambroise Rendu et l'Université de France,* par Eugène Rendu (1861).

dessinaient de nouveau et reparaissaient assez reconnaissables l'ancienne Académie des Sciences, l'ancienne Académie française, l'ancienne Académie des Inscriptions et Belles-Lettres, les anciennes Académies de Peinture, de Sculpture; on rentrait, sauf les noms, dans les mêmes cadres. De plus, les secrétaires perpétuels en titre reparaissaient aussi. C'était bien le moins sous un Consul à vie, bientôt Empereur.

L'ancienne Académie, fille adoptive de Richelieu et bientôt de Louis XIV, avait eu pour premier secrétaire perpétuel Conrart, et pour dernier secrétaire perpétuel, sous Louis XVI, Marmontel.

M. Suard, membre de l'ancienne Académie française, fut le premier secrétaire perpétuel de la nouvelle qui, à peine déguisée sous le titre de classe de la Langue et de la Littérature françaises, et ambitieuse du passé, faisait tout dès lors pour paraître la continuation pure et simple de la feue Académie. Royaliste d'opinion et de sentiment, il inaugure, dès 1803, l'ère recommençante de la monarchie, et il vécut assez pour inaugurer, en 1816, l'ère de l'Académie redevenue bourbonienne et royaliste.

Depuis 1803, d'où date la création des secrétaires perpétuels, on pourrait écrire une histoire de l'Académie par chapitres inscrits à leur nom. On a l'Académie sous M. Suard, sous M. Raynouard, sous M. Auger, sous M. Andrieux (ce fut court; M. Arnault également n'eut qu'un règne très-court), enfin sous M. Villemain : ce dernier règne depuis trente-deux ans.

*Règne ou gouverne,* car les secrétaires perpétuels ont de fait le gouvernement de l'Académie.

Qu'est-ce, en effet, qu'un secrétaire perpétuel, s'il remplit toutes les conditions de son office et s'il en a l'esprit?

Le secrétaire perpétuel a d'abord cela pour lui qu'il est perpétuel et qu'il dure ; les présidents ou directeurs se succèdent et changent, lui il ne change pas : il est un sous-directeur à vie, autant dire un directeur sous titre modeste. S'il n'a pas la plus grande influence dans la Compagnie, c'est qu'il ne le veut pas. Il ne manque aucune séance, tandis que les académiciens sont irréguliers, vont et viennent comme au temps de Furetière, s'absentent volontiers l'été, n'arrivent qu'après le commencement des séances et partent quelquefois avant la fin. Lui, il suit les questions, il les possède à l'avance, il les prépare, il les pose, et par la manière dont il les présente, s'il est habile, il suggère dans la plupart des cas la solution et incline déjà les suffrages. Il a, sans en avoir l'air, et pour peu que cela lui plaise, le premier et le dernier mot dans les discussions. Seul, il a le dépôt de la tradition et il sait la rappeler à propos : il peut même parfois oublier de la rappeler, s'il lui convient. Il rédige le procès-verbal, et si, quand il est un peu paresseux ou trop occupé ailleurs, il ne tient qu'à lui de faire cette rédaction courte et sèche, il ne tient qu'à lui aussi (et nous en avons l'exemple en M. Villemain) de la faire riche, abondante, élégante, de reproduire les paroles, les discours, en les accentuant ou en les adoucissant ; il est même juge des convenances dans la manière de rédiger certaines décisions de la Compagnie, et, pour peu qu'on soit distrait ou complaisant (et on l'est presque toujours), il peut, sans être infidèle, introduire ses propres réserves jusque dans ce qui a été voté et décidé. Il est, dans les séances publiques, l'organe officiel de la Compagnie : à lui il appartient de motiver les arrêts littéraires dont il est le rapporteur, le dispensateur et assurément le premier et le dernier juge. Son éloquence (s'il est éloquent) est l'orgueil de la Compagnie tout entière, flattée de se voir représentée avec tant d'honneur et de faveur. Enfin il reçoit, il a un salon qui est celui de la Compagnie même, un salon où l'on discute à l'avance les choix, où on les prépare, où l'on respire un air attiédi, tempéré, où les candidats prochains s'acclimatent, où les visages s'accoutument, où les aspérités non académiques s'émoussent; et, pour peu que le secrétaire perpétuel ait de tact, de connaissance du monde et d'urbanité, il imprime insensiblement à tout ce cercle poli un mouvement dont il est l'âme. Ce secrétaire perpétuel accompli, dont j'omets encore plus d'un trait, l'Académie française ne l'a jamais eu, sans doute : ni Raynouard docte et brusque, ni Auger instruit et aigre, ni Andrieux d'un goût fin mais sans souffle, ni Arnault caustique et sans grâce, n'en avaient toute l'étoffe; mais le premier et le dernier en date des secrétaires perpétuels, M. Suard et M. Villemain ont offert, réunies en eux, plusieurs des qualités que je viens d'énumérer : M. Suard a eu tout le tact d'un homme de l'ancien monde, influent avec politesse et non sans dignité. M. Villemain a le charme public, l'éloquence. Tous deux, pendant des années, ont extrêmement influé sur l'Académie.

Le gouvernement de M. Suard ne dura pas moins de treize années (1803-1817). Les rapports de ce secrétaire perpétuel, lus dans leur continuité, forment un ensemble des plus honorables. La théorie qui y préside et qui n'est autre que celle de l'école du goût, de l'école d'Horace, de Despréaux et de Voltaire, s'appliquait avec une exacte convenance à des ouvrages qui ne sortaient point des cadres connus. Les sujets proposés en ces années par l'Académie française sont d'un ordre élevé et qui fournissait une juste arène aux jeunes talents. Le *Tableau littéraire du* XVIIIe *siècle*, remis jusqu'à cinq fois au concours, les *Éloges,* plus heureux et emportés d'emblée, de *Corneille,* de *La Bruyère,* de *Montaigne,* de *Montesquieu,* donnent occasion à M. Suard de toucher à ce qu'il possède à fond; mais il ne le fait qu'avec sa discrétion accoutumée, se bornant à sa tâche de rapporteur, n'affectant point d'évoquer et de traiter pour son compte les sujets dont il laisse tout l'honneur aux pièces couronnées. Seulement, dans le dernier de ses rapports, daté de 1816, ayant à parler du concours pour l'Éloge de Montesquieu, le Nestor de l'Académie s'animait, l'octogénaire sentait son cœur s'échauffer en songeant qu'il lui avait été donné d'être admis, bien jeune, dans la société de l'illustre écrivain, et il le définissait avec autorité et délicatesse en quelques mots mesurés et choisis qui expriment eux-mêmes la parfaite urbanité littéraire (1). C'est ainsi qu'au moment où l'Académie reprenait avec son ancienne dénomination ses anciennes prérogatives, M. Suard donnait la main à deux siècles et renouait, comme Louis XVIII, « la chaîne des temps. »

Il est à remarquer toutefois que l'Ordonnance du 21 mars 1816, contre-signée Vaublanc, qui semblait restaurer dans son principe et dans son intégrité l'Académie française, la mutilait en même temps, éliminant de la liste nouvelle certains noms qu'on bannissait d'autorité, et y inscrivant d'autres noms en faveur et non élus. Cette Ordonnance soi-disant réparatrice était donc entachée d'iniquité : il y entrait de la réaction.

(1) Quoiqu'on n'aime aujourd'hui que le saillant et le coloré, je citerai le passage : « En voyant un si grand homme dans le négligé de sa vie domestique, j'admirais encore en lui une simplicité de manières qui encourageait la modestie timide, sans permettre cependant la familiarité; un entier oubli de sa gloire, mais qui n'excluait pas le goût de la louange; une habitude de distractions toujours réparées par les retours d'une bonté naïve; une vivacité de discours qui avait l'air de l'abandon, mais d'où s'échappaient des éclairs de génie. » C'était le goût d'alors, tout en nuances : on ne saurait moins appuyer et mieux dire. — Il y avait une chose que Suard n'eût jamais dite en pleine Académie, mais qu'il aimait à raconter. Dans les visites qu'il faisait à Montesquieu, curieux comme le sont les jeunes gens, il s'était hasardé un jour à lui faire cette question : « Pourquoi cette épigraphe de l'*Esprit des Lois* : *Prolem sine matre creatam?...* J'y ai beaucoup pensé, disait-il; je n'ai jamais pu en saisir le sens avec certitude. » Montesquieu garda un moment le silence et répondit : « Pour faire de grands ouvrages, deux choses sont nécessaires, un père et une mère, le génie et la liberté... Mon ouvrage a manqué de cette dernière. » Noble et fière réponse! Elle marquait qu'il avait conscience d'avoir eu du moins le génie.

Aussi l'Académie française ne doit-elle jamais la considérer comme une source pure de ses origines nouvelles et comme un lien parfaitement légitime de ses traditions renouées. M. Suard, qui en célébra sans réserve l'avénement, n'était pas libre de la critiquer sur les points odieux et tout arbitraires, et s'il eût été plus libre, il n'eût rien blâmé; car s'il n'avait pas conseillé, il avait approuvé du moins. Ce fut un tort qui revient en partie aux malheurs d'un temps où régnaient les haines civiles.

Les rapports de M. Raynouard, dont le gouvernement comme secrétaire perpétuel dura neuf ans (1817-1826), n'eurent jamais rien de cette finesse, de ces qualités peu marquées, mais distinguées, qu'offrait la manière de Suard. M. Raynouard est homme d'affaires; ses rapports sont consciencieux, un peu longs, un peu lourds, non exempts par endroits d'une certaine déclamation. La véritable élégance, celle du genre, s'y laisse absolument désirer. On peut dire qu'ils sont neutres.

Une remarque est à faire sur le rôle général de l'Académie pendant ces vingt ou vingt-cinq premières années du siècle. Son autorité n'est pas contestée : tous les nouveaux venus, les jeunes talents s'adressent d'abord à elle et comparaissent devant son tribunal pour disputer les encouragements et les récompenses. Ils aspirent à prendre leurs grades dans ses concours. Aussi dans les rapports de Suard et dans ceux de Raynouard, il n'y a pas trace de polémique. On voit seulement dans les rapports de Suard que l'Académie se reconnaît et se présente très-justement comme autorité plus grave et plus compétente, par opposition aux journalistes (ceux du premier Empire) qui étaient naturellement plus enclins à dénigrer les auteurs qu'à encourager les Lettres, et qui, pour la plupart, ne pensaient qu'à divertir le public. Et dans les rapports de Raynouard, on entrevoit, au milieu de grands éloges pour l'abbé Delille, que l'Académie entend faire digue aux excès de l'école descriptive, faire acte de sévérité envers les disciples.

Il est aisé de saisir ici une tendance, un prochain danger. L'Académie, dès qu'elle en vient à se croire un sanctuaire orthodoxe (et elle y arrive aisément), a besoin d'avoir au dehors quelque hérésie à combattre. En ce temps-là, en 1817, à défaut d'autre hérésie, et les Romantiques n'étant pas encore nés ou en âge d'hommes, on s'en prenait aux disciples et imitateurs de l'abbé Delille. Delille était un téméraire heureux, un novateur, enfant gâté du public, à qui l'on passait une fois pour toutes ses gentillesses et qu'il était interdit d'imiter.

Mais les choses n'en restèrent pas longtemps à ce point. M. Raynouard, qui se démit en 1826 d'une partie de ses fonctions et de son titre de secrétaire perpétuel, fut remplacé par M. Auger, et, dès ce moment, l'Académie en corps devint ou parut tout à fait hargneuse et ouvertement hostile au mouvement nouveau qui, depuis quelques années, se dessinait sous le nom un peu vague et complexe de *Romantisme*. M. Raynouard, il est vrai, continua, malgré sa démission, de se charger des rapports annuels jusqu'en 1830 et de s'acquitter de cette tâche fort honnêtement ; mais M. Auger ne manquait pas d'occasions de parler en séance publique; il eut plus d'une fois à répondre à des récipiendaires, et il n'avait pas même attendu d'être secrétaire perpétuel pour engager fâcheusement l'Académie. Étant directeur en 1824 et président en cette qualité la réunion publique des quatre Académies le 24 avril, il ouvrit la séance par un discours qui fut une véritable déclaration de guerre et une dénonciation formelle du Romantisme :

« Un nouveau schisme littéraire, disait-il, se manifeste aujourd'hui. Beaucoup d'hommes, élevés dans un respect religieux pour d'antiques doctrines, consacrées par d'innombrables chefs-d'œuvre, s'inquiètent, s'effrayent des projets de la secte naissante, et semblent demander qu'on les rassure. L'Académie française restera-t-elle indifférente à leurs alarmes ? et le premier Corps littéraire de la France appréhendera-t-il de se compromettre en intervenant dans une dispute qui intéresse toute la littérature française ?... »

Ce discours eut un grand retentissement : il fit le bonheur et la jubilation des adversaires. Le spirituel escarmoucheur Henri Beyle (Stendhal), dans ses hardies brochures, allait redisant avec gaieté : « M. Auger l'a dit, je suis un sectaire. »

Ayant à recevoir M. Soumet cette même année (25 novembre), M. Auger redoublait ses anathèmes contre la forme du drame romantique, contre « cette poétique barbare qu'on voudrait mettre en crédit », disait-il, et qui violait de tout point l'*orthodoxie littéraire*. Tous les mots sacramentels, *orthodoxie, secte, schisme,* étaient proférés, et il ne tenait pas à lui que l'Académie ne se constituât en synode ou en concile. M. Auger ne vécut pas assez (1) pour être témoin de l'élection de Lamartine (1829), qui, ne semblât-elle qu'une exception glorieuse, ne laissait pas de donner aux doctrines exclusives un éclatant démenti. Les novateurs ne s'y trompèrent pas : le jour de la réception solennelle du grand poëte fut pour eux une fête et comme un premier triomphe : ce jour-là, s'il m'en souvient bien, plus d'un jeune romantique, introduit par les portes intérieures sous la conduite de David d'Angers, avait bravé la consigne et occupait par avance, grâce à l'heureuse licence d'alors, une place sur les bancs mêmes de l'Institut, côte à côte avec les immortels. — Malgré cette journée brillante, il fallut plus de dix ans encore pour que Victor Hugo, après des assauts réitérés, entrât par la brèche (1841).

M. Andrieux, qui succéda à M. Auger en 1830, suivit par goût et par passion la même voie dogmatique étroite, et crut, à son tour, devoir débuter par un renouvellement du même manifeste. Le sujet de poésie proposé par l'Académie pour 1831 était *la Gloire littéraire de la France.* C'était un défi jeté aux Romantiques : l'Académie demandait la glorification du

---

(1) Misère et infirmité de l'esprit humain ! cet homme d'ordre, de goût classique, ce défenseur des règles, ce champion rigide de la raison dans les Lettres, M. Auger finit, comme Werther, par un suicide. Son corps, roulé par les flots de la Seine, fut retrouvé à Meulan le 15 février 1829. Il s'était précipité du pont des Arts.

XVIIe siècle et de nos grands poëtes classiques qu'on accusait les novateurs d'insulter et de vouloir détrôner. Mais bien d'autres préoccupations étaient venues à la traverse et absorbaient cette année-là l'attention publique; d'autres trônes, dans l'intervalle, avaient croulé ou tremblaient sur leur base, la rue grondait, et la voix d'Andrieux, avec son filet mince, s'entendit à peine. M. Arnault, qui lui succéda et qui eût continué le même air d'une voix plus rauque, ne fit que paraître et disparaître au fauteuil de secrétaire perpétuel; mais, avec M. Villemain qui vint s'y asseoir dès 1835, l'Académie, comme par enchantement, dépouilla le vieil homme : elle parut, d'un jour à l'autre, avoir changé subitement d'esprit comme de ton. C'était un charme alors d'ouïr cette voix harmonieuse et dorée qui semblait celle de la sirène : c'est plaisir encore aujourd'hui de lire ou de parcourir ces premiers rapports, tracés d'une plume élevée et brillante : on se sent véritablement dans une sphère étendue et supérieure où la lumière se joue. Tout cela est fin, habile, élégant, insinuant, d'un tour vif, d'un arrêt net, d'une grâce courante et légère. Les jugements de M. Villemain, depuis, se sont développés et comme déployés de plus en plus dans des rapports toujours savants et composés avec art; mais, en appréciant certes le mérite des pages écrites dans les dernières années, je préfère encore ce beau talent dans sa manière moyenne, dans ce tour svelte, ingénieux et neuf, qui était d'abord le sien. Ici nous n'avons plus affaire à des théories absolues, étroites, toujours sur le *qui vive* et la défensive : l'ancien goût est satisfait par de justes réserves, mais l'inspiration nouvelle reste libre : on semble lui faire appel et la désirer. Sous M. Villemain, l'Académie peut avoir des omissions, elle a trop de goût pour avoir des exclusions formelles et des anathèmes.

On en est là depuis plus de trente ans. M. Villemain n'a pas cessé d'être l'organe et l'*homme* de l'Académie, son premier ministre, de la représenter en titre et en réalité. Pendant ses années de ministère ou ses absences obligées, il a été suppléé par M. Lebrun, esprit judicieux et caractère équitable, qui possède à un haut degré ce qu'on peut appeler le patriotisme de l'Académie, je veux dire qu'il est tout dévoué au bien et à l'honneur du Corps. Mais, à chaque rentrée, M. Villemain a repris toute l'influence active et pénétrante qu'il a gardée jusqu'à ces derniers temps.

Il faut bien parler politique quand il s'agit de l'Académie. Depuis la réorganisation de l'Institut en 1803, elle a traversé et vu se succéder jusqu'à cinq régimes : l'Empire, la Restauration, le règne de Louis-Philippe, la République et le second Empire. De ces cinq régimes, l'Académie a complétement adopté et embrassé, pour ne pas dire préconisé, les trois premiers. Elle a supporté la république de 1848 ; mais le dernier et présent régime semble avoir été jusqu'ici pour elle plus difficile à épouser, ou du moins elle ne s'y est point ajustée et adaptée comme aux précédents. Un signe l'indique assez : aucun homme politique du second Empire, quelque talent de parole ou de plume qu'il ait montré, n'a été nommé membre de l'Académie.

Ce peu d'accord et de concert s'explique par la quantité de personnages politiques considérables des régimes précédents que renferme l'Académie. Assez de marques s'en sont produites au dehors, assez de bruits en ont transpiré du dedans pour que ce ne soit pas une indiscrétion de noter le fait. Dans tout ce qui s'est dit et répété là-dessus, il y a eu, d'ailleurs, infiniment d'inexactitudes et beaucoup d'ignorance de ce qui s'est passé. Un académicien seul (et encore parmi les assidus) aurait pu raconter fidèlement ce qui s'est dit, ce qui a surgi à l'improviste en mainte séance, déjà ancienne, et je dois ajouter que nul ne l'a fait. Il y a une bienséance qui ne se viole jamais entre honnêtes gens. On peut, quand on est de l'Académie, la contredire, la blâmer même au dehors, mais les conversations intérieures restent des conversations : on en parle le soir dans un salon, on les répète tout au plus entre amis; mais l'écho n'en arrive jamais au public que très-vague ou très-altéré. Ceux qui écoutent aux portes sont trop peu au fait des us et coutumes de l'Académie pour ne pas mal entendre.

Ce caractère de salon, qui est le propre des réunions particulières de l'Académie française, ne peut guère être bien compris que par ceux qui en sont. Si l'on excepte, en effet, quelques cas rares où la vivacité de la passion a forcé un moment le ton et dépassé la convenance, l'habitude est de vivre à l'Académie comme entre confrères et de ne s'aborder que par les surfaces polies. Vous, public, vous croyez peut-être sur la foi des journaux que tels et tels académiciens sont en guerre, à couteaux tirés, et vous êtes tout étonné, si vous passez par hasard dans la cour de l'Institut, un jeudi à quatre heures et demie, de voir ces mêmes hommes sortir ensemble, presque bras dessus dessous, et causer familièrement, amicalement.

Il y a cependant, dans les séances intérieures de l'Académie, des jours de grande discussion et comme de bataille rangée sur des sujets littéraires importants. Ces discussions donnent lieu à des joutes de parole, développées, agréables, solides pourtant, véritablement académiques dans le meilleur sens du mot. J'ai vu, quand il s'agissait de certaine pièce de théâtre à couronner (la *Gabrielle* de M. Augier, par exemple), des tours d'opinions où chaque membre était appelé à improviser son feuilleton pour ainsi dire : chacun savait trouver son point de vue nouveau, son aperçu ; les hommes politiques avaient le leur, et souvent qui n'était pas le moins piquant. Ces grandes conversations intérieures, où, tout en y prenant sa petite part, on aime encore mieux se supposer un moment spectateur, sont de ces journées qui laissent la meilleure idée du mérite et même du charme qu'on retrouve toujours dans l'illustre Compagnie.

Je dois dire toutefois que, pendant le règne de Louis-Philippe, la quantité d'hommes politiques antagonistes, d'anciens ministres rivaux, qui se rencontraient les jours ordinaires dans cette salle étroite de l'Académie, amenait parfois des discussions et des contradictions un peu disproportionnées au sujet qui était sur le tapis. On sentait, jusque dans ces questions en elles-mêmes assez indifférentes, je ne sais quel souffle de passion et un surcroît de lutte qui venait du dehors et qui se produisait à tout propos. Sitôt que tel membre prenait la parole, tel autre membre la demandait immanquablement pour lui répondre et le contrecarrer, quel que fût le cas, souvent même avant de bien savoir de quoi il s'agissait et uniquement pour n'en pas perdre l'habitude. On en revenait presque, sous forme détournée, à la discussion parlementaire. La salle de l'Académie était un peu petite pour ces orages imprévus qui d'un rien grossissaient à vue d'œil, et les sujets en eux-mêmes prêtaient rarement à ces débordements d'éloquence. Nouveau venu alors dans l'Académie, admis depuis peu à partager l'intérêt de ses séances, je me faisais l'effet parfois de regarder de très-gros poissons rouges s'agitant et tournant dans un trop petit bassin.

Cet antagonisme entre les hommes a cessé depuis longtemps : les révolutions survenues, en établissant le niveau, ont bien plutôt uni et rallié ceux qui ont survécu. Les contradictions élevées au sein de l'Académie sont rares depuis bientôt dix-huit ans; les voix récalcitrantes qui se sont élevées à certaines heures ont été à peu près solitaires. Il est juste de faire observer que la majorité s'est montrée indulgente pour cette infiniment petite minorité. Les vivacités mêmes ont bientôt obtenu grâce, car on les savait sincères.

Toute politique à part, dans la saison d'été, quand l'Académie est réduite au plus petit nombre, il s'engage souvent, à propos et autour de cet interminable Dictionnaire, des entretiens, des dissertations et digressions les plus agréables et les plus diversifiées. La littérature française, à partir du xvie siècle, est tout entière passée en revue à l'occasion d'un mot : le point de départ est oublié, et le cercle de l'entretien grandit, s'étend, s'élargit toujours. En sortant de là, on est forcé de se dire, fût-on légèrement frondeur : « Allons ! l'Académie est encore le lieu de France où l'on parle le mieux de littérature et où l'on en goûte le mieux toutes les aménités. »

Mais dans les mois d'hiver, on est moins entre soi : les hommes politiques, absents depuis des mois et dispersés, se retrouvent, se rejoignent, s'y donnent rendez-vous comme dans un salon ; avant chaque séance, des pelotons animés se forment autour de la cheminée et dans le cercle de l'hémicycle : c'est en petit la physionomie d'une Assemblée ; et même alors que la littérature est mise en avant, quand le secrétaire perpétuel, lisant son très-beau et très-élégant procès-verbal, attend ou réclame le silence, de nombreux apartés se continuent à voix basse et s'obstinent parfois, bien après la séance commencée : pour quelques-uns, l'intérêt visiblement est ailleurs. — Mais bientôt, vers le milieu de l'hiver, après janvier, l'ordre des travaux, l'examen des livres à juger, dont quelques-uns curieux ou importants, la matière académique enfin, force l'attention, occupe et ressaisit tout le monde.

Et puisque j'ai parlé des procès-verbaux de M. Villemain, qui a fait révolution en ce genre et qui s'est piqué de rendre de chaque séance animée un tableau fidèle, il est à regretter que, suivant en cela un ancien usage, il ait évité, à chaque discours ou opinion, d'indiquer le nom de l'académicien qui parle : « Un membre dit... un autre membre répond... » Vous voilà bien avancés, gens du dehors. Il est et il sera impossible de retrouver jamais de qui il s'agit. On ne s'y reconnaît pas soi-même à une séance d'intervalle. Ces procès-verbaux, si parfaits et souvent plus beaux que nature, dans lesquels chaque membre s'exprime si bien, feront un jour le désespoir des érudits qui voudront retrouver le nom des acteurs et orateurs. Il n'y aura rien de certain, sinon que M. le secrétaire perpétuel a merveilleusement bien dit.

Je ne fais ni la satire ni l'histoire de l'Académie, m'efforçant simplement de résumer quelques réflexions qu'elle suggère. Je reviens au caractère politique qui a souvent compliqué sa physionomie littéraire. Évidemment l'Académie française au XIXe siècle a tenu de plus en plus avec les années, et les circonstances y aidant, à se distinguer de l'Académie du XVIIe, adoratrice idolâtre de Louis XIV, et à marquer son indépendance. Chateaubriand, le premier, sous le premier Empire, succédant à Marie-Joseph Chénier en 1812, avait essayé de faire entrer la politique dans les Lettres par ce Discours de réception, qui ne put être prononcé. En cela encore, il fut précurseur. L'Académie semble s'être ressouvenue plus d'une fois de cet exemple signalé d'opposition. Même dans les hommages qu'elle rendait au pouvoir royal sous la Restauration, elle s'était mise assez à temps au niveau de l'opinion publique : sa complaisance ministérielle sut s'arrêter quand il le fallut. Elle eut, à cette époque, une journée mémorable lorsque, s'associant au vœu de la France libérale, elle protesta, dans sa séance du jeudi 11 janvier 1827, contre le projet de loi sur la presse dû à M. de Peyronnet, et proposa une Adresse directe au roi. Elle fit, ce jour-là, sa rentrée dans le grand courant du sentiment public, de la pensée nationale d'alors, et elle confirma hautement cette disposition par le choix qu'elle fit, quelques mois après, de M. Royer-Collard pour remplacer M. de La Place. A partir de là, les choix, plus ou moins libéraux, et qu'acclamait ou désignait l'opinion, se succédèrent. Pendant la durée du règne de Louis-Philippe, l'Académie n'eut jamais lieu de marquer en rien sa dissidence. Elle avait même au besoin une sorte d'enthousiasme pour un régime auquel bon nombre de ses membres appartenaient de si près et qui satisfaisait tout son vœu. Un jour, M. de Cormenin ayant présenté au suffrage de l'Académie, pour un prix Montyon, les *Entretiens de village,* signés Timon, c'est-à-dire de ce même pseudonyme dont il signait ses pamphlets, une vive opposition s'éleva non contre l'ouvrage qui remplissait les conditions demandées, mais à cause de ce nom masqué qui semblait une armure de guerre. La question était devenue toute politique ; on se serait cru à une discussion du Palais-Bourbon. Au moment du vote, les zélés ne permettaient pas aux tièdes de sortir sans avoir auparavant déposé leur scrutin dans l'urne. Je ne sais ce qui se négocia ensuite et comment il se fit que ces mêmes *Entretiens,* repoussés une année du concours, furent acceptés sans bruit ni conteste l'année suivante.

M. de Tocqueville me faisait un jour remarquer que ce qui se passe dans une élection académique est plus raffiné que ce qu'on voit d'ordinaire dans les élections politiques : « Cela tient, disait-il, à l'état très-*avancé* de ceux qui y prennent part. C'est plutôt un conclave qu'un collége électoral. » Il y a de ces surprises à l'Académie, même dans les délibérations ordinaires. Quelquefois les cartes se retournent, on ne sait comment. On l'a trop vu dans ce qui s'est passé, il y a trois ans (1863), lorsqu'il s'est agi de remplacer M. Biot. L'élection de M. Littré semblait chose convenue et assurée : les académiciens des divers côtés y donnaient les mains. Mais on avait trop compté sans l'intervention d'en haut. L'Esprit-Saint se mit subitement à agir et à opérer comme dans un conclave. Quelques jours avant l'élection, M. Dupanloup, évêque d'Orléans et académicien, dénonça publiquement M. Littré dans un *Avis aux pères de famille.* Il fit plus, il arriva d'Orléans la veille au soir de l'élection, et, le matin même du jeudi, il rendit visite à quelques-uns des membres sur qui il a prise. Il les décida à reculer devant le nom de M. Littré : on est si faible, si complaisant et si déférent pour un confrère (fût-il le moins assidu) quand on se voit obligé de l'appeler *Monseigneur!* M. Littré, quelques heures après, échoua. On peut dire, à la lettre, que par cette démarche *in extremis* du prélat qui se déclarait son incompatible, il a été exclu, presque banni de l'Académie. Rendons-nous bien compte. Ainsi lui, M. Littré, qui appartient déjà à une autre classe de l'Institut, il a été trouvé indigne de faire partie de cette classe de littérature et de grammaire, la même qui s'était honorée précédemment de compter le respectable M. de Tracy en tête de sa liste; et l'on sait quelles étaient en philosophie les idées de M. de Tracy. Ah! nous avons bien reculé en effet, nous sommes en arrière de la fermeté d'esprit de nos pères, et par ce seul exemple on peut mesurer la distance. C'est là dans les annales de la Compagnie une triste page, qu'il n'est pas possible d'effacer ni d'abolir, et qu'il n'y aurait qu'un moyen de déchirer. Vienne le jour (et puissé-je vivre assez pour le voir!) où un vote presque unanime de la Compagnie nommerait M. Littré spontanément et sans présentation de sa part. Alors seulement l'injure que l'Académie s'est faite à elle-même en frappant d'ostracisme un sage, et en se privant d'un membre dont elle avait le plus grand besoin pour ses travaux intérieurs, serait réparée et vengée. J'y compte peu.

Les choix de l'Académie, d'ailleurs, dans les élections diverses qui se sont succédé depuis quelques années, semblent faits et ménagés de telle manière qu'ils ne satisfont pas l'opinion, mais qu'ils ne la désespèrent pas non plus : je veux dire qu'ils n'y sont pas tous contraires. On ne donne pas tout à la voix publique désignant son candidat préféré, mais de temps en temps on lui accorde quelque chose. Le Corps, sans être populaire par ses choix, ne ferme pourtant pas tout à fait la porte au souffle du dehors. « Il faut qu'une porte soit ouverte ou fermée » est un proverbe qui ne semble pas à l'usage de l'Académie.

Ce n'est pas faire le prophète que d'avancer que l'Académie française est à la veille d'un renouvellement décisif et qu'elle va se trouver en présence d'un état intellectuel et littéraire de la société qui ne s'était pas vu encore. Sans anticiper sur des prévisions funestes, il est clair, par le seul chiffre des âges et d'après la loi fatale des choses, qu'avant peu d'années il se fera un vide immense dans tout le fonds ancien de l'Académie, dont nous-mêmes, plus que sexagénaires, nous faisons déjà partie et dont nous nous trouvons les plus jeunes. J'ai ouï dire à quelqu'un de nos anciens confrères, un peu trop attristé et de trop sinistre présage : « Nous serons les derniers des académiciens français. » Je ne le pense pas; il y a de bonnes raisons pour que l'Académie subsiste; mais il importe qu'en vivant elle se rajeunisse et qu'elle se maintienne dans un rapport vrai avec une société qui change.

La France, quels que soient son goût et ses vœux pour la liberté, est un pays où l'autorité, quand elle a pour elle l'ancienneté et la forme, ne déplaît pas. L'autorité de l'Académie, dans la mesure très-douce, presque toute honorifique et rémunératoire, où elle est appelée à s'exercer, ne pourrait donner d'ombrage que si une démocratie toute radicale venait à triompher. Dans une France, même démocratique, comme elle tend de plus en plus à le devenir, l'Académie française mérite de garder son rang et peut avoir son influence utile.

L'essentiel est qu'en présence des autres classes de l'Institut qui travaillent, on soit convaincu qu'elle n'est pas un lieu tout de loisir ni une institution de luxe qui se croit quitte moyennant un ou deux bals publics de réception par an. Un article de sa réorganisation en 1803, et qu'elle ne devrait jamais perdre de vue, assigne une fonction particulière à la Compagnie des Quarante : « Elle est particulièrement chargée, nous dit cet arrêté fondamental plus précis qu'élégant, de la confection du Dictionnaire de la langue française ; elle fera, sous le rapport de la langue, l'examen des ouvrages importants de littérature, d'histoire et de sciences. Le recueil de ses observations critiques sera publié *au moins quatre fois par an.*» L'Académie est loin d'avoir été fidèle aux termes et à l'esprit de cet article fondamental. Aucun chef d'État depuis Napoléon Ier, aucun ministre dirigeant, animé du souci des Lettres, n'ayant rappelé à l'Académie ce point de sa constitution, il est tout naturel qu'elle l'ait oublié et laissé tomber en désuétude. Elle devrait bien d'elle-même le remettre en vigueur et se pénétrer de l'intention qui l'a dicté. Pour cela, elle aurait à tenir au courant et à mettre à jour, — tous les vingt-cinq ans, par exemple, — le Dictionnaire de l'usage qu'elle a laissé par trop s'arriérer, et elle ne devrait pas éviter non plus d'intervenir par un examen motivé dans la plupart des questions ou des œuvres qui émeuvent et partagent l'opinion publique littéraire. Je sais que l'examen que l'ancienne Académie a fait du *Cid* et celui que la nouvelle a fait du *Génie du Christianisme* peuvent ne point paraître encourageants : ces travaux, pourtant, l'un de Chapelain, l'autre de M. Daru, lus de près et sans prévention, font honneur à leurs auteurs. Mais sous une forme ou sous une autre, il est utile que l'Académie donne son avis, ait ses discussions intérieures et les consigne dans un Rapport public, qu'elle ne craigne pas, en un mot, de faire acte de jugement et de sincérité. Un Corps, sans doute, ne saurait, sans inconvénient, entamer de polémique ; mais autre chose est la polémique, l'anathème comme du temps de M. Auger, autre chose un examen raisonné et mesuré où l'on expose le pour et le contre des questions et où toutes les raisons se produisent. Or, depuis trente ans, l'Académie a trop semblé réserver son opinion sur toute chose littéraire, et elle, si prodigue en appréciations politiques, elle a éludé, en revanche, le péril de dire son sentiment dans les matières de goût.

Ou, si elle l'a fait, ce n'a guère été qu'indirectement, de façon oblique, jamais de face et de front. Aussi a-t-elle brillé par moments plutôt qu'elle n'a agi, qu'elle n'a véritablement compté et pesé en tant que Compagnie magistrale dans la destinée littéraire du pays.

L'Académie est riche ; elle dispose de fonds considérables, de donations qui s'accroissent chaque jour. Elle en a généralement bien disposé. Elle n'a qu'à persévérer dans la même voie, mais en osant un peu plus que par le passé, en concédant moins à des genres neutres, à des productions estimables, mais sans relief, et en s'attaquant davantage aux œuvres en qui sont en jeu les questions présentes et pendantes. Il n'y a pas tant à craindre, en littérature, de toucher à ce dont tout le monde parle. Voici un tableau résumé des prix, encouragements et récompenses dont l'Académie française est la dispensatrice et l'organe; on verra mieux par ce détail de quels moyens d'action elle dispose.

Et d'abord, la somme allouée annuellement par l'État pour l'Académie et qui s'élève en tout à 85,500 francs, cette somme affectée en grande partie aux indemnités, droits de présence, etc., contient une réserve de 4,000 francs pour un prix d'*Éloquence* et un prix de *Poésie*. Les prix dits d'*Éloquence* ne sont plus toujours des Éloges, ce sont le plus souvent des Discours, des Études critiques sur des écrivains célèbres ou distingués : Vauvenargues, Bernardin de Saint-Pierre, Regnard, Saint-Évremond, — hier Chateaubriand, aujourd'hui Jean-Jacques Rousseau. Des concurrents de mérite répondent à l'appel de l'Académie. Rien de mieux. Le prix de poésie laisse plus à désirer, et c'est même une question de savoir s'il est bon de le maintenir sous cette forme. La poésie, en effet, paraît fuir depuis longtemps ces concours et s'abstenir des sujets proposés : elle n'y est que de nom. Il y aurait lieu, je le crois, d'aviser à une application meilleure et plus appropriée d'un prix qui trop souvent, à continuer comme on fait, se dérobe à son titre.

Les fondations provenant du grand philanthrope Montyon sont de deux sortes. La première fondation est affectée aux *prix de vertu :* il s'agit, aux termes du testament, de récompenser annuellement *le Français pauvre ayant fait dans l'année l'action la plus vertueuse.* Cette somme annuelle monte à plus de 20,000 francs : elle se répartit entre plusieurs lauréats vertueux et pauvres dont les titres sont pesés avec une grande équité.

La seconde fondation Montyon, toute littéraire, est, aux termes du même testament, destinée à récompenser *le Français qui aura composé et fait paraître le livre le plus utile aux mœurs.* La somme est environ par an de 20,000 francs.

L'Académie a tout fait pour étendre, pour interpréter, sans la fausser, l'esprit de cette dernière fondation; elle y a vu un moyen d'encourager la littérature non-seulement morale, mais élevée et sérieuse : à ce titre, elle a couronné le grand livre de Tocqueville sur l'Amérique, un bel exemple et l'application la plus mémorable du prix. Elle s'est, de plus, montrée ingénieuse à composer avec les reliquats des sommes, et moyennant autorisation du Gouvernement, des prix particuliers tout littéraires, soit pour d'utiles et bonnes traductions, soit pour la meilleure tragédie, soit (ce qui vaut mieux) pour les œuvres dramatiques en général. Elle a provoqué et couronné de sérieuses Études sur Ménandre, sur Thucydide, sur Tite-Live. Revenant tout à fait à l'esprit de son institution, elle a pu, à l'aide de ces reliquats Montyon, décerner en 1846 un prix assez considérable pour un Lexique de Molière; en 1859, pour un Lexique de Corneille; en 1866, pour un Lexique de madame de Sévigné : travaux tout spéciaux qui ne se seraient pas faits sans elle, autant de mémoires précis pour l'histoire de la langue.

Le prix fondé par le baron Gobert, en 1833, s'élève à plus de 10,000 francs par an et doit s'appliquer, d'après les termes du testament, au *morceau le plus éloquent d'Histoire de France*. Le public a généralement ratifié les choix de l'Académie pour ce prix qu'elle a l'habitude de fractionner en deux d'une valeur fort inégale. Les noms d'Augustin Thierry, d'Henri Martin, illustrent ou honorent la liste des lauréats.

Le prix fondé par M. Bordin en 1835, et qui est de 3,000 francs par an, est destiné à récompenser un ouvrage de *Haute Littérature*. Les termes généraux du testament laissaient à cet égard toute liberté à l'Académie, et elle en a usé dignement. La première application qu'elle en a faite a été à l'ouvrage d'Ozanam, *la Civilisation au* $V^e$ *siècle*.

Le prix fondé par M. de Maillé-La-Tour-Landry et qui se partage, de deux années l'une, entre l'Académie des Beaux-Arts et l'Académie française, n'atteint pas tout à fait à 1,200 francs. C'est proprement un prix d'encouragement à un jeune écrivain peu favorisé de la fortune et qui mérite de l'intérêt par son talent. L'Académie interprète le plus largement possible le vœu du fondateur. Le prix a été décerné pour la première fois en 1840 : le nom si estimable du vaillant poëte, M. Amédée Pommier, ouvre la liste des lauréats.

Les trois fondations Trémont, Lambert et Leidersdorf, originairement, sont toutes trois de pure bienfaisance et destinées à soulager des infortunes littéraires, des veuves, des filles pauvres d'artistes, d'écrivains, etc. Les deux premières, selon une définition bien juste, sont proprement des prix de l'humanité à la souffrance. L'Académie a relevé le plus possible la fondation Lambert en décidant simplement que ce prix serait affecté, chaque année, « à tout homme de lettres, ou veuve d'homme de lettres, auxquels il serait juste de donner une marque d'intérêt public. » Le nom si recommandable de M$^{me}$ Géruzez, veuve de l'instruit et ingénieux critique, indique assez comment l'Académie aime à placer cette récompense.

La fondation, faite en 1855 par M. A.-E. Halphen, redevient toute littéraire : c'est un prix de 1,500 francs à décerner tous les trois ans, l'Académie ayant le choix de l'ouvrage « qu'elle jugera à la fois le plus remarquable au point de vue littéraire ou historique et le plus digne au point de vue moral. »

Je laisse de côté le prix fondé par M. A. Souriau en 1863 et qui n'est qu'un supplément, une sorte de codicille, aux prix de vertu de M. de Montyon.

D'autres prix littéraires se fondent chaque jour et sont, pour ainsi dire, en attente ou en préparation; car c'est à qui tiendra à perpétuer honorablement son nom en le rattachant à un Corps réputé immortel. Le mobile, si visible qu'il soit, a de trop bons effets pour appeler le sourire. Le chirurgien-dentiste, habile dans son art, le docteur Toirac, qui faisait d'agréables contes en vers, est resté fidèle à ses goûts et a comme voulu les ennoblir et les consacrer en fondant un prix de 4,800 francs par an pour l'auteur de la meilleure comédie en vers ou en prose qui aura été jouée au Théâtre-Français dans le courant de l'année. — M. Louis Langlois, qui se plaisait à traduire en vers les élégiaques latins, est également parti de ce même goût personnel pour léguer à l'Académie une rente de 1,500 francs destinée à l'auteur de la meilleure traduction en vers ou en prose d'un ouvrage grec, ou latin, ou étranger. Cette dernière latitude est heureuse et permettra à l'Académie, au lieu de soutenir et de favoriser un genre faible et qui semble usé, de provoquer d'utiles travaux d'un intérêt actuel et bien vivant. L'Académie n'est pas encore en pleine possession et jouissance de ces deux dernières fondations *Langlois* et *Toirac*, mais elles ne sauraient lui manquer.

Enfin, l'Empereur ayant créé, le 22 décembre 1860, le grand prix biennal de 20,000 francs pour être attribué tour à tour, à partir de 1861, « à l'œuvre ou à la découverte la plus propre à honorer ou à servir le pays, qui se sera produite pendant les dix dernières années dans l'ordre spécial des travaux que représente chacune des cinq Académies de l'Institut impérial de France », l'Académie française a eu, la première, à en faire l'application, et après de longs débats intérieurs où bien des noms célèbres furent contradictoirement discutés et agités, sans qu'on pût se fixer sur aucun, elle en vint à proposer l'*Histoire du Consulat et de l'Empire* par M. Thiers, laquelle fut agréée par l'Institut; mais M. Thiers, en s'honorant de recevoir le prix, fit incontinent donation des 20,000 francs à l'Académie pour être fondé un prix triennal de

3,000 francs à décerner à l'auteur d'un « ouvrage historique dont l'Académie aura proposé le sujet et dont elle croira devoir distinguer le mérite. » Ce *prix Thiers* ne commencera à être décerné qu'en 1869.

On verrait, en additionnant tous ces chiffres, en faisant le compte total de ces dons généreux, de quelle somme considérable l'Académie dispose chaque année dans l'intérêt des Lettres sérieuses, et combien elle est mieux placée, à tous égards, et mieux munie pour cet emploi élevé que le ministre même de l'Instruction publique. Que ceux qui sont trop prompts à railler l'Académie française pour sa prétendue oisiveté, veuillent réfléchir au travail d'examen nécessaire pour la juste distribution de tous ces prix, et l'Académie n'y a jamais failli jusqu'à présent. Ce n'est pas à dire qu'elle ne puisse de plus en plus, à l'avenir, avoir l'œil à l'état présent des Lettres, aux variations incessantes du goût, au déclin, à la naissance et au développement des genres, à tout ce qu'il lui importe de discerner en pleine connaissance de cause, sans engouement comme sans dédain, dans le champ de plus en plus remué et sillonné de l'activité moderne. Il y a plus d'une sphère dans les Lettres, et l'Académie doit les embrasser toutes. L'Académie, dans ces derniers temps, sous prétexte de morale et de sérieux, a sans doute trop penché du côté de l'Université : il en faut, mais il n'en faut pas trop, de l'Université dans l'Académie. Le propre de l'Académie est de combiner et d'assembler tradition et innovation. L'Université est proprement la gardienne de la tradition : elle enseigne.

L'Académie, dans son cercle supérieur, n'enseigne pas : ce n'est pas une école, c'est le plus littéraire des salons. L'Académie est et doit rester une personne du monde. Elle sait le passé, elle est attentive au présent. Elle ne s'aventure point sans doute et ne se hâte pas outre mesure ; mais elle recueille à temps, dans le domaine de la création et même de la fantaisie poétique, dans la littérature d'imagination et d'agrément, ce que l'opinion publique lui désigne à l'avance et lui défère. Elle y met une certaine maturité, mais elle y cède avant de paraître résister. Sa justice revêt politesse et bonne grâce.

La politique vers laquelle l'Académie a paru trop pencher n'est réellement qu'une des provinces sur lesquelles elle doit promener son regard, mais seulement pour s'adjoindre ce qui se distingue éminemment en talent ou en éloquence. La plus haute impartialité en pareil cas serait d'un goût suprême, et je ne vois pas ce que le littérateur le plus exclusif trouverait à dire si la même Compagnie réunissait dans son sein, à titre d'orateurs, M. Berryer, M. Jules Favre et M. Rouher.

La question de l'Église est plus délicate. L'ancienne Académie appelait volontiers à elle les orateurs sacrés du Clergé séculier, et même elle se décorait de toutes sortes de prélats. La constitution de la société a changé : l'Académie n'entend plus chaque année au mois d'août la messe de la Saint-Louis, et le panégyrique du saint. De nos jours, l'Église est trop devenue un parti, j'allais dire une secte. Les choix que l'Académie a faits en ce sens lui ont peu réussi. La présence dans la Compagnie du très-éloquent moine dominicain M. Lacordaire a paru plus bizarre qu'heureuse. La présence de M. l'évêque d'Orléans s'est surtout accusée par un acte d'intolérance. Plus l'Académie sera réservée en ce sens ecclésiastique, et plus sagement elle fera. Pour employer un vilain mot (et je l'emploie à regret, mais il est à l'ordre du jour), il faut qu'il n'y ait rien de *clérical* dans l'Académie. — Un jour, dans une discussion, à propos de je ne sais quel livre où Luther était voué au feu infernal et qu'on voulait nous faire couronner, il m'est échappé de dire à l'un des orthodoxes religieux dont j'ai l'honneur d'être le confrère, et qui s'étonnait de ma protestation : « C'est bien assez, à l'Académie, d'être de la religion d'Horace. »

J'ai touché à bien des points, m'efforçant de montrer l'Académie comme elle est et évitant tout parti pris de dénigrement ou de complaisance. Avec tous ses défauts, ses défaillances, ses fluctuations trop sensibles, l'Académie reste une institution considérable qui n'a pas seulement un beau et intéressant passé, mais qui, bien dirigée, sans cesse avertie, excitée, réveillée, renouvelée, peut rendre de grands services au milieu de la diffusion et de la dispersion littéraire universelle. Qu'elle ait seulement conscience de son rôle et, pour le mieux remplir, qu'elle le modifie, le transforme et l'approprie en se pénétrant de la différence des temps; qu'elle se fasse pardonner de paraître une Compagnie aristocratique en se ressouvenant plus souvent de son berceau d'Institut national; qu'en se rattachant sans doute aux gloires séculaires et à l'Académie de l'ancien régime, elle sache bien qu'elle n'en est pas la descendante directe; que la généalogie de ses fauteuils est artificielle et toute chimérique; que son titre principal est de date plus certaine et l'oblige plus étroitement, et qu'après tout elle est une fille elle-même de la Révolution. Cette marque pour elle est plus vraie et plus sûre que le baptême douteux qu'elle tient de l'Ordonnance royale de 1816. La nouvelle Académie, sans doute, se soucie assez peu de ces questions d'origine : si on lui demandait son avis, elle aimerait à dater principalement de l'élection de Royer-Collard, de ce choix mémorable par lequel, en 1827, elle arbora le signal du libéralisme parlementaire. Oui, mais la société a marché depuis; bien ou mal, son milieu s'est déplacé; ce déluge qu'annonçait et prophétisait Royer-Collard, la démocratie, a débordé dans toutes les sphères; le gémissement est inutile, et il n'est pas permis de se renfermer dans le même cercle restreint, élevé, infranchissable. Il faut, à chaque instant, justifier de son droit et de son privilége en étendant sa vue, en découvrant ce qui se fait ou se tente de remarquable alentour, en ne s'enchaînant pas à des doctrines métaphysiques ou littéraires inflexibles, en s'associant, sans se faire trop prier, toute intelligence supérieure et ornée, toute imagination puissante et féconde, de quelque bord qu'elle vienne; en n'étant point des derniers à reconnaître l'avénement des talents chers au public et applaudis, en témoignant à l'occasion de l'estime à ceux mêmes qui ne sont pas de l'ordre académique, et qui comptent pourtant dans la grande confrérie des Lettres; en n'affectant pas absolument de les ignorer. L'Académie, de ce côté, a surtout à se garder des inconvénients de l'habitude dans un milieu tiède et doux. L'essentiel est de se mettre en communication régulière avec l'air du dehors; qu'elle tienne à honneur et à devoir de paraître informée, à son heure, de tout ce que la littérature contemporaine produit de distingué, même dans les branches réputées légères. Pourquoi, deux ou trois fois l'an, des rapports spéciaux et succincts, confiés à deux ou trois de ses plus jeunes membres, ne lui permettraient-ils pas de connaître, à point nommé, le mouvement et le courant des esprits, le degré d'importance et d'intérêt des productions en vogue? Pourquoi, par ce genre de travaux tout à fait à l'ordre du jour, n'essayerait-on pas de piquer au jeu, de captiver nos plus jeunes confrères eux-mêmes, les derniers élus, la plupart peu assidus et trop visiblement indifférents? Pourquoi ne pas se les assimiler complétement par une coopération qui aurait aussi pour effet direct de stimuler les anciens?... Je m'arrête dans cette suite de pourquoi qu'il serait aisé d'étendre et de multiplier. Mais c'est à de telles conditions désormais que l'Académie française ne sera pas seulement honorée comme un monument ou un ornement, qu'elle aura encore de l'avenir. Au lieu simplement de durer, elle vivra.

# APPENDICE.

L'article suivant, qui a paru dans *le Constitutionnel* du 8 juin 1866, ne messiéra peut-être pas en regard de celui qui précède sur l'Académie française. C'est M. Viennet qui va en faire les frais. Est-il nécessaire d'ajouter que la signature sous laquelle il fut publié dans le journal n'est qu'un *prête-nom?* M. Sainte-Beuve (cela se sent bien) l'avait dicté tout entier à son secrétaire. Si l'on y remarque un peu de complaisance, c'est que M. Sainte-Beuve, qui n'avait pas voulu refuser ce petit service à M. Viennet, ne fit *écrire* et insérer, sous le nom de son secrétaire, les quelques lignes qu'on va lire, que sur la demande de M. Viennet lui-même, qui un jour d'Académie, un jeudi, lui annonça ce grand événement qu'il ne pouvait plus retenir, une nouvelle Histoire des Papes, comptant bien que son cher confrère allait *emboucher* pour lui, à cette occasion, *toutes les trompettes du* CONSTITUTIONNEL, comme disait M. Sainte-Beuve en riant :

« M. Viennet est et sera l'une des originalités littéraires de ce temps-ci : « Je suis le seul homme, disait-il un jour gaiement, qui se soit relevé d'une chose dont on meurt ordinairement en France, du ridicule. » Il fut un temps où il paraissait de bon goût de railler l'auteur de *Clovis* et d'*Arbogaste*. Ce temps est passé. Les hommes qui savent durer ont leur lendemain et leur revanche : « On aura beau dire, disait encore M. Viennet, j'ai deux béquilles qui me soutiendront pour aller à la postérité, mes *Fables* et mes *Mémoires*. » Les *Mémoires*, on ne les connaît pas encore ; les *Fables*, on les sait par cœur. Il n'y a pas de bonne séance générale de l'Institut sans quelque Fable de M. Viennet. M. Viennet est le poëte du temps le plus agréable à l'Institut assemblé. La fête n'est jamais complète sans lui. Il se lève, toutes ces graves figures se dérident ; il commence, on a souri. Il n'a pas lancé encore son dernier trait que les applaudissements éclatent à triple salve. Qu'on ne vienne plus dire que l'École poétique moderne a triomphé sur toute la ligne ; que Lamartine plane d'en haut ; que Victor Hugo, de son rocher de Guernesey, règne dans son soleil couchant et triomphe avec sa *Légende des siècles* ; M. Viennet, debout, se retourne, regarde et de cet air militaire qu'il a toujours, et qui lui sied, il répond fièrement : « Je vis, la poésie classique n'est pas morte. » Des poëtes classiques, M. Viennet n'en reconnaît guère que huit avant ce temps-ci, avant l'invasion des novateurs. La liste est courte ; elle est imposante : « Malherbe, Corneille, Racine, Molière, La Fontaine, Boileau, Regnard et Voltaire. » C'est de ce dernier, lui-même, de ce Voltaire immortel, qu'il prétend procéder ; et l'on conviendra qu'il tient le drapeau d'une main ferme et qu'il n'a pas l'air d'un vaincu. Honneur donc à cette verte et généreuse vieillesse ! Aujourd'hui, c'est d'Histoire qu'il vient nous entretenir et, s'il vous plaît, d'Histoire ecclésiastique. M. Viennet est fort instruit, ce qu'on ne saurait dire de tous les poëtes. Là encore, il est de l'École de Voltaire, de l'auteur de l'*Essai sur les mœurs*. De tout temps il s'est plu à étudier la puissance des papes, à en méditer la naissance, l'accroissement, à en signaler les excès. Il y a un *Dictionnaire de la Conversation et de la Lecture*, où il avait pour domaine spécial tout ce qui concerne la papauté. M. Viennet y a fait la biographie de cent cinquante papes, c'est le chiffre ; et le tout a passé sans anathème ni excommunication. L'ouvrage qu'il publie aujourd'hui et où il a résumé en un corps de récit toute son Étude ecclésiastique et politique depuis saint Pierre jusqu'à Innocent III, depuis la barque du pêcheur jusqu'aux gloires du Vatican, n'eût peut-être jamais paru, si l'auteur n'avait en quelque sorte été provoqué et piqué personnellement. M. Viennet n'est pas de ceux qui se plaisent à attaquer les faibles et les grandeurs qui semblent en péril. Mais certain bref ou certaine encyclique, lancée, il n'y a pas deux ans, contre la Franc-Maçonnerie dont il est un des chefs et des grands maîtres, lui fit monter la rougeur à la joue, à lui déiste sincère et qui abhorre les doctrines athées. C'est d'athéisme, cependant, que lui et ses compagnons de Loge se trouvaient accusés à la face du monde. Sa bile s'est émue. Il s'est cru dégagé, comme il l'explique dans sa Préface, d'un scrupule excessif et il publie ce livre : l'*Histoire de la puissance pontificale* (1), lequel, d'ailleurs, ne renversera rien, mais instruira les esprits sérieux qui aiment, sans trop de détail, à se rendre compte de la suite des choses et à s'expliquer les résultats. Nous pourrions détacher quelques chapitres de l'ouvrage qui sont d'un récit animé et qui offrent de rapides tableaux. Nous aimons mieux y renvoyer les lecteurs que ces questions intéressent, et ils ne laissent pas d'être nombreux aujourd'hui. »

---

M. de Pongerville, qui rencontrait également M. Sainte-Beuve à ces mêmes jeudis d'Académie, le pressait aussi beaucoup, de son côté, de faire un article sur sa traduction de *Lucrèce*. M. Sainte-Beuve y résista longtemps et toujours, se souvenant bien qu'il en avait écrit un autrefois dans *le Globe*, à l'occasion même de l'élection de M. de Pongerville à l'Académie française (2). Mais M. de Pongerville

(1) 2 volumes in-8°, chez Dentu, Palais-Royal.
(2) Nous le reproduisons plus loin : M. Sainte-Beuve l'avait fait copier peu de mois avant sa mort, voulant le réimprimer dans un de ses livres, comme il a déjà fait pour d'autres articles de sa jeunesse au *Globe* et au

le tentait toujours, et le visitait quelquefois. Sa parfaite courtoisie faillit séduire un jour M. Sainte-Beuve : il est vrai qu'une sottise de M. Viennet (ce qui n'était pas étonnant) se mêla de la partie. M. Viennet avait écrit je ne sais plus quelle lettre qui courait dans les journaux ; c'était au lendemain de sa mort. M. Sainte-Beuve, qui s'y sentait provoqué par une allusion assez plate, en prit occasion pour dire une dernière fois ce qu'il pensait de M. Viennet; il l'avait tant de fois, de son vivant, appelé un sot! — Une étincelle poétique de M. de Pongerville, qui faisait maintenant appel à la critique dans la langue des dieux, au nom de Lucrèce, fit écrire à M. Sainte-Beuve une lettre dont la promesse, si elle avait été tenue, eût été une confession de foi toute lucrétienne :

« Ce 9 septembre 1868.

« Ah ! ce n'est qu'en vers qu'il faudrait répondre à un tel appel, cher et illustre confrère. Mais ma Muse (si Muse il y a et si Muse il fut) est à jamais enrouée, et c'est affaire à vous d'avoir encore la rime à volonté, jointe à la raison. — Savez-vous bien que notre confrère Viennet, qui se donnait des airs d'indépendance et qui n'était qu'un déiste pusillanime, n'a pas craint d'écrire dans une lettre à ce..., notre si peu confrère, que nous étions *trois* autour du tapis vert, trois ni plus ni moins, qui étions de la religion de Lucrèce ? J'en ai conclu que c'était vous d'abord, M. Mérimée ensuite et moi probablement. Je m'en honore, mais convenez que ce Viennet n'était qu'un faux brave en philosophie, en poésie et dans tout ce qui s'ensuit. Il flagornait les salons et faisait patte de

---

*National;* il en a introduit quelques-uns dans cette dernière édition des *Portraits contemporains,* dont il n'a pu qu'indiquer la marche à ses éditeurs posthumes, en la laissant inachevée. — L'article sur M. de Pongerville est du mois d'avril 1830; M. Sainte-Beuve s'y montrait peu favorable aux auteurs qui pouvaient encore à ce moment-là entrer à l'Académie française, rien qu'à la faveur et avec l'unique bagage d'une traduction en vers d'un poète quelconque de l'Antiquité. Il disait quelquefois : « Pongerville n'entrerait pas aujourd'hui. »

velours aux évêques. — Pour bien parler de Lucrèce au *Moniteur*, il serait bien bon que *le Moniteur* redevînt libre, et que le mot d'*officiel* y disparût. Je pense que le terme tire sur sa fin. Si je ne me trompe, il y aura un très-prochain changement, et si mes forces physiques ne me font pas défaut, je ne résisterai pas à payer ce que je considère comme une dette et un devoir.

« A vous tout de respect et de cœur, cher et illustre confrère,

« Sainte-Beuve. »

*Le Temps* était le lieu le mieux indiqué pour parler de Lucrèce, mais M. Sainte-Beuve avait des engagements plus pressants d'abord envers le public, et son article du *Globe* reste encore son dernier et unique mot sur le grand poëte romain. Il eût été plus complet et plus large en le refaisant à l'âge avancé de la vie : M. Sainte-Beuve lui eût donné plus d'essor, plus de grandeur; les sévérités littéraires, et qui n'étaient que de pure forme, à l'égard d'un traducteur qui se montrait un si aimable solliciteur dans la vieillesse, n'auraient pas tenu : elles seraient tombées d'elles-mêmes, elles auraient disparu; M. Sainte-Beuve n'eût été occupé désormais que de la pensée philosophique. Son ancien article, qu'il faut relire, n'aurait plus été qu'un commentaire du nouveau, un commentaire *avant la lettre*. Il avait gardé des études de sa jeunesse l'expression lucrétienne : elle lui revenait quelquefois; la vue des *astres froids* (*gelidis a stellis axis*) l'impressionnait toujours. Il redisait de beaux vers de Lucrèce qu'il savait par cœur : il l'avait commenté bien avant Homère, peut-être avant Virgile; il s'en était nourri dès l'adolescence (1). Il aurait renouvelé ici le tableau de ce

(1)    Quand Rome s'écroulait sous le fer des tyrans,
       Que, sortis de son sein, de rebelles enfants
       Par une guerre impie ensanglantaient leur mère,
       Et vainqueurs ou vaincus accroissaient sa misère,
       Un poète parut qui, d'une austère voix,

vaste système qu'il a déjà exposé à la fin d'un article sur la *Pluralité des mondes* de M. Flammarion (1) : le portrait d'un philosophe savant, humble, obscur et solitaire qu'il a opposé au livre des *Méditations* chrétiennes de M. Guizot (2) eût trouvé de nouveau ici sa place avec une chaleur qu'entretenaient, au terme de sa vie, les convictions de sa vie entière. Il aurait déployé, à propos de Lucrèce, toute sa profession de foi scientifique et philosophique ; il eût pleinement justifié la définition qu'une noble intelligence (3) donna un

> Chantant de l'univers le principe et les loix,
> Et leur chaîne à jamais bienfaisante, éternelle,
> Faisait du triumvir rougir la loi cruelle ;
> De leurs prêtres du moins détrompait les humains :
> C'était assez d'un maître aux malheureux Romains ;
> Et pour *les rassurer* (?), à leur âme flétrie
> Enseignait la sagesse à défaut de patrie.
> Honneur à lui ! des maux d'où naquirent nos pleurs,
> Le premier il connut, il nomma les auteurs
> Et dénonça devant l'humanité proscrite
> De Calchas et des rois l'alliance hypocrite.
> . . . . . . . . . . . . . . .
> Si sa muse est inculte et son accent chagrin,
> Pardonnez au poète, il est encor romain,
> Et du bon citoyen la profonde blessure
> Attriste sous ses doigts la lyre d'Épicure.

De qui sont ces vers? Je les trouve crayonnés par la main de M. Sainte-Beuve sur un petit exemplaire de Lucrèce, qui porte sa signature ; et elle est ancienne.

(1) *Nouveaux Lundis*, tome X, page 108. — Et à propos de cette même page, à un ami qui lui écrivait : « Cette fois je vous y prends, je crois que vous êtes spinoziste... », M. Sainte-Beuve répondit : « Je ne me doutais pas de mon spinozisme ; vous m'avez fait relire ma page ; mais savez-vous que le spinozisme est quelque chose de beaucoup trop beau pour moi et de beaucoup trop artificiellement compliqué? J'ai habituellement de l'homme de moins grandes idées, et je ne le vois que comme un des innombrables accidents dans les variétés de la vie, un résultat bien fugitif et transitoire, une apparition d'un instant (cet instant fût-il composé de quelques millions d'années), et ce que Pindare a appelé le songe d'une ombre. » (Lettre à M. de Chantelauze, du 18 septembre 1868.)

(2) *Nouveaux Lundis*, tome IX, page 98.

(3) M^me la Princesse Mathilde.

jour de lui : « un croyant sans religion », montrant une fois de plus la nature de ses croyances basées sur ce que les connaissances humaines ont de plus positif et de plus grandiose. Il est mort sans peur. On a beaucoup parlé de son scepticisme : *sceptique,* pour la plupart de ceux qui lui ont si souvent jeté ce mot comme une *injure* à la face, et qui l'ignorent peut-être, vient du verbe grec σκέπτομαι, *j'examine.* Le critique ne s'en défendait pas. Il aurait eu le droit de s'en faire une devise.

Voici enfin l'article du *Globe* (il est temps d'y arriver) qu'il écrivit sur les deux traductions de Lucrèce en vers et en prose, par M. de Pongerville (n° du 13 avril 1830) :

« *La gloire de Lucrèce, respectée de génération en génération, avait traversé dix-sept siècles, et brillait encore du plus vif éclat sous le règne de Louis XIV.* — Ainsi parle M. de Pongerville dans la préface qui précède sa traduction ; mais, depuis Louis XIV, l'admirable poëme *de la Nature des choses* était tombé dans un véritable discrédit. Le cardinal de Polignac d'une part, en le réfutant, et d'autre part les philosophes, en l'interprétant faussement, avaient dégoûté le public éclairé de le lire. Il est vrai que Diderot, Dumarsais, Boulanger, d'Holbach, et tout le monde, l'étudiaient volontiers et en tiraient bon parti pour leurs arguments et leurs systèmes ; il est vrai que Voltaire écrivait les *Lettres de Memmius* et, dans une sorte d'enthousiasme pour le poëte philosophe, s'écriait : « Il y a dans Lucrèce un admirable troisième chant que je traduirai, ou je ne pourrai. » Mais c'étaient là des suffrages suspects, nuisibles à Lucrèce, et qui donnèrent cours aux reproches d'athéisme et d'immoralité dont est chargée sa mémoire. Odieuses calomnies, interprétations mensongères dont l'effet certain était d'exposer le poëme de Lucrèce à la réprobation générale et à un prochain oubli! « En un mot, dit M. de Pongerville, le voile qui dérobait cette antique et grande production à l'estime publique s'est tellement étendu, qu'une partie considérable du poëme doit être regardée comme un monument *dont nous enrichirait une découverte récente.* » Et là-dessus M. Ajasson de Grandsagne ajoute avec le plus grand sérieux : « On dirait d'un de ces livres découverts par l'infatigable Maï sous les dévotes ratures des palimpsestes. » Qu'a donc découvert de si rare M. de Pongerville en traduisant Lucrèce ? Quel trésor enfoui a-t-il remis en lumière ? Si vous l'ignorez, lecteur, le voici :

On avait cru jusqu'à ce jour en France, et depuis Gassendi jusqu'à MM. de Fontanes et Villemain, que Lucrèce, esprit rêveur et mélancolique, jeté dans le monde à une époque d'anarchie et de discordes civiles, troublé de doutes et de terreurs philosophiques à la manière de Pascal et de Boulanger, voyant l'État s'abîmer dans les crimes, et ne sachant où la destinée humaine poussait l'homme ; on avait cru que pour échapper au vertige et ne pas glisser misérablement de ces hauteurs où l'avait emporté sa pensée, il s'était jeté en désespoir sur la solution d'Épicure, s'y attachant avec une sorte de frénésie triomphante, et que de là, dans quelques intervalles de fixité et de repos, il avait voulu enseigner à ses contemporains la loi du monde, la raison de la vie, et leur montrer du doigt le sentier de la sagesse. L'humanité lui paraissait depuis longtemps sortie de ses voies ; les hommes, en s'écartant de la nature, s'étaient créé mille passions factices dont ils devenaient tour à tour instruments et victimes. La crainte de la mort et des enfers lui semblait en particulier le principe générateur de toutes les mauvaises passions. Par une analyse sophistique et subtile, assez semblable à celle que l'abbé de Condillac appliqua depuis à la sensation, où Helvétius à l'amour physique, Lucrèce faisait dériver de cette crainte de la mort l'ambition, l'avarice, l'envie, les haines fraternelles, les proscriptions sanglantes, les suicides ; il pensait donc servir la patrie en guérissant les Romains de cette terreur chimérique, et en prouvant que la mort ne menait à rien ; de là ces arides théories d'athéisme et de néant, toujours entremêlées de conseils probes, de consolations mornes et sévères. L'exemple de ce qui s'était passé en nos derniers troubles civils contribuait à nous faire expliquer Lucrèce dans ce sens. Certains esprits amis de l'humanité, épouvantés de ses maux et de son délire, avaient eu recours aussi, comme le poëte romain, à cette philosophie austère et sans larmes qui se pique de voir les choses comme elles sont, qui se console de la tristesse de ses résultats par l'idée de leur vérité, et qui, faisant l'homme si petit en face de la nature, et osant pourtant le maintenir dans tous ses droits, ne manque certes ni de générosité ni de grandeur. Voilà comment nous nous expliquions Lucrèce; et s'il y avait dans ce jugement quelque erreur, elle ne provenait pas du moins d'animosité ni d'injustice. Mais nous avions probablement mal lu et mal compris le poëte; comme nous ne possédions pas encore la traduction de M. de Pongerville, il nous avait été impossible de saisir l'esprit de l'original et d'y découvrir ce que nul ne s'était avisé d'y voir : — quoi? — le *déisme* et le *spiritualisme* de Lucrèce. « *Lucrèce, en effet, est le premier parmi les poëtes qui ait chanté l'unité de Dieu,* et l'on est forcé de reconnaître que le mot nature est pour lui une expression équivalente au terme qui nous retrace le régulateur de l'univers. » M. de Pongerville nous l'affirme en propres termes; il consacre sa préface à démontrer cette vérité; et, comme M. de Pongerville a passé dix ans à traduire en vers ce poëte, quatre ans à retoucher et à revoir sa traduction; comme il s'occupe en ce moment de retraduire en prose cette traduction en vers, et qu'un volume en a déjà été publié dans la collection Panckoucke, il n'y a pas moyen de récuser un homme aussi compétent sur Lucrèce; on ne peut que s'incliner et croire.

Pourtant, l'avouerai-je? un scrupule m'est venu : en parcourant le volume de traduction en prose de M. de Pongerville, je suis tombé sur une préface qui n'est pas celle de sa traduction en vers. Il n'est plus guère question ici du déisme de Lucrèce; M. de Pongerville se borne à le venger du reproche d'*égoïsme* et d'*insensibilité;* et, dans un excellent morceau littéraire et bibliographique qui accompagne cette préface, M. Ajasson de Grandsagne restitue intrépidement à Lucrèce son athéisme, son matérialisme, et l'en glorifie presque avec chaleur et colère contre les écoles dissidentes. D'où peut venir cette variation de M. de Pongerville dans ses jugements sur son poëte favori? Tiendrait-il, par hasard, si peu à l'importante et notable découverte qu'il nous a signalée? Soyons bref et parlons sérieux.

M. de Pongerville est un de ces hommes honnêtement doués qui peuvent, à volonté et à coup sûr, faire leur chemin, comme dirait Paul-Louis, dans les sels, dans les tabacs ou dans les Lettres. Riche apparemment, et de loisir, il a choisi les Lettres; et comme, pour réussir, il faut se borner, jeune encore, M. de Pongerville s'est destiné à la traduction en vers. En ce temps-là, il y avait Delille et Saint-Ange; M. de Pongerville s'est dit : « Je viendrai après eux, je me glisserai, et j'aurai une place. » Il lui fallait un auteur: Virgile, Ovide étaient pris; restait Lucrèce; Lucrèce fut son homme; rude, âpre, éclatant, d'une verve sombre, d'une harmonie rauque, portant dans la poésie les formes logiques, gardant par places la rouille d'Ennius. « Tant mieux! s'est dit M de Pongerville. Je le polirai, je l'ennoblirai; il deviendra net et fleuri; ce sera un grand mérite de difficulté vaincue, » et l'estimable traducteur s'est mis à l'œuvre incontinent. Que Lucrèce fût déiste ou athée, cela ne le touchait en rien, comme bien l'on pense. Pourtant la traduction achevée, les corrections arrêtées, il fallait prendre un parti sur le sens philosophique de ce poëme tout philosophique. M. de Pongerville, qui ne voulait blesser personne, et dont la nature est coulante, inclina pour le déisme. D'ailleurs il était si modeste avec son humble volume; il se montrait si docile aux conseils, si assidu auprès des personnes capables; enfin il demandait si peu, qu'il obtint tout; les journaux le louèrent à l'unisson; c'était sans conséquence; lui s'insinuait toujours, saluant, visitant, offrant son volume; un jour, il frappa un petit coup à la porte de l'Académie; on ne répondit pas; il se dit : *Je repasserai;* mit sa carte dans la serrure, et descendit l'escalier en rougissant. Puis il revint, frappa deux coups, trois coups, de plus en plus fort, mais poliment et sans esclandre. Or il y a dans l'Académie et hors de l'Académie un parti qui a besoin de se recruter, parce qu'il se meurt; et qui, en même temps, ne veut que des recrues inoffensives, parce que toute supériorité l'offusque et l'effraye. Ce parti s'est avisé un jour de dire à M. de Pongerville : *Vous êtes des nôtres,* et M. de Pongerville de se confondre et de s'excuser. Depuis ce jour, l'estimable traducteur de *Lucrèce* appartient à une coterie littéraire et philosophique; il a un rôle, on l'a averti dans l'oreille de prendre garde à son déisme de Lucrèce, et que cela pouvait nuire; il a raccommodé sa préface; il est le candidat de l'école sensualiste; et ce n'est plus qu'à ses heures perdues et dans ses visites confidentielles qu'il peut encore s'épancher avec attendrissement sur l'Être suprême, la Providence, l'âme universelle et les harmonies touchantes du Poëme de la nature.

Quand on a su vivre quinze ans avec Lucrèce sans se pénétrer de son esprit, il serait miraculeux qu'on eût réussi à rendre les innombrables beautés par lesquelles cet esprit se manifeste et transpire à chaque page, et presque à chaque vers. Aussi ne croyez nullement que la traduction de M. de Pongerville retrace en quelque chose son modèle; c'en est une contrefaçon pâle et fade, vernissée d'une plate et monotone élégance, où l'on ne retrouve rien du nerf logique ni de la poésie étincelante du maître. C'est un *faux sens* perpétuel, promené sur un alexandrin symétrique et bercé d'épithètes sonores. Nos exemples, car il en faut, seront en petit nombre, mais décisifs, quoique pris au hasard.

Lucrèce conseille à l'adolescence d'éloigner tout ce qui peut alimenter l'amour :

. . . . . . . . . . . . . . . . . . . . . Pabula amoris
Absterrere sibi, atque alio convertere mentem;

Et jacere humorem conlectum in corpora quæque...
. . . . . . . . . . . . . . . . . . . . . . . . . . . .
Ulcus enim vivescit, et inveterascit alendo,
Inque dies gliscit furor, atque ærumna gravescit,
Si non prima novis conturbes volnera plagis,
Volgivagaque vagus Venere ante recentia curos,
Aut alio possis animi traducere motus.

M. de Pongerville traduit :

Ah! fuyons de l'amour *le charme suborneur* :
Dès qu'il règne en tyran, il détruit le bonheur.
Affaiblis donc ses feux par *un heureux partage*,
Il faut, même en aimant, redouter l'esclavage.
Tour à tour *chaque belle* enflamme mes désirs,
Et j'effleure en courant la coupe des plaisirs.
Qui peut flatter l'amour en devient la victime ;
Sa blessure légère aussitôt s'envenime.
Que son trait, par un autre à l'instant remplacé,
Ne laisse aucune empreinte au cœur qu'il a blessé !
Asservissons l'amour à nos *tendres caprices;*
Une sage inconstance ajoute à ses délices.

De la sorte, l'énergique et brutal conseil de Caton l'Ancien fait place aux galantes fadaises de Dorat, et, au lieu des mœurs de la vieille Rome, le lecteur n'entrevoit que l'âge brillant des *cinq maîtresses*.

Lucrèce, parlant toujours de la passion amoureuse, dit qu'il est plus aisé de prévenir le mal que de le guérir :

Nam vitare plagas in amoris ne jaciamur,
Non ita difficile est, quam captum retibus ipsis
Exire, et validos Veneris perrumpere nodos.

Et M. de Pongerville :

Des ruses de l'amour prévenons les succès ;
Car il est plus aisé d'éviter ses filets
Que d'*épurer un cœur par lui rendu coupable,*
Et de rompre les fers dont Vénus nous accable.

Tout le vers : *que d'épurer un cœur,* etc., est à la fois une faute grossière de style, car il n'y a nulle analogie pour l'image entre *filets, épurer* et *rendu coupable ;* et un contresens formel, car il n'entre nullement ici dans la pensée de Lucrèce de dire que l'amour *souille* le cœur; le poëte n'entend parler que des douleurs et des tortures que cause la passion.

Lucrèce continue d'énumérer les dangers auxquels l'amour entraîne les jeunes gens :

> Adde quod absumunt nervos, percuntque labore;
> Adde quod alterius sub nutu degitur ætas.
> Labitur interea res, et vadimonia fiunt;
> Languent officia, atque ægrotat fama vacillans.

Ce qui devient, en passant sous la plume du traducteur :

> Que dis-je ! ô Memmius, *à cet affreux supplice*
> Ajoute la fatigue et la honte du vice,
> *D'un lâche égarement le cruel souvenir,*
> La dette, *affreux serpent qui ronge l'avenir,*
> Un honneur chancelant, le remords implacable
> *A revoir le passé forçant un cœur coupable.*

Au début du second chant, Lucrèce gourmande les hommes de ne pas s'en tenir aux vrais plaisirs que la nature leur offre à si peu de frais : « Si vous n'avez, leur dit-il, ni statues d'or tenant à la main des flambeaux dans vos vestibules, ni lambris dorés, ni musique retentissante, vous avez les bois, le gazon qu'arrosent les ruisseaux, etc., etc. »

> Si non aurea sunt juvenum simulacra per ædes,
> Lampadas igniferas manibus retinentia dextris,
> Lumina nocturnis epulis ut suppeditentur, etc., etc.

Et M. de Pongerville nous donne en échange :

> O toi, mortel *heureux, dans ta noble indigence,*
> Si du luxe *trompeur* la *magique élegance*

N'a point; pour soutenir tes *superbes* flambeaux,
En statue avec art transformé les métaux, etc., etc.

Lucrèce veut prouver que l'enfer n'existe point ailleurs qu'en ce monde et dans le cœur des méchants :

> Sed Tityos nobis hic est, in amore jacentem
> Quem volucres lacerant, atque exest anxius angor,
> Aut alia quavis scindunt turpedine curæ.

Et M. de Pongerville :

> Titye est ce mortel que le crime déchire ;
> Qui, par *des goûts honteux* sans cesse *captivé,*
> *Couve d'affreux* remords dans son cœur *dépravé.*

*Des goûts honteux, captivé, couve, dépravé,* n'ont aucune analogie avec le vautour de Titye, ni avec les expressions latines qui y correspondent, *lacerant, exest, angor, scindunt.*

Fidèle à la détestable méthode de collége, M. de Pongerville a tellement en aversion tous les mots qui servent de lien logique au langage, il les supprime si constamment, de peur de tomber en prosaïsme, que, pour peu que le raisonnement se prolonge, ce qui est très-ordinaire chez Lucrèce, il devient impossible d'en suivre l'enchaînement chez son traducteur. A voir même le soin particulier avec lequel il en efface toutes les indications essentielles, on pourrait croire souvent qu'amusé autour des objets de détail, il n'a pas saisi le mouvement général de la pensée ni les rapports des diverses parties entre elles.

Lucrèce dit qu'en un cœur coupable sont tous les fouets, tous les aiguillons de l'enfer ; et que le méchant, ne voyant aucun terme à ses tortures, les prolonge et les aggrave en idée après cette vie : d'où naît la crainte chimérique du Tartare :

> . . . . . . . . . . . At mens sibi conscia facti,
> Præmetuens, adhibet stimulos torretque flagellis :

Nec videt interea, qui terminus esse malorum
Possit, nec quæ sit pœnarum denique finis;
Atque eadem metuit magis hæc ne in morte gravescant :
Hinc Acherusia fit stultorum denique vita.

Découvre qui pourra cette pensée dans les vers suivants :

En vain il (*le méchant*) se confie *au secret protecteur!*
Le mal conduit au mal et punit son auteur;
Ajoute à cette *horrible* et *longue* inquiétude
D'un avenir *cruel* l'*affreuse* incertitude.
L'homme *faible* et *pervers,* artisan de ses maux,
A creusé sous ses pas les gouffres infernaux.

Il fallait nécessairement : *Ainsi l'homme* a creusé, etc , etc.
Nous ne pousserons pas plus loin cette critique fastidieuse et facile; ce n'est même qu'à regret que nous l'avons entreprise. M. de Pongerville nous est personnellement inconnu ; et son livre, grâces à Dieu, nous l'était encore jusqu'à ces derniers temps. Nous consentions aisément à l'entendre louer, parce que l'éloge ne portait préjudice à personne. Mais du moment que les amis maladroits de M. de Pongerville l'ont ridiculement élevé pour l'opposer à des hommes d'originalité et d'invention, du moment qu'il s'est laissé mettre comme obstacle dans le chemin des autres, sa position a changé. C'était un droit pour nous d'examiner avec sévérité ses titres; et comme nous les avons trouvés de faux aloi, et nuls de toute nullité, nous avons cru de notre devoir de le déclarer bien haut, sans réticence, et dans l'intérêt des plus dignes. »

UN DERNIER MOT SUR M. DE TALLEYRAND.

Au dernier moment, M. de Chantelauze, avec qui M. Sainte-Beuve s'entretenait par lettres de tout sujet, mais surtout du cardinal de Retz, me laisse copier, dans une lettre de M. Sainte-Beuve, un passage qui est un premier mot de causerie sur Talleyrand. La préoccupation du maître était déjà tournée sur le personnage, et il m'a dit une fois que le sujet l'avait bien des fois tenté, sans qu'il eût jamais eu occasion d'écrire sur lui : « Mais il y a, ajoutait-il, un portrait à faire. » La lettre qu'on va lire, antérieure de près de deux ans à la publication des articles qui ont paru dans *le Temps*, me semble être le fruit et le résumé d'une opinion qui n'a pas changé :

« Ce 9 février 1867.

« Cher monsieur et ami,

« Je reçois et je lis cette seconde partie (d'un Mémoire sur le cardinal de Retz, inséré en appendice à la fin du tome V de l'édition définitive de *Port-Royal*)... Vous nous y faites voir, en effet, Retz bien misérable, et s'il a eu de l'amour-propre et du faste en public pendant sa période révolutionnaire, il le paye amplement par ces misères d'intérieur et ces petitesses qui nous sont révélées. Vous m'avez écrit dans le temps un mot qui me revient, que M. de Talleyrand ne serait qu'un *enfant de chœur* auprès de lui. Hélas ! M. de Talleyrand n'avait peut-être à son avantage de plus que Retz, qu'un grand sens, une vue plus juste des situations. Quant au fond, il était peut-être pire, certainement vénal et, de plus, malgré sa douceur apparente de mœurs et de ton, ayant si peu de scrupule pour les actes, qu'il y a trois points de sa vie qui font trois doutes presque terribles : la mort de Mirabeau, — l'affaire du duc d'Enghien, — l'affaire de Maubreuil. Je ne veux pas dire que deux ou trois doutes équivalent à une affirmation. Retz devait avoir un peu plus de générosité que lui... »

Et dans une autre lettre, très-peu de temps après (23 février 1867), à M. de Chantelauze, M. Sainte-Beuve complétait ainsi son parallèle entre Talleyrand et Retz :

« ...Vous avez mille fois raison sur M. de Talleyrand : Retz avait tout autrement d'essor, et auprès de lui le prince-évêque n'était qu'un paresseux, mais un paresseux qui a bien su prendre ses moments... »

Chacun de ces traits nous a paru bon à recueillir à côté de la grande esquisse dont M. Sainte-Beuve disait lui-même qu'on ne peut encore aujourd'hui, et tant que les Mémoires de M. de Talleyrand n'auront pas été publiés, écrire un travail complet sur celui qui résume le mieux en lui, dans les temps modernes, tous les sens du mot grec ὑποκριτής.

FIN DU TOME DOUZIÈME.

# TABLE DES MATIÈRES.

|  | Pages |
|---|---|
| Dernière année. | I |
| La Poésie. Leçons faites à la Sorbonne pour l'enseignement secondaire des jeunes filles, par M. *Paul Albert* | 1 |
| Essai sur TALLEYRAND, par sir *Henry Lytton Bulwer* — I | 12 |
| II | 31 |
| III | 53 |
| IV | 77 |
| V | 101 |
| M<sup>me</sup> DESBORDES-VALMORE, sa vie et sa correspondance — I | 131 |
| II | 158 |
| III | 186 |
| IV | 217 |
| V | 242 |
| CAMILLE JORDAN et M<sup>me</sup> DE STAEL | 265 |
| EUGÈNE GANDAR | 337 |
| L'Académie Française | 402 |
| *Appendice* I. Sur M. VIENNET | 439 |
| II. Sur la traduction de *Lucrèce*, par M. DE PONGERVILLE | 441 |
| III. Un dernier mot sur M. DE TALLEYRAND | 454 |

PARIS. — IMPRIMERIE DE J. CLAYE, RUE SAINT-BENOIT, 7. — [2030]

www.ingramcontent.com/pod-product-compliance
Lightning Source LLC
Chambersburg PA
CBHW050252230426
**43664CB00012B/1924**